KB074286

구호기사단 천 년의 서사시

TUITIO FIDEI ET OBSEQUIUM PAUPERUM

KNIGHTS of HOSPITALLER

구호기사단 천 년의 서사시

기독교 세계와 이슬람 세계의 경계선에서
천 년간 싸워온 기사들의 이야기

한종수 지음

자유문고

프롤로그

예루살렘을 중심으로 한 성지와 로도스Rhodes, 몰타Malta, 그리고 거의 전 지중해에서 여러 이슬람 제국들과 오백 년 이상 싸웠던 기사단이 놀랍게도 지금도 존재하고 있다. 바로 이 글의 주인공인 '구호기사단'이다. 이들에 대한 본격적인 이야기에 들어가기 전에 먼저 그 이름에 대해 알아보자.

구호기사단의 정식 명칭은 '성 요한의 예루살렘과 로도스와 몰타의 주권 군사 병원 기사단Sovereign Military Hospitaller Order of Saint John of Jerusalem of Rhodes and of Malta'인데, 누가 보아도 이 정식 명칭을 쓰기에는 너무 길다.

그들의 신조는 라틴어로 'Tuitio Fidei et Obsequium Pauperum'인데, 신념의 수호와 가난한 이들에 대한 도움을 의미한다. 신조가 보여주듯이 이들은 병든 이들을 구호하기 위해 창단되었고, 병원과 순례자들을 지키기 위해 군사적인 성격을 가지게 되었다. 이런 이유 때문에 이 책에서는 구호기사단이라는 명칭을 택했다. 참고로 영어로는 보통 Knights of Hospitaller라고 한다.

정식 명칭에서 보듯이 구호기사단은 예루살렘Jerusalem과 로도스, 몰타를 본거지로 가지고 있었고, 과거 근거지의 이름을 따서 몰타 기사단Knights of Malta이나 로도스 기사단Knights of Rhodes으로도 널리 알려져 있다. 하지만 이렇게 근거지의 이름을 쓴다면 천 년에 달하는 기사단의 역사 전체를 다루는 이 글과는 맞지 않겠다는 점이 구호기사단이란 이름을 택한 두 번째 이유이다. 우리나라에 나온 책들에서는 구호기사단 외에도 성 요한 기사단, 병원기사단, 호스피탈러, 호스피틀 기사단 등 번역자의 기호에 맞는 이름을 쓰고 있다. 참고로 일본에서는 보통 성 요하네 기사단, 중국에서는 의원기사단이라고 한다.

구호기사단은 정식 단원인 기사들로는 한 번도 2천 명을 넘지 않은 작은 조직이었다. 하지만 그들은 파티마Fatima조 이집트, 아이유브Ayyūbiyyūn 제국, 맘루크Mamluk 이집트, 티무르Timur 제국, 오스만Ottoman 제국 등 쟁쟁한 이슬람 제국들을 상대로 수많은 전투를 치렀고, 특히 로도스와 몰타에서는 거의 단독으로 거대한 오스만 제국을 상대로 역사적인 승리를 거두었다. 또한 대부분 조연이긴 했지만 스미르나 십자군, 키프로스 십자군, 코소보 전투, 니코폴리스 십자군, 튀니스 공략전, 프레베자 해전, 알제리 원정, 마디아 공략, 제르바 원정, 레판토 해전, 크레테 공방전 등 지중해에서 벌어진 중요한 전투에 거의 빠짐없이 참가하였다. 그 과정에서 지금의 국경 기준으로 보면 이스라엘, 시리아, 레바논, 터키, 그리스, 이집트, 리비아의 일부와 몰타 전부 심지어 카리브해의 몇 개 섬까지 지배하여 무려 4개 대륙에 영토를 지녔던 당당한 주권 국가이기도 하였다. 1798년 나폴레옹Napoléon에 의해 몰타섬에서 쫓겨난 이후에도 박물관의 유물이 되지 않고 본업인 의료 봉사로 돌아가 현재까지도 활발하게 활동하는 놀라운 생명력을 보여주고 있다.

천 년의 역사에서 구호기사단은 가르니에 드 나블루스, 릴라당, 장 파리소 드 라 발레트, 로메가스 등 많은 명장들을 배출했고, 이탈리아의 대 화가 카라바조Caravaggio, 마티아 프레티Mattia Preti와 스페인의 극작가 로페 데 베가Lope de Vega 등 위대한 예술가들도 기사단을 거쳐갔다. 로마노프Romanov와 호엔촐레른Hohenzollern, 하노버Hanover 등 쟁쟁한 유럽의 왕가와도 관계를 맺었고, 프랑스와 러시아 해군의 성장에 큰 도움을 주기도 하였다. 기사단은 인기 드라마 「왕좌의 게임」의 원작 『얼음과 불의 노래』에 나오는 중요 세력 중 하나인 나이트 워치의 모티브가 되었고, 본거지였던 몰타는 그 중세풍의 거리 때문에 그 드라마의 촬영지가 되었다. 기사단은 〈에이지 오브 엠파이어〉나 〈어쌔신 크리드〉, 〈명일방주〉, 〈판 오세아니아〉 등 인기 게임에도 많이 등장한다.

프랑스인들이 중심이 되기는 했지만, 기사들은 독일·영국·이탈리아·스페인·포르투갈 등 유럽 각국에서 온 귀족 자제 출신들이어서, 명실상부한 국제적인 조직이기도 하였다. 이런 면에서 구호기사단은 교황청의 축소판이라고도 할 수 있는데, 가톨릭의 강점과 약점, 미덕과 악덕을 모두 보여준 존재였다. 신앙문제를 떠나 보편성과 특수성, 중앙집권과 지방분권이 잘 조화된 조직이었다.

가톨릭은 뜻 자체가 보편적이라는 의미이다. 겉으로는 교황을 정점으로 하는 일사분란하고 중앙집권적 조직으로 보이지만, 교구와 수도회는 자치적 성격이 강하고 '정화'라는 이름으로 현지의 토착 신앙을 제도권 내로 편입시키는 유연함을 지니고 있다. 로마제국의 수호신 개념을 수호성인으로 바꾼 것이 대표적인 예이다. 이런 면모 덕분인지 가톨릭은 현존하고 있는 조직 중 가장 오래된 존재가 되었다. 경영학의 태두인 피터 드러커Peter Drucker도 가톨릭 조직의 우수성에 대해 높이 평가한 바 있을 정도다. 나라나 조직을 처음 만드는 이들은 누구나 영속을 바라지만 100년 가는 조직도 무척 드물다. 천 년 역사를 자랑하는 기사단이니만큼 이런 조직관리 관점에서 바라보아도 나름의 재미를 느낄 수 있을 것이다.

천 년이 넘는 장구한 세월 동안 그리스도교와 이슬람 두 세계가 죽기 살기로 싸워 온 사실은 잘 알려져 있고, 이를 다룬 책도 많이 나왔지만, 구호기사단만큼 일관되게 최전방에서 싸운 조직은 없다. 따라서 부족하긴 하지만 이 책을 읽으면 지금까지 이어지고 있는 두 세계의 천년전쟁을 상당 부분 알 수 있을 것이라고 자부한다.

물론 구호기사단은 십자군과 중세가 남긴 마지막 유물이라고 할 정도로 시대착오적인 조직이었음은 틀림없다. 그럼에도 성지를 떠난 후에는 말에서 내려 배를 탔고, 이슬람교도를 상대로 한 해적질과 해전에서도 일류의 모습을 보였다. 새로운 축성법이나 장비의 도입에는 언제나 열심이어서, 여러 차례에 걸친 수성전을 훌륭하게 치러냈으며, 당시 세계 최대의 거함이었던 산타아나 호를 건조하여 운영한 선진적인 면모도 과시하였다.

어느 면으로 보아도 구호기사단이 흥미로운 역사를 가진 조직임에 틀림없는데, 안타깝게도 우리나라에서는 시오노 나나미의 '반소설'인 『로도스 섬 공방전』을 제외하면, 구호기사단의 역사를 다룬 전문적인 책은 없는 실정이다. 그조차도 한 시대만 다루고 있을 뿐이다. 댄 브라운Daniel Brown의 『다빈치 코드』의 영향력 때문인지, 오히려 200년 만에 없어진 성전기사단에 대한 책이 더 많이 나왔다. 부족하지만 구호기사단의 천 년 역사에 감히 도전하고자 하니 강호제현의 많은 응원과 충고를 기원하는 바이다.

P.S: 십자군 시대가 1~3장을 차지하고 있는데, 필자조차도 가끔 헷갈릴 만큼 다양한 세력이 참가한 시대였습니다. 즉 구호기사단은 그 시대에는 십자군 중 1/N에 불과했다는 것이지요. 물론 그 세력들을 전부 설명하는 것이 불가능하지는 않지만, 그렇게 하면 구호기사단의 역사라는 이 책의 주제를 흔들게 되어, 최소한의 설명만 하고 넘어가는 쪽을 선택하지 않을 수 없었습니다. 십자군 전쟁에 대해서 더 알고 싶은 독자들께서는 참고서적 중 마음에 드는 책을 읽어보시라고 할 수밖에 없습니다. 이 부분에 대해서는 양해를 먼저 구하고 시작하고자 합니다.

4장. 로도스의 콜로시안 219

8장. 전란의 지중해, 그 한복판에서 461

1장. 십자군과 기사단의 탄생

구호기사단의 정식 명칭에서 볼 수 있듯이, 기사단의 첫 번째 본거지는 예루살렘이었다. 구호기사단이 예루살렘에서 태어나고 자리 잡기 전까지의 역사를 간단하게나마 살펴보고자 한다.

십자군 입성까지의 예루살렘

> 보라, 내가 예루살렘을 술잔으로 만들어, 주변의 모든 민족들이 취하여 비틀거리게 하겠다. 예루살렘이 포위 공격을 당할 때에 유다도 그러할 것이다. 그 날에 나는 예루살렘을 모든 민족들에게 무거운 돌이 되게 하여 그것을 들어 올리는 자마다 큰 상처를 입게 하겠다. 세상의 모든 민족들이 예루살렘을 거슬러 모여들 것이다. (즈카리야 12,2-3)

즈카리야Zechariah 예언자의 이 말 그대로 수많은 민족들과 제국들이 이 땅을 차지하고자 했고, 수많은 전쟁이 벌어졌다. 아이러니하게도 예루살렘의 뜻은 '평화의 도시'이다. 아브라함이 아들 이삭을 산 제물로 바치려고 했다는 모리아Moria 산이 있는 예루살렘은 기원전 1000년경 다윗 왕이 이스라엘 왕국의 수도로 삼았고, 아들 솔로몬은 모리아 산에 그 유명한 성전을 세웠다. 이후 모리아 산은 성전산으로 불리게 되었다. 예루살렘은 이스라엘의 분열 이후, 남유다 왕국의 수도였다가 신바빌로니아 제국에게 멸망당했다. 이후 페르시아, 이어서 프톨레마이오스, 셀레우코스 왕조의 지배를 받았고, 유다 마카베오Judas Maccabeus가 이끄는 봉기가 성공하여 하스모니아Hasmonea 왕조를 열었다. 그러나 그다음에는 절반만 유대인인 헤로데가 로마의 세력을 등에 업고 예루살렘을 지배하였다. 이 시기에 예수의 수난과 죽음 그리고 부활이 예루살렘에서 일어났다. 이 때문에 예루살렘은 당연히 그리스도 교인들에게는 가장 중요한 성지가 될 수밖에 없었다.

40년 후, 유다인들이 봉기했지만 로마에게 잔혹하게 짓밟혔고 성전도 파괴되었다. 다시 70년 후에 일어난 봉기도 같은 결과를 낳고 말았다. 로마인들은 유다인들을 추방하고 예루살렘을 아일리아 카피톨리나Aelia Capitolina라는 로마식 이름으로 바꾸고 역시 로마식으로 재건하였다. 330년경, 콘스탄티누스 대제의 생모인 헬레나 모후는 70대의 나이에도 아랑곳하지 않고 예루살렘을 방문하여, 예수가 못 박힌 진짜 십자가를 찾아내고, 예수가 묻힌 곳에 성묘교회를 세운다. 이로써 헬레나는 첫 번째 '중세인'이자 '최초의 고고학자'가 되었고,* 이렇게 기사단 탄생의 직접적인 원인이 되는 성지순례의 전통이 시작되었다.

콘스탄티누스 대제가 죽자 로마제국은 얼마 가지 못하고 동서로 분열되었으며 동로마제국, 즉 비잔티움 제국은 사산Sasan조 페르시아와 오랜 전쟁에 휘말려 들어갔다. 614년, 사산조 페르시아는 예루살렘을 함락시켰고 진짜 십자가까지 전리품으로 가져갔지만, 628년에는 동로마의 반격으로 도시는 물론 진짜 십자가도 내놓아야 했다. 하지만 이 승리도 오래가지 못했다. 혜성같이 나타난 이슬람 세력이 아라비아 반도를 통일한데 이어 사산조 페르시아를 멸망시키고, 동로마제국의 영토를 절반 이상 빼앗아 버렸기 때문이다. 638년, 예루살렘은 이슬람의 손에 넘어갔는데, 이 사건은 이슬람교도, 즉 무슬림에게도 아주 중요하였다. 무슬림은 이슬람의 창시자이자 위대한 예언자인 무하마드가 632년에 예루살렘의 성전산에서 승천했다고 믿었기 때문이다.

그 후 정통 칼리프 시대를 지나 세습제 왕조가 들어섰고, 우마이야Umayyad 왕조의 창시자 무아위야Muawiyah는 성전산 정상을 평탄하게 다듬어 첫 모스크를 세웠으며, 5대째 칼리프인 압드 알 말리크Abd al-Malik는 지금도 예루살렘의 랜드마크로 유명한 알 아크사Al-Aqsa 사원을 691년(혹은 692년)에 세웠다. 하지만 8세기 초까지도 예루살렘에는 가톨릭은 아니었지만 동방 그리스도교도들과 유대인들이 훨씬 많이 살았다. 우마이야의 천하도 오래가지 못했

* 헬레나 모후가 진짜 십자가를 발견한 날은 5월 3일이라고 하며, 예루살렘 왕국에서는 중요한 기념일이 되었다.

다. 750년, 무하마드의 사촌인 아바스Abbaās 가문이 쿠데타를 일으켜 우마이야 가문을 거의 몰살시키고 새 왕조를 열었기 때문이다.

한편 800년에는 서유럽을 거의 통일한 카를 대제가 서로마제국을 부활시키고 제위帝位에 올랐다. 그리고는 아바스 왕조의 칼리프 하룬 알 라시드Harun ar-Rashid에게 예루살렘에 사는 그리스도교인을 위한 인두세를 지불하였다. 그 대가로 하룬은 성묘교회 주변에 150명의 수도사와 17명의 수녀들이 상주하는 수도원과 도서관을 신축하고, 이미 200년 전부터 있었던 순례자 숙소와 병원을 증축하였으며 주변의 많은 교회도 개축하거나 보수하도록 허용해주었다.

그러나 40여 년 후, 아바스 왕조는 전성기를 넘기고 쇠퇴하였고, 시아파인 파티마 왕조가 이집트에서 일어나 예루살렘까지 정복하기에 이른다. 이런 혼란에도 불구하고 예루살렘에는 순례자들이 끊이지 않았다. 하지만 새로운 천년이 시작되자 사정은 달라졌다.

1005년, 파티마 왕조의 폭군이자 광인이었던 칼리프 알 하킴Al Hakim은 예루살렘의 그리스도교인들을 체포하고 처형했으며, 성묘교회와 병원을 비롯한 건물들을 파괴하고 그 자리에 모스크를 지었다. 1021년, 하킴은 행방불명되었지만, 그가 예루살렘에 남긴 후유증은 컸다.

이후 동로마 황제들의 후원으로 성묘교회는 재건되었다. 유럽에서는 귀족들 사이에 성지순례가 전쟁터에서 저지른 죄를 사해준다는 믿음이 퍼졌고, 성유물을 얻거나 살 수 있다는 기대 때문에 예루살렘으로 가는 순례자들의 숫자는 점점 늘어났다. 그러나 내분에 휩싸인 파티마 왕조는 예루살렘을 제대로 통제하지 못했고, 순례자들은 도적 떼들의 먹잇감이 되는 경우가 점점 많아졌다.

1071년에는 새롭게 떠오르는 셀주크 투르크Seljuk Turk의 두 번째 제왕 알프 아르슬란Alp Arslan이 만지케르트Manzikert에서 동로마의 대군을 격파하고 황제까지 생포하였다. 당연히 동로마제국은 크게 약화되었다. 하지만 알프 아르슬란은 다음 해 허무한 죽음을 맞았고, 셀주크 투르크는 가족과 장군들에 의해 분열되고 말았다. 바그다드Badad에는 무력해지기는 했지만 순니파인 아바스 왕조의 칼리프가, 카이로Cairo에는 시아파인 파티마 왕조의 칼리프가 여전히 남아 있었다. 이렇게 이슬람 세계는 분열되어 어지러웠다.

이때 십자군이라는 의외의 존재가 등장한다. 이렇게 1090년대에 서아시아가 혼란에 빠진 상황에서 당시 교황인 우르바누스 2세Urbanus II는 1095년에 소집한 클레르몽 공의회Council of Clermont에서 십자군 원정을 제창하였다. 원정의 표면적 원인은 동로마제국이 만지케르트 전투에서 셀주크 투르크에게 대패를 당한 후 지원을 요청한 것이지만, 교황은 교황권의 확대와 동서 교회의 통합을 염두에 두고 십자군 원정을 주도하였다. "신께서 그것을 원하신다!" 라틴어로는 'DEUS LO VULT'란 구호가 전 유럽을 뒤흔들었다. 영지 쟁탈전을 벌이면서 '죄'를 지은 제후들은 그 죄를 용서받기 위해, 상속받지 못하는 귀족의 자제들 중 일부는 영지를 얻기 위해, 하층민들은 순교와 천국행에 대한 열망을 품고 원정에 참가하였다. 하지만 국왕들은 참가하지 않았고, 백작 이상 급의 제후들이 십자군의 주력을 이루었다.

십자군은 엄청난 고생을 했지만 서로 물어뜯기 바쁜 셀주크 투르크의 여러 세력을 각개 격파하며 나아갔고, 1098년 6월에는 그리스도인이라는 말이 처음 생긴 도시 안티오키아를 함락시키고 다음 해 1월 안티오키아 공국을 세운 데 이어, 1099년 6월에는 드디어 성스러운 도성 앞에 이르렀다. 1099년 7월 15일, 1차 십자군은 파티마 왕조의 수비대가 항복하자 도시로 밀려들었고, '성지 정화' 작업을 실행에 옮겼다. 이렇게 수천 명의 무슬림과 유대인이 무차별 학살당했다.

예루살렘 왕국과 십자군 국가들의 건국

십자군 원정의 성공으로 예루살렘은 무려 462년 만에 그리스도교 세력의 수중에 들어가게 되었다. 하지만 십자군이 정복에 그치지 않고 성지를 영구적으로 통치하기 위해서는 나라와 군주가 필요하였다. 십자군의 지도자였던 하下 로렌 공작인 부용의 고드프루아 Godefroi de Bouillon가 '성묘수호자'로 사실상 예루살렘 왕국의 초대 국왕에 올랐다.*

그러나 예루살렘으로 임무를 다했기에 '천국행 보증수표'를 받은 십자군의 7할 이상이 본국으로 돌아갔고 영웅으로서 큰 환대를 받았다.** 남은 병력은 3천 명도 되지 않았다. 하지만 죽으란 법은 없

---

* 그는 예루살렘의 왕은 그리스도뿐이라며 왕 대신 이런 칭호를 사용했다.

** 이 때문에 차남 이하의 귀족 자제들이 영지를 얻기 위해 십자군에 참여했다는 기존의 주장은 점점 힘을 잃어가고 있다.

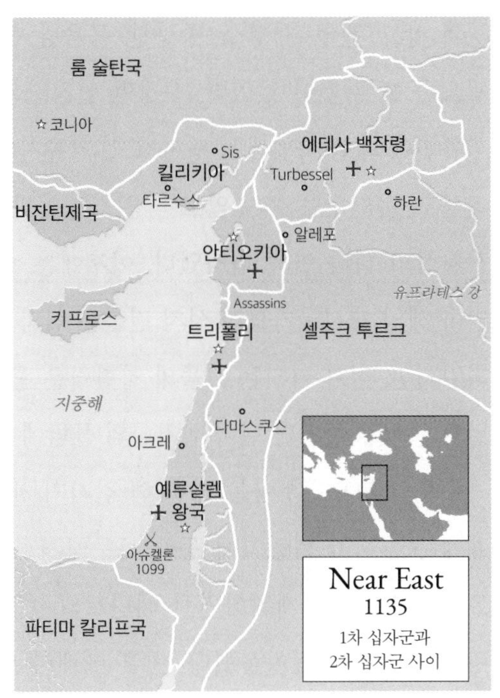

십자군 국가들의 판도
(ⓒMapMaster: wiki)

었는지 그때 천군만마가 도착하였다. 앞서 언급했지만, 그때까지 국왕이나 국가 차원에서 십자군에 참가하는 나라는 없었는데, 이때 피사와 베네치아 공화국이 도시국가이긴 하지만 처음으로 국가 차원으로 십자군에 참여했던 것이다. 또한 원정의 성공에 감동한 순례자들이 대거 모여들었는데, 일설에 의하면 2만 5천 명에 달했으며, 정확하게는 알 수 없지만, 이들 중 절반은 무장하고 있었다고 한다. 두 도시국가의 해군과 무장순례자 집단은 사실상 빈 껍데기였던 예루살렘 왕국에 큰 힘이 되었다. 하지만 당연히 공짜는 아니었고, 자유로운 경제활동과 항구와 거류지 및 배후지 제공, 사법권을 포함한 자치권 보장 등의 큰 대가가 따랐다. 그들의 거류지에는 성당과 창고, 관청, 제빵소, 방앗간, 목욕탕, 도살장과 농장 등 생활에 필요한 모든 것이 있었다. 수장인 집정관은 본국을 대표함은 물론 거류민에 대한 사법권을 행사하고, 거류지의 재정과 상업활동을 관리하고, 유언장을 쓰지 않고 죽은 상인들의 사후처리까지 맡았으니 사실상의 나라 안의 나라였다. 이후에는 제노바도 가세한다. 이탈리아 해양 도시국가들의 성지 진출은 십자군 국가들에게 큰 도움이 되었지만, 점차 커지는 그들의 영향력은 큰 부담이 되었으며, 먼 훗날의 일이긴 하지만 결국 십자군의 몰락에 일조하고 만다.

부용의 고드프루아는 다음 해 갑자기 세상을 떠나고 말았다. 그에게는 후사가 없었기에 동생 보두앵Baudouin이 후계자가 되었고, 그는 18년 동안 재위하면서 레반트의 해안지대를 거의 정복하여 왕국의 기반을 쌓아올렸다. 이후 에데사 백국과 트리폴리 백국이 세워져 안티오키아 공국과 함께 십자군 국가가 4개나 생겨났다. 이들은 예루살렘 왕국을 종주국으로 받들었지만 서로의 이익 때문에 반목하는 경우도 많았다.

아말피 상인과 병원, 그리고 수도회의 창립

구호기사단은 이름이 보여주듯이 병원에서 시작된 조직이다. 기사단의 모태가 되었던 병원과 그 병원을 세운 아말피 상인들에 대해 간단하게라도 알아보지 않을 수 없다.

하킴의 파괴가 지나간 지 몇 년 되지 않은 1023년, 이탈리아 해양 도시국가 중 첫 번째 주자라고 할 수 있는 아말피Amalfi에서 온 상인들은 이집트의 칼리프 알리 아즈자히르Caliph Ali az-Zahir로부터 병원을 재건하기 위한 허가를 받아내었고, 이들은 성묘교회 바로 옆 세례자 요한Saint John the Baptist 수도원이 있던 자리에 병원을 설립하였다. 몬테카시노Montecassino에 본부를 둔 베네딕트Benedict 수도회의 수도사들이 관리를 맡아 환자들을 보살폈다고 한다.

또 다른 설도 있다. 1050년경, 콘스탄티노플Constantinopolis 주재 아말피 거류민 단장인 마우로Mauro를 위시한 몇몇 상인들은 성지 순례 도중에 환자들을 치료하기 위한 병원과 숙소를 예루살렘에 세웠다는 것이다. 두 가지 설이 중첩되어 있고, 기사단의 극초기 역사는 거의 전설과 신화에 가깝기에 확실한 것은 알 수가 없다. 마우로가 그 전에 아말피의 선배들이 세웠던 병원을 확장했을 가능성도 높다. 아말피와 가까운 살레르노Salerno에는 유럽에서 가장 오래된 의학교가 있었다. 중세에서는 아주 드물게, 이 의학교는 의사와 학생의 민족이나 종교를 따지지 않았기에 교수 중에 유대인이나 아랍인도 있었다.

어쩌면 마우로와 그의 동지인 아말피의 상인들은 살레르노 의학교 출신 의사들을 믿고, 순례자들을 위한 숙소보다는 의료를 전면에 내세운 시설을 만들었는지도 모른다. 이는 시오노 나나미의 가설이다. 어쨌든 아말피의 상인들이 11세기 초반에서 중반 사이에 예루살렘에 병원을 세웠다는 사실만은 확실하다. 기사단이 8개의 꼭짓점이 있는 아말피 십자가를 자신들의 상징으로 삼았고 지금까지도 이어지고 있기 때문이다.

아말피의 문장

강렬한 인상을 주는 이 십자가의 네 방향은 용기와 정의, 절제, 인내를 의미하며, 8개의 꼭짓점은 기사들의 출신국인 프랑스의 오베르뉴Auvergne, 프로방스Provence, 일 드 프랑스Île-de-France, 스페인의 아라곤Aragón과 카스티야Castilla, 그리고 독일, 영국, 이탈리아를 의미한다. 자연스럽게 단원의 의무도 여덟 가지였다. 그 내용은 '진실하게 살며Live in truth, 신앙심을 가지고Have faith, 죄를 뉘우치며Repent of sins, 사람들을 겸손하게 대하고Give proof of humility, 정의를 사랑하고Love justice, 자비를 베풀고Be merciful, 진심으로 온 마음을 다하며Be sincere, 박해를 인내함Endure persecution'이다.

물론 이런 의미들이 처음부터 있었던 것은 아니고 훗날 전통이 쌓여 가면서 형성된 것이다. 참고로 마우로는 1071년에 세상을 떠났다고 한다. 11세기 말로 갈수록 순례자가 늘어 성 마리아라고 이름을 지은 여성 전용 병원과 숙소가 증축되었고, 수녀원도 추가되었다. 남자 병원에는 그 자리에 있었던 수도원의 이름대로 세례자 성 요한의 이름이 붙었다.

하지만 아말피 상인들이 이곳에 병원을 세운 이유는 여전히 불분명하다. 그들은 그리스도교인이었지만 이슬람 사이에서 양다리를 걸치며 떼돈을 벌었는데, 앞서 이야기한 성 유물 거래를 제외하면 전혀 돈이 나올 것이 없는 예루살렘에 병원을 세울 이유가 없기 때문이다. 일부 상인들의 선의 때문이라고 밖에는 설명할 길이 없다.

이 병원의 설립 시기가 1023년이건, 1050년이건, 십자군의 예루살렘 공격이 있기 약 반세기 사이에, 처음에는 가장 세속적인 인간인 상인에 의해 운영되던 '병원'이 서서히 수도사의 손으로 옮겨가게 된다. 이유는 두 가지다. 첫째는 후원자였던 아말피의 세력이 쇠퇴하고, 제노바와 베네치아, 피사의 해양력이 강해졌기 때문이고, 둘째는 본업이 있는 속인에 비해 수도사는 이런 사업에만 전념할 수 있었기 때문일 것이다. 1099년 당시 병원의 책임자는 남부 프랑스 출신인 제라르도라는 수도사였다.

십자군의 예루살렘 공격이 시작되자, 파티마 왕조의 수비대는 모든 그리스도교도들을 성 밖으로 내보냈지만, 이 성 요한 병원의 관계자들만은 예외로 하였다. 아마 평소에 무슬림들도 치료해 주었기 때문일 수도 있지만, 전시에는 무조건 의사가 필요했기 때문이었을 것이다.

제라르도는 몰래 십자군과 협력했는데, 이것이 발각되어 고문을 당했고, 결국 장애인이 되었다. 처형을 피하기 어려웠지만, 그 전에 십자군이 예루살렘을 '해방'했기 때문에 목숨을 건질 수 있었다. 이런 과정이 나중에 이런 전설로 바뀌게 된다. 그는 성벽에 올라 십자군에게 돌을 던지는 듯 보였지만, 실은 돌이 아니라 빵이었다. 그래서 그는 재판에 회부되고 말았지만, 증거였던 빵이 돌로 변하는 기적이 일어나 무죄 석방되었다는 것이다.*

이런 신화가 생길 정도로 제라르도는 인망이 있었고, 봉사활동에도 열성적이었다. 그래서 축복받은 제라르도Blessed Gerard라는 별명이 붙었고, 훗날 가톨릭교회에서 성인 다음 가는 영예인 복자품에 오르기에 이른다. 승리한 십자군에도 부상자가 많았으므로, 그리스도교 치하의 예루살렘에서도 이 '병원'은 매우 바쁠 수밖에 없었다.

예루살렘 왕국의 초대 왕 고드프루와와 2대 왕 보두앵은 성묘교회 주변의 땅을 기증하고, 1101년 감행한 원정에서 생긴 전리품의 1할을 기증하였다. 같은 해에 이탈리아의 아풀리아 대주교가 헌금의 상당량을 보내주었다.

이렇게 병원의 필요성과 제라르도의 헌신적인 활동이 널리 인정받기에 이르자, 그가 이끄는 병원과 봉사 조직을 수도회로서 인정해야 된다는 목소리가 높아졌다. 1113년, 교황 파스칼 2세Paschal II가 '자비로운 의지의 청원'이라는 이름의 회칙을 발표하여, 병원 조직을 수도회로서 정식 인준하였다. 물론 수장은 제라르도였다. 이렇게 해서 수도회가 교황청 직속으로 운영되는 기초가 수립되었다. 하지만 아직은 어디까지나 봉사수도회였지 군사조직은 아니었다. 여기서 종교기사단이란 어떤 조직인가에 대해서 살펴볼 필요가 있다.

---

* 이 기적 때문에 빵을 들고 있는 모습으로 그려진 초상화가 있다.

종교기사단이란?

그리스도 예수님의 훌륭한 군사답게 고난에 동참하십시오. 군대에 복무하는 이가 자기를 군사로 뽑는 사람의 마음에 들려면, 개인의 일상사에 얽매여서는 안 됩니다. (디모테오 후서 2장 3-4절)

십자군 원정의 성공으로 예루살렘을 비롯한 팔레스티나와 레반트 일대는 십자군 세력의 손에 들어왔으나, 앞서 언급했듯이 대부분 귀국했기에 병력은 엄청나게 부족하였다. 반면 주변에는 분열되어 있긴 했지만 무슬림 인구가 압도적이어서, 십자군 국가들의 입지는 아주 불안정할 수밖에 없었다.

이때 종교기사단, 즉 전투 수도사들이 등장한다. 수도사들이 무기를 들었다는 것은 십자군 전쟁으로 인해 가톨릭교회 내부에 큰 변화가 일어났음을 말해 준다. 사실 4세기에 성 마르티누스는 정통 신앙의 입장에서 "나는 예수님의 병사지만 싸워서는 안 된다"라며, 전투에서의 유혈은 죄악이며, 성스러운 사람은 어떤 이유로도 속세의 싸움에 관여할 수 없다고 주장하였다. 당시의 교회는 전쟁은 물론 무기 소지조차 엄격히 금했다.

수십 년 후에 야만족들의 침입을 직접 겪어야 했던 아우구스티누스는 마르티누스의 견해에 도전장을 내밀었다. 어떤 경우에는 전쟁도 도덕적이며 심지어는 정의로울 수도 있다는 것이었다. 그리스도의 적들에 대항하여 그리스도교의 영토를 보호하기 위해 병사들이 무기를 드는 것은 본질적으로 방어전이라고 주장하였다.

한 걸음 더 나아가 신이 허락해 주셨다면 이 전쟁은 성전이며 전사들은 신의 종이라고 성 아우구스티누스는 말했다. 이 주장은 교회의 거룩함을 보존하고 믿음을 전파하기 위해 전쟁을 합리화하였다. 9세기 카알 대제가 이슬람 지배하에 있던 스페인을 되찾고, 로마제국을 새롭게 세우려 할 때, 이 새로운 관점을 실행에 옮겼다.

점차 천사들의 대장인 성 미카엘에 바치는 미사는 큰 전쟁에 나가기 전에 드려야 하는 성스러운 예식이 되었다. 11세기에는 사제가 무기를 드는 것을 금지하는 풍조도 사라져갔다. 이제 교회는 기사도에 충실하고 도덕적인 전사를 요구하기에 이른다. 물론 드러내놓고 말하지는 않았지만, 이 전사들에게는 게르만 전사들이 명예롭게 전사하면 간다는 내세인 발할라Valhalla가 천국이 되었고, 주신 오딘Odin이 그리스도가 되는 식으로 북유럽 신화의 요소를 수용하였다. 이들은 니벨룽겐Nibelungen의 영웅들이나 바이킹과 비슷해졌다.

그리스도교적인 인내가 그리스도교적인 투쟁으로 변하는 과정에서 어떤 전사들은 가끔 윤리적 혼란에 빠지곤 하였다. "십자군 기사가 된다는 것이 '다른 쪽 뺨도 내밀어라'라는 신의 명령을 위반하는 듯이 보였기 때문에 나의 마음은 종종 근심으로 어두워졌다." 이것은 1차 십자군 원정에 나간 한 병사의 일기에 적힌 내용이다. "이런 모순 때문에 나는 용기가 나지 않았다. 그러나 우르바누스 2세께서 무슬림과 싸우는 모든 그리스도 교인들의 죄를 사면하시자 갑자기 잠자고 있던 용기가 샘솟았다."

시토 수도회Cistercians의 창립자이자 위대한 신비사상가이기도

한 클레르보의 성 베르나르도Bernard of Clairvaux는 이런 전사들을 찬양하며, "육체의 힘으로 적과 싸우고, 정신력으로 악령과 싸우는 이중의 전투를 하는 전사를 위한 새로운 제도가 필요하다"라고 선언하면서 "성지에서는 싸우는 기사가 수도사보다 더 필요하다"라는 말까지 하기에 이른다. 사실 중세의 꽃은 누가 뭐라고 해도 교회와 기사다. 신에게의 헌신과 전투를 함께할 수 있다는 사실은 영지를 상속받지 못한 귀족의 아들들에게는 매력적으로 다가왔다. 이런 분위기 속에서 생겨난 조직이 바로 종교 기사단이었다. 상당수 학자들은 로마군 이후 진정한 의미에서 유럽에 등장한 첫 전문적인 군대라고 평가하고 있을 정도다. 종교기사단의 대표적인 존재는 성전기사단과 이 글의 주인공 구호기사단인데, 유래는 구호기사단이 먼저이지만, 군사조직으로서는 성전기사단이 조금 빨랐다.

유럽에서 예루살렘을 오가는 성지 순례자들을 보호하기 위해, 1115년, 프랑스 부르고뉴의 귀족 위그 드 파앵Hugues de payens이 주도하여 뜻을 함께하는 8명의 기사를 모았다. 그들은 성지로 가서 순례자들의 경호를 맡았다. 1118년, 그들은 예루살렘 총대주교 앞에서 수도서원을 하였다. 즉 이 전투 수도사들은 다른 수도사들과 마찬가지로 청빈과 순결, 복종을 서약했고, 갑옷을 두르고 이교도들과 싸울 때에는 가장 먼저 공격에 나서고 가장 나중에 후퇴할 것을 맹세하였다. 겨우 9명으로 시작된 기사단이니만큼 처음에는 가난하게 시작할 수밖에 없었고, 당시 그들도 스스로를 '그리스도의 가난한 기사들'이라고 불렀다.*

그러자 예루살렘의 왕 보두앵 2세는 자신의 궁전이 있는 성전산

기슭에 그들의 터전을 마련해 주었는데, 그 터가 옛날 솔로몬 성전이 있었던 자리였기에 조직의 이름을 성전기사단이라고 지었다. 한 세기도 더 지난 다음의 일이지만, 성전기사단이 이곳에 자리 잡은 것은 큰 분란의 원인이 되고 말았다. 이렇게 예루살렘 총대주교의 인정을 받았다고 해도, 아직 정식 수도회로서 인가된 상황도 아니었기에 이들의 활동은 불안할 수밖에 없었지만, 점차 지원하는 기사들의 숫자가 늘어났다. 특히 1119년 부활절 전야에 700명에 달하는 순례단이 당한 대참사는 종교기사단의 필요성을 더욱 확실하게 각인시켰다. 이집트 도적 떼의 공격을 받고 700명의 순례단 중 300명이 학살당하고, 60명이 포로로 잡혔으며, 모든 소지품은 약탈당했던 것이다. 사실 규모만 작았지 비무장 순례자들을 먹이로 한 살인과 강간, 약탈은 비일비재하였다.

이런 필요성에도 불구하고 불안했던 기사단의 처지를 해결해 준 인물이 바로 클레르보의 베르나르도였다. 예루살렘 왕과 총대주교는 무보수로 헌신하는 그들에게 감탄하여, 그에게 상세한 보고를 올려 도움을 청하였다. 그도 성지를 수호할 수 있는 군사수도회 설립에 적극적이었다. 그는 호노리우스 2세 교황을 설득하여 1128년, 성전기사단을 공식 수도회로 인준하도록 큰 역할을 하였으며, 그들이 교회법에 적법한 방식으로 기부, 모병, 영지 관리를 할 수 있게 도와주었다. 자연스럽게 성전기사단의 회칙과 조직은 시토 수도회의 그것을 따르게 되었다. 1139년에는 인노첸시오Innocenzo

---

* 중동 쪽의 기록으로는 30명으로 시작했다고 하지만 정설은 아니다.

초대 총장 제라르도

2대 총장 뒤 퓌

2세의 칙령으로 성지에서 활동하는 기사수도회들에게 세속법의 의무를 대폭 면제해주는 특혜가 내려져, 그들은 성지에서 빠른 속도로 성장할 수 있었다. 물론 이런 특권에 대한 반발도 만만치 않았다. 하지만 한 세기 후 위대한 신학자 토마스 아퀴나스Thomas Aquinas가 기사수도회는 스스로를 희생하여 그리스도교 공동체를 보호하고 세속군주들을 위해서가 아니라 교회의 요청 때문에 싸운다는 점을 명확히 하면서 그들의 필요성을 옹호하였다. 또한 기사수도회는 유럽과 외부 세계를 연결하는 네트워크의 핵심이기도 했기 때문에 반대 여론은 상당히 잦아들었다.

여기서 이야기를 구호기사단 쪽으로 돌리겠다. 전 유럽의 애도 속에 제라르도는 1120년 세상을 떠났다. 그를 계승한 인물은 프로방스의 레몽 뒤 퓌Raymond du Puy de Provence였다. 당시 37세였던 뒤 퓌는 1160년(일설에 의하면 1158년)까지 무려 40년간 '총장'을 맡으면서 병원조직이었던 수도회를 기사단으로 변모시키는 데 큰 역할을 한다. 참고로 구호기사단의 수장을 영어로는 Grand Master라고 하는데, 많은 책에서 단장이라고도 번역하지만 가톨릭수도회의 수장은 일반적으로 총장으로 부르는 데다가, 기사단의 긴 역사와 비중을 감안할 때 단장보다는 총장이 더 적합하다고 판단하여, 이 호칭을 선택하게 되었다.

수도회의 군사화는 성전기사단의 발족과 발전에 큰 자극을 받았음은 당연하지만 그것이 전부는 아니었다. 많은 학자들은 당시에 본격화되기 시작한 스페인의 국토수복 운동, 즉 레콩키스타 Reconquista가 수도회에 강한 영향을 주었고, 당시에는 순례자 경호 자체가 자선 활동의 일부라고 볼 수 있었기 때문이다.

어쨌든 수도회의 군사화는 1130년대에 급속하게 진행되었다. 성전기사단과 구호기사단은 이 일대에서 가장 영향력이 큰 그리스도교 단체가 되었다. 그들의 본거지가 성도 예루살렘에서도 가장 중요한 성전산과 성묘교회 바로 옆에 위치한다는 사실 자체가 그들의 위상을 설명해주고 있다. 무슬림과의 전투에서 자신들을 식별하기 위하여 구호기사단원들은 큰 흰색 십자가가 그려진 검은 겉옷을 갑옷 위에 걸쳤다. 초대 총장 제라르도와 뒤 퓌의 차이는, 비록 17세기에 그려진 초상화이긴 하지만 갑옷 착용 여부를 보면 알 수 있다. 일부 역사가들은 군사화를 시작한 뒤 퓌를 실질적인 설립자로 보고 있다.

어쨌든 구호기사단과 성전기사단원들은 정당하고 신성한 전쟁이라는 기치에 만족했고, 총장을 통해 교황에게 직접 보고를 올렸다. 아마 이 책을 읽으시는 분들 중 대부분은 영화 「킹덤 오브 헤븐」을 보셨을 것이다. 영화 초반에 주인공 발리앙의 아버지 고드프리가 형의 성을 방문하여, 일행들과 함께 식사를 대접 받는데, 그의 일행인 구호기사단원을 본 형이 "기사는 기사고 수도자는 수도자이지, 둘을 동시에 하는 건 듣지도 보지도 못했어."라고 말하자 고드프리가 제지하는 장면이 나온다. 성전기사단과 구호기사단이 생겨난 지 얼마 안 된 시점의 사회상을 잘 고증한 셈이다. 여기서 구호기사단은 성전기사단보다 훨씬 긍정적으로 묘사된다.

두 기사단의 활동과 차이점

만성적인 병력 부족에 시달리는 예루살렘 왕국은 성지의 방어를 전업으로 삼은 두 기사단에 의지하지 않을 수 없었다. 그럼에도 두 기사단은 왕국의 통제와 무관하게 교황 직속이었고, 교황 역시 성지에서 자신의 목소리를 내기 위해서는 그들이 반드시 필요하였다.

자연스럽게 전원이 지원자인 두 기사단은 점점 십자군 국가의 '상비군'으로서 최정예 특수 부대라는 역할을 떠맡게 되었다. 먼 성지까지 와서, 이슬람 세력이 삼면을 둘러싸고 있는 십자군 국가들을 방어하는 임무를 맡는 것인데, 더구나 이 임무는 종신이었고 독신으로 살아야 했다.

그러면 누가 두 기사단에 지원했을까? 예루살렘의 '해방'으로 유럽의 제후들은 해야 할 일이 이루어졌다고 보았고, 더 이상 오리엔트로 가지 않았다. 그러나 유럽에서 재물과 성채와 귀부인들을 포기하고 경건하고 순결하게 살 것을 맹세하려는, 즉 십자군 정신이 흘러넘친다고 자부하는 기사들도 있었다. 그들은 개별적으로 성지로 갈 수밖에 없었는데, 두 기사단이 그런 이들을 흡수한 것이다. 하지만 이런 이들은 많지 않았고, 따라서 두 기사단 모두 대규모 병력을 지닐 수가 없었다. 대개 3백에서 5백 명 정도였고, 대부분의 경우 중무장한 기사 1백 명 정도가 전투에 나섰다. 하지만 그들은 일당백의 전사들이었다. 물론 기사들이 거느린 종자들과 평민 출신 부사관, 현지인 용병들로 구성된 더 큰 규모의 보조병력이 있었지만, 주력은 어디까지나 몇 백밖에 되지 않은 기사들이었고, 이런 기본적인 구조는 무려 18세기 말까지 계속된다. 창설 초기에는 신앙심만으로 참여하는 귀족들이 많았으나 뒤로 갈수록 물려받을 재산이 없는 차남이나 삼남같이 갈 데가 없는 귀족 자제들이 주요 인재풀이 되었다. 「왕좌의 게임」의 주인공 중 하나이자 영주의 서자인 존 스노우Jon Snow가 나이트 워치에 입단한다는 설정은 이런 사실을 기반으로 한 것이다.

12세기 내내 두 기사단은 레반트의 항구도시에서 순례자들이 탄 배를 기다리다가 그들을 예루살렘까지 안전하게 호송하였다. 사실 예루살렘 왕국은 몇몇 도시들만 확실하게 장악하고 있었을 뿐, 대부분은 아랍인이나 투르크인, 이집트 마적들이 언제든지 나타날 수 있는 위험한 지역이었다.

두 기사단은 예루살렘 왕들에게도 큰 도움이 되었다. 두 기사단이 활동을 시작할 때에 왕의 활동은 예루살렘 주변과 항구도시의 통로 방어 정도에 한정되었지만, 그들이 본격적으로 활동하자 필요할 때는 예루살렘 방어를 그들에게 맡기고 멀리까지 원정할 수 있었던 것이다.

이렇게 두 기사단이 하는 일은 비슷했고, 둘 다 최소한의 활동비 외에는 보수를 받지 않았으며, 전리품도 기사단의 공유재산으로 헌납하였다. 그랬기에 두 기사단의 단원들은 아르메니아나 그리스, 심지어 개종한 아랍 여자를 부인으로 두거나 애인으로 거느리면서 음주와 도박, 사냥을 즐기고, 늘 화려한 장식을 하고 다니는 십자군 국가에 소속된 세속 기사들을 경멸하는 감정도 공유할 수밖에 없었다. 따라서 그들은 일시적인 갈등이 빚는 탐욕이나 속세의 군인들이 흔히 저지르기 마련인 천박한 폭력과는 다소 거리를 둘 수 있었다.

그럼에도 두 기사단의 활동은 상당한 차이가 있을 수밖에 없었다. 성전기사단은 봉건 제후에게 속하지 않은 하층 기사 출신들이 많아서, 용감하긴 하지만 무식한 자들이 많았다. 이에 비해 구호기사단은 귀족 출신들만 단원으로 받아들여, 상대적으로 교양이 있는 단원들이 많았는데, 그 증거 중 하나가 대부분의 단원들이 식사는 소박하더라도 가문의 문장이 새겨진 은식기를 사용했다는 점이다. 또한 성전기사단의 총장들은 대부분 예루살렘 국왕의 가신 출신이었지만 구호기사단은 그렇지 않았다.

또한 병원이 뿌리인 만큼 기사들에게는 일주일에 한 번은 의사의 조수로 일하거나 환자들에 대한 봉사가 의무로 주어졌다. 전투로 인해 불가능하게 되면, 돌아와서 며칠을 몰아서 봉사해야 하였다. 구호기사단의 병원은 1140년부터 1155년까지 대대적인 증축을 하여 2천 명을 수용할 정도로 거대한 규모가 되었으며, 질적으로도 당대 최고의 수준을 자랑하였다. 아랍인이나 투르크인 의사들까지 견학하러 올 정도였다. 참고로 기사들이 죽으면 그 음식기는 병원에서 인수하여 환자용으로 사용하였다. 덕분에 위생 면에서도 구호기사단의 병원은 최고 수준을 유지할 수 있었다. 환자들에게는 흰 빵과 육류, 생선, 포도주가 제공되었는데, 상당수의 환자들은 처음 먹어보는 음식이었다. 잠옷과 시트도 무료였다. 산부인과 병동도 별도로 있었다. 병원이 너무 커져서, 성묘교회가 빛을 잃고 있다며 대주교가 불만을 표시한 것은 옥에 티였지만 말이다. 물론 의사들은 귀족 출신이 아니더라도 받아들였고 독신의 의무도 없었다. 또한 당시 더 수준이 높았던 아랍의 의학도 적극적으로 도입하였다. 이런 병원 운영 경험과 귀족 출신다운 교양은 훗날 구호기사단이 성전기사단과 다른 운명을 개척할 수 있게 하는 큰 힘이 되었다.

아쉽게도 지금은 그때의 병원 건물을 찾아볼 수 없고 그 자리에 표지석만 세워져 있지만, 지금도 아랍인들이 그 지역을 페르시아어로 병원을 뜻하는 무리스탄Muristan이라고 부른다고 하니, 그들이 남긴 흔적이 만만치 않았다는 증거가 아닐 수 없다. 기사단의 병원은 예루살렘뿐 아니라 타란토Taranto, 바리Bari, 메시나Messina, 피사, 아크레Acre 등 순례자들이 떠나거나 경유하는 항구에도 건설되었다. 기사단은 병원 외에 많은 고아원과,* 예수 그리스도가 체포된 올리브산에 세운 수도원도 운영하였다.

또한 성전기사단은 구성원들 자체가 프랑스 출신이 대부분이었고 역대 총장들도 모두 프랑스인이었던 반면, 구호기사단은 프랑스 출신이 주류이기는 했지만 이탈리아·스페인·영국·독일 출신도 총장에 많이 올랐고, 심지어 소국인 포르투갈 출신도 몇 있을 정도로 국제적 성격이 강했다. 그 첫 번째 이유는, 기사단의 뿌리인 병원의 의사들 중 유대인이 많을 정도로 민족 구별이 없었기 때문에 전투조직도 그 영향을 강하게 받았기 때문이었다. 그래서인지 구호기사단원들은 아랍어를 구사하는 자가 많았지만 성전기사단원은 대부분 아랍어를 배우려 하지도 않았다. 두 번째로는 당시 귀족들은 국제결혼, 즉 혼혈이 많았는데, 이런 현상은 20세기 초까지도 이어졌고, 귀족 출신이 많은 구호기사단은 그 영향을 강하게 받았을 것이다.

여기서 지적해야 할 것은 기록상으로는 1157년, 갈릴리 북부에 있는 바니야스Baniyas 성을 구원하기 위한 출동이 구호기사단의 첫 출전이라는 사실이다. 하지만 1136년에 구호기사단이 아스칼론Ascalon** 부근에 있는 지블린Gibrin 요새를 예루살렘 왕으로부터 인수받았다는 기록이 있다. 군주가 군사력이 없는 집단에게 요새나 성을 양도할 리가 없으니, 늦어도 1130년대 초반에는 구호수도회

---

* 성장한 고아들 중 상당수가 기사단에 입단했지만 정확한 숫자나 통계는 알 길이 없다.

** 아스칼론은 『구약성서』의 「판관기」와 「사무엘상」에서 블레셋인의 도시로 등장한다. 삼손이 활약했던 장소이기도 한데, 도시의 역사는 훨씬 더 오래 전인 기원전 3500년까지 거슬러 올라간다.

가 기사단으로 군사화가 진행되었음은 틀림없을 것이다.* 구호기사단이 요새를 인수받은 해인 1136년에 교황이 성전기사단에게 독자적인 군사 작전을 펼칠 수 있도록 인가해 주었다는 사실은 시사하는 바가 크다.

구호기사단이 이 시기에 전투에 참가하지 않았더라도 적어도 야전병원과 구급마차는 운영했을 것이다. 참고로 1128년, 뒤 퓌 총장이 예루살렘 왕의 아스칼론 공성전 당시 수행했다는 기록이 남아 있지만, 구체적으로 무엇을 했는지는 알 수가 없다.

여기서 2차 십자군 이야기를 하지 않을 수 없다. 1144년 이슬람의 군주 이마드 알 딘 장기Imad al-Din Zengi가 에데사 백국을 공격하여 멸망시키는 대사건이 일어났다. 그러자 대귀족들이 주로 참가했던 1차 십자군 전쟁 때와는 달리, 신성로마제국의 황제 콘라드 3세와 프랑스 왕 루이 7세가 참가한 2차 십자군이 구성되어, 1145년부터 1149년까지 전쟁이 계속되었다. 하지만 중동 정세를 제대로 파악하지 못한 왕들의 고집으로 아무런 소득도 얻지 못하고 병력과 물자만 낭비한 대실패였을 뿐 아니라, 결과적으로는 이슬람권의 반 십자군 동맹을 결성시키게 한 최악의 결과로 마무리되었다. 그런데 이 전쟁에 성전기사단은 참여했지만, 구호기사단의 전투 기록은 남아 있지 않다. 대신 1148년 6월, 다마스쿠스 공격을 위해 아크레에서 열린 회의에 뒤 퓌 총장도 참가했다는 기록은 있다.

---

* 『십자군-기사와 영웅들의 장대한 로망스』의 저자 토마스 E. 매든은 수도회에서 용병을 고용해서 지블린 요새를 지킨 것으로 보고 있다.

그의 반대에도 불구하고, 공격이 결정되어 실행되었지만 실패하고 말았다. 기록이 없는 것을 보면 구호기사단은 참가하지 않은 듯하며, 했더라도 소극적이었던 것으로 보인다. 덕분에 기사단의 전력은 보존되었다.

이런 수도회의 군사화 과정에서 일부 수도사들의 반대가 있었을 것이고, 기사들의 의료봉사 의무화와 본부와 병원을 같이 설치한다는 원칙이 수립되면서 타협이 이루어졌던 것으로 보인다. 어쨌든 두 기사단 모두 군사적 역할은 전투 수도사들에게만 한정했고, 무기의 사용이 금지된 사제들은 별도로 미사 집전과 성사 활동을 수행하고 있었다. 구호기사단은 이렇게 해서 사람을 살리는 의료, 사람을 죽이는 전투, 영혼을 구하는 종교가 삼위일체가 된 다소 모순적인 조직이 되었다.

이렇게 두 기사단의 공통점과 차이점을 찾아보았는데, 제3자가 볼 때는 병원을 제외하면 비슷한 조직이었고, 동서고금을 막론하고 비슷한 조직들은 '밥그릇 싸움' 때문에 사이가 나쁘기 마련이다. 고귀한 이상을 품고 싸우는 두 기사단 역시 예외가 될 수 없었다.

기사단의 요새들

수도회의 군사화 과정은 이 정도로 정리하고, 다음 이야기로 넘어가도록 하겠다. 기사들 덕분에 무사히 성지순례를 마치고 돌아가게 된 순례자들은 그들의 노고와 헌신에 감사할 수밖에 없었다. 이들 중 부유한 이들은 많은 돈이나 유럽에 있는 부동산을 기증하거

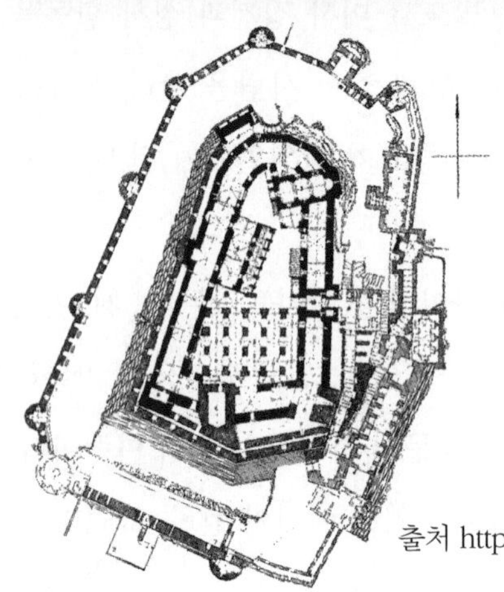

크라크 데 슈발리에의 전경. 유네스코 문화유산이기도 하다.
(ⓒTroels Myup: wiki)

출처 http://www.burgenwelt.org/

나, 죽을 때 유산의 상당 부분을 남기는 경우가 적지 않았다. 구호 기사단만 해도 12세기 초에 프랑스·포르투갈·카스티야·시칠리아·잉글랜드의 왕실과 제후들로부터 많은 재산과 부동산을 기증받아, 기사들의 생활비와 군자금으로 사용했는데, 특히 부족한 병력을 보완하기 위해 성채와 요새를 많이 건설하였다.

성채와 요새의 건설은 병력 부족 때문만은 아니었다. 십자군 국가들은 남북으로 700킬로미터 이상 길게 늘어서 있었지만, 너비는 최대 120킬로미터에 불과했고, 특히 트리폴리 백국은 10킬로미터 밖에 안 되는 해안평야에 대부분의 인구와 시설이 몰려 있어 더욱 위험하였다. 따라서 천연방어선인 산맥을 이용하여 침공로가 될 고갯길을 성채로 봉쇄하는 수밖에 없었던 것이다. 대표적인 성이 바로 그 유명한 크라크 데 슈발리에Krak Des Chevaliers. 기사의 성로, 거대한 반원을 이루는 탑의 치밀한 설계와 높고 두터운 벽, 잘 만들어진 저수조 등 모든 면에서 십자군 군사공학의 정수라고 할 수 있었다.

이 성에 대해 어느 학자는 다음과 같은 기록을 남겼다.

> 성은 언덕 위에 서 있다. 동쪽과 서쪽, 북쪽은 깎아지른 듯한 절벽이며, 보다 완만한 경사를 이루고 있는 남쪽은 해자로 방어되고 있다. 성벽탑이 딸린 강력한 두 줄의 성벽이 각각 성의 상부와 하부를 둘러싸고 있다. 가파른 언덕의 사면을 따라 올라가는 두 구역의 안쪽은 다른 곳보다 훨씬 지반이 높고, 여러 탑과 흉벽이 전체 요새를 압도하고 있다. 남쪽과 서쪽은, 외부구역에서 상부구역까지의 경사도가 가장 높다. 상부 구역의 장벽은 육중한 초석으로 강화되었고, 여러 탑의 하부를 집어 삼키며 높이 솟아 있다.

내륙의 물산 집산지인 홈스Homs와 성전기사단이 통제하는 항구도시 토르토사Tortosa. 현재 시리아의 항구도시 타르토스를 잇는 중요한 고갯길을 완벽하게 통제할 수 있는 해발 750미터의 산 정상에 위치한 크라크 데 슈발리에, 말 그대로 난공불락의 요새인 크라크 데 슈발리에는 구호기사단이 1142년에 트리폴리 백작으로부터 인수 받은 성 가운데 하나였다.

원래 이 성의 주인은 쿠르드족 계열의 이슬람 영주였는데, 그 영주는 홈스에서 트리폴리로 이동하는 대상들에게 통행료를 받기 위해 요새를 건설했지만, 1차 십자군 전쟁 당시 십자군에게 빼앗기고 말았다. 그래서 아랍인들은 이 성을 히슨 알 아크라드Hisn al Akrad, 즉 쿠르드 족의 성이라고 불렀다.* 이 성에 자리 잡은 다음 구호기사단은 암살단이라 불리는 악명 높은 아사신 파와 이웃하게 되는데, 그 이야기는 뒤에서 다룰 것이다. 토르토사로 가는 길 중간에는 성전기사단이 맡은 샤스텔 블랑Chastel Blanc 요새가 버티고 있다. 지금은 사피타Safita라고 불리는 이 요새의 돌출탑 지붕에 올라서면 동쪽으로는 크라크 데 슈발리에가, 서쪽으로는 토르토사가 한눈에 들어온다. 트리폴리 백국을 세운 레이몽은 동로마제국에서 석수들을 데리고 와 이 요새를 확장하여 새롭게 건설하였다. 하지만 이를 유지할 힘이 없어 기사단에게 양도한 것이다. 이 요새를 구호기사단이 더욱 보강하여 만든 걸작이 바로 크라크 데 슈발리에인 것이다. 당시 어느 무슬림 작가는 크라크 데 슈발리에를 두고 '무슬림의 목에 걸린 가시'라고 했을 정도이다. 구호기사단의 기사

---

* 아크라드가 크라트로 다시 크라크로 발음이 바뀐 것이다.

마르카브는 지형상 삼각형을 하고 있다.(©Shayno: wiki)

들은 산꼭대기의 성과 요새에서 황갈색의 산과 광활한 사막이 대부분인 동쪽의 이슬람 세계를 굽어보았다.

구호기사단이 직접 나서 처음부터 건설한 성은 많지 않고, 크라크 데 슈발리에처럼 양도받은 성을 증축, 보강하는 경우가 대부분이었다. 지중해변에 솟은 360미터 높이의 사화산에 위치한 삼각형의 마르카브Marqab 성 역시 양도받아 대대적으로 보강한 것이다. 트리폴리에서 2킬로미터 정도 떨어진 곳에 위치해 트리폴리를 육지와 바다에서 지키는 이 성은 14개나 되는 탑을 지니고 있었다. 기사단 시리아 지부의 사령부 역할도 수행하면서 공격 때는 거점 역할을 하였다. 유사시에는 1만 명 규모의 난민을 수용할 수 있는 시설도 갖추었다. 이 성은 1186년에 완성되었는데, 묘하게도 바로 다음 해에 십자군 역사상 최악의 재난인 하틴 전투가 벌어진다.

이후 십자군 국가들이 구호기사단에게 양도하거나 위임한 요새는 안티오키아 북쪽에서 아카바까지 고루 퍼져 있는데, 현재 확인된 것만으로도 70개가량이나 된다. 고고학적 발굴에 의해 확인된 십자군의 요새는 140여 소*이니, 절반 이상이 구호기사단이 방어와 관리를 맡았던 셈이다. 성전기사단이 맡은 성채보다 훨씬 많은 수였는데, 자세한 이유는 알 수 없지만 아무래도 성에서 살던 귀족 출신들이 많았고, 이미 대규모 병원과 숙소를 건설하고 유지했던 경험, 즉 대규모 건축물의 건설과 보수, 유지에 대한 경험이 많았기 때문으로 추정된다. 또 다른 이유도 있었다. 성채나 요새들은 대부분 변경에 있어 환락을 좇는 세속 기사들에게는 매력이 없었고, 결국 수도서약을 한 종교기사단이 이것들을 떠맡았기 때문이다. 이 점은 「왕좌의 게임」에서 나오는 나이트 워치와 비슷한데, 나이트 워치의 맹세는 다음과 같다.

Night gathers, and now my watch begins.
밤이 깊어지면서, 그리고 나의 경계가 시작되었으니
It shall not end until my death.
이는 내가 죽을 때까지 계속되리라.
I shall take no wife, hold no lands, father no children.
나는 아내를 가지지도, 영지를 취하지도, 아비가 되지도 않으며,
I shall wear no crowns and win no glory. I shall live and die at my post.
권력과 영광을 탐하지 않고, 초소에서 살고 죽으리라.

---

* 유명한 '아라비아의 로렌스'는 십자군 요새들에 흥미를 가지고 스케치와 상당한 양의 연구 결과물을 남겼다.

I am the sword in the darkness. I am the watcher on the walls.

나는 어둠 속의 검이며, 장벽 위의 파수꾼이니라.

I am the fire that burns against the cold, the light that brings the dawn,

추위를 물리치는 불이고, 어둠을 몰아낼 여명이니라.

the horn that wakes the sleepers, the shield that guards the realms of men.

아침을 알리는 나팔이며, 인간의 영역을 수호하는 방패이니라.

I pledge my life and honor to the Night's Watch,

내 삶과 명예로써 밤의 경비대에 맹세하리라.

for this night and all the nights to come.

오늘 밤과 앞으로 다가올 모든 밤 동안.*

어쨌든 종교기사단들이 가진 성채와 요새 그리고 그에 딸린 토지와 촌락을 합하면, 하틴 전투 직전을 기준으로 하면 예루살렘 왕국 전 국토의 55퍼센트까지 올라간다. 기사단은 이 땅에 사는 주민들에게 자체적으로 세금을 거두었다. 앞서 말한 이탈리아 도시국가들의 거류지와 성격은 다르지만 '나라 안의 나라'라는 점에서는 유사하다고 하겠다. 이런 성과 영지의 보유는, 나이트 워치가 그들이 지키는 장벽 남쪽에 "기프트"라는 자치 영역을 보유하였으며,

* 나무위키 '밤의 경비대' 문서

이곳에서 나오는 세금은 고스란히 나이트 워치에 들어간다는 설정과 같다. 경위야 어쨌든 중세의 성속을 상징하는 양극단인 기사단과 상인들이 우투르메르에서 이러한 지위를 누렸다는 사실은 무척 흥미롭다. 이 두 집단은 싸우기도 하고 협력하기도 하면서 오월동주의 세월을 보내는데, 특히 구호기사단과 베네치아 공화국은 무려 18세기 말까지 그 관계를 계속한다. 이 둘의 관계도 이 책을 읽는 재미 중 하나가 될 것이다.

이 요새들은 봉화대의 연기나 전서구를 이용해서 연락을 할 수 있었다. 크라크 데 슈발리에보다 더 산꼭대기에 건설된 요새는, 1168년 갈릴리 호수 남쪽에 세워진 사각형의 벨부아Belvoire 요새인데, 드물게도 기사단이 처음부터 건설하였다. Belvoire는 프랑스어로 '아름다운 경치'인데, 실제로 올라가면 멋진 풍경이 펼쳐진다. 동쪽의 요르단 강 계곡과 서쪽의 고원지대를 모두 감시할 수 있는데, 산꼭대기임에도 불구하고 해자 같은 강력한 방어시설이 구축되어 있다.

이슬람 병사들은 이 요새들을 "범할 수 없는 여성, 구혼할 수 없는 처녀"에 비유하였다. 즉 그것들을 낭만적인 사랑을 호소하거나 욕망으로 정복해야 할 대상으로까지 여겼던 것이다.

잘 훈련된 데다가 열정적이고, 무거운 갑옷과 좋은 군마 등 무장을 잘 갖춘 기사단은 정면으로 맞붙는 전투에서는 무적임을 증명하였다. 십자군이나 이슬람 군 모두 기병이 주 전력이었지만 운영방법은 엄청난 차이가 있었다. 십자군은 군마까지 갑옷을 입힌 중기병으로 돌격이 주 전술이었으며, 그 자체를 무기로 사용하였다.

하늘에서 바라본 벨부아 요새(ⓒAVRAMGR: wiki)

하지만 이슬람군은 활을 주 무기로 사용하는 경기병으로 말은 활을 쏘기 위한 '플랫폼'에 불과했던 것이다.* 하지만 두 군대가 정면으로 충돌하는 전면전은 드물었으며, 전략적으로 후퇴하여 강력한 성과 요새를 이용하는 경우가 훨씬 많았다. 이 성과 요새들은 한 세기 이상 이어진 이슬람의 공격을 굳건히 버텨냈고, 말기에 이르러서야 함락되었다. 이 요새들은 거의 천 년이 지난 1948년의 1차 중

* 따라서 말의 크기도 큰 차이가 났다. 기사단의 말은 어깨높이가 150센티미터에 달하고, 무게도 550킬로그램이 넘었지만 이슬람군의 말은 키는 비슷해도 무게는 400킬로그램을 넘지 않았다. 따라서 전술도 다를 수밖에 없었던 것이다. 그럼에도 두 군대 모두 기병이 주력이었으니, 군사사의 눈으로 보면 중세는 확실히 '기병의 시대'였다.

동전쟁, 즉 이스라엘 독립 전쟁 당시에도 유대인 정착민들의 든든한 은신처가 될 정도로 견고함을 자랑하였다.

구호기사단은 성지를 떠난 후에도 우수한 축성술로 만든 근거지 덕분에 이슬람 전사들의 엄청난 출혈을 강요하였는데, 그 이야기는 뒤에서 다룰 것이다.

기사단의 재정기반과 조직

구호기사단의 주 수입원은 역시 귀족들이나 부호들에게 기증받은 유럽의 부동산이었다. 구호기사단은 유럽 전역에 1244년 기준으로 무려 1만 9천 개소의 부동산을 보유하고 있었다. 이를 7대 관구로 나누어 관리했는데, 수도원과 성당, 성채를 중심으로 내수면 양식장, 창고, 농가, 축사, 대장간, 방앗간, 병원, 도서관 등을 갖춘 복합단지로 운영하는 경우가 많았다. 첨언하자면 많은 역사가들은 구호기사단과 성전기사단을 다국적 기업의 원조격으로 보고 있다.

구호기사단은 기부받은 부동산을 팔지 않고, 임대하여 꾸준한 수입을 얻는 방식으로 운영했는데, 이에 비해 성전기사단은 건물을 팔아 버리는 경우가 많았다. 두 기사단 모두 의식주에 들어가는 고정비용과 군마와 장비, 요새 유지비를 포함한 군자금, 그리고 전투가 나면 생기기 마련인 포로에 대한 송환비용, 즉 몸값은 비슷하게 들었을 것이다. 두 기사단 모두 귀족들의 유산이 중요한 재원이었기에, 유언장 형태의 자산 양도 각서 등 기록을 주도면밀하게 보관했다는 공통점도 있다. 기부 받은 부동산 중에는 중근동의 경작

지도 있었는데, 무슬림에게 관리를 맡기고,* 무슬림 농민들에게 경작하게 하였다. 하지만 구호기사단의 경우에는 병원 유지비와 인건비, 약재 비용이 고정적인 큰 지출이었기 때문에 더 많은 돈이 필요하였다.

어쨌든 기사들 스스로는 청빈 서약을 하고 개인 재산은 거의 가지지 못했지만, 그들이 모인 조직인 기사단은 점점 많은 돈이 필요해지고 부유해지는 역설이 일어나고 만 것이다.**

참고로 구호기사단의 병원에는 기사단 이사회의 일원이기도 한 병원장이 책임을 지고, 각 4명의 내과와 외과 의사, 전속 사제, 병동마다 9명의 간호수도사들이 있었는데, 물론 시대의 변화에 따라 인원은 유동적으로 변화하였다. 당연히 약재 비용도 많이 들었다. 순례자들 자체가 거의 유럽 출신이기에 약도 유럽에서 들여와야 했는데, 구호기사단은 약초 재배지도 경영하고, 약초를 나르고 성지순례단도 태우는 전용선도 운영하였으며, 13세기 초에는 소규모 해군까지 만들기에 이른다. 기사단의 해군은 이슬람 측 해변 마을에 대한 소규모 습격 작전을 감행하기도 하였다. 이런 선박 운영 경험도 이들이 살아남는 데 큰 공헌을 하게 된다. 이렇게 구호기사단은 예루살렘 왕국 내에서 '나라 안의 나라'로서 확고한 입지를 구축하였다. 물론 이런 지위는 성전기사단도 똑같이 누렸는데, 두 기사단은 독자적으로 외교활동을 할 수 있었다.

---

* 조선시대의 마름과 비슷한 존재라고 보면 될 것이다.

** 기사들이라고 전혀 사치가 없었던 것은 아니었는데, 대표적인 것이 첫 성지순례를 다녀오면 주어지는 비단외투였다.

기사단은 지금으로 치면 법인이었기에 이사회가 있었고, 이곳에서 중요한 결정이 이루어졌다. 당시의 구성원은 총장과 부총장, 군사령관, 병원장, 군수장관, 해군사령관, 경기병사령관, 수도원장으로 구성되어 있었다.

성 라자로 기사수도회

성 라자로 기사수도회영어명: Order of Saint Lazarus는 1120년대 초, 예루살렘 북쪽 성벽에 인접한 나병환자를 위한 병원에서 유래했는데, 10여 년 후 서유럽인들이 인수하여 수도회로 변모하면서 성 아구스티누스 수도회의 회칙을 따르게 되었다. 구호기사단 총장이 성 라자로 수도회의 총장을 겸임하는 전승으로 보아 인수자는 구호기사단 회원일 가능성이 높다. 실제 구호기사단과 성전기사단의 규정에는 단원이 나병에 걸리면 조직을 떠나 성 라자로 기사수도회에 입회해야 한다는 조항이 있었다.

성 라자로 기사단의 문장
(©Mathieu CHAINE: wiki)

성 라자로 기사수도회는 1142년 독자적인 수도원과 교회를 가졌고, 1155년에는 아스칼론과 티베리아스Tiberias, 아크레에도 성당을 지었고, 작은 규모이지만 영지도 보유하기에 이른다. 이 시기에 무장한 수도사들도 등장했지만 숫자는 많지 않았고, 주업은 나병원의 운영이었다. 1187년 운명적인 하틴 전투에도 적은 숫자나마 참여했을 가능성이 있다.

성 라자로 기사단이 우투르메르의 세 번째 기사단임은 분명하지만 아무래도 비중이 크지 않고 1291년 이후에는 군사 활동을 포기하고 자선활동에 전념하다가 1790년경에는 완전히 사라져 기록도 불분명한 부분이 많다. 따라서 양대 기사단과는 비교할 수 없는 존재였다. 몇몇 장면에서만 이 기사단의 활동을 다루고자 하니 독자들의 양해를 구한다.

성지에서의 구호기사단 그리고 어쩔 수 없는 현지화

구호기사단원이 되기 위해서는 다음과 같은 자격이 있어야 했다.

1. 성년이 된 남자
2. 다른 수도회원이 아닌 자
3. 미혼자
4. 채무자가 아닌 자
5. 농노가 아닌 자

하지만 이런 조건은 성지에서 살고 싸우는 정식 기사들에게만 요구되는 것이었다. 앞서 이야기했듯이 많은 이들이 기사단에 유럽에 있는 부동산을 기증했는데, 당연히 이를 관리할 인물들이 있어야 했다. 그래서 구호기사단은 유럽 현지에서도 기사단원이 될 수 있고, 결혼한 '속인'들도 재속수도회라는 이름으로 조직의 일원이 될 수 있도록 하는 제도를 만들었다. 그들 중에는 왕족도 있었다. 이 제도는 기사단이 현재까지 존속하는 데 큰 기여를 하였다.

'기사'란 말 그대로, 말에 탄 전사를 의미한다. 보통 기사들은 세 마리에서 많으면 다섯 마리 정도의 군마를 가지고 있고, 갑옷도 서너 벌은 기본적으로 가지고 있어서, 그것들을 관리하는 시종들을 거느리고 있었다. 따라서 이 군마들과 시종들을 유지하는 비용도 요새 건축과 유지비 못지않게 들었는데, 이 비용 중 상당 부분은 유럽에 있는 부동산 운용 수입으로 충당하였다.

구호기사단원들은 일반 성직자에 준하는 생활을 했고, 오후 3시와 저녁 7~8시에 두 번 식사를 하였다. 다만 식사는 전사라는 신분 때문에 빵과 물만 나오지 않고 고기나 생선, 계란, 포도주 등도 같이 제공되는 경우가 많았으며, 총장 이하 모든 이들이 같은 메뉴를 먹어야 했다. 다만 금요일에는 육류는 나오지 않았다. 일과가 끝난 후의 음주는 엄격하게 금지되었다. 사순절 등 특별한 경우를 제외하면 단식은 하지 않았다. 매일 30명의 빈민들에게 식사를 제공하는 규정도 있었으며 실제로 실행되었다.

전투 훈련에 도움이 되는 사냥 외에는 어떤 스포츠나 주사위 놀이 등 유희도 용납되지 않았는데, 그것도 사람이나 가축을 해치는 사자 등 맹수들을 잡는 '무거운 사냥'이지, 새나 잡는 가벼운 사냥은 허용되지 않았다. 전투를 위해서 머리도 길게 기를 수 없었다. 무기나 군장에도 장식이 허용되지 않았음은 물론이다.

그리스도교 세력이 예루살렘을 비롯한 팔레스타인-레반트 일대를 장악하고 있었지만, 그들은 소수였다. 더구나 풍토는 유럽과 큰 차이가 있었기에 기사단원을 포함하여 십자군 국가들에 사는 유럽인들은 양모로 된 옷을 벗고 린넨으로 된 옷을 입었으며, 현지 신발을 신었다. 갑옷 위에 아랍의 전통 대형 스카프인 케피예Keffiyeh를 덮어 쇠가 너무 달아오르지 않게 막았다. 케피예는 '아라비아의 로렌스'가 쓰던 그것인데, 현재 중동에 주둔하고 있는 미군을 위시한 서구 군대에게도 필수품이 되었다.

집에 있을 때 기사들은 부르누스라고 하는 모자 달린 현지의 겉옷을 입었고, 터번을 쓰는 이들도 적지 않았다. 또한 설탕이나 차, 대추야자, 레몬, 멜론 같은 현지의 음식과 과일을 즐겼다. 아랍어를 능숙하게 구사하는 기사들도 적지 않았다.

구호기사단이 운영하는 예루살렘 병원은 유대인과 무슬림들을 모두 치료해주었다. 이 병원에는 유대 율법과 이슬람 계율에 따라 요리하는 부엌도 있어, 적합한 고기를 먹을 수 있었다. 이런 배려를 한 이유는 단순히 인도주의적 목적만은 아니었다. 현지인들에게서 자연스럽게 정보를 얻기 위함이기도 하였다.

어쨌든 이렇게 해서 중세 그리스도교 문화와 중동의 문화가 융합된 독특한 우트르메르Outremer('바다 건너'라는 의미의 프랑스어) 문화를 형성하였다. 물론 그들이 가지고 온 유럽의 풍습도 적지만 현지에 영향을 미쳤는데, 대표적인 것이 마상 창시합이었다. 현지인들도 이를 구경하거나 직접 시합에 뛰어드는 경우도 있었기 때문이다. 하지만 아무래도 종교기사단은 그 성격상 현지인들과 이런 시합을 하는 경우는 드물었을 것이다.

여기까지는 일상생활과 경제 분야 또는 유흥이기 때문에 그렇다고 치더라도, 군사 분야에서도 십자군은 투르코폴리Turcopoli라고 불리는 현지인 부대를 고용하여 적극적으로 활용했다는 사실은 주목할 만하다. 투르코폴리는 동로마제국에서 시작된다. 만지케르트 전투 이후 많은 영토와 인구를 잃은 동로마제국은 이를 메우기 위해 투르크계 동방 정교회 신자들이나 그리스와 투르크 혼혈인, 혹은 전쟁 중 항복한 투르크족을 궁기병 부대로 편성하고, 이런 부대를 그리스어로 투르크족의 아들이라는 뜻인 투르코폴레스로 부르기 시작하면서 투르코폴리가 탄생하였다.

처음에는 정교회 신자이거나 그리스 계통의 피가 섞여 있어야만 했지만, 동로마제국이 만성적인 병력 부족에 시달리면서 무슬림이거나 항복한 적병도 받아주기 시작하였다. 자연스럽게 투르코폴리의 의미도 이슬람 출신 보병, 시리아 출신의 용병까지 의미가 넓어졌다.

십자군 국가 지도자들도 투르코폴리의 유연한 기동과 기마 궁술에 깊은 인상을 받고, 점차 이들을 고용하기 시작하였다. 투르코폴리의 범위는 더 넓어져서, 시리아 정교회 출신 궁수, 아랍계 보병, 중동계 용병을 다 싸잡아 투르코폴리하고 부르기에 이르렀다. 이들은 십자군 기사들에게 없는 기술인 기마 궁술, 추격과 도주 전술을 익히고 있어 전투에 큰 도움이 되었으며, 점차 기사단의 최고 전술인 기병 돌격 때 2선에 설 정도로 다양하게 활용되었다. 지휘관은 기사단 이사회의 일원이기도 한 경기병사령관이 맡았다.

결국 기사단들도 투르코폴리를 상비군으로 고용하기에 이른다. 이들은 기사단 내에서 평민 부사관 바로 밑 계급에 속했으며, 기사들과 같이 식사할 수 없었고, 종자들처럼 기사단원들의 시중을 들어야 하는 등 기사단의 수직적 위계질서를 따라야 했다. 하지만 보수를 받지 않는 기사들과는 다르게 이들은 꽤 많은 보수를 받는다는 큰 차이점이 있었다. 이들 투르코폴리는 용병임에도 상당히 믿을 만한 존재였고, 기사단이 150년 이상 우트르메르에서 버티게 한 기둥 중 하나였다. 구호기사단 소속의 투르코폴리가 예루살렘에 상당수 거주했다는 기록도 있다. 기사단원들도 투르코폴리처럼 현지의 말을 타고 현지의 전술로 싸우는 경우가 적지 않았지만, 이런 경우는 대규모 전투가 아니었기에 눈에 띄지 않았다.

당시 투르코폴리의 군장을 재현한 사진. 동서양이 섞여 있다는 것을 알 수 있다.(ⓒCvikla: wiki)

서유럽인들이 첫 번째로 만든 식민지라고 할 수 있는 우트르메르를 지배하게 된 유럽인들은 세대가 넘어가면서 상당 부분 현지화되었고, 기득권을 지키기 위해 이슬람 세력들과 손을 잡는 경우도 많아졌다. 분열된 이슬람 세력도 자신들의 이익을 위해 기꺼이 그들과 손을 잡은 경우도 많았다. 앞으로 그런 경우를 많이 보게 될 것인데, 이런 이유로 십자군 전쟁을 단순히 종교 전쟁이나 문명 간의 충돌로 보기 어렵다는 의견을 내는 학자들도 많다. 하지만 이런 '현지화'에도 불구하고 십자군 세력은 기본적으로 현지민을 지배만 하려고 했을 뿐이었다. 우트르메르로 넘어온 인물들은 영주가 된 귀족, 기사와 사제, 상인 정도이고, 앞서 이야기했듯이 마름조차도 현지인을 써야 했을 정도였다. 그들은 결국 그 땅에 뿌리내릴 수 없었으며, 파국을 피하지 못했다.

또 하나의 결정적인 약점은 유럽에서 오는 '뜨내기 십자군' 또는 '무장순례자 집단'이었다. 길어봐야 2년 정도 머물다가 돌아가는 이들은 당연히, 하루라도 빨리 이교도들과 싸워 박살을 내고 싶어 했는데, 결국 이슬람 세력을 자극하는 불필요한 전쟁인 경우가 많을 수밖에 없었다. 하지만 십자군의 대의 그리고 현지 십자군의 만성적인 전력 부족 때문에 그들을 받아들이지 않을 수 없었던 것이다. 이렇게 해결이 어려운 딜레마는 극복할 수 없었고, 십자군 국가들을 파멸로 이끄는 근본적인 원인 중 하나가 되고 말았다.

2장. 성지의 수호자

아스칼론 공방전

12세기 중반, 예루살렘 왕국은 팔레스타인을 '거의' 장악하고 있었다. '거의'라는 표현을 쓴 이유는 이집트의 파티마 왕조가 팔레스타인에 가지고 있는 마지막 보루 아스칼론이 남아 있었기 때문이다. 이 도시는 남쪽에 있는 가자까지 십자군 세력이 장악했기 때문에, 고립되어 있었다. 하지만 여차하면 예루살렘을 위협할 수 있는 위치였고, 염두에 두고 있는 이집트 공격을 하려면 배후에 적을 둘 수 없었기에 예루살렘 왕 보두앵 3세는 모든 제후들을 소집하고 해군과 공성기까지 준비하여 1153년 1월, 진짜 십자가까지 내세우면서 대대적인 공격에 나섰다. 물론 성전기사단과 구호기사단도 참가하였다.

쇠퇴기에 접어든 파티마 왕조였지만 이 항구도시의 중요성은 잘 알고 있었기에 견고한 성벽과 높은 탑을 쌓고 많은 물자를 비축해 놓았다. 따라서 전투는 길어질 수밖에 없었지만 결국 8월에 수비대가 항복하면서 아스칼론은 예루살렘 왕국의 손에 들어왔다. 이 공성전에서 성전기사단은 총장이 전사할 정도로 많은 전사자를 내며, 무모할 정도로 용전분투하였다. 반면에 구호기사단 쪽을 보면 뒤 퓌가 참모로서 많은 역할을 하였다는 기록은 있지만, 기사들의 전투 기록은 유감스럽게도 존재하지 않는다. 하지만 이후 구호기사단의 위상이 높아지고 활동이 활발해진 것을 보면, 구호기사단은 성전기사단만큼 강렬하지는 않았지만 참전한 것으로 보인다. 어쨌든 아스칼론 공방전은 두 기사단의 운명이 어떻게 갈릴 것인가를 미리 보여주는 전투라고 보아도 좋을 것이다.

하지만 그사이에 장기의 아들 누레딘이 힘을 키워, 다음 해에 다마스쿠스를 비롯하여 십자군 국가들의 손이 닿지 않는 시리아 지역을 거의 장악하였다. 결국 이로 인해 십자군 국가들은 엄청난 대가를 치르고 만다. 다만 1156년에 일어난 대지진으로 인해 양쪽의 충돌은 한 세대 뒤로 미루어졌는데, 이때 크라크 데 슈발리에도 큰 피해를 입었지만 곧 복구되었다.

뒤 퓌의 죽음과 이집트 원정

1160년, 총장 뒤 퓌가 세상을 떠났다.* 그는 40년 가까이 조직을 이끌면서, 제라르도의 유지를 받들면서도 시대의 변화에 따라 군

* 1158년에 세상을 떠났다는 설도 있다.

사화의 길도 착실하게 이끌어 천 년 동안 이어질 기반을 쌓은 명 총장이었다. 후계자는 드 퓌의 전우로서 공정하고 병원 관리의 경험이 풍부한 아우게 드 발본Auger de Balben이 선출되었다. 이름에서 알 수 있듯이 그도 프랑스 출신이어서 기사단의 프랑스 색채는 더 짙어졌고, 전임 총장의 뜻을 받들어 더욱 내실을 기하는 지도력을 보였다. 하지만 이미 고령이어서 건강문제로 1162년에 물러났고, 4대 총장도 취임한 해를 넘기지 못하고 취임 9개월 만에 세상을 떠나고 만다. 구호기사단의 키는 5대 총장 길베르 다사리Gilbert d'Assailly가 잡는다. 이때까지 기사단은 태생 탓인지 은인자중하는 분위기였기에 그동안 기사단의 역량은 많이 축적된 상황이었다.

분위기가 바뀌었다. 묘하게도 바로 그 해에 33세에 불과한 예루살렘 왕 보두앵 3세가 세상을 떠나고 동생이자 아스칼론과 야파의 백작인 아모리Amalric가 즉위하는 일이 벌어졌다. 위풍당당한 체구에 걸맞게 야심만만했던 그는 이집트에 눈을 돌렸다.

당시 파티마 왕조가 지배하던 이집트는 거의 와해되어 말기 증상을 보이고 있었다. 칼리프가 허수아비가 된 지는 오래되었고, 재상 격인 2명의 와지르Wazir가 파벌 싸움을 벌이고 있었다. 그러자 누레딘은 1163년, 쿠르드 족 출신 장군인 시르쿠Shirkuh를 보내 와지르 중 하나인 샤와르Shawar를 권좌에 앉혔다. 이때 시르쿠의 조카인 살라딘이 숙부를 보좌하기 위해 종군하였다. 그때 그의 나이는 막 20대에 접어들고 있었다. 그러나 시르쿠와 샤와르의 관계가 악화되자, 샤와르는 아모리 왕에게 원조를 요청하기에 이르렀다. 십자군의 전력을 분산시키기 위해 누레딘은 크라크 데 슈발리에를

공격했지만 이빨도 들어가지 않았다

예루살렘 왕국은 당연히 누레딘이 시리아와 이집트를 모두 장악하도록 내버려 둘 수 없었다. 아모리 왕은 이집트 원정을 결정했는데, 두 기사단의 총장들은 전폭적인 지원을 약속하였고, 구호기사단은 500명의 기사와 수천 명의 경기병과 보병을 동원하였다. 아마도 성채 수비병력을 제외한 거의 모든 야전군을 동원했을 것으로 보인다.

1164년, 십자군은 수에즈 지협을 통과하여 나일강 삼각주 동단에 도달하였다. 이집트인들은 제방까지 무너뜨려가면서 저항했지만, 십자군은 시르쿠군을 빌바이스Bilbeis에서 포위하기에 이른다. 상황이 불리해지자 누레딘은 위위구조圍魏求趙의 병법을 사용하여, 안티오키아 공국을 공격하여 마구 몰아붙였다. 다행히 안티오키아 자체는 단단한 성벽을 자랑하는 요새도시였고, 성전기사단의 맹활약으로 함락되지는 않았다. 이렇게 북방이 불안해지자 할 수 없이 아모리 1세는 시르쿠가 이집트에서 물러나면 십자군도 철수하겠다고 제안하였다.

누레딘도 이를 받아들임으로써, 십자군 세력은 내심 원하던 이집트 정복은 이루지 못했지만, 일차적인 목표 즉 누레딘의 이집트 장악은 저지하는 데 성공하였다. 이렇게 당분간은 삼국 간의 세력 균형이 유지되었으나 파티마 왕조 이집트의 지속적인 불안정은 말 그대로 언제 터질지 모르는 화약고 같았다.

1167년, 누레딘은 이집트를 선점하기 위해 또다시 시르쿠를 파견했는데, 이때에도 살라딘이 함께 종군하였다. 샤와르는 이번에도 아모리 왕에게 도움을 청하였다. 아모리 왕은 위그 드 카이사레아를 카이로로 보내 구원병을 보내는 대신 40만 디나르를 요구하였고, 샤와르와 칼리프도 이에 동의하였다.

조약이 체결되자 구호기사단이 포함된 십자군은 이집트로 진격하여, 카이로 남쪽 바바인Babein에서 시르쿠의 군대를 포위하였다. 시르쿠는 알렉산드리아Alexandria로 도주했고, 십자군은 추격에 나서 이 항구도시를 포위했는데, 시르쿠는 결국 시리아로 도망쳐야만 했다. 로마제국 당시 5개 총대주교구는 로마·예루살렘·콘스탄티노플·안티오키아·알렉산드리아였는데, 이슬람의 굴기 이후 예루살렘과 안티오키아, 알렉산드리아는 그들의 영역이 되었다.

하지만 1차 십자군이 안티오키아와 예루살렘을 되찾은데 이어, 거의 70년 만에 고대의 총대주교 교구들 중에서 유일하게 그리스도교 세력권 밖에 있던 성 마르코의 도시 알렉산드리아*로 개선하듯 입성한 것이다. 십자군은 그 유명한 파로스의 등대에 십자가와 군기를 걸고 성수를 뿌리는 등 정화 작업을 하고, 도시를 파티마 왕조에게 돌려주었다.

이렇게 십자군은 일시적으로나마 고대 그리스도교의 5대 교구를 모두 이슬람에게서 회복하고 이집트를 예루살렘 왕국의 휘하에 두는 위업을 달성하기에 이르렀다. 그야말로 십자군의 전성기였

---

* 마르코 복음(마가복음)의 저자 마르코는 알렉산드리아에서 선교하다가 68년경 순교했다고 전해진다. 이집트가 이슬람화 된 후 그의 유골은 베네치아로 옮겨졌고, 이 책에서 중요한 역할을 하는 베네치아 공화국의 수호성인이 되었다.

다. 예루살렘 왕국은 이후에 있을지도 모르는 누레딘의 공격에 대비해서 수도 카이로에 군대를 주둔시키고 그 대가로 매년 금화 10만 디나르를 연공으로 받기로 했고, 이를 위해 관리와 일부 병력을 이집트에 남겨두었다. 이집트는 사실상 예루살렘 왕국의 보호국으로 전락하고 만 것이다. 하지만 이 때문에 백성들은 불만에 찼고, 십자군 관리들과 병사들은 신변에 위협을 느껴 아모리 왕에게 도움을 청하였다. 그러자 아모리 왕은 이 기회에 이집트를 완전히 지배하고자 하였다. 사실 예루살렘 왕국 등 십자군 국가들은 경제력과 지역 기반이 취약하여, 비옥한 이집트가 절실하게 필요했던 것이었다. 아모리 왕은 티레 대주교 기욤*을 콘스탄티노플로 보내, 비잔티움 제국과 힘을 합쳐 파티마 왕조 이집트를 같이 공격하여 나누어 가지자고 제안하였다. 그의 부인 마리아 콤네네Maria Komnēnē는 동로마 황실의 일원이기도 하였다. 하지만 두 기사단은 모두 반대했는데, 이유는 정반대였다.

구호기사단은, 이집트의 군사력이 너무 약하여 카이로를 순식간에 점령할 수 있으므로 굳이 동로마제국과 나눌 필요가 없다고 주장하였다. 또한 시간을 주면 이집트의 국력이 회복될 수 있고, 누레딘에게도 기회를 줄 수 있다는 이유도 덧붙였다.

성전기사단은, 조약을 맺은 지 얼마 되지도 않았는데 일방적으로 공격한다는 것은 신의의 문제라며 반대하였다. 또한 이집트 공

---

* 그가 쓴 연대기는 상당히 객관적이어서 십자군 연구에 있어 가장 일차적인 자료로 인정받고 있다.

격은 시리아와 이집트 등 모든 이슬람 세력이 단결할 명분을 준다는 것이었다. 사실 명분이 부족한 원정임은 확실했지만, 이것이 반대 이유의 전부는 아니었고, 성전기사단은 4년 전 북부전선에서 입은 큰 손실을 아직 메우지 못했기 때문이었다. 아모리는 구호기사단 총장의 의견을 받아들여, 콘스탄티노플의 답을 기다리지 않고 바로 이집트 공격에 나섰다. 더구나 당시 '하루빨리 사라센인들을 박살내고 싶어 하는' 서유럽 기사들이 대거 도착한 것도 원정을 결정한 중요한 원인이 되었다. 성전기사단은 이 원정에 참여하지 않았는데, 그들이 구호기사단보다 소극적인 모습을 보인 보기 드문 예이다.

1168년 10월, 다시 시작된 이집트 원정에서 구호기사단은 500명의 기사와 500명의 투르코폴리 경기병을 비롯한 대병력을 동원하였다. 당시 빌바이스에 일어난 구호기사단의 전투를 기록한 연대기의 일부를 살펴보자. 사흘 만에 빌바이스는 함락되었다.

"구호기사단의 총장은 직접 부대를 지휘하여 전장에 나섰다. 그는 아주 기민하고, 자신의 작전능력에 대해 자신을 가지고 있었다. 그들의 목표는 견고한 요새도시 빌바이스였다. 총장은 전혀 두려움 없이 앞장서서 부하들을 독려하여 맹렬하게 성을 공격하였다. 그들은 성벽을 부수고, 성 안으로 물밀 듯이 밀고 들어가 저항하는 적군들을 마구 쓰러뜨렸다. 구호기사단은 하느님의 가호 아래 그 도시를 점령하였다. 소수의 수비병만이 포위망을 빠져나간 다음, 기사단은 용명勇名을 사방에 떨쳤고, 이교도들은 순식간에 공포에 떨었다."

여기서 구호기사단 총장 다사리에 대해 알아볼 필요가 있다. 그는 젊은 시절 티레에 있는 기사단의 영지를 관리하면서 관대하다는 평을 받았지만, 대신 약간 변덕스럽다는 비판도 받았다. 그는 많은 전투에 참가하여 용명을 떨쳤고 예루살렘 왕과 대주교의 친구로서 왕국의 국정에 깊숙이 개입하고 있었다. 그는 당시에 초로의 몸이어서 혈기왕성한 나이와는 거리가 멀었지만, 성전기사단과의 라이벌 의식을 불태웠고, 이집트 원정의 주도권을 잡고자 선두에서의 독전도 서슴지 않았다. 빌바이스를 기사단의 영토로 삼으려고 했다는 설도 있었을 정도였다.

하지만 십자군의 호시절은 오래가지 않았다. 발바이스에서 일어난 대학살은 가뜩이나 10만 디나르의 연공年貢으로 세금이 높아져서 고생인 이집트인들의 반감을 더욱 일으켜 강력한 저항을 자초하고 말았기 때문이다. 만약 이때 십자군이 잘 처신했다면 쉽게 카이로를 정복할 수 있었을 것이라는 게 역사가들의 중평이다. 샤와르는 이전의 적이었던 누레딘에게 지원을 요청하였다. 누레딘은 다시 시르쿠에게 군대와 넉넉한 군자금을 주어 이집트로 보냈다. 시르쿠는 먼저 카이로를 차지했고, 결국 십자군의 이집트 원정은 실패로 돌아가고 말았다. 이 원정에서 구호기사단이 입은 인적, 물적 손실은 상당한 수준이었다.

티레 대주교 기욤은, 국왕의 책임을 덜기 위한 의도도 있겠지만, 다사리가 이 패전의 최고 책임자라고 지목할 정도였다. 원정을 주도한 다사리 총장은 책임감을 느끼고 사표를 제출했지만, 기사단 내의 반대파와 지지파가 충돌하면서 각자 총장을 추대하는 등 분열상만 노출하고 말았다. 1170년이 되어서야 새로운 총장이 자리를 잡았을 정도였다. 그 사이 이집트에서는 다시 격변이 일어났고, 한 영웅이 등장한다.

살라딘의 등장과 아모리 왕의 죽음

십자군이 철수한 지 얼마 되지 않아, 샤와르는 죽었고, 시르쿠는 이집트의 와지르 자리에 앉았다. 하지만 불과 두 달 후, 시르쿠가 식사 중 폭식으로 인해 급사하면서 그동안 그를 보좌했던 조카 살라딘이 이집트의 새 지도자로 추대되었다. 1169년의 일이었다. 이집트인들이 살라딘을 지지한 이유는 그가 순전히 삼촌의 배경으로 성공한 우유부단한 젊은이라고 보아서였지만, 그들의 '기대'와 달리 살라딘은 민첩하게 빠른 속도로 이집트 전역을 자신의 땅으로 만들었다. 방어체제도 정비하고, 홍해의 부유한 항구들도 장악하였다.

바로 그해 11월, 아모리 왕은 살라딘의 권력기반이 더 굳어지지 전에 이집트를 공격해야 한다고 판단하고, 220척 규모의 함대를 동원한 동로마제국과 힘을 합쳐 나일강 삼각주의 항구도시 다미에타Damietta*를 공격하였다. 정교한 공성기계를 총동원했지만, 살라

* 다미에타는 성 요셉과 성모 마리아가 아기 예수를 데리고 이집트로 피난

딘 쪽의 완강한 방어에 부딪힌 데다가 보급이 원활하지 않아 빵이 떨어져 과일만 먹는 식사를 하다가 배탈이 나는 등 기아와 질병으로 군의 사기가 크게 떨어졌다. 거기다 폭우로 나일강이 범람하면서 공성기계들이 넘어지고 말았다. 결국 50일간 계속된 공격은 실패하고 말았다. 설상가상으로 동로마 함대는 귀국하다가 폭풍우를 만나 많은 손실을 입고 말았다. 살라딘은 승리의 여세를 몰아, 1170년 12월에 십자군이 장악하고 있던 에일라트Eilat를 점령한데 이어, 1171년 9월, 이름만 남아 있던 파티마 왕조의 칼리프를 폐하고, 시아파들의 남은 권력도 박탈하여 이집트를 수니파의 나라로 만들었다. 이때부터 역사가들은 아이유브 왕조가 시작되었다고 본다. 십자군의 3차 이집트 원정은 살라딘의 권력기반만 강화해준 셈이 되었고, 훗날 참혹한 결과를 낳고 만다.

이후에도 살라딘은 겉으로는 누레딘에게 충성을 바치는 척하면서, 군대를 보내 수단과 요르단, 예멘 일대까지 자신의 영향력을 확대하였다. 이렇게 살라딘의 세력이 지나치게 커지자 이를 경계한 누레딘은 직접 군대를 이끌고 이집트를 치려고 했지만 1174년 5월, 60세가 넘은 고령이 화가 되었는지, 열한 살짜리 아들을 남겨두고 세상을 떠났다. 혼란해진 틈을 타 살라딘은 그 어린 아들의 보호자라고 자처하더니, 누레딘의 미망인과 결혼까지 하며 그의 영토를 통째로 집어삼켜 버렸다. 한편으로는 서쪽의 북아프리카에도 군대를 보내, 살라딘의 아이유브 왕조는 동쪽으로는 시리아와 이

할 때 머물렀다는 전설이 있는 도시이기도 하다.

라크 북부, 서쪽으로는 튀니지 일부까지 세력을 확장하였다. 1183년에는 메소포타미아까지 손에 넣었다. 이렇게 십자군 세력이 가장 두려워한 시나리오, 즉 시리아와 이집트를 비롯한 이슬람 세력의 통일이 현실화되고 만 것이다.

물론 십자군 세력도 이를 수수방관하지는 않았다. 아모리 왕은 1174년 8월, 노르만인들이 세운 시칠리아 왕국의 굴리엘모Guglielmo 2세와 힘을 합쳐 알렉산드리아를 공격하기로 했지만 어처구니없게도 그 도시에 도착하기도 전에 이질에 걸려 세상을 떠나고 말았다. 외아들 보두앵이 13세의 나이로 다음 왕이 되었는데, 성품도 좋고 총명한 인물이었지만, 불행하게도 나병환자였다.

십자군 세력들에게는 악재가 하나 더 생겼다. 1176년, 미리오케팔룸Myriocephalum에서 벌어진 전투에서, 동로마제국군이 셀주크투르크에게 참패를 당해 아나톨리아를 수복하려는 꿈이 사라지고 말았다. 물론 동로마제국에게는 성지와 시리아, 이집트에 신경 쓸 여유도 없어졌다. 더구나 교황청과 유럽의 강대국들도 서로 전쟁 중이라 우트르메르는 전혀 돌아보지도 않았다. 그러면 당시 그 시기에 구호기사단을 비롯한 십자군 세력은 무엇을 하고 있었을까?

구호기사단의 첫 위기와 문둥이왕 보두앵 4세

구호기사단은 이집트 원정에서 큰 인적·물적 손실을 입었는데, 설상가상으로 다사리 단장이 임기 중에 벨부아 요새를 비롯하여 8개의 요새를 더 건설하거나 인수 후 증축하여 숫자가 20개로 늘어나 있었다. 이로 인해 기사단은 파산지경에 몰리고 말았다. 원래 총장은 종신직이었지만 다사리는 이 책임을 지고 결국 자리에서 물러났다. 다음 해 막 선출된 교황 알렉산드르 3세는 기사단을 위로하고 격려하는 한편, 지나친 군사행동을 책망하고 초심을 잊지 말라는 경고를 보냈다. 그리고 분열을 중재하여 기사단을 정상화시켰다.

다사리의 뒤를 이은 두 단장인 카스트 드 무로Cast de Murols, 1170~1172년 재임와 시리아의 조베르Jobert of Syria, 1172~1177년 재임는 다사리를 반면교사 삼아 재정과 군사 양쪽에서 긴축정책을 실시하며 내실을 기하였다. 1174년의 예루살렘 왕국의 이집트 공격을 매몰차게 거절한 이유도 여기에 있었던 것이다.

시리아의 조베르

하지만 계속 싸움을 하지 않을 수는 없었다. 십대의 보두앵 4세가 나병으로 처참하게 무너진 얼굴을 은가면으로 가려야 할 정도의 상황임에도 불구하고, 놀라운 용기를 보여주며 살라딘과 맞섰다. 특히 1177년 말, 예루살렘 북쪽 몽기사르Montgisard 전투에서 보여준 장렬한 돌격은 전설적으로 회자될 정도였다.* 『예루살렘 전기』의 저자 몬티피오리Montefiore는 "그 저주받은 어린 왕이 고통 속

* 이 전투에서 나온 부상자 750명이 예루살렘의 구호기사단 병원으로 몰려들었다. 당시 병원에는 900여 명의 환자들이 있었으니 굉장한 혼잡이 일어났을 것이다.

에서 보여준 우아하고 고귀한 용기는 쉽게 그 예를 찾아보기 어렵다"라고 표현했고, 시오노 나나미 역시 극찬을 아끼지 않았다.

영화 「킹덤 오브 헤븐」에서 묘사된 보두앵 4세

1179년까지 보두앵을 중심으로 한 십자군 세력과 살라딘의 아이유브 군은 후세에 남을 영웅적인 전투를 벌이면서 용호상박의 양상을 보이다가 1180년 2년 동안의 휴전 조약을 맺는다. 이 시기에는 성전기사단의 활약이 더 돋보였다. 영웅적임에도 불구하고 이 글에서 이 시기의 전투들을 다루지 않으려는 이유는 아쉽게도 구호기사단의 활약이 눈에 띄지 않아서이다. 이 책은 '십자군 전쟁사'가 아니라 어디까지나 '구호기사단사'이기 때문인데, 대신 예루살렘의 구호기사단 병원은 몽기사르 전투에서 발생한 부상자들을 치료하였다.

1177년에 총장에 취임한 로제 드 물랭Roger de Moulins은 역대급 명총장으로 뽑히는 인물로 기사단의 재건에 성공하였다. 이 시기에 주목할 만한 사건은 1178년 구호기사단의 회칙이 개정되면서 완전한 군사화가 이루어졌다는 것과 붉은 수염으로 유명한 신성로마제국 황제 프리드리히 바르바로사Friedrich Barbarossa가 1185년 기사단에 대한 보호를 약속하였다는 점이다.

구호기사단은 보두앵 4세를 보좌하는 트리폴리 백작 레이몽 3세가 지휘한 대이슬람 전쟁에 주로 참가하였다. 하지만 레이몽 3세 스스로가 아랍어에 능통할 정도로 현실주의자였기에 규모는 이집트 원정 때와 비교할 수 없을 정도로 작았고, 작전도 신중하게 진행되었다. 오히려 구호기사단은 엉뚱하게도 예루살렘 대주교와 충돌하고, 성묘교회에 불화살을 쏘는 짓까지 저질렀다. 물론 이런 사건이 보두앵 4세에 대한 총장과 단원들의 충성심에 영향을 주지는 않았다. 하지만 나병균은 젊은 왕의 육체를 인정사정없이 갉아먹고 있었다.

예루살렘 왕국의 분열

나병환자인 보두앵 4세는 당연히 후사를 가질 수 없었다. 유럽에서 대귀족을 군주로 추대하는 방법도 있었지만, 위험한 예루살렘으로 오려는 대귀족은 없었다. 자연스럽게 과부가 된 누이 시빌라Sibylla에게 눈이 갈 수밖에 없었다. 하지만 그녀는 미남이라는 것 외에는 아무런 자질이 없는 기 드 뤼지냥과 결혼하고 말았다. 그럼에도 주위 사람들이 이 결혼을 완전히 반대하지 못한 이유는 있었다. 그는 프랑스의 새 왕인 필리프 2세와 왕의 사촌인 헨리 2세의 가신이었다. 외국의 원조를 받기 위해서는 이런 배경이 필수 불가결했기 때문이었다. 시빌라는 동생의 사후 자신과 남편을 예루살렘 왕국의 공동 통치자로 임명해 달라고 강력하게 요구하였다.

하지만 아스칼론 백작에 임명된 기 드 뤼지냥은 전투에서도 정치에서도 전혀 능력을 보여주지 못했다. 그러자 보두앵 4세는 마지막 카드를 꺼내들었다. 시빌라가 전 남편에게서 얻은 여섯 살 소년을 자신과 공동으로 통치하는 왕으로 삼은 것이다. 역사에서는 이 소년을 보두앵 5세라고 부르는데, 이 '왕'의 대관식은 1183년 11월

20일 예루살렘의 성묘교회에서 열렸고, 레이몽 3세가 섭정을 맡았다. 그리고 1년 4개월 후인 1185년 3월 16일 보두앵 4세는 세상을 떠났는데, 병마에 너무 고통을 당한 왕이 자살했을 것이라고 보는 이들도 많다. 비극은 다음 해에도 이어졌다. 여덟 살 소년 보두앵 5세도 세상을 떠나고 만 것이다. 이 소년도 나병을 앓았다는 설이 있는데, 영화 「킹덤 오브 헤븐」은 그 설을 따르고 있다. 병을 앓지 않았더라도 어머니 시빌라가 양육에 힘쓰지 않은 듯하다. 이렇게 시빌라와 기 드 뤼지냥이 공동으로 예루살렘 왕국을 지배하게 된다. 이 부부의 즉위를 좋아하는 자들은 뤼지냥의 고향 푸아투 출신들과 성전기사단 그리고 케라크Kerak의 영주였던 르노 드 샤티용Renaud de Châtillon이었다. 샤티용은 뤼지냥과 마찬가지로 안티오키아 공작령의 나이 많은 여상속인에게 접근하여 결혼한 인물인데, 신분이 낮아 강한 반대에 부딪혔지만, 폭력으로 이를 '극복'한 인물이었다. 이후 이슬람과의 전쟁에 열중했는데, 그러면서 비슷한 기질을 가진 성전기사단원들과 친해졌다.

1160년, 35살 때 이슬람의 포로가 된 그는 무려 16년을 알레포의 감옥에 갇혀 있었다. 보두앵 4세는 용맹만은 쓸 만했던 이 남자를 영주의 딸과 결혼시켰다. 그래서 그는 지금의 요르단 땅에 있는 케라크 성을 차지할 수 있었고, 몽기사르 전투에서 왕과 함께 돌격한 580명의 기사 중 하나로 용명을 떨쳤다.

그사이 살라딘은 누레딘 휘하에 있었던 영주들을 제압하고, 시리아의 알레포와 메소포타미아 북부의 요충지 모술을 장악한 다음 최고의 이슬람 성지 메카와 메디나까지 관할하는 이슬람 제국을 완성하는 데 성공하였다. 이슬람 세력이 이렇게 살라딘을 중심으로 통합되어 가고 있는 시기, 십자군 세력은 기 왕 부부-성전기사단-사티용을 중심으로 한 주류와 레이몽 3세, 구호기사단, 「킹덤 오브 헤븐」의 주인공이자 보두앵 4세의 최측근이었던 이벨린의 발리앙Balian d'Ibelin 등 일부 토착 귀족들로 구성된 비주류로 분열되고 말았다. 물론 십자군 국가의 수뇌부들은 200년 이래 가장 강력한 이슬람 지도자인 살라딘을 경시하지는 않았고, 1184년 두 기사단의 단장과 예루살렘 대주교 헤라클리우스Heraclius는 지원을 요청하기 위해 유럽으로 떠났다. 신성로마제국의 황제와 영국과 프랑스의 왕이 이들을 정중하게 맞았지만, 재정 지원만 얻었을 뿐 새로운 십자군은 무산되었다.

묘하게도 살라딘의 패권이 완성된 해는 시빌라 부부가 왕위에 오른 해와 같은 1186년이었다. 그리고 파국이 시작되는데, 그 시발점은 거칠고 잔인하며 무례한 르노 드 사티용이었다.

하틴의 대참사

몽기사르 전투에서의 승리는 원래 거칠었던 사티용의 성격을 더욱 잔인하고 오만방자하게 만들었다. 보두앵 4세와 살라딘이 맺은 휴전협정은 무시한 채 공공연하게 해적단까지 만들어 무슬림들을 공격하였다. 물론 휴전협정은 양쪽 모두 오래 지속될 것이라고 생각하지는 않았지만, 서로의 순례단을 공격하지 말자는 데에서는 공감대가 확실하게 형성되었다. 그런데 샤티용의 근거지는 지도에서

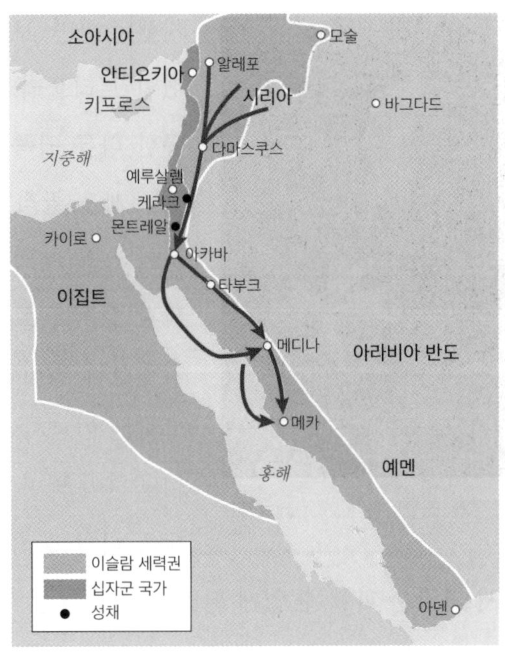

메카 및 메디나로 가는 이슬람교도의 순례로(시오노 나나미의 『십자군 이야기』 2권)

보다시피 메카Makkah와 메디나Medina로 가는 도로 옆에 있었다. 중병에 신음하던 보두앵 4세는 이런 사실상의 자해 행위를 제어하지 못한 채 세상을 떠나고 말았다. 사티용은 메카로 쳐들어가 이슬람 세계에서 최고의 성물인 카바의 바위까지 박살내 버리겠다는 망언까지 서슴지 않았다.

물론 살라딘은 분노했지만, 당시는 아직 내부 평정이 끝나지 않았고, 티레 대주교 기욤과 보두앵 4세의 외교력 덕분에 국지전만 벌어졌을 뿐 전면전으로 번지지는 않았다. 하지만 보두앵 4, 5세가 연이어 세상을 떠나자 상황은 완전히 달라졌고, 샤티용의 경거망동은 예루살렘 왕국 궁정에도 분열을 일으켰다. 샤티용과 성전기사단장 제라르 드 리드포르Gerard de Ridefort는 새 왕 부부를 지

물랭 총장의 초상화(©RdNoyant: wiki)

지했던 반면, 보두앵 5세의 섭정이기도 했던 트리폴리 백작 레이몽 3세를 비롯한 다른 귀족들과 구호기사단은 '기왕'에게 노골적인 반감을 드러냈기 때문이다. 두 세력은 무력 충돌 일보 직전까지 갈 정도로 관계가 험악해졌으나, 이벨린의 발리앙이 중재에 나서 내전까지는 이르지 않았다. 하지만 운명의 1187년이 밝아오자, 샤티용이 메카 순례에 나선 살라딘의 누이까지 죽이면서 파국은 피할 수 없게 되었다. 살라딘은 직접 사티용을 죽이겠다고 『꾸란』에 맹세하기까지 하였다. 다만 라마단이 이를 몇 달 늦추었을 뿐이었다.

살라딘은 레이몽 3세와 친분이 있었다.* 4월 말, 살라딘은 레이몽 3세의 영토인 티베리아스에 자신의 군대가 지나갈 수 있게 해달라고 요청했는데, 고심 끝에 레이몽 3세는 해가 뜰 때 들어와 지기 전에 나간다는 조건으로 이를 수용하였다. 대신 어떤 도시도 공격해서는 안 된다는 약속을 받고, 두 기사단 총장과 티레 대주교 기욤에게 살라딘의 군대가 온다는 사실을 알려주었다.

성전기사단 총장 리드포르와 구호기사단 총장 로제 드 물랭은

---

* 이슬람 측의 기록에 의하면 레이몽 3세는 예루살렘 왕위에 오르려는 강한 욕심을 지니고 있었고, 살라딘에게 협력해 달라는 요청까지 했다고 한다.

200명이 안 되는 기사와 그보다 좀 더 많은 보병을 이끌고 티베리아스 쪽으로 떠났는데, 대부분 성전기사단원과 왕국의 세속 기사들이었고, 구호기사단원들은 10명밖에 되지 않았다. 5월 1일, 그들은 크레송Cresson의 샘에서 살라딘의 7천 기병대와 마주치고 말았다. 물랭과 성전기사단의 사령관 마예Jacques de Mailly는 엄청난 수적 열세를 들어 전투를 피하자고 했지만, 리드포르는 「레위기」까지 들먹이며, 그들을 겁쟁이라고 매도하며 돌격을 감행했다고 한다.*

크레송 전투를 묘사한 중세의 그림

두 기사단원들은 이슬람 작가들의 표현을 빌리면 '혐오와 공포'의 대상일 정도로 강했지만, 워낙 압도적인 숫자에 밀려 결국 4명을 빼고는 몰살당하고 말았다. 아이러니하게도 돌격을 주장한 리드포르는 큰 부상을 입기는 했지만 네 생존자 중 하나가 되어 살아남았다. 반면 물랭 총장은 창을 가슴에 찔려 장렬하게 전사하고 말았다. 비록 총장이 살아 돌아오기는 했지만, 성전기사단도 요새 수비 병력을 제외하고 실제로 쓸 수 있는 기동력 있는 야전군의 절반을 잃었다.

어쨌든 살라딘의 군대는 해가 지기 전까지, 도시이나 마을에는 손도 대지 않고 철수하여 레이몽 3세와의 약속을 완벽하게 지켰다. 그러나 자신이 살라딘에게 약속한 낮 동안 벌어진 참극으로 왕국에서 고립될 처지에 놓인 레이몽 3세는 기 왕에게 사죄하고 절대복종을 서약할 수밖에 없었다. 이렇게 기 왕의 반대 세력은 완전히 사라지고 말았다.

살라딘은 크레송의 샘에서의 승리 이후, 에미르들을 모아 회의를 열었는데, 일부에서는 십자군 쪽의 병력이 적으니 소규모 병력을 자주 동원하여 소모전을 펴자고 주장했지만, 아이유브 제국은 중앙집권 국가라기보다는 살라딘 개인에게 복종하는 에미르들의 연합체에 가까웠기 때문에 살라딘의 의지대로 속전속결, 즉 대군

---

* 아무리 중무장을 한 정예 기사라고 할지라도 130명으로 7천 기병대에 돌격하는 것은 상식 밖이다. 그런데 이 기록은 발리앙의 측근 에르눌이 남긴 것이다. 1191년 리처드 사자심왕의 측근이 쓴 기록에는 기사들이 부지불식간에 포위되었다는 기록을 남겼는데, 이쪽이 훨씬 설득력이 있다.

을 모아 한 번에 끝장을 내기로 결정하였다. 그의 군대가 어느 정도였는지는 확실하지 않지만, 기병은 확실히 1만 2천이었으며, 전체 병력은 최소 2만에서 최대 4만 정도로 추정되는데, 아마 3만 정도는 되었을 것이다. 이런 원정이 늘 그렇듯이 8만이니, 18만이니 하는 소문들이 쫙 퍼져나갔다. 이 대군이 갈릴리 호수 남쪽의 요르단 강을 건넜다. 벨부아 성을 지키고 있는 구호기사단원들은 이 모습을 지켜볼 수밖에 없었다.

물론 십자군 쪽도 가만히 있을 리가 없었다. 기 왕은 중무장한 기사 1천200명을 위시하여 그보다 많은 수의 경기병, 1만 명 이상의 왕국 보병, 이탈리아 출신이 많은 석궁병, 투르코폴리 등 2만 명의 병력을 모았다. 또한 유럽에서 보낸 군자금을 풀고, 예루살렘 총대주교에게 사기진작을 위해 진짜 십자가를 보내달라고 요청하였다.

살라딘은 먼저 레이몽 3세의 영지 티베리아스를 공격하기 시작하였다. 티베리아스에는 병력이 얼마 되지 않아 마음만 먹으면 함락은 쉬운 일이었다. 하지만 십자군을 유인해 낼 필요가 있었기에 살라딘은 외성을 간단하게 함락한 뒤 내성을 포위하고 일부러 시간을 끌며 공격의 고삐를 다소 늦추었다.

이 소식은 곧 예루살렘 왕국에도 전달되었다. 7월 2일, 티베리아스의 영주인 레이몽 3세는 내성 안에 자신의 부인이 남아 있음에도, 살라딘이 식수가 없는 그 지역으로 십자군을 끌어내기 위해 계략을 꾸몄음을 간파하였다. 만약 자신의 영지와 아내, 재산을 다 잃는다 하더라도 십자군 전체를 위기에 빠뜨릴 수 없다며 구원에 반대하면서 적을 요새가 많은 지역으로 끌어들여 승부를 내야 한다고 간언하였다. 기 왕은 그의 주장을 받아들였다.

그러나 그날 밤, 성전기사단 총장 리드포르는 레이몽 3세가 살라딘의 첩자라며, 당장 티베리아스 구원에 나서야 한다고 주장하였고, 기 왕이 생각을 바꾸면서 바로 전군이 출병하기에 이르렀다. 옳은 말을 하면 과격분자가 나서 첩자, 반동, 반역자 같은 악의적 프레임 씌우기는 동서고금이 마찬가지라는 것을 여기서도 적나라하게 확인할 수 있다. 그 자리에서 그나마 레이몽 3세의 우호세력이었던 구호기사단은 총장을 잃은 상황이어서 이렇다 할 발언을 할 수 없었다. 이렇게 살라딘의 계획은 성공하였다.

십자군 쪽의 가장 큰 잘못은 그들이 할 일이 방어라는 기본적인 인식을 하지 못한 것이다. 그들이 진을 치고 있는 세포리스에서 티베리아스까지는 약 30킬로미터인데, 중간에 샘이 없었다. 기 왕은 그 정도는 순식간에 답파할 수 있다고 여기고, 7월 3일 행군을 시작하였다. 레이몽 3세의 군대가 선봉에 서고, 기 왕이 진짜 십자가를 떠받들고 중군을 맡았다. 좌우 양 날개는 샤티용과 발리앙이 지휘했으며, 두 기사단이 뒤를 따랐다. 7월에 그 땅의 온도는 대낮에 섭씨 45도 정도까지 올라간다. 물론 비는 거의 내리지 않는다. 물 한 방울 나지 않은 땅을 행군하는 병사들과 군마들의 체력은 고갈되기 시작하였다. 레이몽 3세와 발리앙이 지휘하는 군대만 마실 물을 준비했을 뿐이었다.

보다 못한 레이몽 3세는 6킬로미터 앞에 샘이 있으니, 자신이 군대를 이끌고 빨리 가서 물을 가져오겠다고 제안하였다. 기 왕은 이를 받아들였지만, 적군이 가만있지 않았다. 살라딘군의 수천 경기병이 하루 종일 화살을 쏘며 그들을 괴롭히면서 행군을 방해하였다. 결국 기 왕은 7월 3일 밤, 갈릴리 호수를 12킬로미터 정도 남겨두고, 예수 그리스도가 산상수훈을 행했다는 하틴의 뿔이라고 불리는 언덕에서 야영하기로 결정하였다. 식견이 있는 일부 지휘관과 리드포르 총장, 그리고 몇몇 영주들은 이곳은 사지이므로 차라리 마지막 힘을 쥐어짜 갈릴리 호수로 돌격하여 갈증부터 해소하자고 주장했지만, 너무 힘들어하는 병사들을 불쌍하게 여긴 기 왕은 받아들이지 않았다. 전방에 있다가 이 소식을 들은 레이몽 3세는 이렇게 울부짖었다.

"하느님! 전쟁은 끝났습니다! 우리들은 이곳에 묻힐 것이고, 왕국은 무너질 것입니다!"

살라딘군은 야간에 후위를 공격했지만 발리앙과 두 기사단의 강력한 반격을 받고 실패하였다. 하지만 파국은 피할 수 없었다. 밤사이 살라딘군은 주위 도로를 완전히 차단하여, 선두에 선 레이몽 3세의 군대와 합류하지 못하게 만들었다. 해가 뜨자 살라딘의 군대는 관목에 불을 지펴 십자군 진지로 연기를 날려 보내, 가뜩이나 갈증에 시달리는 십자군 병사들을 더욱 괴롭게 만들었다. 군마들도 갈증을 못 이기고 픽픽 쓰러져 갔다. 살라딘의 군대는 무릎을 꿇고 입을 모아 '알라는 위대하다'란 기도를 올린 다음, 손을 모아 물을 담더니 한 방울씩 모래 위에 떨어뜨리며 조롱하기까지 하였다.

십자군 병사들의 눈앞에는 갈릴리 호수가 어른거렸지만 이미 살

하틴 전투를 묘사한 구스타브 도레의 판화

라딘의 군대가 사방을 포위한 상태였다. 살라딘의 경기병들은 십자군이 호수와 우물로 접근하지 못하도록 계속 화살을 퍼부었고, 수많은 병사들이 쓰러져 갔다. 이런 최악의 상황에서도 십자군 병사들은 쉽게 굴복하지 않았다. 전투 대형을 갖추고 돌격하였고, 살라딘이 있는 진영 앞까지 육박하기에 이르렀다. 하지만 거기까지였다.

결국 진짜 십자가가 모셔져 있는 붉은색 천막까지 유린되었고, 진짜 십자가를 지키던 아크레의 주교는 목숨을 잃었으며, 그 중요한 성물은 살라딘의 전리품으로 전락하고 말았다. 이를 본 십자군은 무너져 내렸다.

총장이 없는 구호기사단은 군사령관 윌리엄 보렐Willianm Borell의 지휘 아래 용전분투했지만, 성전기사단 총장 리드포르와 함께 포로가 되고 말았다. 기 왕과 샤티용, 그리고 여러 지휘관과 영주가 포로가 되었다. 레이몽 3세와 발리앙, 시돈의 영주 레이날드Reginald of Sidon 정도만 탈출에 성공하여 티레와 예루살렘으로 도망쳤는데, 어쩌면 레이몽 3세의 탈출은 살라딘의 배려 덕분일지도 모를 일이다. 전투 직후 티베리아스가 성문을 열었는데, 살라딘은 그의 부인을 호위병까지 딸려서 티레까지 안전하게 보내주었기 때문이다. 탈출에 성공한 자들은 3천 명도 되지 않았고, 1만 명 정도가 전사하고, 나머지는 포로가 되었다.

살라딘군의 전사자가 얼마였는지는 알 수가 없다. 그들은 사상자 수에 대한 관심 자체가 없었기 때문인데, 얼마 후 살라딘이 전사자들을 기념하는 비를 세우라고 명령했다고 하니, 많은 병사들을 잃었음을 짐작하게 한다. 물론 그럼에도 승리는 살라딘의 것이었다. 그것도 완승이었다!

살라딘은 자신의 막사 앞에 포로들을 끌고 오게 하였다. 눈으로 차게 식힌 얼음물을 기 왕에게 주었지만, 샤티용은 맹세대로 바로 죽여 버리고 말았다. 그다음 희생자는 투르코폴리였다. 같은 핏줄이면서도 십자군에 참여한 것은 용서받지 못할 죄였던 것이다.

포로가 된 성전기사단과 구호기사단의 기사 230명은 대부분 개종을 거부했고, 살라딘의 명령으로 학살당했다. 2차 세계대전 당시 독일군은 소련군 정치장교들은 포로로 잡지 않고 즉결 처분하거나 포로로 잡더라도 일반 장교들보다 훨씬 학대하였다. 마찬가지로 소련군도 나치 무장 친위대Waffen SS나 헤르만 괴링Hermann Göring 사단 소속 병사들에게 똑같은 행동을 했고, 독일군에 부역한 소련군 포로들을 대부분 즉결 처형했다. 서방연합군 역시 소련군보다는 좀 덜했지만, 이들을 '특별대우'한 것은 마찬가지였다. 이런 '전통'의 시작이 하틴 전투 때문이라고 하면 지나친 해석일까?

그런데 여기서 '대부분'이라는 표현에 주목해야 한다. 몇몇은 살아남기 위해 개종을 했고, 그중 하나가 막 20대에 접어든 젊은 성전기사단원이었는데, 42년 후에는 다마스쿠스 수비대장까지 올랐다고 한다. 그가 이탈리아 상인에게 그 상황을 이야기해 주었다고 한다.

'처리'를 마친 살라딘은 기 왕과 포로 그리고 진짜 십자가를 다마스쿠스로 보내고, 자신은 해안가로 진격해 들어갔다. 100년간 십자군 세력의 든든한 방벽이었던 갈릴리 지방이 통째로 넘어가고, 병력의 대부분이 사라진 상황에서 십자군 국가들의 해안도시와 예루살렘은 거의 알몸으로 살라딘의 대군에 노출되어 버린 것이다.

백척간두에 선 기사단과 십자군

하틴에서 승리를 거둔 살라딘은 예루살렘으로 직행하지 않고 바다로 나아가 한 달 사이에 베이루트Beirut, 아크레, 시돈Sidon을 차례로 함락시켰다. 예루살렘으로 가는 보급로를 차단함과 동시에 유럽에서 올 새로운 십자군을 맞아들일 항구 자체를 없애버릴 생각이었던 것이다. 하틴 전투에서 예루살렘 왕국의 야전군이 대부분 사라졌고, 살라딘은 주민들의 생명과 재산을 보장하겠다고 약속했기에, 거의 피를 흘리지 않고 이 도시들은 이슬람으로 돌아왔다. 아크레에 있는 구호기사단의 병원은 이슬람 성직자들이 차지하였다. 이 과정에서 살라딘의 관용과 전략적 안목이 돋보였지만 그렇다고 모든 것이 순조롭게만 돌아가지는 않았다. 수많은 정복자들을 상대로 장기간 방어전을 펼친 역사가 있는 티레가 그의 발목을 잡았기 때문이다.

하틴에서 탈출한 레이몽 3세와 발리앙은 티레에 잠시 머물렀다. 하지만 레이몽 3세는 방어가 불가능하다고 판단하고 도시를 떠났고, 발리앙은 일단 예루살렘에 있는 가족들을 데리고 오기 위해 그곳으로 갔다. 사실 티레 주민들은 항전 의지는 있었지만 두 인물이 떠나자 지휘관이 없어 살라딘에게 항복하는 것 외에는 다른 방법이 없었다. 만약 그렇게 되었다면 3차 십자군은 훨씬 어려운 전쟁을 치렀어야 했을 것이다. 여기서 우연이 흐름을 바꾸었다.

노련한 장군이기도 한 몬페라토 백작 코라도Corrado del Monferrato는 몇 명의 부하 기사들을 거느리고 콘스탄티노플을 떠나 예루살렘으로 가기 위해 아크레로 가려 했는데, 그 항구가 살라딘에게 항복했다는 소식 그리고 하틴에서 일어난 대참사를 듣고는 티레로 발길을 옮겼다. 사실 티레 주민들은 그가 신이 보낸 구원자라고 생각하며, 티레를 지켜달라고 간청하였다. 전의가 불타오른 코라도는 주민들을 조직하여 방어준비를 했고, 이 소식을 들은 성전과 구호 기사단원들을 비롯한 살아남은 십자군들이 티레에 모여들었다.

예루살렘 왕국과 트리폴리 백국에 산재한 작은 요새들은 왕국의 야전군이 궤멸되고 항구도시들이 차례로 살라딘에게 넘어간 이상 방어 자체가 불가능했을 뿐 아니라 의미도 없었다. 그랬기에 수비병들은 요새를 버리고 티레로 모여든 것이었다. 그중에서도 두 기사단원들은 동료들이 어떤 최후를 맞았는지를 잘 알고 있었다. 그러니 그들의 항전자세는 남다를 수밖에 없었다. 하지만 크라크 데 슈발리에나 벨부아 같은 큰 요새들은 건재하였다.

거의 천하무적이었던 알렉산드로스 대왕이었지만 그의 화려한 원정 기록에서 유일하게 고전을 면치 못한 전투가 바로 티레 공략전이었다는 사실을 알고 계신 독자들이 적지 않을 것이다. 시간은 1,500년이나 지났지만 티레는 육지와 바다 양쪽에서 공격하지 않으면 함락시킬 수 없는 도시였다. 살라딘은 비록 해군이 있었지만 이탈리아 도시국가의 해군에 비하면 너무 약해서 포위공격을 할 엄두를 내지 못했다. 그는 티레 공격을 포기하고 아스칼론으로 가 그곳의 항복을 받아냈다. 이제 그의 목표는 당연히 예루살렘이었다.

예루살렘에 도착한 발리앙은 본의 아니게 주민들과 총대주교의 강권으로 방어사령관이 되었지만, 싸울 수 있는 전사는 60명 정도에 불과해서 누가 보아도 방위가 불가능했다. 그럼에도 그는 민간인들을 조직하여 방어에 나섰다. 9월 21일, 살라딘이 압도적인 대군으로 공격에 나섰지만 발리앙은 열흘이나 버텨냈다. 하지만 열세는 명확했기에 발리앙은 독한 결심을 할 수밖에 없었다. 10월 2일, 발리앙은 살라딘 진영으로 가서 협상, 아니 '협박'을 하였다.

그 협박은 성내에 있는 5천 명의 이슬람 신자들을 모두 죽이고, 알 아크사를 포함한 모든 이슬람 성소를 파괴하겠다는 것이었다. 또한 자신을 포함한 모든 주민들도 살라딘의 병사 하나씩은 저승길 동무로 삼아 모두 죽겠다는 말도 덧붙였다. 내로라하는 살라딘도 멈칫할 수밖에 없었는데, 바로 그 순간 발리앙은 본론을 꺼냈다. 마침 영국 왕 헨리 2세가 켄터베리Canterbury 대주교 토마스 베켓Thomas Becket을 죽인 사건으로 교황에게 사죄를 하고, 3만 베잔트(당시 동로마제국의 금화) 상당의 거액을 성지 방어 자금으로 내놓았는데, 그것이 구호기사단의 금고에 있다는 사실을 털어놓았다. 그것을 예루살렘 성안에 사는 유럽인들의 몸값으로 내놓겠다는 제안을 했는데, 관대하기도 했지만 마침 군자금이 떨어져 가던 살라딘

영화 「킹덤 오브 헤븐」에서의 예루살렘 공방전 장면

은 이에 동의하였다.

그러나 그 돈만으로는 1만 5천이나 되는 성내의 유럽인들의 몸값을 지불할 수 없었다. 부족한 부분은 자신과 대주교, 그리고 부자들의 사재로 충당했지만 역시 부족하였다. 그러나 살라딘이 과부와 고아, 노인 등에 대해서는 몸값을 받지 않기로 했고, 심지어 살라딘의 동생 알 아딜은 자신에게 천 명을 달라고 하고는 바로 풀어주겠다고 맹세할 정도로 이슬람 쪽의 두드러진 관대함 덕분에 유럽인들 중 노예가 된 이는 거의 없었다.

발리앙은 40일 동안에 이런 절차를 마치고 주민들을 데리고 일단 예루살렘을 떠났는데, 사람이 너무 많아 세 갈래로 나뉘었다. 하나는 발리앙이 직접 이끌었고, 나머지 둘은 성전기사단과 구호기사단원들이 인솔하였다. 하지만 티레 등 해안도시는 그들을 받아들일 여유가 없어, 이 난민들은 천신만고 끝에 안티오키아에 이르러서야 안식처를 얻을 수 있었다. 그들에 대한 책임을 끝낸 발리앙은 부하들을 이끌고 티레로 떠나 방어에 힘을 보탰다.

살라딘은 10월 9일에 예루살렘에 입성하였다. 그리스도교회로 바뀐 알 아크사 사원의 돔 정상에 있던 십자가와 벽면에 걸려 있던 성화도 모두 치웠다. 그리고 장미꽃 향기가 나는 성수를 뿌려 정화하였다.* 그 외에도 많은 장소에서 '이슬람식 정화'가 이루어졌지만, 성묘교회와 구호기사단의 병원은 그대로 두었다. 즉 그리스도교인들의 성지순례를 계속 허용하겠다는 뜻이었다. 예루살렘은 이

---

* 이 장면은 영화 「킹덤 오브 헤븐」에서도 상당히 길게 묘사되어 있다.

렇게 1099년 이전으로 돌아갔다.

구호기사단의 의사 10명도 병원에 남았지만, 딸려 있는 수녀원의 수녀들은 모두 유럽으로 돌아갔다. 이 병원은 16세기까지 그 역할을 하고 문을 닫았는데, 물론 그때는 기사단의 소유물은 아니었다. 기사단은 19세기 후반에 가서야 예루살렘에 병원을 다시 세우는데, 그 이야기는 뒤에서 다룰 것이다. 기사단 소유의 성 요한 성당은 지금 동방정교회의 성당으로 바뀌었다.

> 아, 사람들이 붐비던 도성이 외로이 앉아 있다. 뭇 나라 가운데에서 뛰어났던 도성이 과부처럼 되고 말았구나. 모든 지방의 여왕이 부역하는 신세가 되어 버렸구나. (애가 1.1)

이제 예루살렘 왕국은 '예루살렘'도 없고, '왕'도 없는 빈껍데기가 되고 말았다. 이 '왕국'을 회복시키기 위해서는 유럽에서 대군을 동원하여 성지로 보내는 것 외에는 다른 방법이 없었다. 예루살렘 함락과 진짜 십자가가 탈취당했다는 소식은 10월 20일에 로마에 전해졌고, 큰 충격을 받은 교황 우르바누스 3세는 세상을 떠났다. 뒤를 이은 그레고리우스 8세는 새로운 교서를 발표하여, 자기들끼리 싸우느라 정신이 없는 유럽의 왕들에게 7년간의 휴전을 명했다.

하지만 교황의 교서가 없었더라도 예루살렘 함락과 진짜 십자가의 탈취는 전 유럽을 진동시켰다. 유럽의 왕들은 너나 할 것 없이 당장 성지로 가서 예루살렘을 되찾아야 한다는 여론을 피할 수가 없었다. 1188년 1월 21일, 영국 왕 헨리 2세와 프랑스 왕 필리프 2

세는 휴전협정에 조인하고, 1년 후 부활절에 출병하기로 결정하였다. 신성로마제국 황제 프리드리히 1세는 직접 대군을 지휘하여 성지로 떠나기로 서약하였다. 영국과 프랑스는 원정 자금 마련을 위해 '살라딘 세'라는 별명이 붙은 보통세를 부과하였다. 이렇게 십자군 전쟁의 정점이라고 부르는 3차 십자군 원정이 시작되었는데, 현지를 지키고 있는 구호기사단을 비롯한 십자군들의 상황은 어떠했을까?

구호기사단은 그사이에 아르망고 드 아스파Armengo de Aspa를 새로운 총장으로 선출하였다. 말 그대로 만신창이가 된 조직을 풍전등화의 상황에서 맡게 된 그는 보수적인 정책을 쓸 수밖에 없었다. 우선 작은 요새들은 포기하고 크라크 데 슈발리에와 벨부아 등

하틴 전투 이후 남은 십자군의 영토

중요한 대형 요새들을 지키면서 향후의 변화를 기다리기로 하였던 것이다.

트리폴리도 살라딘군의 공격을 받았지만 마르카브 등 구호기사단이 세워 놓은 요새들 덕분에 건재하였다. 여기에는 시칠리아의 노르만 왕조가 보낸 지원군도 큰 역할을 하였다. 하지만 이 도시의 주인이자 구호기사단의 오랜 친구였으며 후원자였던 레이몽 3세는 '매국노'라는 지탄을 받으며 쓸쓸히 세상을 떠나고 말았다. 케라크 등 내륙의 몇몇 거점들도 '아직은' 십자군의 손에 남아 있었다.

그러면 그 당시 살라딘은 무엇을 하고 있었을까? 그는 남은 십자군의 거점들도 다 쓸어버리고 싶었기에 티레 공격에 다시 나섰다. 하지만 취약한 해군력과 코라도의 완강한 방어로 실패하고 말았다.

계절은 이미 12월 말에 접어들었다. 휘하의 에미르들은 대부분 귀향을 원했기에 더 붙들어 둘 수 없었다. 결과론이겠지만 그는 여기서 좀 무리를 해서라도 밀어붙였어야 했다. 하지만 그렇게 할 수 없었다. 1188년 새해가 밝자 살라딘은 티레에서 철수하여 아크레에서 겨울을 났는데, 구호기사단이 만든 시설이 그들에게 큰 편의를 제공하였다. 그사이 살라딘은 아크레를 더욱 강력한 요새도시로 만들었다. 하지만 이 철수는 몇 년 후 큰 화근이 되고 만다.

봄이 되자 살라딘은 북쪽과 내륙으로 공격을 시작하였다. 목표 중에는 구호기사단의 자랑인 크라크 데 슈발리에와 벨부아 요새도 있었다. 여기를 지키고 있는 구호기사단의 병력은 보조병력을 다 합쳐도 2천에도 미치지 못했다. 살라딘은 5월 말, 직접 군대를 이

티레 전투를 묘사한 15세기의 그림

끌고 크라크 데 슈발리에를 포위했지만 너무 완벽한 요새여서 공성을 포기하고 말았다. 하지만 벨부아는 달랐다. 이 요새도 살라딘군으로부터 "개 짖는 소리와 곰 으르렁거리는 소리가 늘 끊이지 않고, 별 한가운데 놓여 있는 듯한 요새"라는 평을 들을 정도로 견고함을 자랑했지만 그래도 크라크 데 슈발리에보다는 약한 데다가 워낙 요충지여서 상당한 희생을 치러서라도 점령해야만 했기 때문이다.

살라딘군의 공격은 7월에 시작되었다. 이 성은 앞서 이야기했듯이 1169년 일어난 기사단 파산의 큰 원인을 제공했었다. 하지만 이 성은 살라딘의 파도를 막아내는 말뚝 역할을 해내었다. 단원들이 죽을힘을 다해 버텨 쉽게 함락되지 않았는데, 특히 200명의 석궁병들이 눈부신 활약을 하였다.

아스파 총장은 이 성을 구하기 위해 없는 병력을 쥐어짜 구원 병력을 만들어 보냈지만 실패하고 말았다. 결국 다음 해 1월 5일이 되어서야 벨부아 요새는 항복하였다. 비록 함락되기는 했지만, 벨부아 성은 오랜 전투로 살라딘군의 진을 빼서 그들 사이에 전쟁을 혐오하는 분위기가 퍼져나가도록 만들었다. 기사단 단독으로 치른 이 방어전은 3개의 세기가 지난 다음 로도스와 몰타에서 벌어질 세 차례 방어전의 전조인 셈이었다. 다행히 이번에는 포로가 된 기사들이 죽음을 당하지는 않았다. 벨부아보다는 작지만 갈릴리 호수의 북쪽을 지켰던 사페드 성도 함락되었다.

샤티용의 본거지인 케라크도 8개월 동안의 공방전 끝에 함락되어, 무슬림들의 메카 순례길은 완벽한 안전을 보장받게 되었다. 그 외에도 성전기사단의 중요한 근거지인 토르토사 등 크고 작은 해안과 내륙의 요새들이 차례로 살라딘의 손에 들어왔다. 레이몽 3세의 후계자인 장남 레이몽 4세가 이끄는 트리폴리 백국과 안티오키아 공국은 종속적인 위치를 감수하고 살라딘과 강화를 맺으면서, 북부 전선도 안정화 되었다.

이렇게 살라딘이 1188년에 거둔 성과가 결코 적은 것은 아니었지만, 결론적으로 말하면 이를 다 합쳐도 티레 하나와는 비교할 수 없었다. 정확하게는 알 수 없지만 4, 5월쯤 유럽에서 대규모 십자군이 만들어지고 있다는 정보가 살라딘에게 들어왔다. 티레가 그 십자군의 훌륭한 교두보가 될 것임은 명확하였다. 또한 물리력만으로 그들이 오기 전에 성지에 남아 있는 십자군 세력을 몰아낸다는 것은 쉽지 않다는 것도 확실해졌다. 이미 대규모 십자군은 아니더라도 성지순례차 왔다가 참전을 자원한 남자들과 예루살렘 함락이라는 비보를 듣고 달려온 자원병들로 두 기사단과 티레 방어군은 최악의 상황에서 벗어나 상당히 전력이 늘어나 있었기 때문이다.

6월이 되자 살라딘은 포로가 된 기 왕과 귀족들을 자신에게 다시는 도전하지 않겠다는 맹세를 받고 석방해 주었다. 사실을 말하면 그 맹세를 믿어서가 아니라 그가 자신에게 아무런 위협이 되지 않는 인물인 데다가, 그의 석방이 십자군 진영에 분열을 일으킬 수 있다는 기대 때문이었다. 하지만 그 기대는 일부만 실현되었다.

기 왕은 성직자를 찾아가 살라딘에게 한 맹세가 강요로 인한 것이므로 무효라는 대답을 받았다. 기는 시빌라와 함께 티레로 향했으나, 그사이 티레의 주인이 된 코라도가 "무슨 낯으로 여기까지 왔냐!"라며 화를 내더니 문전박대를 하고 말았다. 기 왕 일행은 할 수 없이 티레 성 밖에서 두 달 이상이나 머물러야 했는데, 상황은 다시 묘하게 돌아가기 시작하였다.

아크레 공방전

여전히 기 드 뤼지냥은 명목상이나마 예루살렘의 왕이었다. 누군가가 그에게 아크레 탈환을 권유하였다. 그러자 티레 방어전에 참여했던 두 기사단과 봉건 영주들이 참여했고, 두 기사단은 총장까지 직접 나섰다. 또한 유럽에서 갓 지원해 온 기사와 병사들은 기의 군대를 보고 "예루살렘 왕이 적은 병력으로 강대한 적과 맞서 싸우는데 코라도라는 자는 성안에서 숨어 있다"고 오해해서 대부분 아크레 쪽으로 합류하였다. 이렇게 거의 1만에 달하는 병력이 모였다.

이 병력에다가 피사와 제노바의 해군이 바다 쪽을 맡겠다고 나섰다. 이렇게 되자 해볼 만하다고 생각한 기 왕은 8월 28일, 아크레 성 밑에 이르렀고, 사흘 후 공격을 시작하였다. 이렇게 되자 티레의 코라도도 돕지 않을 수 없게 되었다. 하지만 이번에는 기 왕은 명목상의 사령관이었고, 프랑스에서 온 아벤 백작 자크Jacques of Avesnes가 실질적인 사령관을 맡아 지휘하였다. 이때쯤에는 유럽에서 온 신참들도 기의 무능함을 알게 되었다.

물론 이 소식은 살라딘에게 전해졌지만 바로 움직이지는 않았다. 그의 군대는 알레포에서 케라크까지 광대한 지역에 분산되어 있었기에 아크레 쪽으로는 충분한 병력을 데리고 갈 수 없기도 했고, 기의 무능함을 잘 알고 있었기 때문이기도 하였다. 또한 지난 겨울을 아크레에서 나는 동안 방어시설을 보강해두었다는 자신감도 있었다. 하지만 얼마 후 생각을 바꾸었다. 신성로마제국과 프랑스·영국 등 유럽의 대국들이 십자군을 일으키고 있었기에, 그들이 오기 전에 아크레의 적군을 분쇄해야 한다는 판단을 내렸기 때문이다.

그 사이 덴마크와 네덜란드, 플랑드르, 스코틀랜드에서 온 1만 2

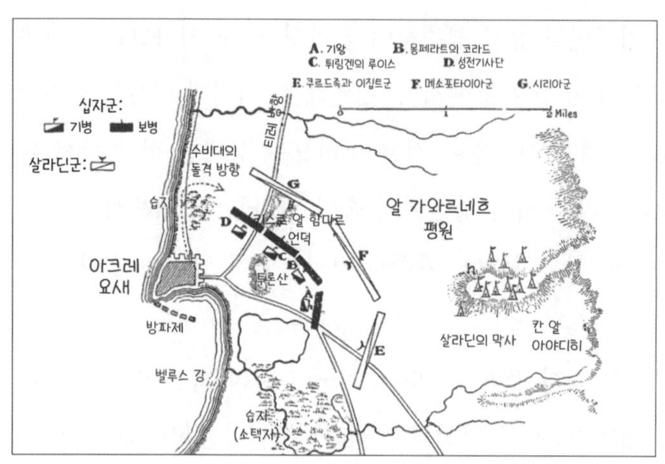

아크레 전투(by English School 출처 : FineArtAmerica)

천 명이 아크레 전투에 더해졌다. 아크레에 도착한 살라딘은 이 도시를 반원형으로 포위하고 있는 십자군을 다시 더 큰 반원형으로 포위하였다. 이때 살라딘군의 규모는 잘 알려져 있지 않은데, 정황상 십자군 쪽보다는 조금 많았겠지만 압도할 정도의 규모는 아니었을 것으로 보인다. 해상 봉쇄는 이탈리아 도시국가들이 맡았다. 1차 포에니 전쟁 때의 아크라가스 공방전과 갈리아의 로마화를 결정지은 알레시아 전투가 서양 고대의 대표적인 이중포위전이었는데, 이 아크레 전투는 중세의 대표적인 이중포위전이다.

10월 4일, 유혈이 낭자한 큰 전투가 벌어졌고, 양쪽 모두 수백 명의 전사자가 나왔는데, 사실상 무승부였다. 기 왕은 하틴 때와는 달리 쓸 데 없이 나서지 않았고, 티레의 코라도도 잘 협조하였다. 아쉽게도 이 전투에서 구호기사단은 별다른 역할을 하지 못했다. 십자군은 참호를 깊게 파고 장기전에 돌입하였다. 십자군 전쟁 사상 최장 그리고 최악의 공성전으로 기록되는 아크레 공방전이 이렇게 본격적으로 막이 오른 것이었다.

길어지는 이중포위전에서 제해권이 없어 보급이 부족한 아크레 수비군과 배후에 휴식할 공간이 없는 십자군이 더 괴로웠지만 1190년 여름까지 두 군대는 어떻게든 악조건을 버텨냈다. 그사이 두 기사단은 밀려드는 지원자로 이전의 전력을 거의 회복했는데, 구호기사단은 특기를 살려 야전병원도 운영했을 것이다. 그러던 중 멀리 떨어진 아나톨리아에서 어처구니없는 일이 벌어졌다.

대군을 이끌고 성지를 향해 아나톨리아를 횡단하던 신성로마제국의 황제 프리드리히 바르바로사는 코냐Konya에서 길을 막아선 투르크군을 대파했지만, 1190년 6월 10일, 어처구니없게도 깊지 않지만 차가운 강을 건너다 물에 빠져 심장마비를 일으켜 익사하고 만 것이었다. 이로 인해 독일인이 주축이 된 신성로마제국군은 거의 해체되고, 차남 프리드리히가 지휘하는 7천 명 정도의 군대만 아크레로 향했으며, 8월이 되어서야 도착하였다. 또한 영국군의 선발대가 티레에 도착했고, 곧 전투에 합류하였다. 하지만 아크레의 전황은 크게 달라지지 않았다. 십자군은 필리프 2세가 지휘하는 프랑스군과 리처드 왕의 영국군이 바다를 건너 도착할 때까지 기다려야 했다. 길고 긴 이중포위전은 놀랍게도 다음 해까지 이어졌다.

그 겨울에 시빌라를 비롯한 많은 십자군 지도자들이 전염병으로 목숨을 잃었다. 자연스럽게 시발라의 남편 자격으로 왕이 되었던 기는 왕위가 위태로워졌고, 코라도가 시빌라의 여동생 이자벨과 결혼함으로써 강력한 라이벌이 되었다. 필리프 2세와 구호기사

필리프 2세의 아크레 도착을 묘사한 중세의 그림

단, 제노바는 코라도를, 리처드 왕과 성전기사단, 피사는 기를 지지하였다.* 결국은 코라도가 예루살렘 왕위에 오르지만, 그 이야기는 뒤에서 다루겠다. 1191년 4월 20일 부활절, 필리프 2세의 프랑스군이 전장에 도착하자 십자군의 사기는 크게 높아졌다.

이렇게 되자 살라딘도 이집트와 메소포타미아에서 대군을 모았고, 다른 이슬람 군주들에게 편지를 보내, 그들의 무심함을 질책하고 원병을 청하였다. 그가 보낸 편지를 받은 국가 중에는 멀리 스페인과 모로코에 자리 잡은 알모하데Almohad 왕조도 있었을 정도였다.

리처드가 지휘하는 영국군은 5월에 전진기지라 할 수 있는 키프로스에 도착했는데, 이 섬은 명목상으로는 동로마제국의 땅이었지만 실제로는 두카스Doukas라는 실력자가 지배하고 있었고, 그는 리처드 왕과 동행한 누이와 약혼자를 납치하여 몸값을 받아내

* 기 왕은 키프로스에 있던 리처드 왕을 방문하여 지지를 호소한 바 있었다.

려는 간 큰 짓을 시도하였다. 하지만 이런 짓을 가장 혐오하는 리처드의 분노만 샀고, 결국 영국군은 닷새 만에 이 섬을 거의 장악하였다. 여기서 그 전 해에 취임한 구호기사단의 총장 가르니에 드 나블루스Garner de Nablus가 중재하여, 두카스는 니코시아로 물러나고, 키프로스의 주권은 리처드에게 귀속되는 것으로 정리하였다. 이후 키프로스는 십자군의 든든한 후방 기지로서의 역할을 수행하였다. 그중 하나가 1197년 리마솔Limassol에 문을 연 구호기사단의 병원과 콜로시Kolssi 성이다. 리처드는 6월 8일 아크레의 전장에 발을 디뎠다. 이제 십자군은 공세를 가하는 입장으로 바뀌었다.

사자심왕 리처드의 등장과 아크레 탈환

당시 34세의 한창 나이인 리처드 왕은 당당한 체구에 준수한 외모를 가진 대장부였다. 기 왕과 발리앙을 비롯한 예루살렘 왕국의 봉건영주들과 구호기사단과 성전기사단의 총장과 주요 지휘관, 그리고 아벤 백작 자크를 비롯한 유럽에서 온 지 얼마 되지 않은 군대 지휘관들이 그를 맞이하였는데, 티레의 코라도만 자리에 없었다.

두 기사단의 총장과 기사들은 리처드 왕에게 완전히 복종했는데, 프로 전사로서 살아온 그들이기에 현지 경험이 전혀 없음에도 이 왕이 진정한 사령관임을 본능적으로 알아차렸기 때문일 것이다. 병사들은 함성소리와 함께 칼로 방패를 두드리며 얼마 후 '사자심왕'이라고 불리게 될 리처드를 열렬히 환영하였다. 이 함성소리는 아크레와 참호 건너에 있는 살라딘 진영에도 들릴 정도였다.

아크네에 도착한 리처드 왕

(by Dan Escott 출처: fineartAmecica)

리처드는 그전과는 다른 두 가지 전술을 실행에 옮겼다. 하나는 가지고 온 신형 투석기에, 역시 오는 도중에 들른 시칠리아의 화강암으로 깎은 돌포탄을 실전에 투입한 것이었다. 물론 그전에도 투석기는 있었지만 성능이 떨어졌고, 무엇보다 중동의 석회암으로 만든 포탄이어서 위력이 약했다. 강력한 투석기에서 발사되는 화강암 돌포탄은 아크레 성내를 공포로 몰아넣었다.

또 하나는 그동안 강력한 지휘관이 없어 체계적이지 않았던 포진을 완전히 재편한 것이었다. 외곽의 살라딘군에 대해서는 구호기사단과 아벤 백작 자크, 그리고 형 기 왕과는 달리 전투에서는 능력이 있는 동생인 아모리에게 맡겨 방어를 전담하게 하고, 아크레 공격은 저돌적인 성전기사단을 비롯한 전군을 투입하여 빨리 승부를 내려 했던 것이다.

그야말로 맹공격이 퍼부어졌고, 부족한 보급에도 잘 버티던 아크레 수비대도 한계에 부딪혔다. 물론 살라딘도 십자군의 방어선을 뚫기 위해 최선을 다했지만 구호기사단 등 십자군은 돌파를 허용하지 않았다. 총력을 기울인 최후의 공격을 시도하려 했지만, 너무 많은 사상자가 나올까 우려한 에미르들의 반대로 실행하지는 못했다.

결국 아크레 수비대는 살라딘의 허가를 받아 7월 초, 그리스도교 쪽 포로의 석방과 자신들의 출성, 그리고 20만 디나르의 몸값 지불과 인질 제공을 조건으로 도시를 십자군에게 넘겨주었다. 하지만 몸값이 다 지불될 때까지 2천500명은 인질로 잡아두기로 하였다.

이렇게 만 4년 만에 아크레는 십자군 손으로 돌아왔다. 그리고 구호기사단은 무려 2천 명을 수용할 수 있는 자신들의 거대한 병원과 소속된 기사들이 수비하던 성벽과 탑을 되찾았다. 물론 수리는 자신들이 해야 했다. 이후 리처드 왕은 정복한 도시의 재건을 두 기사단에게 맡겼다. 성채 관리에 많은 경험을 지닌 데다가, 자금력도 있었기 때문이었다. 하지만 정확하게 100년 후 이 성이 함락되면서 자신들이 우트르메르에서 영원히 쫓겨날 운명이 될 것이라는 것을 아는 이가 있을 리는 없었다.

아크레 탈환 직후, 십자군 내부에서는 큰일이 셋이나 일어났다. 하나는 리처드에게 가려버린 프랑스 왕 필리프 2세와 프리드리히 바르바로사의 아들인 오스트리아 공작 레오폴트의 귀국이었다. 십자군 입장에서는 다행스럽게도 병력은 거의 두고 돌아갔다. 두 번째는 독일기사단의 창설이었는데, 레오폴트가 병력은 남겼지만 돈은 남기지 않아 새로운 기사단을 구성한 것이었다. 이름이 증명하듯 이 기사단의 구성원들은 모두 독일인이었는데, 그들은 흰색 바탕에 검은

독일기사단의 문장. 훗날 프로이센-독일군의 문장이 된다.

색 십자가를 제복으로 삼았다. 이 기사단은 구호기사단과 성전기사단과는 달리 교황청 직속은 아니었다. 어쨌든 이렇게 십자군의 3대 기사단이 모두 진용을 갖추게 되었다.

마지막으로는 살라딘이 제 날짜에 몸값을 지불하지 않았기 때문에, 2천500명의 인질을 모두 처형해 버린 참극이었다. 이 참극에 대한 논란은 많지만, 이 글의 주제인 구호기사단과는 거리가 있으므로 더 다루지는 않을 것이다. 다만 살라딘의 '보복'은 소개할 가치가 있다. 그는 이 참사 소식을 듣자 말꼬리에 진짜 십자가를 달아 거리를 다니게 해 보복을 대신했던 것이다.

리처드 왕과 십자군의 최종 목표는 말할 것도 없이 성도 예루살렘이었다. 하지만 예루살렘은 해안에서 상당히 떨어져 있었다. 아크레를 손에 넣었지만, 내륙 지방은 크라크 데 슈발리에 같은 극히 일부의 예외를 제외하면 모두 살라딘이 장악하고 있었기에 보급선을 지키기 어려웠다.

그래서 리처드는 일단 예루살렘에서 가장 가까운 항구도시인 야파를 확보하기로 하고 남진을 결정하였다. 그가 지휘하는 십자군은 2만 명이었는데, 구호기사단의 병력 규모는 정확하게 알 수 없지만, 최소 600명에서 최대 1천 명 수준이었을 것이다.

살라딘군은 십자군이 틈을 보일 경우, 그것을 놓치지 않으려고 뒤를 쫓았다. 그러나 리처드는 말 그대로 조금의 틈도 보이지 않았다. 해안에 제노바와 피사의 갤리선단이 육군을 보호하면서, 보급과 부상병 호송 등도 맡게 하였다. 매일 대열을 바꾸긴 했지만 되도록 취약한 부대를 해안 쪽으로 행군하게 하고, 내륙 쪽에는 기병과 강력한 보병부대를 배치하였다. 중간에 궁병과 석궁병을 배치하는 한편, 가장 조직력이 강한 두 기사단을 요소요소에 배치하되 주력은 최후미에 두어 대열 통제를 강화하였다. 무엇보다 살라딘군의 화살 공격을 막기 위해 전원 완전 무장하도록 하였다. 물론 늦여름인 만큼 체력소모가 우려되었지만 시원한 아침에 행군하게 하고 뜨거운 오후에는 쉬게 하는 식으로 행군시간을 줄였다. 최후미를 맡은 두 기사단원들은 앞선 부대가 지나가면서 뭉개지고 인간과 동물의 배설물로 더럽혀진 길을 갈 수밖에 없었기에 더 고생이었다.

이렇게 빈틈없이 짜인 십자군은 남쪽으로 행군을 시작했고, 하이파Haifa와 카이사레아는 주민들이 도시를 비우고 도망쳐 십자군의 영토로 돌아왔다. 물론 살라딘이 수수방관할 리 없었다. 그는 십자군의 두 배가 넘는 5만의 대군을 동원했고, 틈만 나면 베두인 경기병으로 하여금 화살 공격을 퍼붓게 하였다. 십자군은 그들을 '파리떼'라고 불렀지만, 결코 귀찮기만 한 존재는 아니었다. 이런 공격에 격분한 헝가리의 백작이 포로가 되었고, 대학살에 대한 보복으로 죽음을 당하고 말았기 때문이다. 하지만 전체적으로는 대형은 흔들림 없이 유지되었다.

카이사레아 부근에서 후위를 맡은 프랑스군을 매복한 살라딘군이 기습을 하면서 제법 큰 규모의 전투가 벌어졌다. 그러나 프랑스군의 인내와 리처드의 놀라운 용맹으로 살라딘군의 공격은 실패로 돌아갔다.

카이사레아 전투 직후인 9월 5일, 리처드 왕은 살라딘에게 평화조약을 맺자고 사신을 보낸다. 하지만 그 내용이 "살라딘이 이끄는 이슬람군의 전면 철수와 팔레스타인 전역을 반환하라."라는 너무 과도한 요구였기에 결렬되었다. 아마 제안을 한 리처드 자신도 살라딘이 그것을 들어주리라고는 생각하지 않았을 것이다. 바로 양군은 전투준비에 들어갔다. 장소는 인근 도시 아르수프Arsuf 근처의 숲이었고, 살라딘군의 병력은 약 4만 명이었다.

아르수프 전투

9월 7일 오전 9시, 전투가 시작되었다. 경기병들은 원거리에서 지속적인 화살 공격을 가했으나 리처드 1세의 십자군은 꿈쩍하지 않고 묵묵히 앞으로 나아가기만 하였다. 어떤 병사는 10발이 넘는 화살을 맞았음에도 진형에서 이탈하지 않았을 정도였다. 리처드 왕은 오로지 밀집 대형만 유지한 채로 전진만을 명령하였다.

십자군들이 몸을 맞대고 만든 인간 방벽의 길이는 약 2킬로미터 정도였는데 전혀 무너질 기미가 보이지 않았다. 살라딘도 위기감을 느껴서 두 번째 공격은 화살이 아니라 직접 맞부딪치는 방식으로 시작하였다. 그런데 이 공격은 적군을 직접 죽이는 것이 아니라 단단한 십자군 진형에 구멍을 내는 것이 목적이었다.

따라서 활 발사 각도를 낮추어 말을 주로 쓰러뜨리고, 그다음에는 못 박힌 곤봉을 휘두르며 접근전을 시작하였다. 가장 원시적인 무기였지만 중장갑을 갖춘 십자군에게는 창이나 칼보다 이것이 더 효과적이었다. 죽이긴 힘들어도 갑옷이 구부러지거나 파편이 몸에 박히는 효과를 냈기 때문이었다. 살라딘군의 공격은 후미에 자리

에로이 피르민 페롱(Éloi Firmin Féron, 1802~1876)이 그린 아르수프 전투

잡은 구호기사단과 프랑스군에게 집중되었다.

기사들은 다른 부대와 틈이 생기지 않도록 말을 뒷걸음질시키며 싸웠다. 하지만 이런 싸움이 제대로 될 리가 없었다. 가르니에 총장은 기사 하나를 리처드 왕에게 보내 반격을 허락해달라고 했지만 거절당하고 말았다. 어떤 기사가 큰 소리로 울부짖었다. "오 위대한 기사 성 게오르기우스St. Georgius*시여! 그들을 격퇴하지 못하면,

가르니에 드 나블루스

그리스도교계는 이제 영영 망하고 말 것입니다!" 그러자 가르니에 총장이 직접 리처드 왕 앞으로 가서 따지듯이 그리고 호소하듯 입을 열었다. "전하, 아군은 현재 적군에게 겹겹이 둘러싸여 방어도 제대로 하지 못하고 영원한 불명예를 안아야 할 위기에 처해 있습니다. 죄 없는 말들만 죽어가고 있는 상황에서 대체 무엇을 위해 더 참아야 하는 것입니까?"

하지만 리처드 왕은 요지부동이었다. "나의 충실한 총장이여, 모든 것은 때가 있는 법이니 참아야 하오. 그들이 공격을 막아야 할 사람은 당신이오." 총장은 하는 수 없이 다시 후위로 돌아와 살라딘군이 가하는 공격을 바라만 보고 있었다. 부하 장교와 프랑스 귀족들은 수치심으로 얼굴이 벌겋게 달아올랐다.

이 상황에서 마침내 구호기사단의 사령관 볼드윈 커류Baldwin Carew가 더 이상 참지 못하고, 성 게오르기우스를 부르짖으며 돌진해 나갔다. 그러자 다른 기사들도 하나둘씩 선회하여 끝과 끝을 이어가며 기병대의 돌격 대형을 만들었다. 그리고 구호기사단 전체가 한 덩이가 되어 돌진하기 시작하였다. 이 돌격 장면을 살라딘 휘

* 로마 제정기 카파도키아에서 태어난 귀족으로 군인이었으나 그리스도교에 투신하여 황제의 손에 의해 순교하였다는 이야기가 전래된다. 군인들의 수호성인이다. 영어로는 조지George이다.

하의 역사가 바하 앗 딘이 다음과 같이 묘사하였다.

> 나는 이들 기사들이 보병 부대 중간으로 모여드는 모습을 내 눈으로 직접 목격하였다. 그들이 창을 부여잡고 마치 한 사람이 소리치는 것처럼 전쟁 구호를 복창하자 보병 부대가 길을 활짝 열어주었다. 그들은 그 사이를 뚫듯이 질주해 나와 단번에 사방으로 돌진해가며, 일부는 우익으로 일부는 좌익으로 또 다른 일부는 중앙으로 밀고 들어가 우리 군을 초토화시켰다.

물론 이런 구호기사단의 '일탈'을 리처드가 모를 리 없었다. 뛰어난 장군은 생각한 전술대로 상황이 진행되지 않더라도, 그 변화에 몸을 맡길 줄 아는 법이다. 어쩌면 이렇게 자발적인 전의가 최고조에 이르러 폭발한 상황을 기다리고 있었을지도 모르지만, 경위야 어찌됐든 타이밍은 좋았다.

리처드 왕은 자신의 직속 부대를 이끌고 말에 박차를 가해 나는 듯이 구호기사단의 전장까지 달려와 돌격에 앞장섰다. 그러고는 천둥 같은 소리를 지르며 훗날 전설이 될 정도로 가공할 만한 무용을 과시하면서 적군을 뒤흔들었다. 살라딘의 전사들은 추풍낙엽처럼 쓰러져갔다. 덴마크에서 만든 그의 전투용 도끼를 피해 살아남는 자는 아무도 없는 듯싶었다.

당시 역사가의 표현에 의하면 "그가 마치 낫으로 곡식을 베듯 적병들의 머리를 계속 내리치며 가증스런 종족을 분쇄해나가자, 자기 동료들의 죽어가는 모습에 놀란 적병들은 전보다 더 넓은 공간을 그에게 만들어 주었다. 이제 땅바닥에는 투르크군의 시체가 반 마일이나 깔려 있게 되었다"고 할 정도였다. 이 때문에 살라딘군은 리처드를 사탄 또는 사자의 심장을 가진 왕이라고 불렀다.

당연히 구호기사단을 비롯한 십자군의 사기는 하늘을 찌를 정도로 올랐고, 공격의 끈을 늦추지 않고 마구 몰아붙였다. 특히 복수심에 불타는 구호기사단원들은 엄청난 살육을 저질렀다. 구호기사단 입장에서는 크레송 샘과 하틴에서 당한 두 번의 패배를 완전히 설욕한 셈이었다. 살라딘군의 군기와 국기가 셀 수 없을 정도로 땅에 떨어졌고 검과 창, 활과 화살, 그리고 못이 촘촘히 박힌 곤봉, 다트 등 전장에서 거둬들인 무기들만 해도 짐마차 스무 대에 가득 찰 정도였다.

말에서 내려 수풀이나 나무 위로 올라가 숨으려다 십자군이 쏜 화살을 맞고 비명을 내지르며 떨어져 죽는 살라딘의 병사들도 많았다. 어떤 병사들은 높이가 25미터나 되는 갑에서 무모하게 바다 속으로 몸을 던지기도 하였다.

살라딘군의 궤멸은 그쪽 역사가인 바하 앗 딘에 의해서도 확인된다. 그는 중앙과 좌우익이 모두 도망친 상태에서 17명의 병사만이 남아 군기를 지키고 있는 광경을 생생히 묘사했다. 분발하라는 술탄의 북소리가 울리고 있는 가운데서 말이다. 그는 십자군의 공격이 세 번에 걸쳐 이루어졌다고 기록하고 있다. 그리고 공격 때마다 이슬람군은 언덕 위로 자꾸 밀려 올라갔으나 십자군은 그때마다 힘을 다시 규합했다고 한다. 살라딘은 자신의 군기 옆에 꼼짝 않고 선 채 병사들을 다시 전장으로 끌어들이려 노력하였다. 그 결과 상당수의 병사를 군기 주위로 모으는 데 성공하였다. 그에게는 아직 숲속에 숨겨둔 1만의 예비병력이 있었기에, 추격해 오면 숲속에서의 접근전으로 승부를 내려 했던 것이다. 실제로 구호기사단은 그 안까지 들어가 끝장을 내려 하였다.

하지만 리처드는 공격을 멈추게 하고, 휴식을 취하도록 명령하였다. 구호기사단원들은 부상병을 치료해주었고, 그들은 갤리선을 타고 아크레로 돌아갔다. 그곳에는 중동 최고 수준을 자랑하는 구호기사단의 병원이 있었다.

십자군은 7천 명이나 되는 살라딘군을 쓰러뜨렸지만, 자신들의 손실은 10분의 1 정도밖에 되지 않았다. 그러나 기나긴 아크레 공방전을 이끌며, 모든 십자군의 존경을 받았던 아벤 백작 자크의 전사는 큰 손실이었다. 그 옆에는 살라딘의 전사 15명의 시신이 있었다고 한다.

그의 시신은 자연스럽게 십자군의 손에 넘어간 아르수프 성내의 교회로 운구되었고 장례미사가 열렸다. 성대한 승전축하 바비큐 파티가 이어졌는데, 불에 구워진 고기의 대부분은 죽은 말 고기였다. 구호기사단을 비롯한 십자군 병사들은 예루살렘을 되찾을 수 있다는 확신에 차서, 그 축제를 즐겼다.*

---

* 3차 십자군 전쟁에서 보여준 리처드의 전술과 용맹은 이후 서양사에서 영원한 전설이 되었다. 2차 세계대전의 용장 패튼은 전생과 환생을 믿었는데, 자신이 전생에 리처드 왕과 함께 검을 휘둘렀다고 진정으로 확신하였다.

야파의 수복과 전진 그러나...

십자군은 사흘 후 아르수프를 출발했고, 리처드는 이번에는 후위에 성전기사단을 배치하였다. 또 살라딘군의 반격이 있었지만, 십자군은 이를 가볍게 물리치고 15일에 살라딘이 비운 야파에 무혈입성하였다. 물론 살라딘이 멀쩡하게 도시를 넘겨 줄 리는 없었다. 이 때문에 구호기사단과 성전기사단은 그들이 특기를 살려 성채 보수에 힘을 쏟아야 했다. 하지만 파괴는 제한적이었고, 무엇보다 항구는 거의 멀쩡해서 키프로스-티레-아크레-야파로 이어지는 보급선이 확보되었다는 것이 중요하였다.

십자군 병사들은 그동안 거의 말고기만 먹다시피 했는데, 야파 주변의 과수원에서 나는 신선한 과일을 즐기는 것은 큰 즐거움이 아닐 수 없었다. 과일보다 더 좋은 술과 여자도 야파에는 많았다.

그사이 아르수프에서 보여준 구호기사단의 용맹이 유럽에까지 퍼져나갔다. 그들의 의료 활동에 주로 관심을 가졌던 유럽인들 사이에 군사적 능력도 성전기사단 못지않다는 인식이 퍼져 나갔다.

여기서 최고사령관 리처드는 예루살렘으로 바로 나아갈 것인가, 아니면 아스칼론까지 정복하여 이집트에서 예루살렘과 시리아 쪽으로 가는 해상 보급로를 차단할 것인가의 둘 중 하나를 선택해야만 하였다.

살라딘도 아르수프에서 참패를 당하긴 했지만 하틴만큼 결정적인 것은 아니었고, 아직 그에게는 4만이 넘는 병력이 있었기에 저력은 여전하였다. 더구나 그는 그 손실을 메울 능력이 있었기에 당연히 수수방관하거나 포기하지 않았다. 견벽청야堅壁淸野 전술을 실행하여 예루살렘으로의 전진을 어렵게 만들기 시작하였다. 특히 아스칼론을 항구까지 완전히 파괴해 버렸다.

이 소식이 전해지자 리처드는 염두에 두었던 아스칼론 공격 대신 예루살렘 진격을 결정할 수밖에 없었다. 예루살렘으로 가는 길은 90킬로미터 정도였는데, 완전한 육로이기에 해군의 지원은 당연히 받을 수 없었다. 설사 예루살렘을 수복한다고 해도 야파와의 보급선이 든든하지 않으면 오래 유지할 수가 없었다.

리처드는 천천히 야파에서 예루살렘으로 가는 기반을 확보하기 시작하였다. 그 길에 있는 성채는 당연히 살라딘군에 의해 파괴되었고, 크지는 않지만 소규모 전투가 계속 벌어졌다. 11월 8일, 리처드와 살라딘의 조카인 알 아딜과의 협상도 열렸는데, 리처드는 누이 조앤과 살라딘의 동생 사이프를 결혼시키고 둘이 공동으로 요르단 서안을 지배하자는 대담한 제안을 내놓았고, 살라딘의 관심도 끌었지만 사이프의 개종 문제가 해결되지 않아 결렬되고 말았다. 십자군은 꾸준히 예루살렘 쪽으로 나아가 11월에는 3분의 1 지점인 라말라Ramala까지 진출하였다. 다음 해인 1192년 1

야파에 입성하는 리처드 왕

월 3일에는 3분 2 지점, 즉 예루살렘에서 30킬로미터밖에 떨어지지 않은 바이트누바Bayt-Nuba에 이르렀다.

하지만 거기까지였다. 리처드는 바이트누바에서 닷새간 머물렀을 뿐이고, 바로 군대를 라말라로 철수시켰다. 우박과 비로 땅바닥은 진흙투성이가 되어 식량이 상하고 무기가 녹이 슬어 전투가 불가능했기 때문이었다. 더구나 적 경기병들의 보급방해를 완전히 차단할 방법이 없었다.

하지만 이는 어렵기는 했지만 부차적인 문제였고, 이때 전략적으로 예루살렘 진격을 하느냐 마느냐 하는 정말 중요한 문제를 결정해야 했기에 리처드는 십자군의 수뇌들을 모아 아크레에서 회의를 열었다. 물론 그 회의에는 구호기사단의 가르니에 총장도 참석하였다.

놀랍게도 두 기사단을 포함한 현지 세력들이 주도한 예루살렘 공격 포기론이 승리하였다. 사실 날씨만 좋아지면 야전에서 살라딘군을 격파하고 예루살렘 접근과 포위할 수 있었고, 북쪽 성벽은 상당히 허술해서 함락도 가능하였다. 하지만 유지가 문제였다. 이 성스러운 도시를 지키기 위해서는 최정예 전사 수천 명이 필요한데, 두 기사단을 제외하면 이런 위험한 곳에서 오래 버틸 자는 거의 없었다. 더구나 예전과는 달리 이슬람 세계는 살라딘의 깃발 아래 통일된 상황이었다.

여기서 십자군 수뇌부는 심각한 딜레마에 빠질 수밖에 없었다. 십자군의 대의명분은 그 성스러운 도시를 차지하는 것인데, 예루살렘의 점령은 스스로 군대를 날려버리고 마는 셈이었기 때문이다.

고민 끝에 그들은 아스칼론을 점령하여 그곳에 전략기지를 세우고 이집트에서 올 적 지원군과 보급을 차단하는 쪽이 군사적으로 더 유리하다고 판단하고, 군대를 그곳으로 돌리기로 하였다. 프랑스군은 이 결정에 반대하며 야파나 아크레에 머물렀다. 훗날 한 시인은 두 기사단원들의 심정을 이렇게 노래하였다.

곧 예루살렘에
많은 사람이 머무르지 않는다면
바보든 현자든 모든 순례자들은
순례가 끝나면
자기들이 태어난 고향으로
돌아갈 터이니
무리는 분산되고
그 땅은 다시 적의 손에 들어가리.

1월 20일, 십자군은 아스칼론에 도착해서 몇 달 동안 재건에 나섰는데, 예루살렘 입성이라는 영광을 바랐던 병사들, 특히 유럽에서 온 자들의 사기는 많이 떨어질 수밖에 없었다. 어쨌든 급한 상황이 정리되었기에, 예루살렘의 왕위를 둘러싼 분쟁이 본격화되었다. 물론 기 드 뤼지냥과 코라도가 경쟁자였다. 리처드가 총사령관이라지만 자기 마음대로 기를 왕으로 되 돌릴 수는 없었다. 자기는 얼마 후 이 땅을 떠나야 하지만 예루살렘 왕은 현지에서 남아 있는 것들을 지켜야 하는 총책임자였기 때문이다. 당시 대표는 20명으로 우트르메르의 귀족이 다섯, 프랑스군에서 다섯, 두 기사단에서 각 다섯 명이었다. 결국 발리앙을 비롯한 봉건제후들과 두 기사단의 총장을 비롯한 현지 세력의 수뇌들은 코라도를 선택하였다. 그들도 코라도의 인성은 좋아하지 않았지만 티레 방어전에서 보여준 그의 전투능력은 확실했기에, 그들에게는 이 능력이 인성보다 훨씬 중요했던 것이다. 리처드는 대신 기에게 자신이 정복한 키프로스를 주었다. 놀랍게도 뤼지냥 왕가는 300년간 이 섬을 지배한다.

하지만 왕위에 오른 코라도는 일주일 만에 악명 높은 아사신, 즉 암살단의 자객에게 죽음을 당하고 말았다.* 그러자 발리앙은 이자벨을 리처드의 조카이자 유능한 무장이었던 상파뉴 백작 앙리와 결혼시켜 그를 왕으로 추대하였다. 이자벨은 발리앙의 의붓딸로 관계가 좋았고, 그를 친아버지처럼 따랐기에 가능한 결혼이었다. 그때 이자벨의 뱃속에는 코라도의 딸이 자라고 있었다.

이렇게 우여곡절은 있었지만, 예루살렘 왕위 계승 문제가 해결되고, 아스칼론의 재건도 상당부분 진행되자 리처드는 전략적 진출 방향을 이집트 쪽으로 잡았다. 가자를 정복하고 더 남쪽인 다룸Darum까지 진출하여 그곳도 함락시켰다. 십자군의 일부는 구호기사단의 첫 요새인 지블린까지 쳐들어가기도 하였다. 물론 리처드

* 암살을 사주한 자가 누구인가는 현재까지도 알려지지 않고 있다. 다만 암살단은 그들의 선단을 코라도에게 나포당하고 돌려받지 못했다. 따라서 그들에게는 그를 죽일 만한 원한이 있었던 것은 사실이다. 코라도의 시신은 티레에 있는 구호기사단 성당에 묻혔다.

의 목적은 이집트 본토까지 세력을 확장하는 것인데, 그것까지 이루지는 못하더라도, 이 정도만 해도 이집트에서 팔레스타인에 있는 살라딘의 진영으로 가는 보급은 이전보다 두 배는 힘이 들게 되었다.

물론 살라딘도 그냥 보고만 있지 않고, 소규모 전투를 벌이면서 방해에 나섰다. 하지만 야전에서는 리처드와 두 기사단의 적수가 되지 못했고, 별다른 타격을 주지 못했다.

전쟁하기 좋은 계절인 5월 중순이 되었다. 당시 리처드는 대행을 맡은 동생 존과 프랑스의 영지를 빼앗으려는 프랑스 왕 필립 2세의 심상치 않은 움직임에 귀국을 심각하게 고민하고 있었다. 이런 상황을 눈치챈 현지의 영주들과 사제들은 리처드에게 예루살렘을 공격하자고 강력하게 요청하였다. 이런 지휘관이 있을 때 빨리 승부를 내야 한다는 조바심이 그들의 마음을 바꾼 것이었다. 이때 아스칼론 주위에 있던 한 초라한 차림의 늙은 신부가 감동적인 설교로 리처드의 마음을 바꾸었다고 한다. 결국 리처드는 다음 해 부활절까지 이곳에 남기로 결정했고, 예루살렘으로의 진격을 다시 시작하였다.

리처드의 퇴장과 강화

6월 7일, 리처드가 지휘하는 십자군의 본대가 아스칼론을 출발하고, 아크레에서도 프랑스군이 예루살렘으로 나아가고, 바이트 누바에서 합류하였다. 물론 살라딘도 발 빠르게 움직였다. 예루살렘에서 겨울을 난 그에게 겨울휴가를 보낸 병사들이 되돌아왔고, 투르크족 군대가 대거 가세하였다. 하지만 리처드와 야전을 벌인다면 승리를 장담할 수 없었다.

하지만 리처드의 본심은 예루살렘 탈환이 아니었다. 예루살렘 진군을 통해 살라딘과의 협상에서 유리한 고지를 차지하기 위한 행동이었다. 두 사령관의 마음이 이러했으니 사신들이 서로의 진영을 오갔음은 당연하였다. 십자군 쪽의 대표는 발리앙이었다.

하지만 그렇다고 해서 십자군의 진격도 전투도 중지되었던 것도 아니었다. 어느 날은 200여 명의 투르크 경기병이 프랑스군의 후위를 공격하였다. 이때 열정적인 구호기사단의 기사가 홀로 적진에 뛰어들어 싸웠는데, 결국 낙마하고 말았다. 다행히 구원병 덕분에 살아남기는 했지만 말이다. 6월 11일, 십자군은 예루살렘 성을 육안으로 볼 수 있는 15킬로미터 지점까지 진출하였다. 리처드는 성스러운 도성을 직접 눈으로 보았다. 다음 날에는 바이트 누바에서 제법 큰 규모의 전투가 벌어졌다. 처음에는 주로 프랑스군이 살라딘군과 맞서 싸웠는데, 살라딘군이 거짓 후퇴를 시작하였다. 구호기사단과 성전기사단이 추격했고, 살라딘군이 반격에 나서자 격렬한 육박전이 벌어졌다. 살라딘군이 우세를 점하기 시작했지만 지원군이 도착하자 전세는 다시 역전되었다.

6월 23일에는 텔 엘 헤시Tell el-Hesi에서 리처드가 직접 지휘하는 700명의 기사와 1천 명의 보병 그리고 1천 명의 투르코폴리가 살라딘의 대규모 보급부대를 덮쳐 대학살극을 벌였고, 엄청난 노획물을 차지하였다. 그 노획물은 비단과 향료 등의 보물과 식량, 무기가 가득 실린 수많은 짐수레, 그리고 3천 필의 말과 거의 같은 수의 낙타였다. 구호기사단원들이 여기서 어느 정도의 역할을 했는지는 아쉽게도 전해지지 않는다.

한편 살라딘군은 모든 식수원에 독을 풀어 놓거나 저수지를 메워 식수를 확보하기 어렵게 만들었다. 물론 병력 수도 리처드의 십자군을 압도하고 있었다. 그러자 리처드는 아예 이집트를 공격하는 쪽으로 생각을 바꾼다. 당시 에미르들이 쿠르드족 출신 살라딘을 따르고 있었지만, 누대에 걸친 충성 때문이 아니라 하틴 전투 등 그가 쌓은 군사적 업적 그리고 부유한 이집트의 주인이기 때문이었다. 만약 리처드가 이집트 정복에 성공한다면 살라딘은 실각하거나 무력화될 것이고, 이슬람 세력은 분열할 것이다. 더구나 당시 살라딘의 조카가 메소포타미아와 시리아 북부에서 자립하려는 불온한 움직임을 보이고 있었다. 일이 그렇게 잘 풀리지는 않더라도 이집트 공격으로 살라딘을 압박하여 협정을 유리하게 이끌어 낼 수 있으리라고 보았던 것이다.

이렇듯 교섭은 양쪽의 필요에 의해 진행되고 있었다. 처음에는 발리앙이 예루살렘으로 갔지만, 점차 살라딘 쪽의 전권대사 알 아딜이 리처드를 찾아오는 방식으로 바뀌었다. 교섭의 전망이 좋다고 본 리처드는 7월 5일, 군대를 라말라까지 철수시켰다. 시돈과 베이루트 등 아직 살라딘의 손에 있지만 티레와 아크레 사이에 끼어 있는 해안 도시들을 십자군 측에 양도하겠다는 것*과 진짜 십자

* 티레의 코라도는 베이루트와 시돈을 넘겨주면 리처드 축출에 협력하겠다

가의 반환에는 합의하였다. 크라크 데 슈발리에 등 아직 확보하고 있는 내륙의 거점을 그대로 보유하는 데 합의하였다는 것도 큰 진전이었다.

하지만 가장 중요한 예루살렘 문제는 해결되지 않았다. 반환은 물론이고, 구호기사단원 20명의 예루살렘 상주도 살라딘은 "순례자 외에는 이 성스러운 도시에 머무르면 안 된다"라고 주장하며 받아들이지 않았다.

누이 조앤을 내세운 '살라딘 사돈화' 카드도 그녀의 결사반대로 완전히 무산되었다. 반대로 살라딘은 요구 조건 중 가장 중요한 것은 시리아와 이집트를 연결하는 요지 아스칼론이었다. 그러나 리처드는 "아스칼론의 돌 하나도 끌어낼 수 없다"고 응수하였다. 살라딘은 또한 "순례자 외에는 이 성스러운 도시에 머무르면 안 된다"는 주장을 거두어들이지 않았다.

물론 예루살렘 공격 포기와 이집트 공략, 살라딘과의 교섭을 십자군 구성원 모두가 동의한 것은 아니었다. 반대 세력의 대표는 프랑스군 사령관인 부르고뉴 공작 위그 3세Hugh III, Duke of Burgundy였다. 그는 리처드를 공격하는 돌림 노래까지 만들었을 정도로 격렬하게 반대하였다. 이때 리처드에게 필리프 2세의 잉글랜드령 침공 소식도 전해지면서, 결국 리처드는 한 번 더 군대를 추스르고 십자군의 중의도 다시 모을 겸 해서 아크레로 향하였다. 일시적이지만 야파에는 약한 군대밖에 없었고, 리처드의 누이와 아내도 있

고 살라딘에게 제의를 한 바 있었다.

었다.

그런데 이 사실을 알게 된 살라딘은 직접 대군을 이끌고 7월 27일, 야파를 기습하였다. 누가 보아도 살라딘답지 않은 행동이었지만, 이런 방법이 아니면 전투에서 리처드를 이길 방법이 없다는 반증이기도 하였다.

아크레에서 이 소식을 들은 리처드 자신은 해로로, 성전기사단과 구호기사단을 주력으로 한 또 한 갈래의 구원부대는 육로로 야파를 구하기 위해 급히 출발하였다.

그사이 야파 수비대가 잘 버텨주었고, 리처드는 7월 31일, 함락 직전의 야파에 도착하였다. 하지만 말을 타고 싸울 수 있는 기사는 극소수에 불과하였다. 리처드 본인을 포함한 이 소수의 기사들은 그야말로 전설적인 용맹과 훌륭한 전술로 대군을 물리치고 야파를 지켜냈다. 그의 용전에 감동한 살라딘은 리처드에게 두 필의 최상급 아랍 말을 선물하기까지 했을 정도였다. 야파 공방전에 대한 리처드의 무용담은 이슬람 측에서도 인정할 정도로 엄청나지만, 이 글은 어디까지나 '구호기사단사'이므로, 이 정도만 다루고 생략할 수밖에 없다. 결과적으로 이 전투는 3차 십자군의 마지막 전투로 역사에 남는다.

하지만 이 전투에서 엄청난 정력을 소모한 리처드는 병석에 누웠고, 본국의 상황이 더 엄중해졌다는 소식이 전해오자 서둘러 강화를 하고 귀국하는 것 외에는 다른 방법이 없게 되었다. 살라딘 역시 긴 전쟁과 연속된 패전으로 지친 에미르와 병사들, 이집트에서 오는 길고 위험한 보급선, 개인적으로도 오십대 중반을 바라보는 나이와 후계구도 등 여러 이유 때문에 강화를 바라긴 마찬가지였다. 양쪽의 사절이 더 활발하게 움직였고, 9월 2일 이런 내용의 강화조약이 맺어졌다.

1. 예루살렘은 이슬람 쪽이 소유하지만, 그리스도교인들은 입장료를 내거나 방해받지 않고 자유롭게 예루살렘을 순례할 수 있다. 예루살렘뿐 아니라 베들레헴과 나자렛, 세례를 받았던 요르단 강변도 같다.
2. 이슬람 측은 안티오키아에서 야파에 이르는 해안지대를 예루살렘 왕국을 비롯한 십자군 국가의 영토로 인정하고, 내륙에 있는 구호기사단과 성전기사단의 성채 보유도 인정한다.
3. 아스칼론을 다시 파괴하고, 3년 동안은 재건을 금지한다.
4. 몸값 지불 등 아무 조건 없이 양쪽이 억류하고 있는 포로는 전원 석방한다.
5. 양쪽의 순례자와 상인들은 상대방의 영토를 자유롭게 왕래할 수 있다.

납득할 만한 내용이지만 진짜 십자가를 반환한다는 조항이 없다는 것은 놀라운 일이 아닐 수 없다. 아마도 혼란기에 없어진 듯한데, 리처드가 그것을 추궁하지 않은 것도 더 놀라지 않을 수 없을 수 없다. 이후 그 십자가의 조각으로 만들었다는 성물이 여기저기에 나타나기는 했지만, 이 책의 주제와는 직접적인 관련이 없으므로 생략하고자 한다.

물론 이 조약의 조인에는 구호기사단도 참여했는데, 안타깝게도 아르수프에서 용맹을 떨친 가르니에 드 나블루스는 조약 체결 직전인 8월 31일에 세상을 떠나고 만다. 후계자는 고프리 드 돈존 Geoffroy de Donjon이었다.

구호기사단 입장에서 고무적인 것은, 예루살렘 시내에서 성묘교회와 기사단의 병원이 순례자들의 숙소로 유일하게 인정받았다는 사실이다. 물론 수도사와 의사들의 상주도 허용되었다. 이렇게 구호기사단은 비군사적 성격이기는 하지만 예루살렘에 거점을 가진 유일한 십자군 세력이 된 것이다.

십자군 전사들이 휴전기간을 이용해서 예루살렘의 성묘교회를 찾았지만, 리처드는 예루살렘을 그리스도께 돌려드린다고 서약했는데 완수하지 못했으니 입성하지 않겠다면서 입성하지 않았다. 기한이 3년이라는 사실로 미루어 볼 때 언젠가는 돌아와 그 맹세를 완수하겠다는 각오가 있었을 것이다. 실제로 살라딘에게 기한이 끝나면 다시 돌아가 예루살렘을 되찾겠다는 전갈을 보내기도 하였다. 그러자 살라딘도 그 도시를 잃는다면 다른 이가 아닌 리처드에게 잃겠다고 대답했다고 한다. 두 영웅은 모두 그다운 방식으로 마지막 인사를 한 것이다. 하지만 재대결은 이루어지지 못했다.

리처드는 10월 9일 아크레에서 배를 타고 잉글랜드로 돌아갔고, 5개월 뒤에 이제는 되었다는 듯 살라딘은 지병으로 숨을 거둔다. 그리고 독일에서의 감금과 극적인 귀국 등 그의 '모험'은 로빈 후드 Robin Hood의 전설 등을 통해 우리에게도 꽤 알려져 있다.

어쨌든 이 조약은 실제로 효과가 있어서, 3년 8개월이 아니라 계속 연장되어 26년간이나 지켜진다. 지금 기준으로도 거의 한 세대에 해당되는 시간이다.

3차 십자군은 목표를 완전하게 달성하지 못했지만, 향후 100년간 예루살렘 왕국이 존속하게 할 기반을 마련했다는 점에서 성공적이었다고 할 수 있다. 이제부터 예루살렘 왕국과 구호기사단은 두 번째 시기에 접어든다.

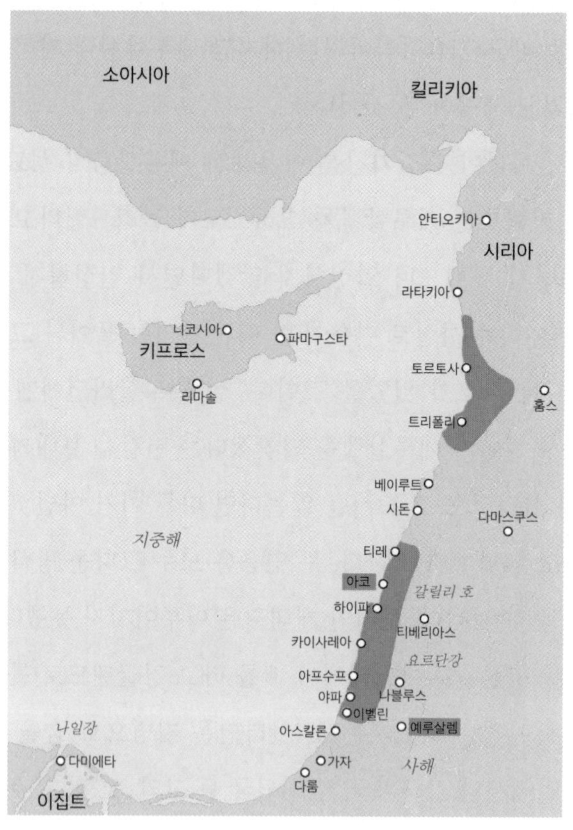

제3차 십자군 이후의 그리스도교 세력(시오노 나나미의 『십자군 이야기』 3권)

3장. 성지에서 물러나는 기사들

2기 예루살렘 왕국 시기의 구호기사단과 4차 십자군

살라딘이라는 태풍을 맞고도 예루살렘 왕국은 살아남았지만, 성스러운 도시와 내륙지방의 대부분을 잃어 과거와 같은 영광은 사라졌다. 수도 역시 나라 이름과는 달리 항구도시인 아크레에 두어야 하였다. 아크레는 왕국의 정치와 경제 중심지로서 번영을 누렸지만, 체면은 말이 아니었다. 무슬림들은 통치기반이 강할 리 없는 새 국왕 앙리를 '아크레 국왕'이라는 멸칭으로 불렀다. 예루살렘 대주교 역시 예루살렘이 아닌 아크레에 주교좌 성당과 관저를 두어야만 하였다.

물론 우트르메르의 3대 기사단도 모두 아크레에 본부를 두었다. 성 라자로 기사단과 새롭게 창단된 성 토마스 기사단*도 마찬가지

* 아크레 포위전 당시 영국인들에 의해 창설된 기사수도회로 시토 수도회의

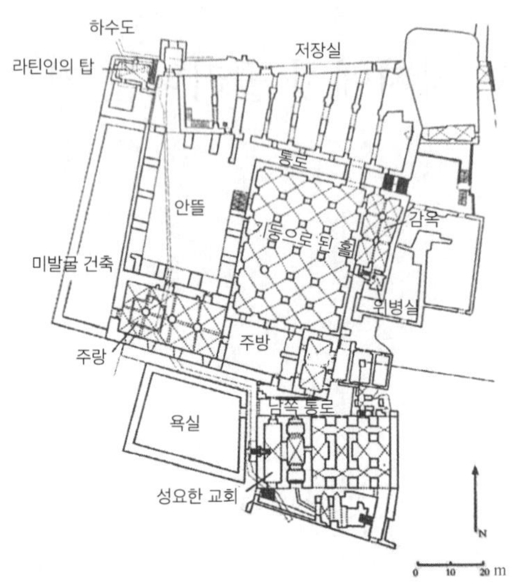

아크레의 구호기사단 본부(Adrian Boas, *Archaeology of the military orders*)

였다. 앞선 전쟁에서 구호기사단은 비록 벨부아 성을 잃기는 했지만 왕국이 입은 손실과 비교하면 피해가 적었고, 무엇보다도 유럽에 있는 부동산 등의 재산은 전혀 피해를 입지 않았다. 프랑스인들은 구호기사단에 경의를 표하기 위해, 세례자 요한의 이름을 덧붙여 이 도시를 생 장 다르크St. Jean d'Acre라고 부르기도 하였다.

기사단은 인적·물적 자원과 네트워크를 총동원하여 회복에 나섰고, 특히 아크레에는 총장관저와 교회, 병원, 창고, 감옥, 욕실, 식당과 주방 등을 두루 갖춘 총본부를 세웠다. 하지만 그들이 보유한 최고의 보물은 역시 크라크 데 슈발리에였다. 1199년, 앙리 국왕의

회칙을 따랐다. 영국인들은 구호기사단 가입을 선호해서 규모는 늘 작았다고 한다. 토마스를 수호성인으로 한 이유는 캔터베리 대주교 토마스 베켓을 기리기 위해서이다.

동생으로 샹파뉴 백작 자리를 물려받은 테오바르Theobald는 이 성에서 성대한 마상 창 시합을 열기도 하였다.

3년 후, 크라크 데 슈발리에는 다시 지진으로 큰 피해를 입었다. 다행히 기사단에는 여력이 있었고, 이 성을 더욱 강력하고 웅장하게 재건하였다. 성에는 60명의 기사와 2천 명의 수비대 병력이 주둔하였다. 1220년대 이 성을 방문한 이슬람 지리학자 야쿠트Yaqut가 "모든 사람이 세계에서 유일무이한 성이라고 입을 모으고 있다"는 평을 남겼을 정도였다.

그사이 이노센트Innocent 3세의 주도로 4차 십자군이 결성되었는데, 예루살렘이 아닌 이집트를 목표로 하였다. 그러나 종교적 동기보다는 베네치아 공화국의 개입으로 세속적·경제적 목적이 더욱 강하게 작용한 데다가, 동로마제국 내의 내분까지 겹쳐 동로마제국으로 목표를 바꾸게 되었다. 이 십자군은 1204년 동로마제국의 수도이자 유럽 최대의 도시였던 콘스탄티노플을 함락시키고, 무자비하게 유린하였다. 그들은 수많은 문화재와 보물을 약탈하고 파괴하였다. 단일 사건으로는 역사상 최대의 문명적 재앙을 낳았다고 할 정도의 비극이었지만, 예루살렘 왕국과 구호기사단과는 큰 관련은 없는 사건이라 할 수 있다. 하지만 이 참사가 기사단에게 전혀 영향을 주지 않은 것은 아니었다. 기사단과 동로마제국은 오랜 유대 관계가 있었고, 이집트 원정 때에는 같이 싸운 전우이기도 하였다. 그러나 기사단은 동로마제국의 폐허 위에 세워진 라틴Latin 제국으로부터 토로스Toros 산맥 기슭에 있는 전형적인 비잔티움 양식의 성채인 토크마르Tokmar를 얻었다. 이 성 역시 크라크 데 슈발리에처럼 지중해변 도로를 굽어보고 장악할 수 있는 위치에 있었다. 이 과정에서 성의 소유권을 주장하는 주교와 법적 분쟁을 벌이기도 하였다.

물론 구호기사단뿐 아니라 성전기사단도 영지를 얻었다. 라틴제국 입장에서는 이슬람 세력을 막기 위해 3대 기사단의 힘이 필요했기 때문이다. 하지만 성전기사단은 그리스 땅에 지나치게 욕심을 부리다가 라틴 황제에게 있던 땅까지 도로 빼앗기는 일이 벌어졌다. 하지만 이런 일들은 예루살렘 왕국과 다른 기사단 등 우트르메르의 그리스도 교인들에게는 중요한 일이 아니었다.

살라딘의 후계자인 동생 알 아딜과 사실상 예루살렘 왕국의 실권을 잡고 있는 발리앙은 마음이 잘 통하는 사이였고, 평화협정을 계속 연장하면서, 4반세기 동안 큰 충돌은 1197년, 알 아딜의 야파 공격을 제외하면 거의 없었다. 양쪽의 도시들에는 쌍방의 상관이 설치되어 무역이 점점 활발해졌다. 오히려 예루살렘 왕국 내부에서는 유럽 본토에서 대규모 십자군이 오는 것을 반기지 않는 분위기가 형성될 정도였다. 새로운 십자군의 등장은 곧 전쟁을 의미하는 것이었기 때문이다.

자연스럽게 우트르메르의 기사단들은 창단 초기에 했던 본업, 즉 순례자의 호위에 대부분의 힘을 쏟았고, 이전보다 숫자가 줄어들기는 했지만 보유한 성채의 방어와 관리를 하는 것 외에는 별다른 일이 없을 정도로 평화로운 시절을 보내고 있었다. 하지만 평화가 길어지면 다시 분란이 일어나기 마련인데, 그 장소는 같다면 같고 다르다면 다른 식구인 안티오키아 공국이었다.

안티오키아에서 일어난 오랜 내전과 예루살렘 왕국의 상황

그리스도인이라는 말이 처음 생겼고, 위대한 사도 성 바오로St. Paul가 감행한 세 차례 선교여행의 근거지이자 종착지였던 안티오키아. 이 도시는 1차 십자군 전쟁 시기인 1098년 3월, 십자군에게 함락되었고, 지도자 중 하나였던 타란토 공작 보에몽Bohémond de Tarente의 차지가 되었다.

하지만 그 후 안티오키아 공국은 원래 주인인 동로마제국과 아르메니아 왕국, 룸 술탄국, 예루살렘 왕국, 그리고 이슬람 군소세력들의 개입이 일상화되었고, 자체 내분도 잦아 바람 잘 날 없는 세월을 보내야 하였다. 그중에는, 앞서 잠시 다루었듯이 성전기사단도 있었다. 처음에는 이슬람의 공격에 대비한 방어를 도와주는 목적이었다.

안티오키아 공국은 하틴 전투 직후에는 남은 십자군 세력 중 가장 강한 나라가 되었지만 착시 효과에 불과하였다. 1201년, 보에몽 3세가 죽자, 후처 시빌라에게서 낳은 아들이 보에몽 4세로 즉위하였다. 하지만 4년 전 죽은 맏아들 레이몽의 아들인 레이몽 루벤Raymond-Roupen이 건재했고, 아르메니아 왕국이 그를 후원하였다. 이 세력이 봉기를 일으켰다. 여기서 3대 기사단이 개입하고, 구호기사단이 아사신파 암살단과 제휴하면서 문제가 아주 복잡해졌다.

구호기사단은 처음에는 보에몽 4세를 지원하다가, 아르메니아 왕 레오와 레이몽 루벤이 성전기사단의 재물과 성채를 넘겨주겠다는 제의를 하자 그쪽으로 전향하고 아사신파를 사주하여 보에몽 4

가랑 드 몬타규의 초상

세를 암살하는 추태까지 보였다. 당연히 성전기사단과는 서로 대립하고 전투도 마다하지 않을 지경에 이르렀다. 구호기사단의 이런 행동은 옳고 그름을 떠나 그들의 무력이 성전기사단에 필적할 수준에 이르렀다는 증거이기도 하였다.

당시 구호기사단의 총장은 가랑 드 몬타규Garin de Motaigu로, 1207년에 총장을 맡아 1228년에 세상을 떠난 '장수 총장'이었다. 어쨌든 구호기사단의 맹활약으로 1216년, 안티오키아는 함락되었고, 이 도시는 레이몽 루벤-아르메니아-구호기사단 연합 세력의 손에 들어왔다.

하지만 이들의 기반은 든든한 것이 아니어서, 몇 년이 지나서야 레이몽 루벤은 구호기사단의 지원과 백성들에게 긁어낸 돈으로 쓸만한 군대를 만들 수 있었다. 그는 형편이 나아지자, 아르메니아 왕국의 왕위까지 노리기에 이른다. 그가 원정을 나간 사이, 구호기사단이 안티오키아의 방어를 맡았다. 별다른 성과를 거두지 못하고 레이몽 루벤이 돌아오자, 시민들이 봉기를 일으켰다. 레이몽 루벤과 구호기사단은 내성에서 저항했지만 결국 야반도주할 수밖에 없었다.

이렇게 구호기사단의 안티오키아 개입은 실패했지만, 이후 안티오키아-아르메니아와의 관계는 회복되었고, 오히려 공국 내 영지는 늘어났다. 하지만 성전기사단과의 관계는 크게 악화될 수밖에 없었고, 이후 사사건건 대립하는 사이가 되고 말았다.

여기서 안티오키아 공국의 큰집 격인 예루살렘 왕국의 상황을 살펴보도록 하자. 리처드가 떠난 지 5년 후인 1197년, 앙리 왕이 성에서 추락하여 죽고 말았다. 그다음 남편은 기 드 뤼지냥의 동생이자 그의 뒤를 이어 키프로스 왕이 된 아모리였는데, 그도 부인을 잃은 독신이었다. 이렇게 키프로스와 예루살렘 두 왕국은 일시적이지만 결합되었다. 1205년 아모리가 이질에 걸려 세상을 떠나자 전처의 소생 위그가 키프로스의 왕이 되고, 코라도의 유복녀인 13세의 마리아가 예루살렘 왕위에 올랐다. 베이루트의 영주 장 디블랭Jean d'Ibelin이 섭정을 맡다가 17세에 친정을 하게 되었지만, 적당한 결혼상대가 없었다. 결국 프랑스의 필립 2세가 측근이자 기사도의 화신이라는 장 드 브리엔Jean de Brienne을 추천하였다. 하지만 그는 지위도 권력도 재력도 없었고, 나이도 60세였다. 그래서 필립 2세와 교황 인노켄티우스 3세는 그에게 4만 리브르livre의 금전적 원조를 제공하여 '새 신랑'의 체면을 살려주어야 하였다.

마침 그때 아이유브 왕조의 술탄 알 아딜이 평화조약을 더 연장하자는 제안을 보내왔다. 장 디블랭과 구호기사단 총장 몬타규, 독일기사단 총장은 지지했지만, 성전기사단 총장 기욤 드 샤르트르Guillaume de Chartres는 새 국왕의 의견을 듣고 나서 결정해야 한다고 주장하였다.

장 드 브리엔은 9월 13일 아크레에 도착하여 결혼은 다음 날 거행되었으며, 그 후 부부는 1210년 10월 3일에 티레의 대성당에서 예루살렘 왕국의 왕 장 1세, 그리고 마리아 여왕으로 즉위하였다. 이렇게 '낙하산'을 타고 내려온 환갑노인이 예루살렘의 왕이 되었지만, 예상과는 다르게 그는 현명한 군주였다. 하지만 통치기반이 약하다는 것은 누가 보아도 명백하였다. 그는 교황청의 의지를 거스를 입장이 아니었다. 그러면 당시 유럽의 상황은 어떠했을까?

복잡한 분위기에서 태어난 5차 십자군 그리고 이집트 원정

한편 유럽에서는 1212년부터 프랑스와 독일에서 소년십자군이 만들어질 정도로 다시 예루살렘을 되찾자는 운동이 민중들 사이에서 일어나기 시작하였다. 이와는 대조적으로 군주들은 십자군에는 관심이 없고 서로의 땅을 뺏는 데에만 정신이 팔려 있었다. 마리아의 남편감이 나타나지 않은 이유도 이런 분위기와 무관하지 않을 것이다. 이때쯤 아크레의 주교가 우트르메르에 사는 그리스도교인들의 나태함과 안일함을 지적하는 편지를 써서 교황청에게 보냈다.

이렇게 되자 4차 십자군의 탈선에 실망한 교황 이노센트 3세는 교황청이 강력하게 통제하는 새로운 십자군을 일으키기 위해 정력적으로 움직이기 시작하였다. 민중들의 반응은 뜨거웠지만 호응하는 대군주는 막 신성로마제국의 황제 자리에 오른 바르바로사의 손자 프리드리히 2세Friedrich II뿐이었다. 그러나 그도 내전을 치르고 있어, 당장은 참가가 불가능했다.

즉 새로운 십자군은 이슬람 쪽 사정을 제외하고라도 서유럽 군주들 사이의 분쟁, 국가 내부의 권력 투쟁, 민중들의 열기, 예루살렘 왕국의 내부 사정을 모두 조율해야 하는 너무 복잡한 대사업이었던 것이다. 그러던 중인 1216년 7월 16일, 이노센트 3세가 세상을 떠나고 호노리우스 3세가 즉위하였다. 그는 유능하고 정력적인 인물이었지만 그에게도 전임자가 물려준 과업은 너무 복잡하고 해결하기 어려운 것이었다. 어쨌든 5차 십자군 원정은 현지의 분위기와는 상관없이 결정되었고, 당연히 알 아딜의 평화조약 연장 요구도 거부되었다.

우여곡절 끝에 20년 전 왕위에 오르면서 십자군에 참여하겠다는 서약을 한 헝가리 왕 안드라시 2세Andrássy II, 오스트리아 공작 레오폴드 6세, 키프로스 왕 위그, 안티오키아 공작 보에몽이 우트르메르로 출발하였다. 그래도 상당한 규모의 병력인 이들은 1217년 아크레에 상륙하여 장 1세를 만났다. 문제는 어디를 공격하냐는 것이었다. 장 1세를 비롯한 현지 지도자들은 이집트 공격을 주장했지만, 지휘관이 너무 많아 합의에 이르지 못했고, 언제 올지 모르는 프리드리히 2세라는 존재도 혼란을 부추겼다. 그렇다고 아무것도 하지 않을 수는 없어서 소규모 전투를 시도했지만, 별다른 성과를 거두지 못했다.

그런데 주력인 헝가리 군을 이끌고 있는 안드라시 2세가 한 차례의 작은 전투만 치르고는 서약을 지켰다고 일방적으로 선언하였다. 그리고는 다음 해 1월에 귀국해 버리고 말았다. 예루살렘 총대주교가 파문하겠다고 협박했지만 소용이 없었다. 그는 크라크 데 슈발리에를 직접 보고는 "예루살렘 왕국의 열쇠"라는 말을 남기기는 하였다. 그러자 키프로스 왕 위그, 안티오키아 공작 보에몽도 귀국해 버리고 말았다. 할 수 없이 남은 십자군은 성채 재건 같은 잡일을 하면서 증원군의 도착을 기다리는 수밖에 없었다. 봄이 되자 독일과 이탈리아·네덜란드·잉글랜드·오스트리아 군대가 왔지만, 프리드리히 2세는 나타나지 않았다. 이런 식의 '십자군 참전'이 '일상화'되었기 때문에 병력은 늘 가변적이었고, 장군들은 자신의 병력이 얼마인지도 알 수 없을 정도였다.

할 수 없이 5차 십자군은 현지 세력이 중심이 되고, 제노바의 해군이 참가하는 형태로 진행될 수밖에 없었다. 궁극적인 목표는 물론 카이로였지만, 그 전에 다미에타를 차지해야 했다. 물론 구호기사단이 빠질 수는 없었는데, 그들로서는 반세기 만의 이집트 원정이었다.

7월부터 공성전이 시작되었다. 사실 5차 십자군의 전력은 3차 십자군에 비하면 훨씬 약하였다. 하지만 이슬람 쪽의 사정도 좋지 않기는 마찬가지였다. 만년에 접어든 알 아딜과 아들 알 카밀에 대한 에미르들의 충성심은 살라딘 시절보다 훨씬 약해져 있었고, 시리아와 이집트의 결속도 느슨했기에 이집트 공격이 가능했던 것이다.

다미에타는 강력한 요새도시였다. 3중의 성벽과 28개의 탑 외에도 도시의 동쪽과 남쪽은 늪지대로 보호받았고 북쪽과 서쪽도 나일강의 여러 지류들로 둘러싸여 있었다. 십자군이 다가오자 수비대는 강 건너편의 외곽 요새와 도시 사이에 굵은 쇠사슬을 설치하여 십자군 군함의 통행을 막았다. 다미에타 함락을 위해선 수륙 양면의 공격이 필요했고, 따라서 다미에타의 운명은 외곽 요새에 달려 있었다.

십자군은 두 척의 배를 묶고 그 위에 4개의 튼튼한 기둥을 세운 다음, 그 기둥 위에 목재로 만든 구조물을 올리고 복잡한 도르래로 작동하는 회전 사다리가 장착된 새로운 공성장비를 선보였다. 이 신무기 덕분에 십자군은 다미에타의 외곽 요새를 함락시킬 수 있었다. 이 공성기를 실은 배가 구호기사단 소속이었다. 73세의 알 아딜은 이 비보에 충격을 받아 세상을 떠났고, 아들 알 카밀이 후계자가 되었다. 전투 직후에 영국과 이탈리아·프랑스·스페인에서 온 새로운 병력이 도착했지만, 기존의 병력은 귀국하여 전력은 그대로였다. 이제는 정해진 목표가 달성되지 않아도 일정 기간 복무하기만 하면 서약이 완수되는 것으로 간주되면서, 십자군의 성격이 바뀌었기 때문이다.

여기서 지휘체계가 문제를 일으켰다. 프리드리히 2세가 오지 않는 상황에서 장 1세가 지휘봉을 잡았지만, 9월이 되자 교황의 대리인인 알바노Pelagius of Albano 추기경이 현지에 도착하면서 꼬이기 시작하였다. 그는 오만하고 성급한 성격의 소유자로 십자군은 신이 바라는 대로 해야 하는 전사들의 집단이니 교황청의 통솔 아래 작전을 진행해야 한다고 주장하였다. 물론 그가 대리해야 한다는 것이었다. 하지만 그가 직접 작전까지 지휘하려 했는지는 확실하지 않다. 이후 그를 지지하는 파벌이 생겨났고, 장 1세와 대립하면서 작전은 지지부진해졌다.

10월에는 부왕 사후의 혼란을 수습한 알 카밀이 전선에 복귀하였다. 하지만 양군은 다 우수하고 강력한 지휘관이 없어 우위를 점하지 못했고, 11월 들어서는 홍수가 나서 양쪽 군대 모두 물속에 허우적거리는 신세가 되었고, 전염병까지 돌아 적지 않은 병사들이 쓰러졌다. 이런 식으로 1218년이 가고 1219년으로 해가 바뀌었다. 2월 초, 갑자기 알 카밀이 카이로에서 일어난 내부쿠데타로 인해 진영을 비워야 하는 돌발사태가 일어났다. 이 행운 덕분에 십자군은 많은 전리품을 획득했음은 물론이고, 다미에타를 완전히 포위할 수 있게 되었다.

궁지에 몰려 아들 알 마수드의 영지인 예멘으로 향할까를 고민하던 알 카밀에게 구원의 손길이 찾아왔다. 시리아를 통치하는 동생이 지원군을 보내준 것이었다. 알 카밀은 그 덕분에 겨우 반란을 진압하였다. 8월 29일, 십자군은 알 카밀의 군대에 우발적인 공격을 가했는데, 지휘부조차 알지 못했다고 한다. 십자군은 알 카밀의 반격을 받고 궤멸 직전의 위기에 몰렸지만, 장 1세와 구호기사단과 성전기사단이 필사적으로 맞서 싸워 가까스로 전멸을 면하였다. 여기서 구호기사단의 이름은 다시 높아졌다. 이 전투 이후 임시 휴전이 성사되었다.

알 카밀은 이런 식으로 가면 결국 다미에타가 함락될 것이라고 보았다. 그리고 프리드리히 2세의 대군이 올 것이고, 그곳을 기반으로 해 이집트 정복에 나설 것으로 확신하였다. 물론 그것을 반드시 막아야 했기에 십자군에게 아주 매력적인 제안을 하였다. 그 제안의 골자는 십자군이 이집트에서 철수하면 케라크 등 요르단 동쪽 땅을 제외한 옛 예루살렘 왕국의 땅을 통째로 넘겨주겠다는 것이었다. 그리고 요르단 동쪽에 대해서는 연간 5만 베잔트의 임차료를 낼 것이며, 30년간의 평화를 보장한다는 것이었다.

장 1세와 구호기사단은 제안에 찬성했지만, 성전기사단은 동쪽의 요새가 없으면 예루살렘 방어가 곤란하며 강화조약은 쉽게 깨지기 마련이라는 이유로 반대하였다. 이와 달리 5차 십자군 전쟁 기간 내내 구호기사단은 알 카밀의 제안을 받아들이자는 입장이어서, 십자군 내부에서는 알 카밀과 내통하고 있다고 의심하는 자들까지 나왔다. 하지만 교황 호노리우스 3세의 지지로 더 큰 일은 벌어지지 않았다. 곧 프리드리히 2세의 대군이 올 것이며, 이집트 정복이 목전에 왔다고 확신한 알바노 추기경도 이에 동조하였다. 하지만 알 카밀의 제안은 십자군의 내분을 가져왔고, 일부는 유럽으로 돌아가고 말았다.

반대로 알 카밀은 이집트와 시리아를 연결하는 확실한 연결선인 요르단강 동쪽을 십자군에게 넘겨줄 수는 없었다. 이슬람 측은 십자군이 제안을 수락할 것으로 확신하여 예루살렘의 성벽을 허물어 버리기까지 하였다. 하지만 제안은 받아들여지지 않았고, 다미에타의 포위는 계속되었다.

물론 알 카밀 측에서도 포위를 방관하고 있지는 않아서, 해군을 이용하여 보급로 방해에 나서 상당한 성과를 거두었지만 포위를 풀 정도에는 이르지 못했다. 5월에는 오스트리아 공작 레오폴드 6세가 1년 반의 의무를 마치고 귀국하였다. 긴 포위로 다미에타 내부는 말 그대로 참상 그 자체였다. 8월에는 알 카밀을 만나 개종시키겠다며 성 프란체스코Francesco d'Assisi가 이집트로 와서 면담까지

했지만 실패하고, 십자군 전쟁사의 '해프닝'으로 역사에 남았다.

가을이 되자, 다시 나일강이 범람하였고, 전염병이 퍼져 가뜩이나 기아에 시달리는 다미에타 주민들이 픽픽 쓰러지면서 도시는 생지옥이 되었다. 10월에 이르면서 다미에타는 수비용 탑에 경비병을 세울 수 없을 정도가 되었다. 알 카밀이 마지막으로 보낸 식량마저 십자군에게 빼앗기자 그는 다미에타를 완전히 포기하고 카이로 쪽으로 병력을 철수시켰다.

11월 4일, 십자군은 거의 피를 흘리지 않고 도시에 입성했는데, 6만 명의 주민 중 만 명 정도만 살아 있었고, 그들도 거의 빈사 상태였다. 생존자들은 대부분 몸값을 치르는 방법으로 도시를 떠났다. 십자군은 고아들을 돌보고 세례를 베풀었지만, 대부분은 얼마 못 가 죽고 말았다. 도시 정리에만 몇 주가 걸렸는데, 당연히 식량은 남아 있을 리 없었지만, 오히려 금은보화는 있었기에 이를 두고 아군끼리 칼부림까지 일어났다. 구호기사단이 이 아귀다툼에서 무엇을 했는지는 잘 알 수가 없지만, 그렇게 추태를 부린 것 같지는 않다. 아마도 조직의 특성상 '방역작업'에는 주도적인 역할을 했을 것이다. 결국 알바노 추기경이 중재에 나서 도시를 여러 구역으로 나누어 각 세력에게 나누어주었다.

하지만 이는 일시적인 것이고, 다미에타의 통치를 누가 맡아야 하는 문제를 두고 장 1세와 알바노 추기경이 대립하였다. 추기경은 십자군이 정복한 영토는 교황청이 관할해야 한다고 주장했지만, 향후의 관리와 방어에 대해서는 책임을 질 수가 없었다. 다미에타는 현지 세력인 장 1세의 예루살렘 왕국이 관할할 수밖에 없다는

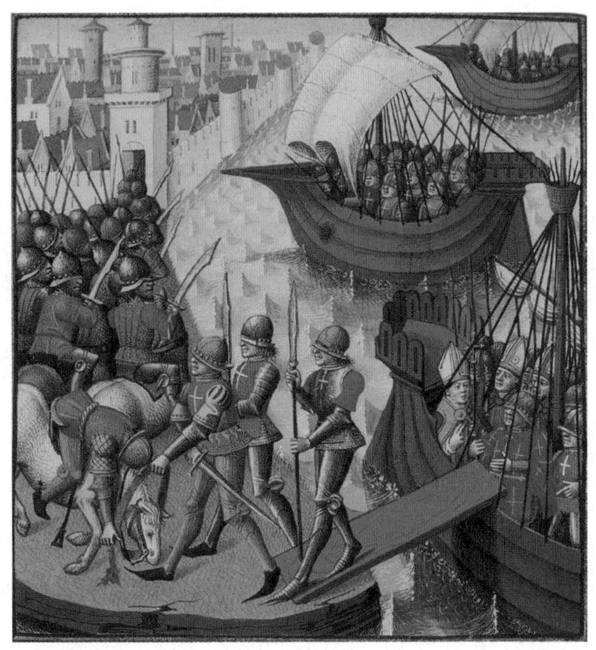

다미에타에 입성하는 십자군

결론이 내려졌다. 십자군은 11월 23일, 남하하여 티니스Tinis를 무혈점령하였다.

허무한 패전

알 카밀은 만수라Mansurah를 요새화하기 시작하면서 카이로 방어에 나섰다. 그리고 시리아를 맡긴 동생 알 무아잠에게 예루살렘 왕국을 공격하도록 했는데, 카이사레아가 그 표적이 되어 심하게 약탈당했다. 장 1세는 아크레로 돌아갈 수밖에 없었다. 이렇게 되자 그나마 중심을 잡아주던 지휘관이 사라져버렸고, 십자군은 1220년

한 해 동안 다미에타에서 풍요로운 이집트의 풍물과 쾌락에 빠져 무익한 시간을 보내고 말았다. 명목상으로는 알비노 추기경이 최고 지휘관이었지만, 기사와 병사들은 전쟁에 문외한인 그의 지휘를 받으려 하지 않았기 때문이었다.

그해 11월 22일, 프리드리히 2세가 드디어 정식으로 신성로마제국의 제위에 올랐다. 그는 자신의 서약을 재확인하고, 국내 정세를 안정시킨 다음 '내년 8월에 출정하겠다'고 공언하였다. 그리고 휘하에 있는 바이에른 공작 루트비히 1세Ludwig I가 지휘하는 선발대를 먼저 보냈다. 십자군은 그를 지휘관으로 추대하였다. 이제 5차 십자군은 새로운 국면에 접어들었다.

루트비히 1세는 프리드리히 2세로부터 카이로 정복 같은 과도한 작전은 하지 말 것이며, 자신이 없는 동안에는 강화조약을 맺지 말라는 지시를 받은 상황이었다. 하지만 현지에 와서 일 년이 넘는 '평화' 속에 나태함에 빠진 십자군을 보니 전투가 필요하다는 생각을 하지 않을 수 없었다. 따라서 그는 육군의 절반 이상과 함대의 일부를 동원해서 만수라를 공격하자는 절충안을 내놓았다. 1221년 6월, 십자군의 선발대는 만수라를 향해 진군을 시작하여 적당한 지점에 진을 치고 공격을 준비하였다.

당시 장 1세는 본토에 있었는데, 교황의 질책을 받고 이집트로 돌아왔다. 상황을 파악한 그는 공격을 반대하고 프리드리히 2세의 도착을 기다려야 한다고 주장했지만, 알바노 추기경이 '파문'까지 들먹이며 반대하였다.

그사이 임시 방어물밖에 없었던 만수라는 튼튼한 요새로 변신해 있었다. 당시 메소포타미아에서 일어난 반란으로 여유가 없던 알 카밀은 다시 강화를 제안했는데, 이번에는 예루살렘 성벽을 재건해서 반환하겠다는 것이었다. 그러자 십자군의 수뇌들과 예루살렘 왕국에 사는 그리스도교도들은 대부분 받아들이자는 의견이 대세가 되었다. 하지만 알바노 추기경이 완강하게 반대하였다. 곧 프리드리히 2세가 대군을 거느리고 올 것이니, 그가 오기 전까지 카이로와의 거리를 최대한 줄여 놓아야 한다는 것이 그 이유였다. 강화를 받아들일 권한이 없던 루트비히 1세도 그 주장에 찬성할 수밖에 없었다.

7월 17일, 십자군의 주력은 진군을 시작하여, 일주일 후 만수라 인근에 도착하였다. 일설에 의하면 그들의 병력은 5만 명에 달했다고 한다. 물론 다미에타에도 수비병이 남았는데, 주로 남진을 반대한 예루살렘 왕국의 귀족들이었다. 알바노는 나일강과 지류 사이에 위치한 쐐기 모양의 땅에 진영을 설치하라고 명하였다. 이슬람 측의 수공을 우려한 장 1세가 반대했지만, 듣지 않았다.

그사이에 메소포타미아 문제가 해결되어 알 카밀의 동생 알 아슈라프가 이집트에 있는 형을 도울 수 있게 되었다. 아시아의 대군이 이집트로 가서 현지의 군대와 합세하여 십자군을 포위해 버렸다. 보급로가 차단되면서 군량이 바닥나 버렸고, 알바노 추기경은 북쪽으로 포위를 돌파하라고 명령하였다. 하지만 예상과는 달리 이슬람군은 다미에타로 가는 길목에서 그들을 기다리지 않았다.

알 카밀에게는 '하늘의 도움'이라는 비장의 카드가 있었다. 그해 나일강의 저수량은 유난히 많았고, 댐에 저수한 물을 다미에타 쪽으로 터뜨려 버린 것이다. 이 가공할 수공으로 십자군은 심각한 타격을 입어 카이로 공격은 물론이고 다미에타 후퇴도 어려운 일이 되어 버렸다. 이슬람 군이 추격해 왔지만 다행히 장 1세가 이끄는 예루살렘 왕국의 근위대와 두 기사단의 분투로 다미에타 철수에는 성공했다. 하지만 기동력이 부족한 보병의 상당수는 포로가 되었다. 더 큰 문제는 다미에타까지 침수되기 시작했다는 것이었다.

십자군은 전의를 상실했고, 알 카밀은 식량을 보내면서 세 번째 강화를 제의하였다. 이번에는 예루살렘 반환이 빠지고, 이집트 철수와 8년간의 강화가 주된 내용이었다. 십자군은 받아들이지 않을 수 없었다. 알 카밀의 측근들은 여세를 몰아 십자군을 전멸시키자고 주장했지만, 그는 프리드리히 2세의 대군이 오는 것을 바라지 않았기에 강화를 체결하였다.

쌍방의 포로들은 석방되었고, 이렇게 5차 십자군은 너무나 허무하게 끝나고 말았다. 결과론이지만, 알 카밀의 제안을 받아들였어야 했지만 때는 늦고 말았다. 십자군 전문가 토마스 매든Thomas F. Maden은 5차 십자군의 실패를 이렇게 표현하였다.

"환상적인 성공을 거둘 수 있는 순간이 굴욕적인 패배로 끝났다."

프리드리히 2세와 6차 십자군

5차 십자군의 실패는 현지는 물론 유럽에도 큰 충격을 주었다. 비난은 알바노 추기경과 6년 동안이나 원정을 계속 늦춘 프리드리히 2세에게 향하였다. 특히 유럽으로 돌아온 십자군은 오지도 않으면서 자기들의 발목만 묶은 프리드리히 2세를 비난하지 않을 수 없었다. 교황 호노리우스 3세의 생각도 같았다. 5차 십자군이 실패로 돌아간 1221년 11월 19일, 젊은 황제에게 연이은 지체를 질책하는 서한을 보냈는데, 거기에는 교황 자신에 대한 자책도 포함되어 있었다. 이렇게 된 이상 프리드리히 2세는 교황을 직접 만나, 제국 내부의 사정으로 출정할 수 없었다고 변명하며 대규모 십자군을 이끌고 출정하겠다는 의지를 강력하게 표명하였다. 출발 날짜는 1225년 6월 24일로 결정되었다.

1224년 8월 말, 몬터규 총장은 유럽을 순방했는데, 조직의 특성상 살레르노의 의학교도 방문하였다. 그런데 이 소식을 들은 프리드리히 2세가 그를 시칠리아로 불러 우트르메르의 상황을 들었다. 그리고 다음 해 봄에는 역시 유럽에 와 있던 독일기사단 총장을 만나 담화를 나누었다. 하지만 아쉽게도 그들의 대화 내용은 전해지지 않는다.

이번에는 출정이 이루어지는 듯했지만, 독일 제후들의 비협조로 충분한 병력이 모이지 않아 다시 무산되고 말았다. 참고 참았던 호노리우스 3세도 인내심이 바닥이 났다. 파문이 현실화되기에 이르자, 황제는 교황과의 회담을 청하였다. 1225년 7월 25일, 산 제르미노에서 만난 황제와 교황은 좀 더 구체적인 합의에 이르렀다. 프리드리히 2세는 1227년 8월 15일에 대규모 십자군을 이끌고 출정하며, 2년 동안 싸우기로 약속하였다. 그리고 예루살렘 왕과 총대

프리드리히 2세의 인물화. 제국을 상징하는 독수리가 같이 그려져 있다.

주교, 독일기사단에게 약 3톤의 황금을 담보로 맡기기로 하였다. 이 황금은 황제가 아크레에 도착하면 반환되지만, 그렇지 않으면 몰수되었다. 또한 산 제르미노 조약 중 한 조항이라도 어기면 바로 파문당하게 되었다. 이 조약에 서명한 프리드리히 2세는 원정 준비를 위해 독일로 돌아갔다. 프리드리히 2세가 십자군 원정을 떠날 수밖에 없는 또 하나의 조건이 그 해가 가기 전에 생겨났다.

그는 1222년 6월 상처를 하여 공식적으로는 홀아비였는데, 1225년 11월에 장 1세와 마리아의 딸인 이자벨(욜란데라고도 한다)과 결혼하여, 예루살렘의 왕위를 이어받게 되었던 것이다. 마리아는 1211년 이자벨을 낳고 출산 후유증으로 세상을 떠났고, 장 1세가 10년이 넘도록 젖먹이 딸의 후견인 자격으로 왕국을 다스렸지만 이로써 권력을 완전히 잃게 되었다. 프리드리히 2세는 대관식을 성묘교회에서 열고자 했기에, 원정 준비에 더 열을 올렸다. 그런데 다음 해에 알 카밀이 값진 선물을 든 사절을 보냈다.

1227년 1월, 물론 비밀리에 이루어진 이 회담에서, 이슬람 측 사절의 이름은 파흐르 앗 딘Fakhr-ad-Din이라는 황제와 거의 동년배인 에미르였다. 파흐르 앗 딘은 프리드리히 2세에게 매료되었다. 사실 프리드리히는 그리스도교와 이슬람이 공존하는 시칠리아에서 성장하면서, 당시에는 선진적이었던 이슬람 문화에 심취하여, 아랍어에도 능통한 '중세인답지 않은 황제'였다. 파흐르 앗 딘과 통역 없이 아랍어로 대화를 나누었을 정도였다고 한다. 그 역시 프리드리히 2세에게 깊은 인상을 주었고, 친한 친구가 되었다. 심지어 황제는 그를 기사로 봉하기까지 하였다. 물론 파흐르 앗 딘은 귀한 보물을 가져왔지만, 그보다 훨씬 중요한 선물이 있었다. 바로 '예루살렘'의 반환이었다!

그러면 여기서 알 카밀이 먼저 예루살렘을 내주겠다고 제안한 이유를 알아보아야 할 것이다. 그 이유는 역시 내부 사정이었다.

이집트를 지배하는 알 카밀은 시리아를 동생 알 무아잠에게 맡겼는데, 원래 둘의 사이는 좋은 편이었다. 하지만 휘하 에미르들의 생각은 달랐고, 점차 사이가 벌어지게 되었던 것이다. 결국 동생이 적이 되었다고 확신한 알 카밀은 프리드리히 2세의 원정을 막기 위해 예루살렘 반환이라는 카드를 던진 것이었다. 또 다른 이유도 있었는데, 바로 몽골의 중앙아시아 침략이었다. 이 때문에 콰레즘Khwarazm 제국이 멸망했고, 다행히 그 당시에는 중동까지 몽골군이 오지는 않았지만, 대비는 하지 않을 수 없었다. 즉 앞뒤로 외적을 상대할 수 없었기 때문이었던 것이다.

프리드리히 2세 입장에서는 이 제안을 받아들이지 않을 이유가 없었다. 그래서 자신의 영토 중에서도 가장 본거지라고 할 수 있는 팔레르모Palermo의 주교 베라르도Berardo를 카이로에 특사로 보냈다. 물론 그는 최측근이었다.

하지만 프리드리히 2세는 여기에만 매달리지는 않았다. 플랜 B와 C도 가동했던 것이다. 다마스쿠스에도 사절을 보내, 더 매력적인 제안을 할 수 있느냐고 물었던 것이다. 하지만 알 무아잠의 대답은 이러하였다. "가서 네 주인에게 내가 그에게 줄 수 있는 것은 칼뿐이라고 일러라."

젊은 황제는 5차 십자군의 실패를 거울삼아 나일강의 얇은 수심에도 다닐 수 있는 배를 건조하는 등 전쟁 준비도 게을리하지 않았다.

물론 플랜 B와 C를 가동했음에도 불구하고, 첫 번째 카드는 알 카밀과의 협상이었고, 잘 될 수밖에 없을 듯하였다. 하지만 운명의 여신이 장난을 치면서 일은 그렇게 흘러가지 않게 된다.

프리드리히 2세와 파흐르 앗 딘의 회담이 열린 지 두 달 후, 그토록 십자군을 바랐던 호노리우스 3세가 세상을 떠났다. 후임은 그레고리우스 9세로, 신앙심이 깊었음은 물론이고, 박식하고 정력적인 인물이었다. 그리고 전임자보다 더 급한 성격의 소유자였다. 그 역시 십자군의 출발과 성지 탈환을 간절히 원했음은 물론이다. 즉위하자마자 프리드리히 2세에게 이번에도 출병하지 않는다면 파문해 버리겠다는 경고를 담은 서신을 보냈다. 알 카밀과의 협의가 완결되지 않았지만, 우트르메르로 가서 알 무아잠을 공격하면 예루살렘을 넘겨받는다는 쪽으로 분위기가 흘러가고 있었다. 따라서 예루살렘 국왕이기도 한 프리드리히 2세로서는 실리적인 이유 때문이라도 원정을 떠나야 했다.

프리드리히 2세는 십자군을 그해 여름, 이탈리아 남부에 집결시켰다. 그러나 전염병이 돌아 많은 병사들이 쓰러졌고, 9월 8일에 일단 출항한 프리드리히 2세 본인도 이 병에 걸리고 말았다. 죽음에 이를 정도는 아니었지만, 지중해를 건너가는 것은 당연히 무리였고, 이탈리아로 돌아올 수밖에 없었다. 그는 독일기사단 총장에게 갤리선 20척과 기사 800명을 주어 먼저 우트르메르로 보냈다. 그리고는 나폴리 근처의 온천휴양지 포추올리Pozzuoli로 가서 회복에 전념하였다. 그리고 다음 해 3월에 원정을 떠나겠다고 교황청에게 사절을 보냈다. 이전과는 달리 정말 불가피한 사정 때문이었지만, 워낙 프리드리히 2세의 '전과'가 많았던 터라 그레고리우스 9세의 분노가 폭발하고 말았다. 결과는 파문이었다. 그럼에도 프리드리히 2세는 교황에게 용서를 빌지 않았고, 치료에만 전념하여 몸을 회복시켰다.

파문에도 불구하고 프리드리히 2세는 실질적으로는 거의 타격을 입지 않았다. 문제는 동쪽에서 일어났다. 갑자기 시리아의 주인인 알 무아잠이 세상을 떠난 것이다. 그의 죽음은 의심의 여지가 없는 자연사였기 때문에 자연스럽게 형 알 카밀이 시리아를 다시 차지할 수 있었다. 이렇게 되자 예루살렘을 '평화롭게' 돌려받는다는 계획은 틀어질 확률이 높아졌다. 더구나 그의 정통성을 위협하는 사건이 하나 더 일어났다. 황비 욜란데의 죽음이었다. 그녀의 죽음은 산욕열 때문이었는데, 다행히 아들은 무사하였다. 그 아이에게는 콘라드라는 이름이 주어졌다. 이제 예루살렘의 왕위는 콘라드에게 넘어갔고, 후견인 자격이 된 프리드리히 2세는 동쪽으로 출발하였다.

그가 이끈 병력은 전 해에 보낸 기사들까지 포함해 4천 명 정도로 결코 많지 않았다. 하지만 최정예였고, 현지에 도착하면 세 기사단을 포함한 모든 십자군 병력이 그의 휘하에 들어올 것이었다. 더구나 시칠리아의 갤리선단과 나일강 용 선박까지 구비하여 제노바 등 이탈리아 도시국가에 의존할 필요도 없었다. 그런데 문제는 그가 '파문된 황제'라는 사실이었다. 프리드리히 2세는 브린디시를 떠나 크레테Crete와 로도스섬을 거쳐 키프로스의 리마솔에 도착하였다. 앞에서 언급했다시피 리마솔은 구호기사단의 근거지였다. 프리드리히 2세는 6주간이나 이곳에 머무르며 후방기지 키프로스의 기반을 다졌는데, 아쉽게도 기사단과 무엇을 의논했는지는 전해지지 않는다.

찝찝한 성도 '탈환'

1228년 9월 7일, 프리드리히 2세는 드디어 아크레에 모습을 드러냈다. 십자군 역사상 처음으로 우트르메르에 발을 디딘 신성로마제국 황제에게 현지 그리스도인들과 순례자들은 열광하지 않을 수 없었고, 21년간 총장을 맡은 몬터규의 뒤를 이은 베르나르 드 써시Bertrand de Thercy가 지휘하는 구호기사단 역시 예외는 아니었다. 하지만 뒤따라 도착한 교황 사절들이 들고 온 '파문장'은 분위기를 급속하게 냉각시켰다.

그 내용은 프리드리히 2세는 파문된 자이기에, 그리스도인들은 그에게 복종할 의무가 없으며, 특히 교황청 직속인 구호기사단과 성전기사단은 황제의 지휘를 받아서는 안 된다는 경고가 포함되어 있었다.

두 기사단 내부에서는 격론이 오갔다. 원칙적으로는 교황의 명령에 따라야 하지만, 십자군 국가들의 장래를 위해서는 현 상황을 타파해야 하는데, 프리드리히 2세의 힘이 절대적임을 누구보다도 잘 아는 그들은 결국 황제의 편을 들기로 결정하였다. 하지만 형식은 바뀌었다. 독일기사단은 교황의 직속 조직이 아니었기 때문에, 그 총장인 헤르만 폰 잘차Herman von Salza가 총지휘관이 되는 형식을 취한 것이다.

물론 프리드리히 2세는 알 카밀에게 밀사를 보내, 예루살렘 반환을 추진하였다. 그러면 당시 알 카밀의 상황은 어떠했을까? 알 카밀은 이집트가 아니라 동생 알 무아잠이 죽어 무주공산이 된 시리아를 제압하기 위해서 요르단강 서안에 있는 나블루스에 있었다. 당시 그의 목표는 거의 달성 직전이었다. 사실 다른 동생인 알 아슈라프는 메소포타미아를 지배하고 있었는데, 시리아를 독식하려는 형에게 반발하여 내전도 불사할 태세였지만, 거의 해결되어 가고 있는 상황이었다.

알 카밀의 입장은 복잡하였다. 프리드리히 2세의 '예루살렘 반환'을 들어주기도, 안 들어주기도 애매했기 때문이다. 들어주지 않으면 시리아 제패가 완결되지 않은 상황에서 십자군과 전쟁을 치러야 했고, 들어준다면 이슬람 입장에서도 성지인 예루살렘을 내어주었다는 비판을 피하지 못함은 물론이고 원리주의자가 많은 메소포티미아 쪽의 반발로 다 된 일이 망가질 수 있었기 때문이다.

알 카밀의 선택은 시간끌기였다. 사절에게 많은 선물을 안겨서 프리드리히 2세에게 보내고, 립 서비스를 아끼지 않는 한편, 시리아를 완전히 평정할 때까지 어떠한 확약을 하지 않으려 하였다. 실제로 두 제왕은 만나지 못한다.

알 카밀의 사절단은 자연스럽게 십자군 관계자의 눈에 띌 수밖에 없었다. 더구나 회담은 통역 없이 아랍어로 진행되었고, 서유럽 언어로는 당시에도 그 과정을 기록해두지 않은 듯하다. 자세한 내용은 알 수 없지만, 아랍 측의 기록에는 아주 우호적인 분위기에서 회담이 진행되었다고 한다. 파문에도 불구하고 할 수 없이 프리드리히 2세를 지지하던 세력들은 정도 차이는 있겠지만 점점 그의 진의를 의심할 수밖에 없었다.

그렇다고 프리드리히 2세가 외교활동에만 전념한 것은 아니었다. 성채의 신설과 보수에 상당한 노력을 기울였는데, 특히 독일기사단의 성채 건설을 적극 지원해 주었던 것이다. 이로써 독일기사단도 성채를 보유하게 되었으며, 그는 구호기사단과 성전기사단에서도 성채를 보수하려고 하면 지원을 아끼지 않았다. 이 과정에서 이 방면의 전문가인 써시 총장이 많은 역할을 하였다.

그렇게 시간이 흘러가자 프리드리히 2세도 알 카밀의 지연작전을 눈치 챘고, 당장 전쟁까지는 아니더라도 강력한 무력시위가 절실하다는 현실을 깨달았다. 그는 써시 총장을 비롯한 십자군의 수뇌부들을 모아 회의를 열고, 야파로 남하하여 예루살렘으로 진군하자고 제의하였다. 구호기사단을 비롯한 현지 십자군들은 따를 수밖에 없었다.

이 무력시위는 바로 효과를 나타냈다. 알 카밀에게 프리드리히 2세를 표면적으로나마 승리자로 만들어주고 자신은 부담스러운 6차 십자군을 해산시키는 타협안을 내도록 유도해냈던 것이다. 그리고 프리드리히 2세는 그것을 수락했고, 정식 조약을 맺었다.* 그러면 그 '조약'의 내용은 무엇이었을까? 그 조약문은 현재 전해지고 있지 않지만, 당시의 여러 기록들을 참고하면 다음과 같은 내용이었음을 알 수 있다.

예루살렘 왕국과 아이유브 왕조는 10년간 평화를 지키고, 알 카밀은 예루살렘과 해안에서 예루살렘으로 가는 가늘고 긴 통로와 그리스도교에서 중요시하는 성지인 나자렛, 베들레헴, 그리고 베이루트와 시돈을 양도한다는 것이 주 골자였다. 조건 없이 양쪽의 포로를 송환한다는 조항도 있었다. 이 소식을 들은 십자군 전사들은 환호하였다.

그러나 조금만 자세히 들여다보면, 십자군 전사들이 보기에 말도 안 되는 '독소 조항'이 가득하였다. 가장 중요한 것은 예루살렘에서 이슬람을 믿는 주민들은 집과 재산을 가지고 그대로 살 수 있으며, 성전산에 있는 알 아크사 사원을 비롯한 성지들을 그대로 보유한다는 내용이었다. 사실상 예루살렘의 3분의 1은 그대로 이슬

---

* 알 카밀이 프리드리히 2세에게 양보한 이유 중에는 그가 교황과 싸우고 있다는 사실도 크게 작용했을 것이다. 프리드리히 2세에게 도움을 준다는 것은 간접적이긴 하지만 교황에게 타격을 주는 셈이었다.

람의 소유가 되는 셈이었다.* 문제는 도로를 제외한 예루살렘 주위가 전부 이슬람의 땅이기에 그들이 마음을 바꾸어 공격을 하면 막을 방법이 없다는 것이었다. 더구나 예루살렘에는 성벽도 없었다.

더 '위험한' 조항도 있었다. 바로 예루살렘의 '통치자'인 프리드리히 2세는 트리폴리나 안티오키아의 그리스도인들이 이슬람과 전쟁을 할 경우, 중립을 지켜야 하며, 그리스도교인들이 조약을 어긴다면, 그들의 편을 들어야 한다는 내용이었다. 또한 종교기사단은 더 이상 성채를 지을 수 없다는 조항도 있었다.

조약의 내용을 알게 된 십자군과 예루살렘 왕국의 지도자들 중 상당수는 분노를 감추지 않았다. 그중에서도 가장 심하게 반발한 세력은 당연히 성전기사단이었다. 그들의 본부가 있던 성전산 일대가 여전히 이슬람 쪽에 남기 때문이었다. 예루살렘 대주교 제라르도 프리드리히 2세를 비난하는 서신을 교황청에 보냈을 정도로 격렬하게 반발하였다.

물론 전부 이 조약을 반대한 것은 아니었다. 구호기사단이 대표적이었다. 써시 총장은 왕국 내 성채를 시찰하는 프리드리히 2세를, 비록 행렬의 맨 뒤였지만 계속 수행했었다. 순례자들과 상인들도 환영했지만, 이들의 지지만으로 교황청의 반대를 덮을 수는 없었다.

하지만 프리드리히 2세는 이런 여론에 신경을 쓰지 않는 굵은 신

---

* 양쪽은 별도의 사법제도를 두어 각기 다른 종교를 믿는 신앙인들의 권리를 보호하기로 합의하였다.

경을 지닌 인물이었다. 성채 시찰을 마친 프리드리히 2세는 3월 17일 예루살렘에 입성했고, 이슬람 시장 알 카우지는 열쇠를 그에게 넘겨주면서 양도식을 끝냈다. 프리드리히 2세는 구호기사단의 옛 총장 관저에서 하룻밤을 보냈다.

프리드리히 2세와 알 카밀. 알 카밀은 터번 위에 왕관을 쓴 모습으로 묘사되어 있다.

다음 날인 3월 18일, 그는 아들을 대신하여 대관식을 올렸지만, 대주교도 주교도 없어서 왕관을 직접 써야 했다. 어쨌든 그는 교황의 도움 없이도 예루살렘을 되찾을 수 있다는 전례를 남겼다. 대관식 직후 열린 어전회의에 써시 총장도 참석하여 황제에 대한 지지를 표명하였다. 프리드리히 2세는 일주일 동안 이 성스러운 도시에 머물렀지만, 여전히 파문은 풀리지 않았다.

그동안 그는 예루살렘의 여러 성지를 둘러보았지만, 별다른 감정을 드러내지 않아 상당수의 학자들로부터 속마음은 '무신론자'라는 의심을 하게 만들었다. 3월 25일, 그는 아크레로 돌아왔다. 하지만 예루살렘 대주교와 아크레 시민들은 '예루살렘을 되찾은 황제'를 싸늘하게 맞이하였다.

하지만 프리드리히 2세는 이 정도로 멘탈이 흔들릴 인물은 아니었고, 부하들과 기사단을 활용하여 예루살렘의 성채 보강을 시작으로 방어네트워크를 재조직하는 데 힘썼다. 『황제 프리드리히 2

세의 생애』의 저자 시오노 나나미는 프리드리히 2세가 자신의 영토인 남부 이탈리아의 방어체제를 이식한 것이라고 보았는데, 이런 방어체제의 정비는 대규모 원정군처럼 이슬람 측을 자극하지 않는다는 장점도 있었다.

하지만 바로 벌어진 일은 그조차도 놀라서 성지를 떠나지 않을 수 없게 하였다. 바로 교황의 주도로 편성된 군대가 전 예루살렘 국왕이자 자신의 '장인'인 장 1세의 지휘 아래 교황령을 넘어 프리드리히 2세의 본거지인 이탈리아 남부를 침공했다는 믿기 어려운 소식이었다. 그럼에도 프리드리히 2세는 바로 떠나지 않고 아크레의 왕궁에서 3대 기사단의 총장과 제후들을 모아 방어체제 정비를 주제로 회의를 열었다.

만족할 만한 수준은 아니었겠지만 조치를 취한 다음 그는 아크레 주민들의 욕설을 들으며, 정육점에서 던지는 가축들의 내장 세례를 받기도 하면서 그 도시를 떠났다. 프리드리히 2세의 귀국 이후, 남부 이탈리아 사태는 전투 없이 수습되었고, 9월 1일에 형식적이지만 교황과의 '화해'도 이루어졌다.

15년 동안의 막간극: 롬바르디 전쟁

예루살렘 국왕은 형식상, 예루살렘의 여왕이었다가 산욕열로 죽은 이자벨(욜란데)과 프리드리히 2세의 아들인 젖먹이인 콘라드 2세였지만, 그는 26년 후, 죽을 때까지 왕국의 땅을 밟지도 않았다. 프리드리히 2세는 섭정으로서 통치권이 있었지만 역시 그 땅으로 돌아오지 않았다. 이전과는 달리 예루살렘은 불안한 상태이기는 해도 가지고 있지만 사실상 국왕은 없는 예루살렘 왕국은 이후 어떻게 되었을까?

프리드리히 2세는 알 카밀과 서신을 나누며 '친목'을 다졌는데, 그 덕분인지 15년 이상 이슬람과 십자군 사이에 큰 전쟁은 없었고, 경위나 내막이야 어쨌든 십자군의 깃발은 그동안 예루살렘에서 나부꼈다. 하지만 세 기사단은 예루살렘의 방어가 너무 취약했기에 본부를 옮기지 않고 아크레에 그대로 두었다. 물론 예루살렘 왕국에는 당연하지만 황제의 대리인을 두었다. 그의 이름은 리차도 필란제리Riccardo Filangieri였다. 하지만 이 인사는 성공과는 거리가 멀었다.

필란제리는 롬바르드Lombards 족으로 구성된 황제의 군대를 지휘하면서 티레를 중심으로 예루살렘 왕국의 상당 부분을 장악하고, 아크레에도 손을 뻗었는데, 이 과정에서 꽤 많은 재물을 착복하였다. 안 그래도 황제에 대해 적대적이었던 아크레 주민들은 봉기를 일으켜 1232년에 자치를 선언하고, 베이루트의 영주인 이벨린의 장Jean d'Ibelin을 시장으로 선출하였다. 이렇게 예루살렘 왕국은 황제 지지파와 반대파로 양분되어 내전에 돌입하였다. 이 내전을 롬바르디 전쟁War of Lombards이라고 한다. 구호기사단은 독일기사단과 안티오키아 공국, 피사공화국과 함께 제국 쪽에 섰고, 아크레 시민들과 성전기사단, 교회의 주류 그리고 키프로스 왕국, 베네치아와 제노바 공화국은 이벨린 가문을 지지하면서 10년 넘게 이어지는 내전으로 확대되었다. 1232년 5월에 벌어진 첫 전투에서는 필란제리가 승리했지만, 이어지는 전투에서는 이벨린 가문이 설욕에 성공했고, 이벨린 가문 쪽이 압도까지는 아니지만 우위를 유지하였다. 1236년 이벨린의 장이 죽고 아들 발리앙이 자리를 물려받았다.

한 세기 동안이나 동지이자 전우였던 두 기사단의 무력 충돌도 이 내전에서 여러 번 벌어졌다. 대표적인 사례가 1235년, 벨루스 Belus*에서 벌어진 분쟁이었다. 구호기사단의 방앗간이 상류에 있었고, 성전기사단의 방앗간은 하류에 있었는데, 성전기사단이 하류에 저수지를 만들면서 구호기사단의 농장이 물에 잠겨버린 사건이 계기가 되었다. 구호기사단은 상류에 댐을 쌓은 다음 하류로 물폭탄을 터뜨려 성전기사단의 방앗간을 쓸어버림으로써 보복하였다. 이는 결국 무력 충돌로까지 이어졌고, 교황 그레고리우스 9세의 중재로 화해를 하긴 했지만 오래가지는 못했다.

1243년, 구호기사단의 은밀한 지원을 받으면서 피란제니는 아크레로 잠입했고, 안팎의 협공으로 수도를 장악하려 하였다. 하지만 그의 행적은 현지 귀족들에게 발각되었고, 내부의 협조세력은 각개 격파되면서 체포당하고 말았다. 당연히 아크레의 구호기사단 본부도 무사할 리 없었는데, 이벨린의 발리앙은 아크레의 구호기사단 총본부를 무려 6개월이나 포위하였다. 이때 마르카브 요새도 이슬람 군의 공격을 받고 있었다. 구호기사단 총장 기욤 드 샤티뉴 Guilaume de Chateauneuf는 별수 없이 굴욕적인 사과를 하고 필란제

* 지금의 이스라엘 서북부에 있다.

리에 대한 지지를 철회하였다. 이후 이벨린 가문과 성전기사단의 우위는 명확해지고, 신성로마제국의 지배력과 구호기사단의 영향력은 급속하게 약화되었다.

그러면 10년이 넘는 이 내전 기간 동안 이슬람 세력은 무엇을 하고 있었을까? 십자군 세력에게는 너무 다행스럽게도 그들 역시 집안싸움에 정신이 없었다. 1237년까지는 알 카밀과 알 아슈라프가 내전을 벌이다가, 형이 승리했지만 다음 해에 세상을 떠나 두 아들이 이집트와 시리아를 나누어 가졌고, 역시 내전을 벌였던 것이다. 10년 동안 십자군과 이슬람 세력 사이에 사소한 충돌이 없었던 것은 아니지만 대체로 휴전은 잘 지켜졌고, 성벽도 없이 고립되어 있는 예루살렘도 불안하지만 십자군이 여전히 유지하고 있었다. 하지만 1239년 강화조약이 만기되었다. 때맞추어 나바르의 티발 1세 Theobald I of Navarre 등이 이끄는 십자군이 도착했는데, 역사가들은 남작들이 많았다고 해서 '남작 십자군'이라 부른다. 이들은 호위부대가 붙은 이슬람의 대규모 대상단을 공격하여 많은 전리품을 얻었지만 이어진 가자 전투에서 참패를 당하고 말았다.

여세를 몰아 이슬람 세력은 27일간의 공방전 끝에 예루살렘을 되찾았다. 십자군 전문가 매든의 표현을 빌면 "예루살렘은 그간 그리스도교도들에게 임대되었던 데 불과"했던 것이다. 그러자 1240년과 1241년, 프랑스와 잉글랜드에서 온 십자군이 연달아 도착하였다. 이들은 이렇다 할 군사적 승리는 거두지 못했지만, 다시 벌어진 이슬람의 내부 분열을 이용하여, 알 카밀의 아들인 알 살리흐Al-Salih가 차지한 이집트 편을 들면서 예루살렘을 위시하여 아스칼론과 시돈, 티베리아스, 갈릴리 등의 영토를 되찾았다. 1242년, 십자군은 1187년 이후 가장 넓은 영토를 차지하게 되었고, 예루살렘에 사는 무슬림들은 도시를 떠났다. 그 사이 앙숙이 된 구호기사단과 성전기사단은 분열된 이슬람 세력과 서로 손을 잡아 한 몫 챙기는 추태를 보여 많은 이들을 실망시켰다. 이때 구호기사단은 아스칼론을 얻은 다음 성을 보강하였다. 3대 기사단 사이의 내전은 점점 격렬해져 도시의 거리에서 싸우기도 했고, 성전기사단은 아크레에 있는 독일기사단의 교회를 불사르고 구호기사단의 본부를 포위 공격하기도 하였다. 이런 상황에서 영토 확장은 일시적인 것일 수밖에 없었다.

1242년(1243년이라는 설도 있다) 콘라드가 성년이 되었고, 정식으로 예루살렘의 왕위에 올라, 현지에 섭정을 보내겠다고 통보하였다. 현지 귀족들은 감히 공개적으로 그의 왕권에 대해 부인하지는 못했지만, 현지에 대한 무지 등 여러 가지 상황을 내세워 키프로스 여왕 이자벨의 딸 알리스를 섭정으로 내세웠다.*

알리스는 예루살렘 왕위 계승 서열 2위이기도 하였다. 그들의 속내는 그녀를 내세워 실권은 자기들이 차지하겠다는 것이었다. '국왕' 콘라드는 섭정을 현지에 보낼 형편이 아니었기에, 알라스는 스스로 섭정 자리에 올라 필란제리를 체포하라는 명령을 내린다. 발리앙은 베네치아와 제노바의 지원을 받으면서 직접 군대를 이끌고

---

* 예루살렘 왕국은 프리드리히 2세 시대 이후 사실상 국왕이 부재한 상황이 계속되었고, 영주들이 지역을 개별 통치하는 현상이 더 고착화 되면서 왕국은 사실상 해체되었다.

황제파의 본거지인 티레를 포위하였다. 티레의 성벽은 여전히 견고했지만, 주민들은 이제 발리앙 쪽과 손을 잡았기에, 성문을 열어주고 말았다. 필란제리는 성안의 요새에서 한 달 정도 버텼지만 굴복할 수밖에 없었다. 이렇게 신성로마제국의 예루살렘 왕국 지배는 형식상의 종주권만 남기고 사실상 막을 내렸다. 그리고 이는 제국 쪽에 섰던 구호기사단과 독일기사단의 패배이기도 하였다.

하지만 승리와 패배가 별 의미가 없어질 순간이 바로 다가오고 있었다.

라 포비 전투: 재현된 하틴의 참극

살리흐는 칭기즈칸의 몽골군에게 나라를 잃고 밀려난 콰레즘 군인들을 용병으로 고용하여 1244년 7월, 예루살렘 공격을 시작하였다. 예루살렘 총대주교는 이 긴박한 위험에 대처하기 위해 구호기사단과 성전기사단의 총장에게 방어를 명령하였다. 그러나 내전으로 역량을 크게 소모한 두 총장은 포진을 하기는 했지만 바로 철수해 버리고 말았다. 예루살렘에 대한 십자군의 열정이 예전 같지 않다는 좋은 증거이기도 하다.

7월 11일, 콰레즘군의 공격이 시작되었다. 얼마 안 되는 수비군의 사기는 두 기사단의 철수로 크게 떨어졌지만 그래도 이 성스러운 도시를 그대로 내주지는 않았다. 구호기사단 소속 성묘병원장이 장렬하게 전사할 정도로 완강하게 방어했지만 역부족이었다. 한 달 만에 예루살렘은 함락되었고, 도시 안에 있던 6천 명의 그리스도교 시민 중 탈출에 성공한 자는 300명에 불과하였다. 수녀조차 살려두지 않을 정도로 콰레즘군은 도시를 피로 씻는 대학살을 저질렀다. 성묘교회조차 파괴되었으며, 역대 예루살렘 국왕의 무덤도 파헤쳐져 가루가 되어 날아가고 말았다. 여인들과 소년들은 강간당했다. 예루살렘을 초토화시킨 콰레즘군은 가자 쪽으로 이동하여 이집트 군과 합류하였다.

이 참사에 큰 충격을 받은 십자군 세력은 다시 단결하여 가을에 대군을 편성하였다. 두 기사단은 물론 독일기사단, 성 라자로 기사단과 안티오키아 공국, 트리폴리 백국도 원군을 보냈는데, 7천 명이 약간 넘는 규모였다. 예루살렘 총대주교도 이 군대에 참가하였다. 물론 구호기사단도 빠질 수 없었다. 총장 샤토뉴가 직접 지휘봉을 잡았고 351명의 기사가 참전하였다. 성전기사단은 거의 같은 수인 347명의 기사가 어깨를 나란히 하였다. 아크레에 모인 이 군대는 가자 쪽으로 남하하기 시작했는데, 전체 지휘는 몽페라트의 후작 필리프Philip of Montfort가 맡았다.

이슬람은 5천 명의 이집트군과 1만 명의 콰레즘군으로 맞섰는데, 최소 5천 이상은 기병이었다. 이집트군의 지휘자는 바이바르스Baibars라는 인물이었다. 두 군대는 10월 17일, 가자 북동쪽의 라 포비La Forbie라는 마을 근처에서 충돌하였다.

초반에는 십자군이 우세했지만, 콰레즘군이 십자군의 측면을 맡은 보병대에게 맹공을 가하면서 진형이 무너지고 말았다. 결과는 5천 명이 전사하고 800명이 포로가 되는 대참패였다. 구호기사단원 중 탈출에 성공한 자는 27명에 불과하였다. 샤토뉴 총장도 포로가

라 포비에서의 패배를 묘사한 중세의 그림

되어 이집트로 끌려가는 신세가 되고 말았다. 그는 6년 후에야 돌아올 수 있었다. 성전기사단 총장은 전사하고, 성 라자로 기사단은 전원이 전사하였다. 이슬람 쪽의 인명손실도 컸겠지만 하틴 전투 때와 마찬가지로 자세한 숫자는 전해지지 않는다.

이런 절대절명의 위기에 예루살렘 지부장인 쟝 드 로네Jean de Ronay가 총장대리를 맡아 혼신을 다해 조직을 지켜내어 완전한 붕괴를 막을 수 있었다. 또한 구호기사단이 방어를 맡은 아스칼론과 패장들이 포기하지 않고 분전한 야파가 버텨 내면서 하틴 전투 직후에 벌어진 도미노 붕괴는 막을 수 있었다는 것이 그나마 다행이었다.*

라 포비 전투의 참패는 구호기사단을 비롯한 십자군 세력에게 치명적인 악영향을 미칠 수밖에 없었다. 하틴 전투와 3차 십자군 이후 회복한 역량을 대부분 잃었기에 예루살렘 탈환은 이룰 수 없

* 두 도시의 방어가 성공한 이유는 십자군의 분전 못지않게 이슬람 측이 공성병기를 가지고 있지 않았으며, 여전히 분열되어 있었기 때문이다.

는 꿈이 되었다. 그리고 그리스도교 세력의 예루살렘 점령은 무려 673년이 지난 1917년 영국군에 의해서 이루어졌다.

주력 야전군을 잃은 예루살렘 왕국은 당연히 내륙을 지킬 힘을 잃고 팔레스타인 해안가의 몇몇 도시로 세력이 축소되어 사실상 '아크레 왕국'으로 전락하였고, 결국 반세기도 버티지 못하고 완전히 축출되고 만다.

구호기사단의 기사는 당시 500명에도 미치지 못했는데, 그중 6할 이상을 한 번에 잃었으니 그 손실은 엄청난 것이었다. 물론 기사단 수뇌부는 이를 방치하지 않고 유럽의 지부에서 기사들을 데려와서 300명 수준으로까지는 회복했지만, 그들에게는 실전 경험이 없었고, 현지 적응에도 시간이 필요할 수밖에 없었기 때문이다.

살라흐는 대승의 여세를 몰아 다마스쿠스를 정복하여 아이유브 왕조를 다시 통일시켰다. 하지만 라 포비 전투의 주역인 콰레즘군은 각지를 돌아다니며 약탈에 정신이 없었는데, 이런 만행에 분노한 아랍의 에미르들에게 격멸되면서 역사의 무대에서 사라져 버렸다. 살라흐는 그들 대신 중앙아시아와 카프카스에에서 살던 투르크 계열의 노예 병사인 맘루크를 근위부대로 삼았다. 강력한 중기병이 중심이 된 맘루크 군단은 20년 후, 구호기사단을 비롯한 십자군의 강적으로 성장하고, 제국까지 세운다. 이들은 전투력도 뛰어났지만, 십자군과는 달리 단일 지휘체계를 가지고 있었기에 더 무서운 존재가 되었다. 어찌 보면 이들은 이슬람의 기사단이라고도 할 수 있었다.

어쨌든 콰레즘군이 정리되면서 예루살렘은 다시 이슬람 세력의 손에 넘어갔음에도 순례에는 아무런 문제가 없는 예전의 상태로 돌아갔다. 물론 아크레 등 항구도시들에는 아무런 피해가 없었다.

성왕 루이와 7차 십자군

십자군의 모국이나 마찬가지인 프랑스의 국왕 루이 9세는 신앙심과 성실함, 확고한 도덕성을 지닌 인물로서 스무 살 위의 프리드리히 2세와는 아주 대조적이었다. 1244년 중병에 걸렸다가 회복된 루이 9세는 그해 12월, 신에 대한 보답으로 십자군 원정을 서약하였다. 마침 그때 예루살렘과 라포르비의 참극이 일어났으니 교황청 입장에서는 아주 적절한 시기였다. 또한 루이 9세의 나이도 30대 초반으로 원정에 아주 적합한 연령이었다.

역사가들이 7차 십자군이라고 부르는 새로운 십자군의 목표는 이집트로 정해졌다. 이슬람 세력의 본거지인 이집트를 공략하면 자연스럽게 예루살렘은 따라올 것이라고 생각했기 때문이다. 하지만 해상 수송 문제 등 여러 가지 요인이 겹치면서 원정은 3년이 지난 후에야 현실화되었다.

루이 9세가 동원한 병력은 기사 2천500명과 석궁병 5천 명을 포함한 2만 5천의 대군이었으며, 군마만도 7, 8천 필에 달했다. 하지만 프랑스 외에 다른 나라들은 거의 참가하지 않았다. 물론 이 대군을 바로 이집트에 상륙시킬 수는 없었고, 현지 십자군과 합류해야 했기에 우선 키프로스로 향하였다. 1248년 9월 17일, 루이 9세가 이끄는 십자군은 키프로스에 도착하였다.

그곳에는 현지 십자군의 대표자들이 기다리고 있었는데, 그중에는 구호기사단의 총장 대리를 맡고 있는 장 드 로네도 있었다. 십자군 대표들은 알 살리흐의 좋지 않은 건강과 불안한 후계구도, 그리고 현재 시리아를 공격하고 있다는 사실 등 여러 가지 유용한 정보를 전달하고, 후계자 문제를 이용하여 이슬람의 일부 세력과의 제휴를 제안하였다. 그러나 고지식하기 그지없는 루이 9세는 이를 거절하고, 겨울을 난 후 이집트를 공격하겠다고 선언하였다. 하지만 제노바 해군이 자국 사정으로 이탈하면서, 1249년의 출정은 5월 말에야 이루어졌다. 6월 4일, 루이 9세의 십자군은 다미에타 부근의 해변에 상륙하였다.

구호기사단을 비롯한 현지 십자군까지 가세하여 루이 9세의 병력은 3만에 가까워졌다. 물론 이슬람군도 다미에타 공격을 수수방관하고 있지는 않아서, 나일강변에 병력을 배치해 두었다.

사령관은 공교롭게도 알 카밀과 프리드리히 2세 사이에서 사자

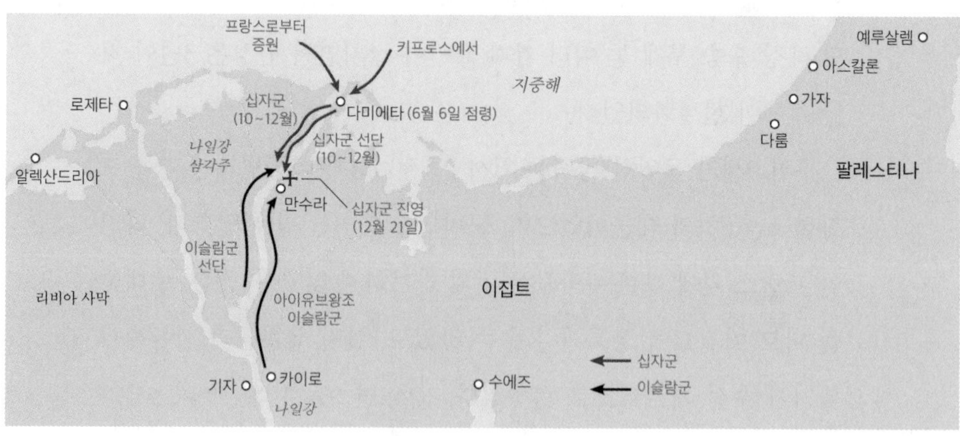

이집트 주변과 루이 9세의 이집트 상륙

역할을 했던 파흐르 앗 딘이었다. 하지만 십자군도 준비가 되어 있었다. 바닥이 얕은 보트를 이용하여 강을 건너는 대담한 수륙양용 작전을 전개했던 것이다. 루이 9세 자신도 직접 기사들 사이에서 검을 휘두르며 싸웠다. 이슬람 기병대가 몰려오자 투창 전법으로 저지에 성공하였다. 십자군은 상륙전에서 승리를 거두고 교두보를 마련했으며 바로 다미에타로 쳐들어갔다.

다미에타에 상륙하는 7차 십자군을 묘사한 후세의 그림

5차 십자군이 다미에타를 함락시키긴 했지만, 무려 18개월이란 시간이 필요했었기에 상당한 고전을 각오하고 있었다. 그러나 나일강에서 후퇴한 군대가 다미에타로 가지 않고 바로 카이로로 철수하자 다미에타 수비대와 시민들은 공황상태에 빠졌다. 30년 전에 벌어진 포위전의 참상이 여전히 악몽으로 남아 있었기 때문이다. 그래서 수비대도 카이로 쪽으로 철수했고, 대부분의 시민들도 도시를 빠져나가면서 무주공산이 되고 말았다. 파흐르 앗 딘은 유능한 외교관일지는 몰라도 훌륭한 장군과는 거리가 멀었던 것이다.

루이 9세와 십자군은 예상과는 다르게 너무나 쉽게 다미에타를 손에 넣으면서 아주 좋은 시작을 하였다. 그러나 독실한 신자답게 모스크의 교회 전환과 주교 임명 등 그리스도교화에 힘을 쏟으면서 몇 달을 허비하고 말았다. 또한 알렉산드리아로 진군하여 지중해와 이집트 간의 물류를 완전히 차단하자는 주장과 만수라를 거쳐 카이로로 진군하자는 의견이 충돌한 탓도 있었다. 구호기사단을 비롯한 현지 세력은 이집트 정복은 십자군의 목적이 아니라며 알렉산드리아 진군안을 지지했지만, 루이 9세의 동생 아르투아 백작 로베르Robert I, Count of Artois 등은 뱀을 잡기 위해서는 뱀의 머리를 쳐야 한다면서 카이로 진군을 주장하였다. 다미에타의 손쉬운 정복으로 신의 가호를 확신한 루이 9세는 결국 카이로로 진군하겠다고 결정하였다.

한편 그사이, 다급해진 이슬람 측은 30년 전처럼 예루살렘과 다미에타를 교환하자는 제안을 했지만, 이교도와의 타협은 있을 수 없다는 루이 9세의 완강함으로 인해 무산되고 말았다. 그리고 11월 20일 진격이 시작되었다.

십자군의 최종 목표는 카이로였지만, 중간 목표는 5차 십자군 때와 마찬가지로 만수라일 수밖에 없었다. 다미에타를 비롯한 후방에 남겨둔 일부 수비 병력을 제외하고 2만 5천의 대군이 남하를 시작하였다.

그러면 루이 9세의 십자군을 상대하는 이슬람 측의 아이유브 왕조는 어떻게 방어준비를 하고 있었을까? 그들은 그야말로 상당히 어려운 상황에 직면해 있었다. 십자군의 공격이 시작된 지 사흘 만에 알 살라흐가 세상을 떠나고, 직계 후계자인 아들 알 무아잠 투란샤Al-Muazzam Turanshah는 시리아에 있었기에 일사불란한 방어가 어려웠기 때문이다. 이 소식은 루이 9세에게도 전해졌다. 아마 그는 다미에타의 손쉬운 함락에 이어 '시의적절'한 알 살라흐의 죽음은 신의 가호가 있다는 또 다른 증거라고 확신했을 것이다. 더구나 이집트 쪽에는 이렇다 할 지휘관이 없어서인지 파흐르 앗 딘이 지휘한다는 소식도 전해졌다.

하지만 십자군의 진군은 5차 십자군이 포진했던 지점에서 막히고 말았다. 선박을 이용한 도하는 불가능한 상황이라 가교를 만들어 건너려 했는데, 이슬람 군은 그리스의 불이라 불리는 화염탄을 쏘아대면서 이를 저지하는 데 성공하였다. 이렇게 양군의 대치는 6주일 정도 이어졌는데, 이때 의외의 상황이 벌어졌다.

이집트에는 가톨릭과는 많이 다른, 단성론을 믿는 콥트Copts라는 그리스도교가 있는데, 그 신도 한 명이 십자군 진영을 찾아와 얕은 여울이 있다는 사실을 가르쳐준 것이었다. 루이 9세는 정찰대를 보내 정보의 진위를 파악하게 했고, 사실로 판명되자 바로 작전회의를 열었다. 그리고 프랑스군의 정예와 280명의 성전기사단원으로 구성된 선발대를 동생 아르투아 백작에게 맡겼다. 다만 만수라 공격은 자신이 이끄는 본대가 올 때까지 기다리라는 명령을 내려 신중을 기했다.

십자군의 기습은 완벽하게 성공했고, 이집트군은 거의 섬멸되었으며, 사령관 파흐르 앗 딘도 전사하였다. 하지만 선봉에 선 아르투아 백작은 대승리에 도취되어 폭주하고 만다. 선발대로만 만수라를 공격하려 한 것이었다. 그러자 질이라는 성전기사단의 지휘관이 막아섰다.

아르투아 백작은 반쯤은 경멸조로 이렇게 말했다.

"성전기사단과 구호기사단도 모두 이 땅의 정복을 바라지 않았나? 지금까지 기다려오지 않았는가?"

그러자 질은 이렇게 냉정한 말투로 이렇게 대꾸하였다.

"저도 그리고 성전기사단의 그 누구도 적을 두려워하지 않습니다. 그들은 백작님을 따라 진격할 것입니다. 그러나 그들은 이 작전에서 한 명도 돌아오지 못할 것입니다."

하지만 만수라에는 바이바르스*가 지휘하는 맘루크 병사들이 지키고 있었다. 그는 승리를 위해서는 수단과 방법을 가리지 않는 인물인데, 앞으로 그를 주목해야 할 것이다. 그가 채택한 병법은 공성계, 아니 개문계開門計였는데, 만수라의 성문을 열어버린 것이었다. 2월 8일에 일어난 일이었다.

아르투아 백작을 비롯한 선발대는 그대로 성안으로 쳐들어갔다. 이미 이집트의 주력 야전군이 궤멸되었기에 수비대는 이미 도망쳤으리라 확신했던 것이다, 하지만 성안의 좁은 길로 들어선 기사들

---

* 훗날 맘루크 왕조의 술탄이 되는 al-Malik al-Zāhir Baybars Rukn al-Din Baibars al-Bunduqdari를 말한다. 라 포비 전투의 사령관 바이바르스와 동일인물이라는 설도, 다른 인물이라는 설도 있지만, 여기서는 다른 인물로 보았다. 라 포비 전투 당시 그는 21세에 불과했기 때문이다. 바이바르스는 맘루크 세계에서는 흔한 이름이었다.

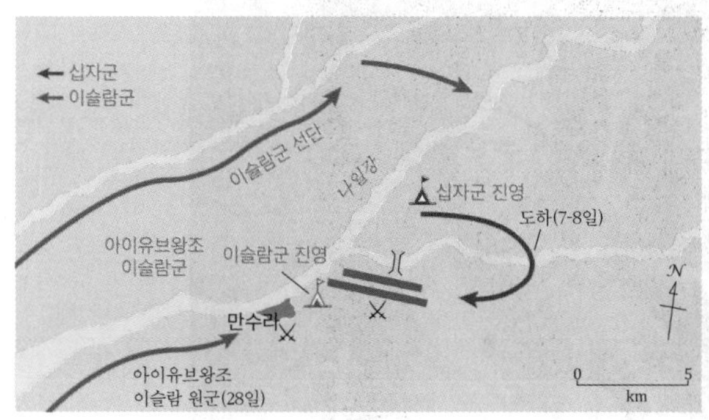

만수라 전투 지도
(『역사군상』 118호. 70쪽)

은 화살과 돌덩이 세례를 받고 허무하게 전멸당하고 말았다. 백작을 따르던 세속기사 300여 명과 성전기사단 290명이 거의 전사하였다. 이들 중 겨우 몇 명만 살아 돌아와 이 참상을 뒤따라오던 루이 9세에게 전하였다. 이렇게 만수라는 두 번째로 십자군의 무덤이 되고 만 것이다. 충격을 받은 루이 9세는 아랍어를 능숙하게 구사하는 구호기사단원 2명을 적군으로 위장시켜 성안에 들여보내 자세한 사정을 파악하도록 하였다.

구호기사단 부총장인 앙리는 무장을 한 채 루이 9세의 손에 키스를 한 뒤 이런 비보를 전하였다. "아르투아 백작은 천국으로 갔습니다. 심지를 굳게 하셔야 합니다. 적이 공격해 올 것이기 때문입니다." 그들의 시신은 나일강에 버려졌다. 질의 경고는 불행하게도 맞아떨어졌던 것이다. 저자는 이 전투에서 스파이 역할과 비보의 전달 외에 구호기사단이 어떤 역할을 했는지는 찾지 못했지만, 최소한 성전기사단 정도의 막대한 피해는 입지 않았던 것은 확실해 보인다.

2월 11일, 맘루크군은 십자군의 본진에 맹공격을 가하였다. 십자

엘 그레코가 그린 루이 9세의 초상. 십자군 지휘관답게 갑옷을 입고 있고, 초췌해 보이기까지 하는 얼굴과 우람한 팔뚝이 기묘한 조화를 이루고 있다.

군은 치열한 백병전 끝에 겨우 맘루크군을 물리쳤지만, 입지는 크게 좁아졌고 상황은 불리해졌다. 그사이 시리아에 가 있던 술탄 알 무아잠 투란샤가 이집트로 돌아왔다. 그는 나일강에 떠 있는 배들을 해체해서 낙타에 싣고는 그것으로 갤리선 함대를 만들어 다미에타와의 보급선을 차단시켰다.

루이 9세는 기아와 질병에 시달리는 군대를 다독이며 3월 말까지 버텨 보았지만 식량이 떨어져 결국 강 건너의 교두보를 포기해야만 했고, 4월 5일에는 다미에타를 향해 철수를 시작해야만 했다. 루이 9세는 본인의 몸도 말이 아니었지만 철수 대열의 후위를 지키며 고군분투하는 모범을 보여주었다.

그러나 이런 보람도 없이 십자군은 절반도 가지 못했고, 루이 9세와 막냇동생 샤를*을 포함한 거의 전부가 이집트 술탄의 포로가 되고 말았다. 석방의 대가로 술탄은 다미에타의 반환과 80만 베잔트를 요구하였다. 몸값의 절반이 도착하고 다미에타를 반환할 때까지 루이 9세는 이집트에 남기로 하였다. 그 전에도 여러 번 실패가 있었지만 특히 7차 십자군의 실패는 유럽인들의 마음에 깊은 상처를 남겼다. 여담이지만 이 책에도 구스타브 도레Gustave Doré의 판화가 등장하는데, 사실 그의 연작 중 7차 십자군 부분이 가장 많다.

그사이 이집트에서는 맘루크 세력의 쿠데타가 성공하면서 알 무아잠 투란샤는 죽음을 당하고 아이유브 왕조는 최소한 이집트에서는 완전히 몰락하고 말았다. 맘루크 세력은 처음에는 협정을 이행하지 않으려 했지만 곧 다미에타와 80만 베잔트가 모두 필요하다는 사실을 깨달았다. 5월 6일, 다미에타가 다시 이슬람 손에 넘어갔고, 몸값의 절반이 도착하자 루이 9세와 고위 귀족들은 석방되어, 13일 아크레에 도착하였다.

루이 9세는 놀랍게도 4년 동안이나 아크레에 머물렀다. 예루살렘 왕국은 여전히 형식적으로는 여전히 신성로마제국의 지배하에 있었기에 그에게는 아무런 법적 권한이 없었을 뿐 아니라 병력도 거의 잃어 무력도 없는 상황이었다. 그럼에도 그는 4년 동안 실질적으로 예루살렘 왕국을 지배할 수 있었다. 그 이유는 성지의 귀족들에게 그는 그리스도교의 미덕과 기사도의 화신으로 받아들여졌

---

* 앙주의 샤를이라고 불리며, 훗날 시칠리아 왕 카롤로 1세가 되는 인물로 앞으로 주시할 필요가 있다. 이 책에서는 편의상 계속 샤를로 명명한다.

고, 실제로도 그에 걸맞은 행동을 했기 때문이었다. 다만 전쟁의 결과가 좋지 않았을 뿐이었다. 그토록 격렬했던 내분도 이 기간 동안 잦아들었다는 것이 좋은 증거다. 그런 이유로 완전히 분열되었던 예루살렘 왕국도 일시적으로나마 통합을 이루었다.

여러모로 프리드리히 2세의 방문 때와는 완전히 대조적이었다. 말도 안 되는 가정이겠지만 루이 9세와 프리드리히 2세의 장점만 섞어 놓은 군주가 있었다면 예루살렘 탈환은 물론 예루살렘 왕국의 수명은 한 세기 이상 늘어났을 것이다. 첨언하자면 프리드리히 2세는 만수라의 참극이 일어난 1250년에 세상을 떠났는데, 그가 루이 9세가 이끈 7차 십자군에 대해 무슨 말을 남겼는지는 전해지지 않는다.

루이 9세에게 다시 기회가 찾아왔다. 알 무아잠 투란샤는 죽었지만, 시리아에는 아이유브 왕조 세력이 남아 있었고, 두 세력이 다시 충돌했기 때문이다. 그런데 양측의 힘이 비슷했기 때문에 서로 예루살렘 왕국을 자기편으로 끌어들이려 했던 것이다. 양쪽 다 예루살렘을 돌려주겠다고 제안했지만, 이집트는 40만 베잔트의 면제와 포로들의 석방이라는 강력한 당근을 추가하였다. 앙숙인 두 기사단은 여기서도 합의를 이루지 못했다. 성전기사단은 시리아를, 구호기사단은 이집트를 지지했던 것이다. 하지만 루이 9세 입장에서는 포로 석방 때문이라도 이집트를 지지할 수밖에 없었다. 루이 9세는 이때 지나치게 독선적인 성전기사단의 외교정책을 비판하는 동시에 구호기사단의 과도한 라이벌 의식도 비판하면서 균형을 잡아주었다. 그리고 두 기사단의 통합을 제안하기도 했지만 결국 유야무야되고 말았다.

1252년 초, 루이 9세는 동생을 죽인 철전지 원수인 맘루크 조 이집트와 동맹을 맺으면서 예루살렘 탈환이 눈앞에 보이는 듯하였다. 그러나 돌발적인 사태가 이어지면서 이 연합은 깨졌고, 이집트와 시리아는 전쟁을 중단하였다.

국제사회에서 고립된 루이 9세는 자비를 들여서 아크레와 카이사리아, 야파, 그리고 여러 요새들에 대한 정비에 열중하였다. 이 점만은 프리드리히 2세와 같았다고 할 수 있을 것이다. 하지만 1252년 말, 자기 대신 국정을 맡아 나라를 잘 관리하고 있던 모후 블랑슈Blanche de Castille가 세상을 떠나고, 두 동생인 알퐁스와 샤를이 정권을 잡게 되자 귀국을 서두르지 않을 수 없게 되었다. 그래도 그는 예루살렘 왕국 내부를 일시적으로나마 단결시키고 방어태세를 정비하는 데 공헌을 했고, 이후에도 물질적으로 예루살렘 왕국을 지원하였다. 참고로 그는 프랑스 내정에서는 상당한 업적을 남긴 군주로 평가 받고 있다. 루이 9세는 1254년 4월 24일, 유럽을 떠난 지 6년 만에 프랑스로 돌아갔고, 이렇게 7차 십자군은 용두사미로 끝나고 말았다.

그러면 이집트에 남겨진 포로들은 어떻게 되었을까? 확실한 기록은 없지만 이런저런 이유로 대략 5천 명 정도가 석방된 것으로 보이는데, 나머지는 도중에 세상을 떠났거나 이슬람으로 개종 또는 노예로 전락했을 것으로 보인다. 이 시기에 라 포비 전투 때 포로가 된 샤토뉴 구호기사단 총장도 5천 명 중 하나가 되어 6년 만에 자유의 몸이 될 수 있었다. 몸값 중 상당 부분은 성전기사단과 구호기사단이 부담했는데, 정확하게는 알 수 없지만 아무래도 프랑스 편향성이 더 강했던 성전기사단 쪽의 부담이 훨씬 컸을 것이다.

이렇게 루이 9세는 사실상 무정부 상태였던 성지의 질서를 잡아주었지만, 그가 떠나자 바로 내전이 벌어지고 말았다.

다시 시작된 내전: 성 사바스 전쟁

이집트에서의 참극에도 불구하고 예루살렘 왕국 본토에서는 큰 전쟁이 없었고, 루이 9세가 기반을 다져놓은 데다가, 1255년에는 루이 9세의 노력이 성과를 거두어 맘루크 왕조와 10년간의 평화조약을 맺으면서 안정을 찾는 듯싶었다. 그동안 구호기사단은 회복에 많은 노력을 기울였지만, 결코 그 전의 힘을 되찾지는 못했다. 그사이 이탈리아 해양 도시국가, 그중에서도 베네치아와 제노바의 힘이 점점 강해지면서 두 나라의 갈등이 표면화되었다. 이는 1256년에 이르자 전쟁으로 폭발하고 만다. 이를 성 사바스Saint Savas 전쟁이라고 부른다.

아크레에는 두 나라의 상인들이 거주하는 구역이 있었는데, 성 사바스 성당이 그 경계에 있는 언덕 위에 있었다. 이 성당은 두 나라 거류민들의 공유물이었지만 전략적인 가치도 큰 공간이었다. 지중해 전체로 보면 베네치아의 힘이 더 강했지만, 적어도 아크레에서는 십자군에 더 깊숙이 개입하고 있던 제노바가 더 우세하였다. 이 성당의 소유권을 놓고 두 나라는 민사소송을 진행했지만, 해결이 나지 않았다. 그러다가 베네치아인들에게 해적질을 의심받은 제노바 상인 하나가 양쪽의 충돌로 죽었고, 양쪽의 충돌은 크게 확대되었다. 결국 우세한 제노바인들이 항구에 정박한 베네치아 배들을 불태우고 상인들을 살해하는 대참사로 악화되기에 이르렀다.

베네치아 정부는 배상을 요구했지만, 제노바 쪽은 거부하였다. 이렇게 되자 예루살렘 왕국 내의 여러 세력들도 두 나라 중 한 쪽에 서야만 했다. 구호기사단과 아르수프의 영주 장, 티레의 영주 필리프, 아크레의 카탈로니아 상인들은 제노바인들을 지지했고, 성전기사단과 독일기사단 그리고 프랑스 상인들은 베네치아 편에 섰다. 피사인들은 처음에는 제노바를 지원하다가 베네치아 쪽으로 돌아섰다. 전반적으로 보면 베네치아 지지 세력이 우세하였다.

베네치아는 대규모 함대를 아크레에 보내 제노바인들이 항구 입구에 설치한 쇠사슬을 제거하고 제노바의 배들을 불태웠다. 베네치아인들은 이에 그치지 않고, 티레도 공격하여 300명의 제노바인들을 포로로 잡았다. 싸움은 점점 치열해졌고, 베네치아인들은 전쟁의 발단이었던 성 사바스 성당도 장악하였다. 이렇게 되자 두 나라가 지니고 있던 아크레에서의 지위는 역전되었다.

물론 제노바 쪽에서 수수방관할 리가 없었고, 1258년 항해하기 좋은 봄이 되자 대함대를 파견하였다. 승리자 베네치아도 경계를 늦추지 않고 자신들의 영토인 크레테섬에서 함대를 보내 전력을 보강하였다. 성전기사단은 육지에서 아크레 수비를 맡았다. 이 해에 불운했던 샤토뉴 총장이 세상을 떠나고 위그 드 레벨Hugues de Revel*이 신임 총장의 자리에 올랐다.

위그 드 레벨 총장

제노바 함대는 티레에서 아크레로 진격했고, 구호기사단은 육지에서 티레의 필리프와 진군하였으며, 제노바가 이끄는 해군과 함께 아크레를 노리는 대작전을 시작하였다. 하지만 아크레 앞바다에서 벌어진 해전에서 제노바 해군이 참패를 당하고 말았다. 육지에서의 싸움도 성전기사단의 활약과 제노바인들의 전횡을 못마땅해 하던 현지인들의 지원으로 제노바-구호기사단 진영에 불리하게 돌아갔다. 결국 이 전쟁은 베네치아-성전기사단 연합의 승리로 끝났다. 그러나 그동안 거의 2만 명에 가까운 귀중한 병력이 무익한 전쟁으로 사라져버려 가뜩이나 부족한 십자군 세력의 역량을 더욱 소모시키고 말았다.

한편, 그사이에 허울뿐이었지만, 예루살렘의 왕이었던 콘라드가 세상을 떠나고, 그의 아들 콘라딘이 콘라드 4세로서 역시 형식상의 후계자가 되었지만 성지로 올 확률은 거의 없었으며, 실제로도 오지 않았다. 그러자 키프로스 국왕의 모후인 플레장스Plaisance가 아크레로 와서 그가 오지 않는다면 자신의 아들이자 그다음 왕위 계승자인 위그를 예루살렘 왕에 앉혀야 한다고 주장하였다. '황제파'

* 레벨은 영국에서 태어났지만 당시 영국은 노르만계의 플랜태저넷Plantagenet 왕조의 지배를 받고 있었고, 영국과 프랑스의 구별은 모호했다. 일단 여기서는 영국인으로 구별하도록 하겠다.

인 구호기사단은 이에 반대했지만 위그는 왕위에 올랐다. 이후 예루살렘 국왕은 사실상 키프로스 국왕이 겸직하는 장식품에 불과한 자리로 전락하고 말았다.

어쨌든 구호기사단 입장에서는 다시 한 번 패자 쪽에 서게 된 셈이었다. 안티오키아 계승 전쟁까지 포함하면 세 번째 실패였다. 다행히 승리자인 베네치아 쪽도 여전히 현지에 만만치 않은 기반을 가진 구호기사단을 완전히 몰아낼 수는 없다는 결론을 내고 타협적으로 나와 용서를 받고 아크레의 본부도 되찾을 수 있었다. 하지만 베네치아와의 틈새가 벌어진 것만큼은 분명했고, 십자군 세력의 역량도 소모된 것은 틀림없는 사실이었다. 레벨 총장은 이후 20년 동안이나 참담한 시절을 견디어야 하였다. 이렇게 구호기사단에게 여러모로 다사다난했던 1258년이었지만, 사바스 전쟁과는 비교도 안 되는 엄청난 사건이 바그다드에서 벌어진다.

몽골이 몰고 온 태풍 그리고 아인 잘루트 전투

껍데기만 남았다지만 그래도 이슬람 세계의 정통인 압바스 왕조가 칭기즈칸의 손자 훌라구Hulagu의 공격을 받고 멸망했고, 바그다드도 말 그대로 초토화되었다. 이슬람 세계는 그때의 파괴로 입은 물리적·문화적 손실을 아직도 메우지 못하고 있을 정도다. 이어서 모술과 알레포, 그리고 다마스쿠스까지 몽골의 손에 넘어갔다. 그 와중에 시리아에 남은 아이유브 왕조는 완전히 사라졌고, 다음 해인 1259년에 훌라구는 일한국을 세웠다.

홀라구 자신은 불교도였지만 어머니와 부인 도구즈 카툰Doquz Khatun은 로마 가톨릭에서 볼 때는 완전히 이단인 네스토리우스 Nestorius파이기는 해도 그리스도교도였기에 그리스도교에 호의적이어서 그 파괴적인 중동 침공에서도 동방 그리스도교 공동체는 무사할 수 있었던 것이다.

물론 이런 대격변이 일어나고 있는데 십자군도 무관할 수는 없었다. 당시 거의 대부분의 유럽인은 프레스터 존Prester John*이라는 전설을 사실처럼 믿고 있었다. 이 전설에서 프레스터 존은 독실한 그리스도교인이며 이슬람 세력 너머에 있는 극동 아시아에 거대한 그리스도교 왕국을 건설했다고 알려졌다. 이 전설은 유럽인들에게는 희망의 아이콘이었다. 바그다드 함락 이전에 교황 인노켄티우스 4세와 루이 9세가 칭기즈칸에 서한을 보냈지만, 대답은 차가운 거절 또는 무시였다. 이렇게 되자 적어도 십자군 상층부는 몽골의 칸이 프레스터 존이 아니라는 사실은 깨달았지만, 굳이 그 전설이 사실이 아니라고 공언하지는 않았다. 다만 아르메니아와 안티오키아 공국은 몽골군과 손을 잡았다.

어쨌든 몽골군이 다마스쿠스까지 정복했으니, 십자군 국가의 코앞까지 온 셈이었다. 십자군 국가의 영주들은 대개는 몽골과 맘루크 왕조 사이에서 눈치를 보고 있었지만, 예외도 있었다. 시돈의 영주였던 줄리앙Julian of Sidon은 대담하게도 몽골의 침략을 영토 확

---

* 동방박사 세 사람 중 하나의 자손이라고 하며, 사제왕 요한이라고도 불렸다.

장의 기회로 여기고 다마스쿠스를 공격했던 것이다. 이 과정에서 훌라구의 오른팔 격인 장군 키트부카Kitbuqa*의 조카를 살해하는 큰 실수를 범하고 말았고, 결국 시돈은 몽골군에게 도륙당하는 참극을 당했다.

그럼에도 몽골군은 줄리앙의 행위를 단순한 도발이라고 여겨서 다른 영주들과 기사단들은 무사할 수 있었다. 하지만 다른 시각에서 보면, 이제 유라시아의 주인인 몽골제국 입장에서는 십자군 세력은 대수롭지 않았던 것이다. 시돈에서 벌어진 참사에 충격을 받은 3대 기사단은 군대와 군자금을 모으기 위해 유럽으로 대표단을 파견했지만, 성과는 아주 제한적이었다.

모든 사람이 몽골군의 다음 목표는 예루살렘이라고 믿었지만, 키트부카는 그렇게 하지 않았다. 그는 카이로의 술탄 쿠투즈Qutuz에게 항복하고 이집트를 넘기라는 사절을 보냈다. 쿠투즈는 사절의 목을 베고, 만수라의 승자 바이바르스에게 군대를 주어 전쟁을 시작하였다. 그런데 이 타이밍이 기가 막혔다. 마침 칭기즈칸이 세상을 떠나고 후계를 놓고 내분이 일어났던 것이다. 훌라구가 주력 부대를 이끌고 중앙아시아로 돌아가자 몽골군의 규모는 크게 줄어들어 있었다. 그런데 십자군은 숨죽이고 코앞에서 벌어진 이 전투를 지켜보기만 하였다. 물론 맘루크 왕조와 10년간의 휴전 조약을 맺었기도 했지만, 시돈의 파괴가 몽골군의 잔인성을 확실하게 인식시켰기 때문이기도 하고 당시 교황 알렉산드르 4세가 십자군의

* 키트부가는 네스토리우스 교도였다.

몽골군과의 연합을 금지했다는 확실한 명분도 있었다.

두 군대는 1260년 9월 3일, 나자렛 부근 아인 잘루트Ain Jalut에서 충돌했는데, 압도적인 수적 우위를 활용한 맘루크군이 대승을 거두었다. 몽골군은 거의 전멸하다시피 했고, 키트부가는 포로가 된 다음 처형당했다. 며칠 후 다마스쿠스가 맘루크군에게 넘어갔고, 시리아에서 몽골군은 쫓겨날 수밖에 없었다. 말 그대로 연전연승을 거듭했던 몽골의 첫 패배였다. 그들의 세력은 이후 메소포타미아와 페르시아에서 더 나아가지 못하게 되었고, 이슬람 세력의 서쪽 절반은 구원을 받았다.

아인 잘루트 전투 직후에 바이바르스는 쿠투즈를 암살하고, 10월 24일 스스로 술탄 자리에 올랐다. 그는 유능한 데다가 육체적으로도 강인한 타고난 지도자였지만 무척 잔인한 인물이었고, 시리아와 레반트 전체의 지배를 원했다. 이러한 인물이 이집트의 술탄이 되었다는 것은 그 자체로 십자군 세력들에게는 아주 큰 위협이 아닐 수 없었다. 1260년경 십자군 국가들에게 남은 영토는 시돈에서 아크레에 이르는 해안가와 좁은 트리폴리 백작령, 안티오키아 공작령, 그리고 키프로스 왕국이었는데, 두 강대국인 몽골과 맘루크 왕조 사이에 끼어 있는 형편이었다. 더구나 유일한 생명줄인 유럽에서는 십자군에 대한 열정이 많이 식었고, 앞서 다룬 대로 십자군 세력 내부도 심각하게 분열된 상태였다. 바이바르스는 이런 상황을 '십자군들을 지중해 밖으로 몰아내려는 알라의 뜻'으로 이해하지 않았을까? 토착화는 물론 좀 더 큰 규모의 국가로 성장하지 못한 십자군 왕국은 이렇게 몰락할 운명이었다.

또 하나의 격변이 그 다음 해인 1261년에 완전히 다른 세력에 의해 일어났다. 제노바의 강력한 지원을 받은 니케아 제국의 팔레올로고스Palaiologos 가문이 라틴 제국을 붕괴시키고, 허약하긴 하지만 동로마제국을 다시 세운 것이다. 하지만 이 사건이 우트르메르에 미친 영향은 제한적이었다. 다만 전통적으로 제노바와 가까운 구호기사단 입장에서는 배후가 든든해졌다는 것은 사실이었다.

바이바르스의 연전연승

아인 잘루트 전투의 승자인 맘루크군은 시리아를 접수한 다음 다시 창끝을 십자군 국가로 돌렸다. 새로운 대규모 십자군의 가능성도 희박해진 상황에서 지역 영주들과 3대 기사단만이 이 지역을 지키는 최후의 보루였다. 사실 당시 종교기사단이 가지고 있는 영지는 왕국 영토의 7할이었으니 사실상의 주인이기도 했다. 하지만 이 보루는 바이바르스가 이끄는 맘루크를 막을 만큼 든든하지 못했다. 구호기사단의 레벨 총장은 1277년까지 재임했는데, 재임기간 20년은 말 그대로 혹독한 시련의 연속이었다.

카이로 군사박물관에 서 있는 바이바르스의 흉상(©Ahmed yousri elmamlouk: wiki)

1263년에 바이바르스는 아크

레를 포위 공격했지만 성공하지 못했다. 아마도 십자군의 방어력을 시험해 보았던 것으로 보인다. 그 결과 아직 난공불락의 요새 도시 아크레를 점령하기에는 역량이 부족하다고 판단한 그는 성을 공격하기 전 해자를 메우듯이 예루살렘 왕국이 그나마 확보하고 있던 내륙과 해안의 거점들을 공격해서 차례로 손에 넣었다. 1265~1266년 동안 카이사레아, 하이파, 아르수프, 그리고 성전기사단의 아성이던 갈릴리의 방패였던 사파드Safad 성 등이 바이바르스의 손에 넘어갔으며, 항복한 성전기사단원은 모두 죽음을 당했다. 이런 상황에도 십자군이 30년을 버틴 이유는 맘루크의 주적은 훌라구가 세운 일한국이었지 그들이 아니었기 때문이었다.

바이바르스는 몽골의 침공 때 협력했고, 지금은 일한국의 봉신이 된 킬리키아 아르메니아 왕국과 안티오키아 공국을 용서하지 않았다. 1266년 바이바르스는 대담하게도 안티오키아 공국을 우회하여 킬리키아 아르메니아 왕국의 수도를 유린하였다.

1267년 바이바르스는 다시 아크레 공격을 시도하였다. 이번에는 포로로 잡았던 구호기사단원들의 깃발 뒤로 군대를 변장시켜 성벽을 오르는 속임수를 썼지만 성공하지는 못했다. 하지만 베네치아와 제노바는 그 와중에도 위험천만한 싸움을 계속하고 있었고, 다음 해에는 야파도 바이바르스의 손아귀에 떨어지고 말았다.

다음 차례는 누가 보아도 안티오키아 공국이었다. 하지만 종주국인 일한국은 킵차크한국과의 전쟁으로 인해 여유가 없었고 더구나 안티오키아 공국의 안전을 보장했던 훌라구도 1265년 세상을 떠나고 만 상황이었다.

바이바르스는 1268년 5월, 안티오키아에 대한 공격을 시작하였다. 안티오키아의 성벽 자체는 단단했지만 수비할 병력이 모자라 제대로 방어가 이루어지지 않아 쉽게 함락되고 말았다. 그 후 일설에 의하면 4만 명의 그리스도교도가 학살당하고 10만 명이 노예로 잡혔다고 하나 당시 안티오키아 인구를 감안할 때 상당히 과장된 숫자일 것이다. 그러나 이슬람 연대기 작가들조차 기겁할 정도로 엄청난 수의 주민이 학살당하고 나머지는 노예로 팔려나갔음은 확실하다. 이렇게 예루살렘보다도 먼저 세워졌던 십자군 국가였던 안티오키아 공국은 허무하게 사라져 버렸다. 이후 안티오키아라는 도시는 예전의 영화를 영원히 되찾지 못하고 지방 도시로 전락하고 만다.

설상가상으로 우트르메르는 경제적으로도 궁지에 몰렸다. 몽골의 등장으로 중국 본토까지 연결하는 무역로가 몽골제국의 영토를 벗어나지 않은 채 흑해에서 아시아 대륙의 동단까지 이동할 수 있게 되었기 때문이다. 이 길은 안전하고도 빨랐을 뿐 아니라, 이전처럼 온갖 통행세를 내야 할 필요가 없었다. 따라서 흑해 연안의 항구들은 비단을 비롯한 중국 본토의 상품들을 실은 유럽행 선박들로 활기를 띠기 시작하였다. 콘스탄티노플도 흑해와 지중해를 잇는 유일한 길목인 보스포루스 해협을 끼고 있기에 많은 이익을 보았다. 그 결과 아크레와 트리폴리 등 십자군 도시들도 경제가 확연하게 침체되기 시작하였다.

이렇게 되자 십자군 국가들의 영역은 더 줄어들어, 하틴 전투 직후와 별 다를 바 없는 상황이 되었다. 그래도 80년 전에는 군이 구원을 청하지 않아도 사자심왕 리처드를 위시한 대규모 십자군이 기꺼이 바다를 건너 이 땅에 왔었다. 그러면 이때는 어떠했을까?

8, 9차 십자군의 실패와 크라크 데 슈발리에의 함락

한마디로 말하면 유럽의 주요 국가들은 내부 사정으로 인해 직접 도움을 줄 수가 없는 상황이었다. 특히 신성로마제국의 경우, 호엔슈타우펜 왕조의 마지막 황제 콘라드 4세(예루살렘 국왕으로는 콘라드 2세)가 1254년에 세상을 떠난 이후 정치적 혼란기가 도래했는데, 이를 대공위 시대라고 부른다.

이 시기에는 독일 내부는 물론 유럽의 국왕과 유력 제후들이 저마다 자신의 우호세력을 신성로마제국 황제 자리에 앉히려고 했고, 교황청마저 개입하여 유럽 전체가 정치적으로 아주 혼란한 상황이었다.

여기에다가 이전 십자군의 궤멸로 인해 많은 제후와 기사들, 그리고 국왕들은 십자군에 대한 열의를 보이지 않았다. 그나마 십자군을 편성할 가능성이 가장 높은 국가는 아무래도 루이 9세가 건재한 프랑스였다.

다행히 동생 샤를이 프리드리히 2세의 죽음 이후 취약해진 호엔슈타우펜 왕조를 무력으로 몰아내고 시칠리아를 차지한 다음 그 섬의 왕이 되었다. 따라서 든든한 발판이 생긴 상황이었던 것이다. 더구나 내정의 성공으로 재정적으로도 풍족해진 루이 9세는 다시 십자군을 일으켰다. 그의 목표는 놀랍게도 변방이라고 할 수밖에 없는 튀니스였다. 물론 튀니스는 시칠리아와 인접해서 쉽게 보급을 받을 수 있다는 장점이 있기는 했지만, 성지와는 너무 거리가 멀었다. 어쩌면 루이 9세는 이제 예루살렘 탈환은 불가능하다고 생각하고 프랑스와 시칠리아의 안전을 보장할 수 있는 튀니지 점령이라는 '그답지 않은' 현실적 결정을 했을지도 모른다. 어쨌든 루이 9세가 이끄는 십자군은 1270년 7월 18일, 옛 카르타고 부근에 상륙하여 요새를 점령하고 튀니스 진군을 준비하였다.

8차 십자군이 이곳을 침공한 이유에 대해서는 지금도 학자들 사이에서 많은 논란이 있지만, 이 글의 주제와는 거리가 있기에 이 정도로 정리하고자 한다.* 결국 전염병으로 인해 이 원정은 실패하고 말았을 뿐 아니라 루이 9세도 8월 24일, 이곳에서 56세를 일기로 병사하면서 완전한 비극으로 끝났다. 그의 마지막 유언은 '예루살렘! 예루살렘!'이었다. 뒷수습은 샤를이 맡았는데, 이 원정은 끝까지 불운해서 폭풍으로 많은 배와 병사를 잃고 만다.

루이 9세는 1297년, 성인의 지위에 올라 성왕 루이라고 불리게 된다. 이럴 정도로 훌륭한 인간이자 신앙인이었고, 내정 면에서도 상당한 업적을 남긴 인물이었지만 십자군 원정에서는 실패와 재앙의 연속이었다. 결국 8차 십자군은 구호기사단을 비롯한 성지의 십자군 세력에게는 전혀 좋은 영향을 미치지 못하고 바이바르스의 자신감만 키워준 셈이 되었다.

---

* 일부에서는 이때 튀니지를 프랑스가 차지했다면 훗날 일어날 이슬람 해적들에 의한 피해를 크게 낮출 수 있었을 것이라고 주장하지만 지나치게 결과론적인 의견일 수밖에 없다.

루이 9세의 죽음을 묘사한 구스타브 도레의 판화

다음 해인 1271년 3월, 구호기사단의 상징적 공간인 크라크 데 슈발리에가 바이바르스가 직접 이끄는 수만 명의 맘루크군에게 포위 공격을 받았다. 맘루크군에는 굴을 파고 성벽을 부수는 공성기를 운용하는 공병대도 다수 포함되어 있었다. 당시 성전기사단의 샤스텔 블랑과 독일기사단이 지키던 몽포르Montfort 등 주변의 요새들은 대부분 함락되어 크라크 데 슈발리에는 고립되어 있었다. 수비병력은 약 2천 명, 그중에 정식 단원은 10분의 1 정도였다. 열흘 정도의 공방전이 벌어지면서, 외곽은 넘어갔고 백병전도 벌어졌지만 크라크 데 슈발리에의 핵심은 여전히 난공불락을 자랑하였다. 식량과 군수품도 몇 년은 버틸 수 있을 정도로 충분하였다.

하지만 성은 오래 버티지 못하고 함락되는데, 이유가 다소 허무할 정도다. 바이바르스가 트리폴리 백작 보에몽의 편지를 위조해서 "더 이상 승산이 없다. 항복하라."라는 내용이 적힌 편지를 비둘기로 성안에 보내는 묘책을 사용해서 성공한 것이다. 여기에 속은 기사단은 성을 내주었는데, 다행히 항복한 기사단원들은 목숨은 건질 수 있었고, 포로도 교환되었다.

그러나 기사단의 무사 철수를 전제로 한 협상의 결과로 성을 내주고 철수하였다는 주장도 강력한 설득력을 지니고 있다. 한 세기 이상 말 그대로 난공불락이던 요새가 이 정도의 속임수로 한순간에 넘어갔다고 보기 어렵기 때문이다. 당시 크라크 데 슈발리에는 시리아 지역에 사실상 마지막으로 남은 십자군 거점이었다. 오래 저항해 보았자 시리아의 마지막 거점을 지켜낸다는 상징성 외에는 무의미하다는 것을 기사단 수뇌부도 모를 리 없었다. 전략적 관점에서 십자군 세력의 핵심 전력인 구호기사단이 이런 무의미한 방어전에 묶여 있는 것보다는 해안 지역의 남은 도시들을 방어하는 데 합세하는 편이 낫다고 판단했더라도 결코 이상한 일은 아니었다. 즉 세력을 보존하여 해안 도시로 철수하기 위해 무사 철수를 조건으로 크라크 데 슈발리에를 포기하고 물러났거나, 속아 넘어가는 척하고 물러나는 것도 충분히 합리적인 판단일 수 있는 상황이었던 것이다. 당시 성을 내준 방어 사령관 니콜라스 로그느Nicolas Lorgne가 6년 후 총장에 선출되었다는 사실은 이런 정황을 강력하게 뒷받침한다.

한편, 완전히 고립되었다는 현실이 기사들의 사기를 저하시킨 것도 원인 중 하나였을 것이다. 물론 그동안 레벨 총장이 수수방관하지는 않았다. 무력으로는 승산이 없었기에 트리폴리에서 바이바르스와 협상을 했지만 무의미한 노력이었고, 이렇게 127년 동안 빛났던 크라크 데 슈발리에의 영광은 끝이 났다. 이후 이 성은 이슬람 세력들이 사용했고, 보존상태도 좋았지만 최근 시리아 내전으로 인해 많이 손상되었으며, 복구가 진행 중이다.

이제 십자군에게 남은 땅은 철저하게 요새화된 아크레와 트리폴리, 토르토사 정도밖에 남지 않았고, 구호기사단에게 남은 대요새는 마르카브뿐이었다. 레벨 총장은 크라크 데 슈발리에의 함락 직전 이런 내용의 편지를 유럽의 지부장들에게 보내 구원을 요청하였다.

> 성지의 그리스도교인들은 사라센인들의 침략에 역부족인 상황이며, 아크레의 방어조차 장담할 수 없는 실정입니다. 우리들은 매일 적들에게 압도되고 있으며, 거의 속수무책이나 마찬가지라 할 것입니다. 야파는 한 시간 만에 함락되었고, 카이사리아는 든든한 성벽이 있음에도 불구하고 이틀도 버티지 못했습니다. 성전기사단의 영예로운 사페드 성도 16일 만에 적의 손에 넘어갔습니다. …

이렇게 완전히 궁지에 몰린 십자군에게 작으나마 위로가 되는 소식이 전해졌다. 크라크 데 슈발리에가 함락된 직후인 5월 9일, 십자군에 대한 신념이 굳고 기사도적 미덕을 갖춘 잉글랜드의 에드워드 왕세자가 225명의 기사를 비롯한 천여 명의 십자군을 이끌고 아크레에 도착했기 때문이다. 일행 중에는 리에주Liège 대주교이자 에드워드 왕세자의 친구인 테오발도 비스콘티Teobaldo Visconti도 있었다. 하지만 그는 9월 1일, 교황 그레고리우스Gregorius 10세로 선출되어 성지를 떠날 수밖에 없게 된다. 당시 에드워드는 왕세자라지만 사실상의 실권자였고, 루이 9세와는 달리 군사적 재능도 뛰어난 인물이었다. 이를 일부에서는 9차 십자군이라고도 하지만 규모가 너무 작기에 일반적으로는 제외되고, 『십자군 이야기』를 쓴 시오노 나나미도 같은 입장이다. 하지만 이 글에서는 에드워드 1세와 그레고리우스 10세의 비중과 구독의 편의를 위해 '9차 십자군'이라고 칭하기로 하겠다. 에드워드는 현지에 도착하자마자 가혹한 현실, 즉 성지와는 전혀 어울리지 않는 '물질주의'의 창궐에 질려버리고 말았다. 더구나 베네치아와 제노바 상인들은 기사단의 성들을 차례로 함락시키는 데 큰 공헌을 한 공성기를 만들 목재나 금속 부품 등 전략 물자들을 거리낌 없이 팔았다. 뿐만 아니라 그들은 이집트의 노예시장에도 깊숙하게 개입하고 있었던 것이다.

그는 자신의 힘으로는 이 난국을 극복하기 어렵다는 사실을 알았지만, 그래도 십자군으로 여기까지 온 이상 가만히 있을 수는 없어 공격에 나섰다. 그때 바이바르스는 수천 명의 그리스도교 피난민들이 모여 있는 트리폴리를 포위하고 있었다. 바이바르스는 포위를 풀고 아크레로 향하였다.

에드워드는 병력이 적었기에 게릴라전을 선택했는데, 나자렛을 기습하여 일시적으로나마 점령하는 성과를 거두기도 하였다. 얼마 후 잉글랜드와 키프로스에서 지원군이 도착하자, 3대 기사단과 함께 콰쿤Qaqun을 공격하여, 에미르 한 명을 비롯하여 이슬람군 1천 500명을 죽이고 각종 가축 5천 두를 얻는 승리를 거두었다. 크지는 않지만 기사단 입장에서는 오랜만에 거둔 승리였다. 12월에는 아크레 공격을 시도하는 맘루크군을 격퇴하자 바이바르스는 트리폴리 공격을 포기할 수밖에 없었다.

상황이 이렇게 돌아가자 80년 전 사자심왕 리처드와 살라딘의 라이벌 구도가 재현될 가능성도 없지 않아 보였다. 바이바르스는 에드워드의 군사적 재능을 직감하고 10년간의 휴전이라는 타협을 선택하였다. 물론 여전히 압도적인 우위를 점하고 있는 그가 이런 선택을 했다는 것에 의구심을 가지는 이들이 많을 것이다. 하지만 그는 그다운 암수를 썼다. 암살단에 의뢰하여 에드워드를 공격한 것이다.

독이 묻은 단검에 찔린 에드워드는 한때 심각한 중태였지만 결국 회복되었다. 그는 곧 왕위를 물려받아 에드워드 1세가 되었고, 귀국하여 내정에서 성공을 거두었을 뿐 아니라 웨일즈와 스코틀랜드를 상대로 화려한 군사적 성과도 올렸다. 여담이지만 영화「브레이브하트Braveheart」로 유명한 윌리엄 월레스William Wallace를 잡아 죽인 장본인이 그였다.

이제 얼마 남지 않은 종말을 다루기 전에 구호기사단과 성전기사단이 아사신이라고 불리는 암살단과 어떤 관계를 맺고 있었는지를 다루고 넘어가고자 한다.

암살단과 두 기사단

아사신은 앞에서 보았듯이 3차 십자군 당시 잠시 예루살렘 왕위에 오른 코라도와 안티오키아 공국의 보에몽 4세를 암살한 바 있었지만, 그들의 제물이 된 자들은 대부분 수니파 이슬람 지도자였다. 이 교파의 창시자는 페르시아에서 태어난 전설적인 지도자 하산 사바흐Hassan-i Sabbah였다. 하산은 이집트의 파티마 왕조에서 일하다가 포교사가 되어 돌아온 다음 1090년 이란 북부에 솟아 있는 천연의 요새인 알라무트Alamut 산속에 성을 새우고 셀주크 튀르크에 대항하는 교파 독립운동의 근거지로 삼았다. 그리고는 강력한 신정 일체의 집단공동체를 세우고 세력을 키웠다. 그들의 주된 투쟁 방식은 암살이었다. 그들 입장에서는 전통적인 전쟁보다는 훨씬 피를 덜 흘리는 '인도적인 투쟁 방식'이었다.

그들은 조직을 철저하게 통제하면서 운영했는데, 엄격한 규율과 훈련 그리고 대마초 등 마약 복용은 물론이고, 일설에 의하면 미인들까지 동원하여 소수 정예의 암살자들을 양성하였다. 이렇게 훈련된 암살자들은 상부의 명령에는 어떤 의문도 제기하지 않고 무조건 복종했다고 한다. 중동에서는 대마초를 해시시라고 부르는데, '해시시를 피우는 사람'이라는 의미의 아랍어 '하사신'에서 아사신이라는 단어가 생겨났다고 한다. 그들은 점차 지금의 시리아, 팔레스타인, 이집트, 이라크 등에 활동거점을 확보하면서 크게 페르시아의 아사신과 시리아의 아사신으로 나뉘게 되었다. 특히 시리아의 아사신들이 1140년 마스아프Masyaf 성*을 차지하면서, 성

현재의 마시아프 성

전기사단 및 구호기사단과 이웃하게 된다. 십자군은 아사신의 수장을 나이와 상관없이 '산의 장로'라고 불렀다.

하지만 그들은 두 기사단에 대해서는 암살시도를 하지 않았다. 다른 조직과는 달리 수장이 선출직이기에 암살을 해봤자 다시 유능한 자가 수장이 되어 암살의 효과가 아주 제한적이었기 때문이다. 결국 시리아의 아사신들은 두 기사단에, 특히 공물을 바치는 신세가 되고 만다. 1220년대에는 구호기사단에 바치는 공물이 2,200 베잔트에 달했다고 하며, 그들이 체납을 하자 1231년 구호기사단은 성전기사단과 함께 체납액을 받아내기 위한 공동작전을 펴기도 하였다. 암살단은 프리드리히 2세와도 거래를 했다고 하는데, 정확

* 최근에는 인기 게임 〈어씨신 크리드〉의 무대로 유명해졌다.

한 내용은 알 수가 없다. 이런 상하관계를 떠나 두 기사단과 암살단은 혈통으로 이어지는 승계구도가 아니며, 준국가적 조직이자 소수 정예로 구성되었다는 공통점을 가지고 있다는 사실은 매우 흥미롭다.

7차 십자군이 실패하고 루이 9세가 포로 신세에서 벗어나 아크레로 왔을 때, 산의 장로는 공물의 양을 줄여달라는 요구를 전하기 위한 사자들을 보낸 적이 있었다. 하지만 성전기사단 총장 르노 드 비시에Renaud de Vichiers와 구호기사단 총장 샤토뉴가 그들을 만나 엄하게 꾸짖었다. 왕의 명예를 더럽혔으니 아크레 앞바다에 버려지지 않은 것만으로도 다행인 줄 알라고 경고하였다. 그리고는 앞으로는 자신들만 만나라고 요구하였다. 하지만 더 적을 만들 수 없는 입장이었던 루이 9세는 그들과 평화협정을 맺었다.

하지만 이 협정은 대국적으로는 별 의미가 없게 된다. 그동안 차례차례 아사신의 요새를 격파하던 몽골군은 마침내 1256년 12월 5일에 본거지인 알라무트를 점령한 후 완전히 파괴했고, 1273년에는 '의뢰인' 중의 하나였던 바이바르스가 마시아프 성을 함락하면서 시리아 아사신들을 지도에서 지워버렸기 때문이었다.

말기의 우트르메르 그리고 몽골과의 '동맹'

1274년 교황은 프랑스의 리옹에서 새로운 십자군 결성을 위한 공의회를 개최하였다. 당연히 기사단들도 대표를 보냈다. 회의석상에서 기사 500명과 보병 2천 명을 보내자는 의견이 나왔지만, 열정만 앞서고 통제가 안 되는 '뜨내기 십자군'에 질려버린 기사단 대표들은 이 제안을 거절하면서, 우트르메르에 항구적인 수비대를 두고 필요할 때마다 소규모라도 직업 군인으로 구성된 부대를 보내 보강하는 쪽이 바람직하다는 대안을 제시하였다. 또한 맘루크와도 무역을 하면서 전략물자까지 공급하는 이탈리아 도시국가들을 믿을 수 없기에 기사단에도 자체 해군의 확장을 허용해 달라는 요구도 추가하였다. 그들의 요구는 받아들여졌다.

이 공의회에서는 '프레스터 존'의 등장으로 새로운 희망이 보이기도 하였다. 사실을 말하면 일한국의 사절 10여 명이 참석했기 때문이었다. 그중 두 사람은 그 자리에서 가톨릭으로 개종하기까지 하였다.

당시 훌라구의 아들이자 일한국의 칸인 아바카Abaqa는, 앞서 이야기했듯이 어머니가 네스토리우스파이긴 하지만 그리스도교인이어서 유럽과 십자군에 상당히 우호적인 감정을 가지고 있었다. 이 때문인지 아르메니아와 십자군 세력은 물론 유럽 국가들과도 연합하여 맘루크 왕조를 공격할 계획을 가지고 있었던 것이다. 하지만 그 계획은 어처구니없게도 십자군 내부의 문제로 이루어지지 않는다.

1277년, 십자군에게는 말 그대로 악몽이었던 바이바르스가 세상을 떠났다. 독이 든 술을 마시고 죽었다는 설도 유력한데, 일단 아들 알 사이드 바라카al-Said Barakah가 후계자가 되었다. 기묘하게도 그의 무덤은 이집트가 아닌 다마스쿠스에 있는데, 살라딘도 그곳에 잠들어 있다. 이 때문에 십자군 세력은 안심할 수 있었지만 그것도 오래가지 않았다. 바이바르스 밑에서 용맹을 떨친 알 만수르 칼라운Al-Mansur Qalawun이 바라카를 밀어내고 술탄 자리에 오른 것이다. 다마스쿠스의 총독인 손코르Sonqor가 이에 반발해 내전이 일어났고, 1281년까지 이어졌다.

시칠리아 왕 샤를(©Raffaespo: wiki)

십자군에게 좋은 기회였지만 이를 이용하지 못했다. 그 이유는 시칠리아 왕 샤를 때문이었다. 그는 동로마제국을 정복하여 전 지중해를 지배하려는 엄청난 야심을 품고 있었는데, 그의 목표 중 하나가 우트르메르였기 때문이다.

형과는 정반대로 독재적이고 야심만만한 성격의 샤를은 키프로스의 왕 위그 3세, 그리고 안티오키아의 마리아가 예루살렘 왕위를 놓고 치열한 싸움을 벌였다. 안티오키아의 마리아가 재판에서 패하여 탈락했고, 그녀는 자신의 '왕위'를 샤를에게 넘겼다. 어느 정도 명분을 얻은 샤를은 루지에로 디 산세베리노Roger di Sanverino가 지휘하는 프랑스군을 아크레에 보내 위그 3세의 세력을 축출하고 실력으로 왕위를 차지하였다. 산 세베리노는 프리드리히 2세 때의 필란제리처럼 그의 대리인이 되었다. 바이바르스가 죽은 1277년에 벌어진 일이었는데, 호불호를 떠나 샤를은 예루살렘 왕국 역사상 마지막으로 중요한 인물로 역사에 남는다.

이번에도 두 기사단은 힘을 합치지 못했다. 성 사바스 전쟁 때처럼 성전기사단은 베네치아인들과 함께했고, 구호기사단은 제노바인들과 함께 위그 3세를 여전히 지지하였다. 이렇게 또다시 우투르메르는 내분에 휩싸였는데, 이번에는 워낙 외부 환경이 엄중했기에 내전으로까지 번지지는 않았다. 1279년 키프로스 왕 위그 3세가 티레에 상륙하여 왕위를 주장했을 때가 가장 위험했지만, 샤를의 군사력이 두려워 실력으로 맞서지는 못했고 4개월 간 머물다가 자신의 섬으로 돌아가야 하였다.* 군사력의 차이도 컸지만 이번에는 워낙 외부 환경이 엄중했기에 각 세력이 자중하여 내전으로까지 번지지는 않았던 것이다. 다만 트리폴리는 예외였는데, 이는 뒤에 별도로 다룰 것이다.

1277년은 구호기사단에도 중요한 해였다. 힘든 시기에 20년 동안이나 구호기사단을 이끌었던 레벨 총장이 세상을 떠나고, 6년 전 크라크 데 슈발리에의 방어 사령관이었던 니콜라스 로그느가 새 총장에 선출된 것이다.

1280년 10월, 일한국의 몽골군이 알레포를 점령하였다. 그러자 다른 십자군 세력과는 달리 구호기사단은 이를 좋은 기회로 여겨 마르카브 성을 나와 베카 계곡으로 출진하면서 크라크 데 슈발리에를 되찾으려 하였다. 그러나 몽골군은 알레포를 파괴한 후 유프라테스강 건너편으로 철수하였기에, 구호기사단은 별 수 없이 마르카브 성으로 후퇴해야 했다. 칼라운은 구호기사단을 응징하려 했지만 워낙 단단한 성이라 포위만 하다가 철수하고 말았다.

---

* 위그 3세는 키프로스에 있는 성전기사단의 재산을 몰수하여 분풀이를 했다.

일한국의 칸 아바카는 다시 아르메니아와 십자군 세력은 물론 유럽 국가들과도 연합하여 맘루크 왕조를 공격할 계획을 세웠다. 그리고 다음 해 아크레로 사절을 보냈다. 10만 대군을 동원해 맘루크를 공격하기로 결정했다면서 동맹을 맺자는 내용이었다.

구호기사단은 이에 응했고, 총장 로그느는 가장 십자군을 보낼 확률이 높은 에드워드 왕에게 십자군 파병과 몽골과의 연합을 권유하는 편지를 보냈다. '9차 십자군'을 지휘했던 에드워드 왕은 연합할 마음은 있었지만 산적한 국내 문제 때문에 우트르메르에 갈 여유가 전혀 없었기에, 파병은 이루어지지 않았다. 그러면 유럽의 다른 나라들은 어떠했을까?

대공위 시대를 막 지나서 합스부르크 가문의 루돌프Rudolf von Habsburg가 황제 자리에 오른 신성로마제국도 그럴 여유가 전혀 없었다. 프랑스 세력을 대표하는 인물은 시칠리아와 그리스 일부, 그리고 아크레를 차지한 샤를이었는데, 동로마제국을 정복하고 궁극적으로는 자신의 지중해 제국을 세우려는 야심을 가진 그는 당장은 맘루크와의 우호를 선택했기에 아예 연합하겠다는 생각 자체를 가지고 있지 않았다. 그의 동맹세력인 성전기사단과 베네치아도 마찬가지였다. 키프로스 왕국은 일한국과 동맹을 맺었지만 실제로는 손가락 하나 까닥하지 않았고, 트리폴리 백국은 맘루크와 휴전협정을 맺었다. 분위기가 이렇게 돌아가면서 십자군 세력 중에서는 구호기사단만 참가하게 된 것이다.

그나마 동방 정교회를 믿는 아르메니아와 조지아 왕국이 함께하기로 결정하면서, 아바카의 생각보다는 작은 규모였지만 어쨌든 연합군이 결성되었다. 사령관은 아바카의 동생 망구 티무르Mangu Timur였다. 10만 대군이라 했지만 늘 그렇듯이 과장이었고, 실제 연합군의 규모는 4만 5천에서 5만이었지만 대군임에는 틀림없었다. 이렇게 되자 더 이상 송고르와의 내전을 계속할 여유가 없어진 칼라운은 그에게 영지를 떼주는 조건으로 화해를 하고 연합군과의 일전을 준비하였다.

1281년 10월 30일, 일한국-아르메니아-조지아-구호기사단 연합군은 홈스에서 맘루크군 3만과 맞섰다. 정규기사만도 200명이 참가한 구호기사단은 조지아와 아르메니아군과 함께 우익을 맡았고, 망구 티무르가 중앙을 직접 지휘하고 주력인 몽골군은 좌익을 맡았다. 아마 기사들은 가까이 위치한 크라크 데 슈발리에를 다시 찾을 수도 있다는 희망을 품고 전투에 임했을 것이다. 그러나 아쉽게도 그렇게 되지 않았다.

초반의 전세는 연합군에 유리했지만 망구 티무르가 부상당하면서 역전되었고, 구호기사단은 힘겨운 싸움을 끝에 퇴로를 열어 철수에는 성공하였다. 많은 손실을 입기는 했지만, 승리는 칼라운의 것이었다. 구호기사단은 또다시 줄을 잘못 선 셈이었다. 이 전투에서 구호기사단이 얼마나 많은 피해를 입었는지는 전해지지 않지만, 하틴이나 라 포비 정도의 손실을 입지 않은 것은 확실하다. 그런데 어처구니없게도 샤를의 대리인인 산 세베리노는 칼라운을 직접 만나 승전을 축하하기까지 하였다.

구호기사단의 영국인 부대장인 컨시의 죠셉Joseph of Chuancy은 에드워드 왕에게 키프로스 국왕과 트리폴리 백작의 수수방관으로

홈스 전투를 묘사한 중세의 그림

전투에서 패했다는 내용의 편지를 보냈다. 에드워드 왕은 분노했지만 그가 실질적으로 도와줄 수 있는 것은 거의 없었다.

악운의 1282년, 그리고 마르카브의 함락

다음 해인 1282년은 이슬람 쪽에서 큰 공격이 없음에도 십자군 역사에서 나쁜 쪽이긴 하지만 아주 중요한 해였다. 1282년은 1월부터 예루살렘 왕국의 유일한 종속국인 트리폴리에서 참사가 벌어지면서 불길한 해가 될 조짐을 보였다. 여기서 잠시 트리폴리 백국으로 눈을 돌려보자.

이 작은 나라는 100여 년 전부터 안티오키아 공국과 나라는 다르지만 같은 군주를 모시는 동군연합의 형태로 유지되어 왔는데, 앞서 이야기한 대로 맘루크의 공격으로 안티오키아 공국이 멸망하자 보에몽 7세가 지배하였다. 하지만 보에몽 7세는 제베일의 기Guy of Jebail라는 귀족과 이 작은 나라를 두고 내전을 벌인다. 성전기사단은 기를 지지하고 있었고, 육지에서는 두 차례나 승리했지만, 트리폴리의 함대가 시돈에 있는 성전기사단의 요새를 파괴하면서 보복하였다. 가뜩이나 약해진 상태에서 더 이상의 내전은 곤란하다고 생각한 구호기사단의 로그느 총장은 중재에 나섰고, 보에몽 7세와 성전기사단은 이에 응했다. 하지만 기는 생각이 달랐고, 소수의 부하들을 데리고 트리폴리에 있는 성전기사단의 지부에 잠입하여 정변을 일으켜 도시를 장악하려 하였다.

하지만 보에몽 7세의 반격은 강력했고, 기는 트리폴리의 한 탑에 은신해야만 했다. 성전기사단은 도와주지 않았다. 궁지에 몰린 기는 구호기사단에게 도움을 청했지만, 이미 때는 너무 늦은 상황이었다. 할 수 없이 기는 목숨만 살려달라는 조건으로 항복했지만, 보에몽은 그들을 목만 남겨두고 매장한 다음 레반트의 뜨거운 태양 아래 말라죽도록 하는 잔혹함을 보였다. 십자군 역사가 바틀릿은 점점 지쳐가고 잔혹해지는 십자군을 보여주는 증거라고 했지만, 어쨌든 이 때문에 인망을 잃은 보에몽 7세의 지위는 더 약화되었고, 결국 훗날 일어날 참사의 원인을 만들고 만다.

트리폴리에서의 참극이 끝난 지 얼마 지나지 않은 3월 30일, 시칠리아 만종 사건으로 알려지게 되는 대반란이 시칠리아에서 일어났다. 샤를은 시칠리아 왕위에 오르자마자 그 큰 섬을 식민지처럼 다뤘다. 시칠리아인들은 정부에서 배제되었고, 시칠리아와 아무런 관계없는 해외원정을 위해 무거운 세금을 부과했기에 주민들의 불만이 쌓여 있었다. 거기에다 샤를의 위협을 느끼고 있던 동로마 황제 미카엘 8세Michael VIII와 시칠리아 왕위를 노리고 있던 아라곤, 연합 왕국의 페로 3세Pero III는 주민들의 불만을 이용하여 반란의 분위기를 조성하였다. 이 반란은 20년 동안이나 계속되었다. 다급해진 샤를은 산 세베리노를 소환하고, 오도 드 푸아레상Odo de Poilechien을 대신 보냈는데, 그는 칼라운과 10년간의 휴전조약을 맺었다. 칼라운이 동의한 이유는 여전히 몽골이 두려웠기 때문이었다. 하지만 티레와 베이루트 그리고 구호기사단은 그 대상에서 제외되었다. 십자군의 대의는 이미 사라진 지 오래였지만, 이젠 갈 데까지 갔다는 생각이 들지 않을 수 없는 사건이 아닐 수 없다.

공교롭게도 시칠리아 만종 사건이 벌어진 다음 날인 4월 1일, 아바카 칸이 세상을 떠났다. 동생 테쿠데르Tekuder가 계승했는데, 어릴 때는 로그느 총장과 같은 니콜라스라는 세례명을 가진 네스토리우스 교도였지만, 이슬람으로 개종하고 일한국의 이슬람화를 적극적으로 추진하였다. 이렇게 우트르메르는 강력한 울타리가 될 수 있는 동쪽과 서쪽의 군주를 모두 잃었다.

휴전협정이 맺어진 직후, 아직 예루살렘 왕위를 포기하지 않은 위그 3세가 두 아들을 데리고 바다를 건너왔다. 원래는 아크레로 직접 가려 했지만 바람 때문에 베이루트로 가야 했다. 이곳에서 환영을 받은 위그 3세는 자신의 지지자가 영주로 있는 티레로 향했지만 이슬람의 습격을 받아 많은 손실을 입고 말았다. 이제는 왕도 해안도 안심하고 다닐 수 없을 정도로 우투르메르의 힘이 약해진 것이다. 당장 발등에 불이 떨어진 샤를의 형편을 알고 있던 아크레 시민과 성전기사단은 그의 통치를 더 받아들이지 않았다. 위그 3세는 아크레에 입성해 왕위에 올랐지만 일 년 후인 1284년 3월에 죽고 말았다. 아들 장 1세가 뒤를 이었지만, 맘루크의 공세를 막아낼 만한 힘이 없는 군주이기는 마찬가지였고, 그 뒤도 별 다를 바 없었다.

1283년, 로그느 총장은 소속 기사들을 모국별로 나누는 조치를 취했다. 앞서 8개의 꼭짓점이 있는 기사단의 십자가를 설명한 적이 있었는데, 불완전하기는 해도 이때가 그 시작이었다.

이제 남은 것은 종말뿐이었지만 그래도 2세기 동안 이어진 십자군 국가들이 그냥 사라질 리는 없었다. 몇 번의 격전은 반드시 치러야 했는데, 몽골군을 도운 구호기사단을 그대로 둘 생각이 없었던 칼라운의 다음 목표는 구호기사단의 마지막 아성 마르카브였다.

1285년 4월 17일, 딘 무크리Fakhr al-Din Mukri가 지휘하는 몽골 용병을 포함한 맘루크의 대군이 마르카브 성을 포위 공격하기 시작하였다. 구호기사단 역시 수는 적지만 몽골 용병이 포함된 방어군을 편성하여 맞섰다. 성벽 등 방어시설이 견고하기 그지없었고, 식량과 군수품도 충분했다는 사실은 14년 전 크라크 데 슈발리에 때와 거의 비슷했지만, 방어군의 사기가 높았다는 점이 그때와 달랐다. 맘루크군은 엄청난 공성병기를 동원하여 공격해 들어왔고, 5주 동안 엄청난 전투가 벌어졌다. 기사단의 투석기는 좋은 각도에서 발사할 수 있었지만 맘루크군은 정반대여서 많은 피해를 가할 수 있었다. 하지만 워낙 전력의 차이가 커서 방어는 장담할 수 없는 상황이었다.

그동안 아크레, 티레, 베이루트 등은 손 하나 까닥하지 않았다. 크라크 데 슈발리에는 육지 깊숙이 있는 성이라 구원병을 보내기 어려웠다지만 마르카브는 해안 가까이 있는 성이라 구원병을 보내기가 쉬웠음에도 말이다.

맘루크의 공병이 땅굴을 파고 성벽 밑 지점에 버팀목을 괴어 놓고는 거기에 불을 질렀다. 자연스럽게 지반이 약해졌고 성벽에 금이 가기 시작하였다. 기사단은 백병전을 벌여 적군을 물리치긴 했지만 지휘부는 더 이상 버틸 수 없다고 판단하였다. 결국 무사 귀환을 조건으로 성을 나가는 선택을 할 수밖에 없었다. 다행하게도 칼라운은 약속을 지켰고, 기사단은 초라한 몰골로 아크레로 향했다. 전혀 도와주지 않았지만, 아크레 시민들은 막상 마르카브가 함락되고 패잔병이 된 기사들을 보자 충격을 받았다. 사실 그해 이집트는 큰 기근을 당했기에, 그렇게까지 공격을 밀어붙일 것이라고는 생각지 않았기 때문이었다. 결과론이겠지만 만약 그들이 힘을 합쳤다면 전투의 결과는 어떻게 될지 모르는 상황이었다.

빌리에 총장의 초상화

몇 주 후 충격을 받은 로그느 총장은 세상을 떠났고, 장 드 빌리에Jean de Villiers가 그 자리를 이어받았다. 성전기사단 총장 드 보죄와 동년배로 추정되는 드 빌리에는 우트르메르 시대의 마지막 총장으로 기록된다. 그리고 문제의 인물 샤를도 같은 해 세상을 떠났다.

함락 전야

마침 장 1세도 재위 한 해 만에 세상을 떠나 구호기사단은 키프로스 왕 앙리 2세Henri II에게 왕위를 계승시키자는 제의를 하였고, 독일기사단도 찬성하였다. 샤를을 지지해 오던 성전기사단은 처음에는 반대했지만, 현실적인 대안이 없었고, 아크레 시민들도 찬성하자 왕위를 제안하는 사절을 키프로스에 보냈다. 하지만 샤를의 대리인 푸아레상은 인정하지 않았다. 그래서 그가 지휘하는 프랑스군은 키프로스 왕가의 계승을 인정하지 않은 상태로 계속 아크레에 남아 있는 기묘한 상황이 이어졌다.

다음 해인 1286년 6월 4일, 앙리 2세가 시민들의 열렬한 환영을 받으며 아크레에 상륙하였다. 하지만 3대 기사단 총장들은 프랑스군을 의식해서인지 마중 나오지 않았다. 그럼에도 구호기사단의 순례자용 호텔에서는 엄청난 축제가 15일 동안이나 벌어졌다. 참석자들은 아서왕 전설에 나오는 인물들을 흉내 낸 복장을 입었고, 몇몇은 기괴하게도 수녀복을입고서 마상 창시합에 참가했다. 나중 이야기지만 이 축제는 5년 후 찾아올 종말 전에 즐기는 마지막 쇼 같은 것이 되었다.

그러면 그들은 왜 위기의식이 없었을까? 그들은 자신들이 무역상의 이익을 무슬림들에게 제공하고 있기에, 그들의 필요 때문이라도 자신들의 존속을 원하고 있다고 확신하고 있었기 때문이다.

그들의 생각은 틀렸지만, 이런 생각 때문에 궁지에 몰렸으면서도 내분을 멈추지 않았다. 1287년, 트리폴리 백작 보에몽 7세가 세상을 떠났다. 그는 여동생 루시아Lucia에게 그 자리를 물려주려 했지만, 부하들은 그녀가 유럽에 오래 있어서 현지 사정을 잘 모른다는 이유로 받아들이지 않았다. 하지만 이것은 표면적인 이유이고, 실제로는 5년 전의 만행이 가져온 거부감이 진짜 이유였을 것이다. 그들은 군주직을 보에몽의 어머니인 아르메니아의 시빌라Sibylla of Armenia에게 제의했지만, 그녀가 파견한 대리인은 받아들이지 않았다. 시민들은 시빌라를 거부하였고, 제노바인들의 도움을 청하였다. 그러면서 2년이 헛되이 흘러갔다.

그런데 여기서 7년 전 참사의 주인공인 기의 동생 바르톨로뮤 앙브리아코Bartholomew Embriaco가 끼어들었다. 그는 트리폴리를 차지하기 위해 어이없게도 칼라운에게 도움을 청하였다. 서유럽인 스스로가 도움을 청했다는 확실한 명분을 주었기에 휴전 협정을 깨고자 했던 칼라운에게는 기막힌 기회였다. 그는 대군을 트리폴리로 보냈다. 맘루크 내부에 첩자들을 풀어놓고 있던 성전기사단 총장 기욤 드 보죄Guillaume de Beaujeu는 이 정보를 입수하고는 이를 전달하였다. 하지만 보죄는 책략가로 알려져 있었기에 트리폴리인들은 그 말을 믿지 않았다. 결국 대군이 성벽 아래에 모습을 드러내자 후회했지만 때는 늦었다. 구호와 성전 두 기사단도 지원병을 보냈고, 트리폴리인들은 용감하게 맞섰지만 역부족이었고, 약삭빠른 베네치아인들과 제노바인들은 도시를 떠났다. 1289년 4월 26일, 도시는 함락되었으며 대학살이 벌어졌다. 남자들은 대부분 희

트리폴리 함락을 묘사한 중세의 그림

생되었고, 여자와 아이들을 노예 신세로 전락하였다. 루시아는 간신히 탈출할 수 있었지만, 앙브리아코는 자신의 한 짓에 걸맞은 죽음을 당하고 말았다. 칼라운은 성벽을 파괴하여 다시는 유럽인들이 트리폴리를 사용하지 못하도록 만들었다. 이 소식은 아크레를 뒤흔들 수밖에 없었다.

이제는 아크레에 낙관론자는 자취를 감추었다. 자체 역량으로는 도저히 칼라운을 상대할 수 없다는 것이 명백해졌기에, 기사단들과 귀족들은 교황청을 비롯한 서유럽에 간청하는 길 외에 다른 방법은 없었다. 하지만 이런 상황이 100년 가까이 지속되었기에 유럽의 큰 국가들 중 나서려는 나라는 하나도 없었다. 다만 1288년 교황위에 오른 니콜라스 4세Nicholaus IV는 외면할 수 없는 처지여서 약 5천 명의 용병을 모아주었고, 베네치아가 제공한 20척의 갤리선에 타고 1290년 여름 아크레에 도착하였다. 또다시 '뜨내기 십자군'이 구성된 셈인데, 사실 이들은 군대로서 문제가 많았다. 하지만 우트르메르 사람들은 말 그대로 찬 밥 더운 밥 가릴 처지가 아니었기에 받아들일 수밖에 없었다. '뜨내기 십자군'의 병폐는 여러 번 설명한 바 있지만, 이번에는 말 그대로 십자군의 마지막 숨통을 끊은 역할을 하고 만다. 이들은 도착한 지 얼마 되지 않은 시점에, 아크레에 물건을 팔러 들어온 비무장의 무슬림 상인들을 죽이는 경거망동을 저지르고 말았다. 여기서 살아남은 이들이 카이로로 가서 술탄 칼라운을 찾아가 복수를 요구하였다. 칼라운은 살인자의 색출과 인도, 그리고 배상금 지불을 요구하였다. 형식상 앙리 2세가 당시의 국왕이었지만, 거의 키프로스에만 있었고 아크레는 3대

기사단의 총장들이 결정권을 행사하고 있었으며, 수석은 성전기사단 총장 드 보죄였다. 결전론과 타협론이 부딪히면서 결론은 쉽게 나지 않았고, 독일기사단장은 사퇴하고 유럽으로 돌아가는 추태까지 보였다. 그 과정에서 귀중한 시간만 흘러가고 말았다. 보죄는 죄수 중 적당한 자들을 골라 술탄에게 넘겨주자는 타협안을 내놓았고, 결국 이것이 받아들여져, 아크레의 귀족이 대표를, 성전기사단과 구호기사단의 간부가 부대표를 맡은 사절단이 카이로로 출발하였다.

묘하게도 그해 11월에 칼라운이 죽고 말았다. 십자군 수뇌부들은 안도했지만, 이것도 잠깐이었다. 아들 칼릴Al-Ashraf Khalil이 후계자가 되었는데, 십자군의 바람과는 반대로 바이바르스의 아들과는 달리 유능한 인물이었다. 더구나 칼라운은 지하드를 계속하라는 유언까지 남겼다. 그래서 칼릴은 사절단을 만나지 않고 처형해 버렸다. 이제 십자군은 사생결단의 싸움 외에는 다른 길이 없었다. 주 전력이 될 수밖에 없는 3대 기사단은 유럽 지부에서 동원 가능한 모든 인적 자원을 아크레로 오도록 하면서 결전을 준비하였다.

아크레 함락되다!

칼릴은 1290년에서 1291년 겨울 동안 시리아의 숲에서 나무를 베어 100대의 투석기를 만들도록 명령하고, 제국 전역에서 대병력을 소집하였다. 시리아의 에미르는 이 명령을 실행에 옮겼고, 당시 역사가들에 의하면 6만의 기병과 16만의 보병이 아크레 성벽 아래 집결했다고 한다. 물론 과장된 숫자이겠지만 엄청난 대군이 동원된 것만은 분명하다. 아마도 상당수는 인부로서 동원된 것이 확실하다. 또한 몽골과 투르크 용병들도 참가했고, 상당수는 지하드라는 명분 때문에 온 자들이었다. 즉 이 전투에서 죽으면 천국을 보장받기 때문에 참전한 것이다.

아크레 방어전을 묘사한 중세의 그림

맘루크군의 투석기는 이탈리아 도시국가들의 기술 전수 덕분에 눈부시게 발전하여 300미터 거리에서 200킬로그램이 넘는 돌덩이를 날릴 수 있을 정도였다. 다만 해군은 전혀 동원하지 않았다. 병력과 장비가 모두 집결을 완료하고, 술탄 칼릴이 아크레에 도착한 날은 4월 5일이었다. 북과 나팔 소리가 울려 퍼졌고, 아크레는 숨이 막힐 것 같은 공포와 긴장감으로 가득 찼다.

당시 아크레 시민은 4만, 그중 방어군은 1만 6천에 지나지 않았다. 3대 기사단과 성 토마스, 성 라자로 기사단의 기사들과 그 수행원들, 예루살렘 왕국군, 투르코폴리 용병, 무장 순례자, 상인들과 민간인 장정들 중 지원한 자들로 구성되어 있었다. 놀랍게도 샤를이 보냈던 프랑스군도 소수지만 남아 있었다.

유럽에서 개인적으로 성지를 지키기 위해서 온 기사 약간 명과 키프로스에 있는 '예루살렘 왕' 앙리 2세가 보낸 700여 명의 군대도 가세했지만, 공격군에 비하면 형편없는 열세였다. 그동안 앙숙이었던 세 기사단은 이번만은 철저히 단결하여 전투에 임했다. 어느 작가의 말대로 행복은 사람들의 마음을 열게 하지만 불행 또한 그런 경우가 있기 때문일 것이다. 다만 보유하고 있는 금은보화는 키프로스 등 안전한 곳으로 옮겨놓았고, 노약자들과 여인들 중 상당수는 키프로스로 대피시켰다. 그리고 너무나 당연하지만, 아크레 외곽의 촌락을 모두 불사르고, 아무것도 적에게 남기기 않는 견벽청야 전술을 실행하였다. 그리고 다음 날, 즉 4월 6일, 운명적인 전투가 시작되었다.

하지만 며칠 동안은 함성과 북소리, 나팔소리로 위협만 하였고, 본격적인 공격은 투석기가 도착한 11일부터 시작되었다. 100대라고 선전했지만 실제로는 67대였고, 그 밖에도 성안으로 큰 불화살

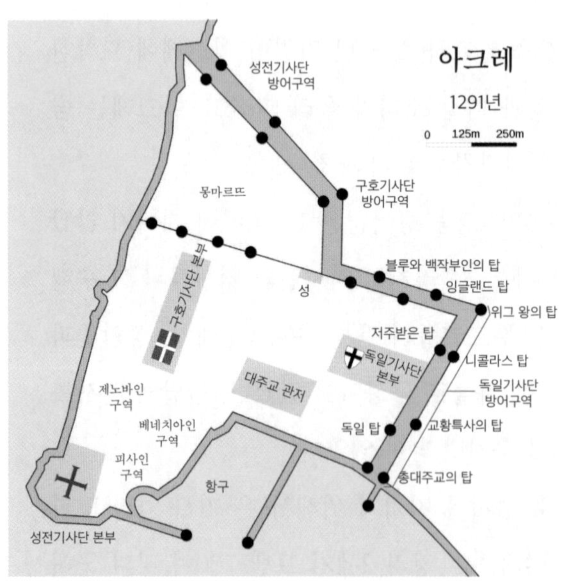

당시의 아크레 지도
(ⓒIYY: wiki)

을 쏘아 넣는 대형 석궁기 5대가 있었다. 하지만 이 정도만으로도 6시간씩 4교대로 운영하면, 하루 종일 성안으로 돌포탄을 쏘아 댈 수 있었다. 12대의 공성탑도 위용을 자랑했는데, 한 대 당 천 명 정도의 공병이 따라붙었다.

15일 밤, 드 보죄는 성 나자로 기사단과 성 토마스 기사단과 함께 약 350명의 특공대를 편성하여 기습공격에 나섰다. 목표는 투석기 등 공성기계의 파괴였다. 정확하게 말하면 투석기의 밧줄을 불태워 무력화시키자는 것이었다.

완전한 기습이었기에 초반에는 성공적이었으나 맘루크군이 쳐놓은 천막 밧줄에 걸려 결국 실패하고 말았다. 18일에는 구호기사단 총장 드 빌리에가 이끄는 2차 공격이 시도되었다. 구호기사단과 성전기사단의 연합부대였는데, 이번에는 대비가 되어 있었고, 정예 맘루크 기병들의 저지로 실패하고 말았다. 사상자 수는 그렇게 많지 않았지만 많은 군마들이 부상을 입었다. 20일에도 성토마스 기사단과 구호기사단, 성전기사단의 연합부대가 공격을 시도했지만 역시 실패하고 말았다. 성 내부에 간첩들이 있었던 것이다. 유감스럽게도 4월의 공격은 성전기사단의 마지막 돌격으로 역사에 남았다. 그럼에도 성벽 자체는 여전히 견고했고, 세 기사단원들을 중심으로 한 방어군은 똘똘 뭉쳐 공격을 막아냈다.

5월 4일에는 앙리 2세가 100명의 기사와 2천 명의 보병을 거느리고 아크레에 도착하였다. 잠시나마 낙관론이 고개를 들었고, 앙리 2세는 5월 7일 두 명의 사절을 술탄에게 보냈다. 하지만 사절을 만난 술탄 칼릴은 바로 성문 열쇠를 가져왔느냐고 물었고, 사절은

아크레 함락을 묘사한 19세기의 그림. 구호기사단만 등장하는데, 그 이유는 얼마 후에 알 수 있을 것이다.

그렇지 않다고 대답하였다. 그러자 술탄은 "이교도 놈들을 모두 바다에 쳐 넣겠다!"고 일갈하였다. 이 소식을 들은 아크레 사람들은 절망에 빠졌다. 그리고 3천 명이 아크레를 버리고 키프로스로 향하였다. 아크레에 남은 서민들은 갈 곳이 없는 이들뿐이었다.

5월 9일부터 다시 대대적인 공격이 시작되었다. 화살이 빗발치

듯 날아가고 거대한 돌덩이가 성을 강타하는 동안 맘루크의 공병들은 성벽을 허물고 돌출탑을 무너뜨리기 시작하였다. 일주일 사이에 '블루와 백작부인 탑', '성 니콜라스 탑', '교황특사의 탑', '총대주교의 탑' 등이 차례로 함락되었다. 그나마 가장 중요한 '저주받은 탑'은 부총장 마티외 드 클레르몽Mathieu de Clermont이 이끄는 구호기사단의 분투로 방어에 성공했지만, 말 그대로 아크레는 풍전등화의 상황이었다.

술탄 칼릴도 공성전이 한 달 반 가까이 계속되자 초조해졌고 17일 밤, 에미르와 장군들을 불러 다음 날 총공격을 명하였다. 어디든 무너진 성벽으로 총공격을 하라는 내용이었다. 마침 18일은 무슬림들에게는 성스러운 날인 금요일이었다. 큰 방패를 든 병사들이 앞장서고, '그리스의 불'을 담은 작은 단지를 던지는 병사들이 그 뒤를 따르고, 투창병과 궁병이 또 그 뒤를 따랐다. 300명의 낙타를 탄 고수들이 북을 치며 독전하였다. 그들은 '저주받은 탑' 옆을 돌파하고 안으로 들어오기 시작하였다. 드 빌리에와 드 클레르몽 그리고 드 보죄가 선두에 서서 이슬람의 파도를 정면에서 막아내며 눈부신 용맹을 보여주었지만 중과부적이었다. 드 빌리에는 두 어깨에 창을 찔리는 중상을 입었지만, 다행히 기사들의 도움을 받아 베네치아 배에 탈 수 있었다.

그럼에도 클레르몽은 보죄와 함께 말 그대로 어깨를 나란히 하고 싸웠다. 격렬한 전투 도중에 보죄는 치명상을 입었고, 클레르몽의 품에 안긴 채 죽음을 맞았다. 당연하지만 이렇게 된 이상 배로 도망치는 길밖에는 없었고, 클레르몽은 부총장으로서 남은 기사들을 데리고 후퇴해야 하였다. 그러나 보죄 총장의 죽음에 충격을 받은 그는 그렇게 하지 않고 적군 속에 뛰어들어 최후까지 싸우다가 산화하는 길을 택하고 말았다. 기사들은 자신들의 목숨을 비싸게 팔았지만 결과는 뻔했고, 무엇보다 그들의 단결과 각성은 너무 늦었다. 키프로스군도 철수했고, 너무 많은 피난민을 태운 예루살렘 대주교의 전용선은 침몰하고, 대주교도 익사하고 말았다.

날이 저물 무렵에 도시의 대부분은 맘루크군이 장악하였고, 3대 기사단의 본부만 남았다. 살아남은 기사단원들과 피난 가지 못한 베네치아와 피사의 남자들, 유럽의 세속기사들이 모여들었지만, 자매 기사단인 성 라자로 기사단원은 하나도 없었다. 모두 전사했던 것이다. 하지만 지도에서 보듯이 맨 구석에 있고 벼랑 위에 지어진 요새 같은 성전기사단의 본부는 그렇다 치더라도 구호기사단과 독일기사단의 본부는 장기농성전이 불가능한 공간이었다.*

18일 밤, 시리아 출신의 한 장군이 구호기사단 본부를 찾아왔다. 그는 20년 전 슈발리에 공방전 당시 중상을 입고 포로가 된 적이 있었는데, 기사단의 치료를 받고, 포로교환을 통해 무사히 귀환한 전력이 있는 인물이었다. 그는 술탄에게 은사를 청하라고 권유하였다. 일단 항복하고 술탄이 풀어주는 방식인데, 형식은 은사이고, 실질적으로는 명예로운 철수였던 셈이다. 구호기사단은 독일기사단에도 이를 전달하여 승낙을 받았지만, 고립되어 있는 성전

* 성전기사단 본부는 당시의 4층에 비해서는 줄어들었지만, 여전히 건재하며 박물관으로 개조되었다. 고딕식으로 만들어진 기사들의 식당도 있다.

기사단 본부에는 전하지 못했다. 칼릴은 '입고 있는 옷만 걸치고 나가면 좋다'라는 조건으로 받아들였고, 이틀이 지난 20일, 그들은 아직도 기다려준 베네치아와 피사의 배를 타고 키프로스로 철수하였다. 몇몇 배 주인들은 엄청난 뱃삯을 받았다고 한다. 하지만 성전기사단의 본부는 조금 달랐다.

성전기사단의 본부는 마치 1,400여 년 전 카르타고의 비르사 언덕에서 최후까지 항전했던 카르타고인들과 비슷한 처지였다. 카르타고인들과는 달리 방어군 쪽에 제해권이 있어서, 바다 쪽은 마음대로 움직일 수 있었다는 점이 다르다면 달랐다. 그들은 일주일을 더 버텨냈다.

초조해진 술탄은 마침내 성전기사단 본부를 장악하기 위한 전투를 중단하고, 기사들과 피난민들에게 그곳을 포기하면 살아서 아크레를 떠날 수 있게 해주겠다고 제안하였다. 그들은 이 제안을 승낙했으나, 맘루크 병사들은 안에 들어서자마자 부녀자와 소년들을 붙잡기 시작하였다. 분노한 성전기사단원들은 그들을 격퇴하고 다시 거점을 확보하였다. 그러자 맘루크군은 건물을 부수기 시작하였다. 먼저 외벽을 무너뜨린 그들은 안으로 몰려들어와 재물을 빼앗고 피난민들을 포로로 잡으려 하였다. 그러나 이 '작업'을 너무 충실히 한 탓에 건물이 완전히 무너졌고, 공격자와 수비자 모두가 깔려 죽는 참극이 일어났다. 5월 28일에 일어난 일이었다. 성직자들은 모두 죽음을 당했고, 살아난 이들은 모두 노예 신세가 되었는데, 수녀들은 안타깝게도 맘루크 귀족들의 첩이 되었다고 한다. 아크레 출신 노예의 '대량 공급'으로 다마스쿠스의 노예 시장에서 여자 노예의 가격이 은화 한 닢에 불과할 정도로 폭락했을 정도였다. 그리고 아크레는 술탄 칼릴의 명령으로 철저하게 파괴되었다.

아크레 방어전 과정에서 우트르메르는 마지막으로 남아 있던 정규군을 대부분 잃어 인적 자원 자체가 고갈되고 말았다. 따라서 살라딘의 공격도 버텨냈던 티레가 싸우지도 않고 항복했으며, 7월 중순에는 시돈이, 그리고 7월 31일에는 베이루트가 항복하였다.

마지막으로 남아 있던 성전기사단의 성채인 샤토 펠르랭Chateau Plerin과 토르토사도 8월에 항복하였다. 이렇게 되면서 십자군에게 남은 땅은 키프로스 섬뿐이었다. 하지만 기사들은 이슬람과의 싸움과 성지 회복의 꿈을 포기하지 않았다.

십자군의 실패 원인

무려 200년 동안, 큰 규모만 쳐도 여덟 번이나 벌어졌던 십자군 전쟁은 결국 유럽인들의 최종적인 패배로 막을 내리고 말았다. 그 이유는 무엇이었을까?

먼저, 십자군 자체가 저자 입장에서도 쓰기가 힘들 정도로 너무 많은 세력이 참가한 복잡한 군대여서 확실한 구심점을 만들기 어려웠다는 사실을 지적할 수밖에 없다. 군장도 '십자문양을 제외하면 제각각이었고, 군수물자도 각 세력이 알아서 조달해야 하였다. 표면적으로는 성지에서는 예루살렘 국왕이, 유럽에서는 교황이 중심을 잡았어야 했지만, 부분적 또는 일시적으로만 성공했을 뿐, 항구적인 시스템을 만들지 못했다. 십자군을 이끄는 군주들 간의 불화도 상황을 악화시켰다. 물론 두 기사단을 비롯한 유럽 상인 집단들도 눈앞의 작은 이익에 눈이 멀어 힘을 모으지 못하는 경우가 허다했다. 물론 리처드 사자심왕 같은 훌륭한 리더가 있는 경우에는 예외였지만, 어디까지나 예외에 불과하였다.

그리고 여러 번 언급했지만, 뜨내기 십자군의 성급한 행동도 하틴 전투 직후를 제외하면 대부분 악영향을 미쳤고, 결국 멸망의 직접적인 원인을 제공하였다.

두 번째로는 유럽과의 거리가 너무 먼, 물리적으로 극복하기 어려운 현실이었다. 이 때문에 유럽인들의 관심을 지속적으로 유지하기 힘들었을 뿐만 아니라, 이탈리아 해양 도시국가들에게 의지할 수밖에 없었던 이유도 근본적으로 여기에 있었다. 이탈리아 도시국가들도 서로의 이익을 위해 분쟁을 벌였고, 구호기사단을 비롯한 성지 내의 세력들도 여기에 휘말리며 그렇지 않아도 부족한 자원을 헛되이 낭비했던 것이다. 헤아릴 수 없을 정도로 잦았던 내전의 원인도 상당 부분은 여기에 있었다.

세 번째로는 역사에서 늘 일어나는 일이지만, 불운 때문이었다. 예루살렘 왕국 사상 최고의 명군이 될 자질이 있었던 보두앵 4세가 나병에 걸려 요절한 것과 3차 십자군을 승리로 이끌 확률이 높았던 프리드리히 바르바로사의 어이없는 익사가 대표적인 예로 들 수 있다. 라이벌들의 시의적절한 죽음 덕분에 이슬람 세계를 통일하는 데 성공한 살라딘의 '행운'이 십자군에게는 큰 '불운'이었음은 분명하다. 물론 이슬람 쪽에서는 1차 십자군의 성공이 행운 덕분이었는데, 이런 불운 때문에 십자군이 실패했다고 볼 수 있는가 하면서 반론을 제기하겠지만 말이다.

십자군은 종교적인 광기와 어리석음, 야만성 때문에 실패했다고 주장하는 이들이 많다. 틀린 견해라고 할 수는 없지만 다른 각도로 볼 필요가 있다. 19~20세기의 유럽이 1, 2차 산업혁명을 통해 압도적인 힘을 가졌음에도 중동을 기껏해야 100년 정도밖에 식민지로 삼지 못했다는 사실을 상기해 보면, 우트르메르가 200년간 유지된 것은 대단한 일이 아닐 수 없다. 신앙이라는 것이 어리석어 보여도 무서운 힘을 발휘한다는 증거가 아닐까?

어쨌든 본거지인 예루살렘은 물론 성지에서 완전히 축출된 구호기사단은 존재 가치를 새롭게 정립하고 다시 시작할 수밖에 없었다. 이제 새로운 역사가 시작된다.

4장. 로도스의 콜로시안

재기를 노리는 두 기사단 그러나...

1291년 하반기부터 키프로스는 당분간이긴 하지만 거대한 '난민촌'이 되었다. 멀쩡한 정식 기사만 치면 7명밖에 남지 않은 구호기사단도 당연히 난민촌의 일원이었지만, 단순한 난민이라고 할 수는 없었다. 앞서 이야기한 대로 한 세기 전 리마솔에 콜로시 성과 병원을 보유하고 있었기 때문이다. 여기에는 농장과 설탕 공장이 딸려 있었다. 당시에 설탕은 귀중한 물건이었기에 물적 기반이 될 수 있었다. 이곳을 기반으로 기사단은 인원을 보충하고 부상자를 복귀시키면서 재기를 꾀하였다. 1300년 무렵에는 기사의 수가 80명까지 회복되었다.

200년을 버텨온 우트르메르가 소멸되었으니, 교황청은 당연하지만 가만히 있을 수 없었다. 당시의 교황 니콜라스 4세는 그전부터 종교 기사단들의 통합에 관심을 가지고 있었고, 정식으로 교서를 발간하기까지 하였다.

그러나 아크레 함락 다음 해인 1292년 4월 세상을 떠났고, 후계자인 보니파키우스 4세Bonifacius IV는 이 문제에 대해 적어도 표면적으로는 관심을 가지기 않았기에 이 문제는 일단 수면 아래로 가라앉았다. 다만 일부에서는 세 기사단은 물론 유럽의 소규모 기사단을 모두 통합하여 유럽 차원의 국제기동타격군으로 변신시키자는 의견도 내놓았다.

1295년 구호기사단은 12년 전에 반공식적으로 실시했던, 모국별 분리를 언어구라는 이름으로 공식화하였다. 오베르뉴, 프로방스, 일 드 프랑스, 스페인, 독일, 잉글랜드, 이탈리아 7개였다. 북유럽과 보헤미아Bohemia 출신 기사들은 독일언어구에, 아일랜드와 스코틀랜드 기사들은 잉글랜드에 포함되었다.

여기서 독일기사단과 성전기사단의 상황도 당연히 살펴보아야 할 것이다. 먼저 영원한 라이벌인 성전기사단부터 살펴보면, 1293년에 자크 드 몰레Jacques de Molay가 자신의 참혹한 운명을 모른 채 마지막 총장으로 선출되었다. 1294년 그는 전 유럽을 돌면서 지원을 요청했고, 상당한 자금과 식량, 그리고 성지탈환을 위해 반드시 필요한 갤리선단을 얻었다. 이후 약 10년 동안 두 기사단은 원기를 회복하면서 성지탈환을 위한 준비를 하였다.

하지만 독일기사단은 완전히 다른 길을 걸었다. 마조비아 공작Mazovia*의 콘라드 1세로부터 프로이센 등 발트해 연안의 이교 민

* 지금의 폴란드 중부에 있던 공국이다.

족들을 정복해달라는 요청을 받고 그 지역으로 떠나 그곳을 정복하고 독일기사단국을 세우면서 자연스럽게 성지를 떠났다. 성 토마스 기사단도 영국으로 돌아갔고, 성 라자로 기사단은 점점 비군사화되더니 1342년에는 아예 간호수도회로 전환하였다.

십자군에게는 다행스럽게도 시아파와 이슬람의 이단이라고 할 수 있는 드루즈Durūz 파가 맘루크에 대한 봉기를 일으켰고, 이 봉기는 무려 1308년까지 이어졌다. 이 기회를 놓칠 수 없었던 키프로스의 십자군들은 몽골군과의 연합도 적극적으로 추진하였다.

그리스도 탄생 1300년이 되는 해, 교황청은 성년을 선포하였고 이를 기념하기 위해 성전기사단을 중심으로 하여, 구호기사단과 키프로스군은 합동으로 알렉산드리아와 로제타Rosetta, 토르토사 등에 대해 시험적인 공격을 가했다. 어느 정도 자신감을 회복한 십자군은 반격을 위한 거점으로 토르토사에서 3킬로미터 정도 떨어져 있는 루아드Ruad 섬을 선택하였다. 그 섬에는 소규모의 수비대가 남아 있었다. 하지만 이 섬은 식수조차 부족해 배로 실어와야만 해서 전략적 거점으로 삼기에는 어려웠지만, 십자군 입장에서는 다른 대안이 없었던 것이다. 11월에 약 600명의 기사가 상륙하였고, 그들은 토르토사를 공격하면서 몽골군의 공세를 기다렸지만, 그들이 오기도 전에 맘루크 군의 거센 반격으로 키프로스로 돌아가야 했다. 몽골군은 다음 해 2월이 되어서야 도착하였다.

여기까지는 두 기사단은 같은 길을 걷는 듯 했지만, 이후에는 너무나 대조적인 선택을 하고, 너무나 다른 운명을 맞는다.

다른 길을 가는 두 기사단

1302년, 성지 탈환에 대한 미련을 버리지 못한 성전기사단은 기사 120명과 궁수 500명, 지원병력 400명을 루아드 섬에 배치하였다. 몽골군의 공격이 시작되면 이에 호응할 생각이었는데, 맘루크군은 과감하게 함대까지 동원하여 섬을 포위했고, 결국 굶주림과 갈증을 이기지 못하고 성전기사단은 항복했지만, 거의 학살당하고 말았다.* 설상가상으로 일한국의 몽골인들이 이슬람으로 대거 개종하면서 연합의 가능성은 완전히 사라지고 말았다.

더구나 시간이 흘러가면서 키프로스 체류 자체도 문제가 되기 시작하였다. 조직과 재력이 있는 데다가 교황 외에는 아무에게도 책임을 지지 않는 그들의 특권 때문에 앙리 2세는 점차 체류기간이 길어지는 두 기사단이 부담스러웠다. 결국 사단이 나고 말았다. 1306년, 앙리 2세에 반대하는 키프로스 귀족들이 앙리 2세를 폐출하고 동생 아모리를 섭정으로 추대하는 사건이 일어났는데, 성전기사단이 이 반란을 주도하였다. 하지만 구호기사단은 앙리 2세를 지지했기에, 다시 내전이 벌어졌다. 우트르메르에서의 대립이 다시 바다를 건너 재현된 셈이었다. 길지 않았던 이 내전에서 구호기사단은 콜로시 성과 제당 공장을 성전기사단에게 빼앗기고 말았다.

---

* 2차 세계대전 후, 유대인들은 키프로스섬을 기반으로 병사들을 훈련시킨 다음, 팔레스타인으로 보내 아랍국가들과의 첫 전쟁을 승리로 이끌고, 지금의 이스라엘을 건국한다. 성전기사단과는 대조적이라 할 수 있을 것이다.

구호기사단은 이제는 다른 곳에 거점이 필요하며, 말에서 내려 배를 타야 한다는 현실적인 인식을 할 수밖에 없었다. 즉 이때부터 '해상에서의 영웅적 행위', 즉 이슬람 세력을 상대로 한 해적업을 시작했던 것이다. 하지만 이슬람을 상대로 하는 한 유럽에서는 별 문제가 되지 않았다. 1312년, 교황청은 아예 맘루크 세계와 교역하는 그리스도교 선박의 화물을 몰수할 수 있는 권한까지 부여하였다. 그 전 해인 1305년, 1296년부터 10년간 총장을 맡아 어려운 시기를 이끈 기욤 드 빌라레Guilaume de Villaraet가 세상을 떠나고, 그의 조카인 풀크 드 빌라레Foulque de Villaraet가 25대 총장으로 선출되었다. 1299년, 기사단의 해군사령관으로 시작하여 군사령관, 부총장을 거쳐 드디어 정상에 오른 그는 구호기사단 천년사에서 가장 논쟁적인 인물이라 할 수 있다. 기사단은 지난 200년 동안 총장이 주도하기는 해도 이사회의 합의를 통해 운영해 왔다. 그러나 그는 이를 무시하고 마치 동방의 군주처럼 전권을 행사하려 했으며, 이런 방식을 상당 부분 관철시켰기 때문이

고예Goyet가 그린 빌라레 총장의 가상 전신화

다. 하지만 당시에는 이런 독재적 리더십이 필요한 시기였고, 더구나 그의 해군사령관 경력이 로도스 시대의 개막에 큰 도움이 되었다는 것은 부인할 수 없는 사실이다.

그들은 소아시아와 인접해 있는 로도스섬을 점찍었다. 제주도와 비슷한 1407제곱킬로미터 넓이의 이 섬은 기후가 좋고 물산이 풍부한데다가 유럽과 성지를 연결하는 좋은 위치에 있었다. 이 섬은 동로마제국이 형식상으로는 지배하고 있었지만 제국의 쇠퇴와 이슬람 해적의 준동으로 통치력은 크게 이완되어 있었다. 섬의 일부는 투르크 계열의 이슬람 해적들이 지배하고 있을 정도였다. 기사단은 일단 자신들의 장기인 병원 설립을 추진했고, 동로마 황제 역시 이를 받아들이지 않을 수 없었다. 이런 식으로 거점을 마련했지만, 섬을 차지한다는 것은 쉬운 일이 아니었다. 때마침 좋은 기회가 찾아왔다. 키프로스 내전이 시작된 1306년, 제노바의 상인 겸 해적인 비뇰로 데 비뇰리Vignolo de Vignoli가 빌라레 총장을 찾아와 로도스섬을 같이 공격해 차지하자고 제안하였다. 그는 동로마 황제에게 코스Kos 섬과 레로스Leros 섬을 빌리는 데 성공했는데, 더 큰 로도스섬을 차지하여 작은 왕국을 만들 꿈을 꾸고 있었던 것이다. 하지만 혼자 힘으로는 부족하여 구호기사단을 찾아온 것이었다. 사실 4차 십자군이 콘스탄티노플을 함락시켰을 때, 제노바가 잠시 이 섬을 차지한 바 있었다.

빌라레 총장은 섬에서 나오는 수입의 3분의 1을 비뇰리에게 주는 조건으로 연합에 합의하였다. 그리고 그해 6월, 그는 4척의 갤리선에 35명의 기사와 500명의 보병 그리고 약간의 투르코폴리를 태워 로도스로 향하였다. 이 때 뜨내기 십자군도 참가했지만 정확한 숫자는 알 길이 없다. 기사단이 시작한 본격적인 첫 해상원정이었고, 시대가 바뀌었다는 상징적 행동이기도 하였다. 그들은 도중에 비놀리의 갤리선 2척과 합류하여 로도스에 상륙하였다. 콘스탄티노플에게는 이슬람 해적들을 퇴치하기 위해서라는 명분을 내세우기는 하였다. 하지만 11월이 되어서야 중요하긴 하지만 필레모Philermo라는 성채 하나를 손에 넣었을 정도로 그들의 '정복'은 순탄하지 않았다.

이 성조차도 현지인 간첩의 도움으로 기사들이 양가죽을 뒤집어쓰고, 양 떼에 섞여 성안으로 잠입하는 '트로이 목마'식 꼼수를 써야 함락시킬 수 있었던 것이다. 하지만 퇴로가 없는 기사단은 모든 힘을 투입했고, 싸움은 길어졌다. 교황 클레멘스 5세Clemens V는 필레모를 차지했다는 소식을 듣자, 로도스섬이 기사단의 땅이라는 것을 공인해주었다.

여기서 새 교황 클레멘스 5세에 대해 알아보아야 할 것이다. 보니파키우스 8세가 1303년에, 그 후계자 베네딕토 11세가 1304년에 차례로 세상을 떠나고, 프랑스인인 클레멘스 5세Clemens V가 1305년 11월에 즉위하였다. 그는 다시 십자군을 조직하려 했고, 그러기 위해서는 당연히 프랑스 왕의 협조가 절실하였다. 교황은 프랑스 왕 필리프 4세Philippe IV가 십자군 원정에 나설 수 있도록, 영국 왕 에드워드 1세와의 분쟁을 해결해주고 프랑스 교회의 수입 1할을 원정 비용으로 쓸 수 있도록 할 정도로 배려를 아끼지 않았다. 그 결과 1305년 12월, 필리프 4세로부터 십자군 원정에 나서겠다는 약속을 받아냈지만, 한 가지 조건이 따랐다. 바로 할아버지인 성왕 루이가 추진하다 실패했던 구호기사단과 성전기사단의 통합이었다. 그 '통합기사단'은 필리프 4세나 그의 왕자가 지휘할 예정이었다.

하지만 그의 진정한 의도는 성지회복이 아니었다. 통합기사단을 포함한 원정군을 지휘하여 동로마제국을 정복하려 한 것이 플랜 A였고, 그것이 이루어지지 않는다면 성전기사단을 해산시켜, 그들의 재산을 모조리 가로채려는 것이 플랜 B였던 것이다. 당시는 서서히 민족국가가 형성되어 가던 시기였고, 국가 내의 국가인 기사단들이 국왕들에게는 눈엣가시 같은 존재가 되어가고 있었던 시대 상황도 이런 음모를 가능하게 해주었다.

이런 흑심을 모르고 있던 클레멘스 5세는 두 기사단의 통합을 찬성하였다. 그리고 1306년 6월, 프아티에Poitiers에서 열릴 공식회견에 두 총장을 소환했지만, 로도스 공략에 몰두하고 있던 빌라레 총장은 오지 못하고, 몰레 총장만 참석하였다. 필리프 4세는 왕자 하나를 성전기사단에 입단시키겠다고 제안했지만, 몰레 총장은 정중하게 거절하였다. 왕자가 입단하면, 다음 총장이 될 가능성이 컸고 기사단은 프랑스 국왕의 사유물이 될 가능성이 높았기 때문이다.

이렇게 되자 필리프 4세는 아예 성전기사단을 멸망시키고, 그 재산을 가로채는 플랜 B로 전환하였다. 그리고 성전기사단이 이단행위와 비행을 저지르고 있다는 증거가 있다면서 이를 조사하라고 교황에게 요구하였다. 클레멘스 5세는 이를 몰레 총장에게 알렸고, 총장은 분노하며 말도 안 된다며 극구 부인하였다. 교황은 그의 답변에 만족했지만, 시간이 지나면 필리프 4세의 분노가 가라앉을 것이라는 안이한 판단을 하고 말았다.

1307년 5월, 교황과 두 기사단의 총장이 프랑스에서 만났다. 두 총장은 통합에 반대했을 뿐 아니라, 향후의 전략에 대해서도 다른 생각을 가지고 있었다. 구호기사단은 로도스를 정복하고, 이를 거점으로 또 다른 거점을 확보하고 이후에 대규모 십자군을 동원해서 성지 탈환에 나서자고 제안하였다. 이에 반해 몰레 총장은 전면전을 내세우며, 프랑스와 영국·독일·스페인 국왕이 힘을 합쳐 수만의 대군을 동원해 성지탈환에 나서자고 주장했던 것이다. 그리고 성전기사단이 선봉에 서고, 구호기사단은 병원 운영과 병참 등 후방지원을 맡자는 제안도 덧붙였다. 하지만 이미 대규모 십자군은 인기도 없었고, 국왕들의 이해관계 때문에 현실성이 없는 불가능한 주장이었다.

성전기사단의 멸망과 구호기사단의 '반사이익'

필리프 4세는 플랜 B, 정확하게 말하면 잔인한 음모를 실행에 옮기기 시작하였다. 그해 10월 12일, 몰레 총장은 필리프 4세의 여동생 장례식에 참가하여 운구를 맡아, 프랑스 왕실과의 친밀한 관계를 대내외에 과시했지만, 바로 다음 날 재상인 기욤 드 노가레 Guillaume de Nogaret가 이끄는 필리프 4세의 부하들에게 체포되었다. 뿐만 아니라 프랑스 전역에서 동시다발로 체포 작전이 진행되어 무려 2천 명이 붙잡혔다. 주 죄명은 그들이 그리스도를 모욕하는 이단 집단이라는 것이었다. 일주일 후에, 종교재판소의 신문이 시작되었다. 교황은 성전기사단을 구해보려 했지만, 이미 자신이 아비뇽의 포로 신세가 될 정도로 주도권은 필리프 4세에게 넘어간 상황이었다. 시간은 끌 수 있었지만 최종적인 결과는 바뀔 수 없었다.

결국 성전기사단은 공식적으로 해체되고, 1314년 3월 18일, 파리에서 몰레가 화형을 당하면서 끝나는 성전기사단이 당한 비극과 필리프 4세와 클레멘스 5세가 얼마 후에 죽고 카페Capet 왕조까지 폐절되는 '몰레의 저주'는 아주 유명하다. 그 때문에 『푸코의 진자』와 『다빈치 코드』 등 수많은 문학 작품과 영상물, 게임의 소재가 되었다. 하지만 이 책은 어디까지나 구호기사단의 역사이기 때문에 자세한 내용을 실을 수는 없고, 독자들께서는 다른 책들을 참고하라고 할 수밖에 없음을 양해하시기 바란다.

당연히 구호기사단은 성전기사단의 멸망과 무관할 수 없었다. 구호기사단은 최대한 이 사건과 거리를 두려 하였다.* 잘못하면 불똥이 자신들에게도 튈 수 있었기 때문이다. 어쨌든 성전기사단의 멸망에도 변호에도 거의 움직이지 않았음은 확실하다.

여기서 잠시 눈을 키프로스로 돌려보자. 1310년, 성전기사단의

* 최근의 연구에 의하면 필리프 4세는 구호기사단도 노렸다는 증거도 나오고 있고, 실제로 1312년 '개혁'을 명분으로 협박한 적도 있었다. 구호기사단의 신중한 태도와 병원을 운영한다는 인도적인 면모가 화를 면하게 했다는 설도 있지만, 아무래도 필리프 4세가 몰레의 화형 이후 7개월 만에 세상을 떠났기 때문에 화를 면했다는 추론이 더 설득력이 있다.

도움을 받았던 섭정 아모리가 암살당했으며, 앙리 2세는 키프로스로 돌아와 구호기사단의 도움으로 왕위를 탈환하고 아모리를 도운 자들을 투옥시켰다. 그리고 1313년 앙리 2세는 키프로스의 성전기사단을 해체시키며, 그들의 재산을 구호기사단에 넘겨주었다. 성전기사단과의 싸움에서 대부분 패했던 구호기사단은 이렇게 '최후의 승리'를 한 셈이다.

교황은 구호기사단이 성전기사단의 전철을 밟기 원하지 않았기에, 1312년 5월 2일, 〈그리스도의 대리인의 우려에 관하여〉라는 칙서를 발표하였는데, 성전기사단의 자산을 구호기사단에게 넘기라는 내용이었다. 그러나 필리프 4세가 그것들을 공짜로 넘길 리는 없었다. 1313년, 파리의 르 탕플Le Temple을 비롯한 성전기사단의 부동산을 사실상 강매하다시피 하였다. 그리고 구호기사단에게 20만 리브르라는 거액을 뜯어냈다. 영국 왕 에드워드 2세Edward II는 성전기사단이 런던에 보유하고 있던 템플 처치를 구호기사단에게 팔아버렸다. 로마 아벤티노Aventino 언덕에 있던 성전기사단의 성당과 부속건물도 구호기사단에게 넘어왔다. 프랑스의 성전기사단은 거의 궤멸했지만, 다른 나라들에서는 별다른 탄압이 없었기 때문에 생존자들은 이름을 바꾸고 잠적하거나 다른 기사단에 흡수되었는데, 특히 독일인 기사들은 구호기사단으로의 이적이 허용되었다.

특히 이슬람과의 최전선에서 국토 회복 운동이 진행 중이던 스페인과 포르투갈 지부가 주목할 만하다. 스페인 지부는 기존 재산을 거의 유지하면서, 몬테사Montesa 기사단으로 이름을 바꾸어 이슬람과의 싸움을 계속하였다. 1312년 포르투갈 국왕의 중재로 이름을 그리스도 기사단Ordem Militar de Cristo으로 바꾸고 계속 활동하였다. 항해왕자 엔히크Henrique를 비롯한 왕족들이 총장을 맡고, 바스쿠 다 가마Vasco da Gama 같은 위대한 탐험가들이 단원이 되어 대항해시대를 열며 포르투갈의 전성기를 여는 데 큰 역할을 한다.

여러 역사책에서 성전기사단의 멸망으로 그 재산이 양도되었다고 썼지만, 사실을 따지면 거의 '유료' 내지 '강매'였기 때문에 구호기사단에게 큰 실익은 없었던 것으로 보인다. 하지만 성전기사단의 멸망은 그들에게 당장은 아니지만 상당한 이익을 가져다주었다. 이제 오리엔트에서 십자군은 구호기사단밖에 남지 않았기에 여전히 십자군의 이상을 품고 있는 지원자들과 기부금이 구호기사단에게 집중될 수밖에 없게 되었기 때문이다.

로도스 시대가 시작되다!

빌라레 총장은 로도스 공략이 쉽게 진행되지 않자, '뻔뻔스럽게도' 콘스탄티노플에 사자를 보내어 돈과 군사지원을 대가로 섬을 넘겨달라는 제안을 했지만, 일언지하에 거절당했다. 하지만 교황청을 비롯한 서유럽의 지원은 약속받았다. 대규모 십자군에는 관심이 없던 그들에게도 키프로스 외에 거점이 하나 더 생기는 것은 바람직한 일이었기 때문이다. 1308년에는 피렌체의 은행으로부터 거액의 융자를 받아 많은 용병을 모집하여, 로도스 시를 포위하기에 이르렀다. 공성전은 오래 지속되었다. 아마 기사단은 수성전에는 익숙해도, 공성전은 낯설었기 때문일 것이다.

동로마 황제는 구원병을 보냈지만, 불운하게도 폭풍을 만나 키프로스로 밀려나고 말았다. 그런데 그들에게는 안 된 일이지만, 그동안 불운했던 기사단 입장에서는 행운이 계속되었다. 하필이면 그들이 표류한 곳은 구호기사단과 우호적인 키프로스 귀족의 영지였던 것이다. 대장은 포로가 되어 구호기사단에게 인계되었고, 그는 회유에 넘어가고 말았다. 그는 로도스 시에 들어가 항복을 권유하는 유세객 역할까지 하였고, 동로마군은 바로 항복하지는 않았지만 사기가 크게 떨어졌다. 결국 1309년(일설에 의하면 1310년) 8월 15일, 수비대는 항복하고 다음 해까지 기사단은 로도스 전역을 장악하는 데 성공하였다. 이제 구호기사단은 예전처럼 예루살렘 왕국 내의 '국가 안의 국가'가 아니라 진정한 독립국가로 자리 잡게 되었다.

기사단의 공식 명칭에서 첫 단어인 'Sovereign', 즉 주권이 나오게 된 이유는 로도스에 자리 잡게 된 이후부터라고 보아야 할 것이다. 그리고 이 '로도스 기사단국'은 예루살렘 왕국보다도 더 오래 지속된다. 이렇게 되자 동로마제국 황제도 현실을 인정하지 않을 수 없었다. 또한 앞서 이야기했지만 앙리 2세의 복위와 성전기사단의 멸망으로 인한 반사이익이 이어지면서, 그동안 계속된 실패로 침체되었던 기사단의 기세는 완전히 반전되어, 황금시대가 열렸다.

빌라레 총장은 로도스 정복에 성공하자, 바로 본부를 옮겼고, 거대한 병원을 비롯한 대대적인 건축 공사를 시작하였다. 1310년까지 본부의 이전이 완료되었는데, 여기에 필요한 자금은 그동안 사이가 나빴던 베네치아로부터 융자를 받기까지 하였다. 아마 베네치아도 로도스를 차지한 기사단과의 관계를 회복시킬 필요가 있었기 때문일 것이다.*

기사단은 로도스로만 만족하지 않고 북으로는 레로스섬과 코스섬, 남으로는 카스텔로리조Kastellorizo 섬까지 차지하며 도데카니사 제도Dodecanese의 대부분을 장악했을 뿐 아니라 소아시아 서남해안에도 거점을 마련하는 데 성공하였다. 기사단은 '동업자' 비뇰라에게 촌락 2개를 주었다는 설도 있고 그냥 무시해 버렸다는 설도 있는데, 어떤 것이 사실인지는 확인하지 못했다.

로도스 섬은 헬레니즘 시대에 동지중해 교역의 중심지로 번성해서, 크지 않은 섬임에도 거대한 부와 해군력을 자랑했으며, 고대 세계 7대 불가사의 중 하나인 거상Colossus이 세워진 것도 이 시기였다. 이런 번영 덕분에 로도스 섬에는 각종 학교 및 연구소가 많이 들어섰고, 학문 분야에서 로도스의 명성은 아테네에 버금갈 정도였다. 특히 법률과 천문학, 기계공학에서는 당대 최고 수준이었다. 로마에서 최고위 귀족들은 아들을 가르칠 가정교사의 출신지를 따질 때 로도스 출신을 아테네 출신 다음으로 높이 평가했다는 사실이 이를 증명하고도 남는다. 카이사르Caesar도 젊은 시절 로도스에

---

* 그럼에도 불구하고 기사단과 베네치아와의 관계는 냉랭했고, 오스만과의 관계 때문에 베네치아 공화국 정부는 자국 귀족 자제의 기사단 입단을 허용하지 않았다. 사족일지 모르지만 1234년, 베네치아가 로도스를 점령하려 했다가 실패한 적이 있었다.

서 유학한 적이 있고, 티베리우스Tiberius 황제도 한때 모든 공직을 내놓은 채 이 섬에서 7년이나 은거한 적이 있었다. 참고로 고대의 컴퓨터라 불리는 안티키테라Antikythera 기계도 로도스에서 제작된 것으로 유력하게 추정될 정도이다.

이렇게 화려한 문명의 중심이었던 로도스도 동로마제국 이후에는 점차 쇠락하여, 14세기 초에는 평범한 섬 중 하나, 아니 해적들의 소굴로 전락해 있었다. 그러나 기후가 온화하고 토질도 좋아 농사가 잘될 뿐 아니라 전략적으로 이집트, 시리아, 소아시아를 연결하는 해상무역로를 통제할 수 있었던 로도스의 전략적 중요성은 언급할 필요조차 없는 것이었다. 풍부한 실전 경험과 높은 수준의 조직력과 기량 그리고 상당한 자금력과 왕성한 전투 의지를 두루 갖춘 구호기사단이 이 섬의 지배자가 되었다는 것은 아주 중요한 의미를 가지는 것이었다. 그들은 거의 멸망 직전인 동로마제국을 대신하여 이 지역의 방패 역할을 대신하게 되었다. 구체적으로 말하면, 기사단은 가장 먼저 로도스에 있던 해적들의 근거지를 일소하고, 주변의 무인도에 초소를 많이 세워 현지인들을 고용하여 경계망을 구축하고 군사적 보호를 제공했던 것이다.

로도스뿐 아니라 도데카니사 제도 중 니시로스Nisyros 섬에는 견고하여 고급 건축자재로 사용되는 반암이, 레로스Leros 섬에는 질 좋은 대리석이, 시미Symi 섬에서는 좋은 술과 천연 스펀지인 해면이 생산되었다. 천연자원뿐 아니라 섬 주민들 중에는 우수한 조선공과 선원, 잠수부가 많아 기사단이 앞으로 해양세력으로 변신하는 데 도움을 줄 수 있는 인적 자원도 풍부하였다. 이런 인적·물적 자원을 활용하여 기사단은 로도스를 무역 중계지이자, 성지순례객들의 중간 기착지로 만들었고, 병원도 크게 넓혔다. 주민들도 이 병원의 혜택을 받았음은 물론이다.

이 과정에서 얻는 떡고물이 만만치 않았고, 여기서 얻는 수익으로 자신들의 함대를 확충하였다. 그리고 그 함대로 이슬람 상선들을 습격하는, 좋게 말하면 통상파괴전 나쁘게 말하면 '해적업'을 본격적으로 전개하였다. 놀랍게도 이 해적업은 400년 가까이 이어지는데, 그 이야기는 앞으로 천천히 다루도록 하겠다.

여기서 잠시 당시 인접한 소아시아의 상황을 알아봐야 할 것이다. 소아시아의 패권자였던 룸 술탄국은 13세기 중반에 몽골군의 공격을 받고 점점 세가 약해지더니 1307년에 멸망하고 말았다. 그 영토에는 에미르들이 작은 토후국을 만들어 서로 치고받고 있었다. 이런 상황은 기사단에게 아주 바람직스러운 것이었지만, 그렇게 오래가지 않았다. 앞으로 무려 400년 가까이 싸우게 될 운명의 상대 오스만이 부상하기 시작했기 때문이다.

어쨌든 기사단이 로도스 섬에 자리 잡은 직후의 상황은 좋았고, 1312년 기사단의 함대는 아모르고스Amorgos 섬 부근에서 투르크인의 선단을 공격하여, 그들을 거의 포로로 잡았다. 이렇게 기사단의 본격적인 '해적업 전환'은 성공적으로 시작되었다.

그런데 호사다마라더니 잘 나가던 기사단에 엄청난 사건이 벌어지고 말았다. 기사단 200년 역사에서 첫 '쿠데타'가 일어난 것이다. 1317년, 기사단 이사회에서 빌라레가 거액의 공금을 임의로 전용해서 사용했음이 밝혀졌지만 빌라레는 마치 전제군주처럼 아무런 책임도 지지 않으려 했고, 죄책감도 느끼지 않았다. 격분한 이사들과 기사단의 중진들은 그를 암살할 계획까지 세우고 실행하기 직전에 이르렀다. 하지만 누군가가 빌라레에게 이 사실을 알려주었고, 그는 급히 로도스 섬 동쪽에 있는 린도스Lindos 성으로 피신하였다. 기사들은 빈틈없이 성을 포위하고, 군수장관인 모리스 드 파냐Maurice of Pagnac을 새 총장으로 선출하여, 쿠데타를 공식화하기에 이른다.

하지만 형제들과 피를 흘릴 수 없다는 의견이 지배적이어서, 양쪽은 아비뇽에 있는 교황 요한 22세Ioannes XXII에게 중재를 청하기로 합의하였다. 교황은 쿠데타로 집권한 파냐을 총장으로 인정할 수 없었지만, 그렇다고 완전히 민심을 잃은 빌라레를 총장으로 그냥 둘 수도 없었다. 1319년, 교황은 파냐의 취임을 무효화하는 동시에 빌라레도 자리에서 물러나도록 하였다. 그리고 자신과의 신뢰가 두터운 프로방스 지부장 엘리온 드 빌뇌브Hélion de Villeneuve에게 새 총장을 맡겼다. 천 년 기사단 역사에서 극히 드물게 교황이 직접 개입하여 총장을 세운 경우인데, 빌뇌브는 1346년까지 그 자리를 지킨 장수 총장이자 로도스 시대의 기틀을 다진 명총장으로 평가받는다.

빌뇌브 총장의 초상화

파냐에게는 키프로스 지부장을, 빌

라레에게는 카푸아Capua 지부장을 맡도록 하였으나, 워낙 인심을 잃은 빌라레는 부하들의 불복으로 그 자리조차 앉지 못했다. 결국 그는 고향으로 돌아가 쓸쓸하게 여생을 보내다가 1327년에 세상을 떠났다. 로도스 기사단 국가의 창건자라는 엄청난 공로에도 불구하고 수신에 실패한 빌라레는 초라한 최후를 맞이했으니, 기사단 천 년 역사에서 가장 논쟁적인 인물이 된 것은 당연하다 하겠다. 비가 온 다음에 땅이 굳는다는 속담대로 기사단은 초유의 쿠데타로 인한 후유증을 극복하고 로도스의 황금기를 열어간다.

여기서 표면적으로 보면 쉽게 납득할 수 없는 일이 벌어진다. 빌뇌브는 기사단 천 년 역사에서 아주 드물게 교황이 직접 임명한 총장이었는데, 무려 13년 동안이나 본부가 있는 로도스 섬으로 가지 않고 '부재 총장'으로서 유럽에 머물렀기 때문이다.

하지만 그는 자신의 보신만을 위해 편안한 유럽에 머문 것이 아니었다. 로도스와 주위 섬들의 정복, 성전기사단의 재산과 인원 인수로 몸집은 엄청나게 커졌지만, 그에 따른 부채도 크게 늘어났기 때문이다. 거기에다 로도스에 병원과 성채를 개축하는 데도 엄청난 비용이 들어갔다. 또한 유럽의 군주들에게 새롭게 시작하는 구호기사단의 위상을 재정립할 필요도 있었다. 그는 13년 동안 이 문제들을 대부분 해결하고 로도스로 돌아갔다.

그 사이 로도스는 사령관 알브레히트 폰 슈바르츠부르그Albrecht von Schwarzburge가 지키고 있었다. 그는 단원들의 기대에 부응하여 1319년 벌어진 해전에서 투르크인의 함대를 크게 격파하였고, 적어도 당분간은 로도스에 대한 위험을 제거하는 데 성공하였다.

1332년에 빌뇌브는 로도스로 돌아왔고, 앞으로 기사단의 역사에 큰 영향을 미칠 중요한 정책을 실행에 옮겼다. 언어별로 부대를 나누고 임무를 맡기는 방식으로 전환하기 시작한 것이다. 프랑스어권 출신은 병원장을, 이탈리아어권 출신은 해군을, 스페인어권 출신은 군수장관을, 영어권 출신은 투르코폴리를 맡았다. 로도스 시의 성벽도 이런 방식으로 방어 구역을 나누어 주었다. 각 집단의 경쟁심을 유발하는 이런 운영 방식은 효과적이었고, 거의 네 세기 반 동안 조금씩 바뀌기는 해도 기본적인 틀은 유지하면서 운영된다. 자세한 이야기는 뒤에서 자세히 다루도록 하겠다.

이 시기에 주목할 만한 인물은 동로마 제국의 마지막 왕조인 팔레올레구스 가문과 밀착되어 있던 제노바 공화국의 실력자 도메니코 카테나오Domenico Cattaneo였다. 그는 아버지 안레올로Andreolo 때부터 차지하고 있던 포카이아Phocaea와 키오스Chios 섬의 이권을 동로마 황제에게 빼앗겼다. 그러자 그는 기사단과 베네치아 출신 에게해 공작과 함께 동로마제국을 공격하자고 제안했고, 기사단은 이에 응했다.* 연합군은 1335년에 레스보스Lesbos 섬을 공격하였지만 결국 그 다음 해에는 축출되고 말았다.

이런 실패를 겪은 빌뇌브 총장은 로도스에 도착한 후 항로를 보호하면서, 투르크인들과의 투쟁에 힘을 썼다. 하지만 교황청의 눈

---

* 1204년 콘스탄티노플의 함락과 1260년 팔레올레구스 왕조의 복벽으로 에게해 일대에서는 무척 복잡한 주도권 경쟁이 벌어졌다. 우트르메르의 말기와 비슷한 양상이라고 할 수 있는데, 이 책의 성격상 자세하게 다룰 수는 없음을 양해 바란다.

에는 차지 않았는지, 교황 클레멘스 6세Clemens VI는 구호기사단이 그리스도계 세계의 이익을 증진하거나 신앙을 고무하는 행동이 거의 없다는 것이 성직자들과 평신도들의 여론이라며 기사단을 압박하였다.

당시 로도스 주변에 자리 잡고 있는 여러 에미르들 중에서 가장 위협적인 해군을 가진 인물은 스미르나Smyrna를 중심으로 한 아이딘Aydin 토후국의 우무르Umur였다. 사자라는 별명을 가진 그는 제법 강력한 해군력으로, 사방으로 해적질을 자행하면서 베네치아와 기사단의 무역이익을 심각하게 위협하기에 이르렀다. 이를 수수방관할 수 없었던, 교황 클레멘스 6세는 새로운 십자군의 편성을 명령하였다. 때는 1344년이었다. 마침 이 해에 여러 제한을 두기는 했지만 교황청은 이탈리아 도시국가와 맘루크 간의 무역을 허용하는 조치를 내렸다.

스미르나 십자군

빌뇌브 총장은 기사단의 군함 6척을 이끌고 참전했고, 베네치아가 제공한 20척, 그리고 키프로스와 교황령의 군함 각 4척으로 구성된 총 34척의 연합함대가 편성되었다. 총지휘자는 콘스탄티노플의 가톨릭 대주교인 아스티의 앙리 Henry of Asti였다. 역사가들은 이를 스미르나 십자군이라 부른다. 이 십자군은 5월 13일, 펠레네Pallene 해전에서 승리를 거두고 제해권을 장악하였다. 그리고 스미르나를 포위하고 공격을 퍼부어 10월 말, 항구와 도시를 장악하는 데 성공했지만 아크로폴리스는 손에 넣지 못했다. 그러다가 다음 해 1월 17일에 앙리 대주교는 옛 대성당이라고 믿었던 버려진 구조물에서 축하 미사를 열었다. 하지만 미사 중에 우무르의 군대가 기습했고 앙리 대주교, 베네치아 함대의 제독인 피에트로 제노Pietro Zeno를 포함한 십자군 지도자들이 피살당하는 대참사를 당했다. 다행히 구호기사단의 간부 중에는 희생자가 없었다.

다행히 클레멘스 6세가 지원군을 조직해 주었고, 우무르의 반격을 격파하는 데 성공하였다. 몇 년 간 스미르나를 놓고 두 세력이 지루한 전투를 벌였다, 1351년 에미르가 십자군의 점유를 인정하면서 스미르나 십자군 전쟁은 승리로 막을 내렸지만, 주위는 모두 아이딘 세력의 것이었기에 완벽한 승리와는 거리가 멀었다. 십자군 세력 중 가장 가까운 곳에 근거지를 둔 구호기사단이 스미르나를 차지하였고, 반세기 이상 유지하는 데 성공한다.

전쟁 중인 1346년, 빌뇌브 총장이 세상을 떠나고 프랑스 남부 랑그독Languedoc 출신의 다외도네 드 고종Dieudonné de Gozon이 총장에 선출되었다. 그는 1332년, 주민들을 괴롭히는 괴수를 잡아 명성을 떨친 바 있었다. 이 괴수는 칼이 들어가지 않는 단단한 껍질로 덮여 있는 용이라고 하였다. 드 고종은 사냥개들의 도움을 받아 용의 부드러운 배를 찔러서 죽이고, 머리를 베어 돌아와 영웅 대접을 받았다. 그 괴수의 목은 박제되어 로도스의 성문에 걸렸고, 200년 후 오스만 제국령이 된 후에도 그대로 걸려 있었는데, 1837년에 사라졌다고 한다. 이 '용'이 거대한 악어인지, 도마뱀인지, 큰 구렁이인지는 알 길이 없지만, 악어로 추정하는 학자들이 많다.

용을 잡는 드 고종(빅터 아담Victor Adam)

1347년 4월, 드 고종이 지휘하는 기사단 해군은 임브로스Imbros 섬에서 벌어진 해전에서 아이딘 해군에게 완승을 거두었다. 대부분 작은 어선 수준이긴 하지만 백여 척에 달하는 적선을 파괴하거나 포획했고, 많은 포로를 잡았다.

하지만 전쟁 외적 요소가 스미르나 십자군의 발목을 잡았다. 하나는 백년전쟁을 시작한 에드워드 3세Edward III가 1343년에 이탈리아의 은행들에 빌린 136만 5천 플로린Florin(피렌체의 금화)의 채무를 갚지 낳겠다고 선언하면서, 거대은행인 바르디Bardi와 페루지

Peruzzi가 파산한 것이다. 자연스럽게 유럽 전체에 금융위기가 일어났고, 두 은행의 주요 고객인 기사단도 무려 36만 플로린의 손실을 입고 파산 지경에 몰리고 말았던 것이다.

불행은 한 번에 오지 않기 마련이라, 이 기간에 흑사병이 창궐하면서 엄청난 인명이 희생되었다. 이렇게 되자 기사단도 활동이 위축될 수밖에 없었다. 천신만고 끝에 스미르나를 함락한 2년 후인 1353년에는 드 고종 총장이 세상을 떠나고, 후임자도 2년 후에 세상을 떠나면서 조직이 불안정해진 이유도 겹치면서, 기사단은 별다른 움직임을 보이지 않았다.

이런 상황이 제법 오래 계속되자, 이런 내부 사정을 잘 모르는 유럽인들은 기사단을 겁쟁이라고 비웃기 시작하였다. 대표적인 인물이 이탈리아의 대 시인 페트라르카Francesco Petrarca였다. 그는 이런 풍자시를 남겼다.

> 로도스 섬은 신앙의 방패라네. 아무 상처도 입지 않고, 구차하게 살아간다네.

여기서 시선을 키프로스로 돌려보자. 키프로스 왕국에는 많은 십자군 귀족 가문들이 옮겨왔기 때문에, 망명정부 같은 분위기를 띠고 있었다. 특히 무역항 파마구스타Famagusta는 예루살렘 왕국의 부와 기사도 정신을 물려받은 도시가 되었다. 젊고 야심만만하며 십자군과 기사도 정신에 심취했으며, 용맹무쌍한데다 카리스마까지 겸비한 피에르Pierre I세가 1358년에 키프로스 국왕에 즉위하였다. 아크레를 비롯한 우트르메르가 사라진 지 60년이 넘었지만, 명목상으로 키프로스 국왕은 예루살렘 국왕을 겸하고 있었다. 그는 예루살렘 왕국을 되찾고자 새로운 십자군 운동을 시작하였다. 역사에서는 이를 키프로스 십자군이라고 부른다.

키프로스 십자군

'신세대 십자군 전사' 피에르 1세의 눈은 일단 소아시아로 향하였다. 거리가 가까웠을 뿐 아니라 상호간의 결혼을 통해 키프로스 왕국과 강한 유대 관계를 맺고 있는 킬리키아 아르메니아 왕국이 그곳에 있었기 때문이다. 1360년 1월, 아르메니아 왕국의 요새화된 항구인 코리코스Korikos가 투르크인들의 공격을 받았다. 코리코스의 대표들은 키프로스로 가서 구원병을 청했고, 피에르 1세는 로베르 드 뤼지냥Roberto de Luisignan이 이끄는 군대를 보냈다. 결국 투르크인들은 물러날 수밖에 없었다.

투르크인 에미르들은 키프로스를 위협적인 존재로 여기고 연합 공격을 논의하였다. 피에르 1세는 선수를 치기로 하고 목표를 안탈랴Antalya로 정하였다. 대규모 원정군을 준비했는데, 구호기사단도 빠질 수 없는 작전이었다. 당시의 총장은 로제 드 핀Roger de Pins이었다. 드 핀은 4척의 대형 갤리선과 천 명의 기사와 보병을 동원하였다. 교황 이노센트Innocent 6세도 2척의 갤리선을 보냈고, 심지어 그리스도교 해적들도 힘을 보탰는데, 이 연합함대의 규모는 작은 배까지 합쳐 120척에 달했다. 이를 키프로스 십자군이라 부른다.

피에르 1세의 초상화

1361년 여름, 공격을 시작한 십자군은 8월 24일에 안탈랴를 함락시켰다. 이는 스미르나 이후 십자군이 거둔 첫 번째 승리였다. 에미르들은 피에르 1세에게 연례 공물을 바치겠다고 제안했으며, 그는 이 제안을 수락하였다. 어떤 에미르는 그에게 무릎을 꿇기까지 하였다. 피에르 1세는 9월 말, 키프로스로 돌아갔다.

하지만 예루살렘 왕국의 재건이 목표였던 피에르 1세는 이 정도의 전과로 만족하지 않았다. 물론 키프로스만의 힘만으로는 불가능한 일이라는 것 정도는 잘 알고 있었다. 1362년 초, 일단 구호기사단에 동맹을 제의했는데, 드 핀 총장은 기꺼이 이에 응했다. 그 다음 해 1월, 피에르 1세는 직접 베네치아를 방문하여 동맹을 제의하였다. 베네치아는 비록 맘루크 왕조와 무역을 하고 있었지만, 자국령인 크레테섬에서 일어난 반란을 진압하는 과정에서 키프로스가 도움을 주었기에, 원병을 보내주겠다고 답할 수밖에 없었다. 고무된 피에르 1세는 제노바, 아비뇽 교황청과 프랑스, 영국, 플란더스, 라인란트, 부르고뉴 등을 방문하였고, 마지막 십자군 왕답게 직접 그것도 여러 번 마상창시합에 참가하여 대중들의 지지를 받았다. 1364년에는 신성로마제국 황제인 칼Karl 4세까지 만나 새로운 십자군에 대한 동의를 얻어냈다. 아주 만족한 그는 그해 겨울에 베네치아로 돌아가 다음 해 여름에 일으킬 새로운 십자군 준비에 총력을 기울였다.

하지만 유럽의 대군주들이 변방 소국의 젊은 군주가 가진 생각대로 움직일 리가 없었다. 즉 그들의 약속은 '립 서비스'에 불과했던 것이다. 영국과 프랑스에서 약간의 지원병이 오기는 했지만, 중량감이 없는 무명인사들이었다. 베네치아의 라이벌 제노바도 몇 척의 배를 보내면서 생색을 내는 데 그쳤다. 이렇게 되자 피에르 1세가 기대할 만한 곳은 로도스의 구호기사단과 베네치아 그리고 교황청뿐이었지만, 원정을 포기하지는 않았다. 그의 목표는 놀랍게도 알렉산드리아였다. 당시 맘루크 술탄은 겨우 11살이었고, 아르보카Yalbogha라는 에미르가 섭정이었는데, 그들이 민심을 얻고 있지 못하고 있었다. 거기에다 알렉산드리아 총독은 아르보카와 뜻이 맞지 않아 겉돌고 있었고, 임시 지사인 장하라Janghara가 약간의 수비병을 두고 있을 뿐이었다.

피에르 1세는 베네치아와 교황령에서 오는 병력과 물자들을 로도스에 집결시켜 두었다. 교황청에서는 특사도 보냈다. 구호기사단은 1365년에 피에르 1세의 오랜 전우였던 핀 총장이 세상을 떠나고 레이몽 베렌가Raymond Berengar가 30대 총장에 선출된 상황이었다. 그는 아라곤Aragon 출신이었는데, 기사단 역사상 첫 번째로 스페인 출신으로서 총장에 선출된 인물이 되었다.

레이몽 베렌가의 초상화(©Piotrus: wiki)

피에르 1세는 그 다음 해 열렬한 환영

을 받으며 로도스를 방문하였다. 하지만 이 방문은 단순히 친선을 위한 것이 아니었다. 로도스는 새로운 십자군의 출발점이었기 때문이다. 기사단은 물론이고 키프로스 군과 유럽의 지원자 그리고 베네치아 군은 신병훈련과 보급품과 군마 점검 등에 바쁜 시간을 보냈다. 그리고 교황특사가 집전하는 특별 미사가 열렸다.

1366년 10월 4일, 대규모 십자군이 로도스 항을 떠났다. 모두 168척에 달하는 대함대였다. 그중 108척이 키프로스의 것이었고, 나머지 대부분은 구호기사단과 베네치아 소속이었다. 33척은 군마 전용 수송선이었다.* 키프로스군은 1만이 넘었고, 유럽의 지원병들은 천여 명이었다. 유럽 지원병의 대표가 자작이었다는 사실이 보여주듯 거물들은 없었다. 구호기사단의 병력 규모는 불확실하지만 기사만도 백 명 이상 동원한 것은 분명하다. 물론 최정예였다. 참가한 병사들은 그들이 목적지가 레반트의 어느 해안으로 알고 있었지만 10월 4일 밤, 지휘부는 목표가 알렉산드리아라는 사실을 공개하였다.

10월 9일 새벽이 오기 직전, 십자군 함대는 알렉산드리아의 수평선에 모습을 드러냈다. 알렉산드리아 시민들은 어리석게도 상선단이 오는 것으로 착각하고, 부두에서 '물건'을 살 준비를 하였다. 그러나 함대가 항구에 거의 도착할 때쯤 동이 텄고, 그제야 군함이라는 것을 알아차렸다. 장가라 임시 총독은 허둥지둥 방어준비를 했지만 한참 늦은 타이밍이었다. 순식간에 항구는 십자군 차지가 되

* 키프로스 군의 군마만도 1,400필이었다고 한다.

었고, 피에르 1세는 바로 전군을 투입하여 공성전에 돌입하였다. 그리고 맨 먼저 성벽에 오르는 자에게는 1천 플로린의 포상을 내리겠다고 선언하였다. 맹공격이 이어졌고, 알렉산드리아는 불과 이틀 만인 10월 11일, 완전히 십자군의 손에 넘어갔다. 1167년, 아모리 왕이 알렉산드리아를 일시적으로나마 점령한 지 정확히 200년 만의 쾌거였다. 하지만 그 뒤는 좋지 않았다. 1099년 예루살렘에서 일어난 비극이 다시 재현되고 말았던 것이다.

학살과 약탈이 대규모로 자행되었고, 유대인과 그리스도교 구역 심지어 유럽 상인의 저택조차 예외가 아니었다. 약 5천 명이 노예로 팔려나갔고, 전리품을 가득 실은 말과 당나귀의 행렬이 부두 쪽으로 길게 이어졌다. 그들은 이런 만행을 안티오키아와 아크레의 복수라고 생각하면서 합리화했다. 피에르 1세와 베렌가 총장, 교황 특사는 이런 만행을 말려보려 했지만 역부족이었다. 어쨌든 알렉산드리아 함락 소식은 전 유럽을 들썩거리게 하기 충분하였다. 십자군이 100여 년 만에 거둔 큰 승리였기에 이런 반응이 무리는 아니었다.

피에르 1세는 여세를 몰아 알렉산드리아를 교두보로 하여 카이로로 진격하려 했지만, 이미 귀국해서 자랑할 무용담과 전리품을 모두 챙긴 유럽 출신 기사들은 그런 모험을 원하지 않았다. 뜨내기 십자군의 한계였지만, 사실 모두 힘을 합친다고 해도 카이로 진격은 무리였을 뿐 아니라, 알렉산드리아의 유지도 어려운 실정이었다. 당연히 카이로의 맘루크 왕조는 5만이 넘는 대군을 편성하여 알렉산드리아로 진격을 시작하였다. 십자군 수뇌부는 회의 끝에 철수를 결정했고, 피에르 1세는 마지막까지 남아 있다가, 마지못해 철수하였다. 결국 십자군의 알렉산드리아 점령은 일주일에 불과했던 것이다. 맘루크의 술탄은 분노를 감추지 않았지만, 그리스도 교도에게 있을 보복을 엄금하고, 도시를 재건하기 시작하였다. 하지만 알렉산드리아는 이 피해를 완전히 복구하지 못했고, 그 후유증은 무려 19세기까지 이어졌다. 또한 누그러져 가던 그리스도교에 대한 이슬람 세계의 적대감이 다시 살아났다는 것도 큰 손실이었다. 한동안이긴 했지만 예루살렘 성지순례가 금지되었고, 맘루크 술탄의 명령에도 불구하고 동방 그리스도교인들에게 대한 박해와 차별도 강도가 심해졌다.

약간 여담성이지만 그 다음 해인 1367년, 기사단은 유일한 상관인 교황을 위한 일을 하였다. 아비뇽에서 로마로 돌아가는 우르바누스 5세를 위해 호위병과 선박을 내놓았는데, 기사단의 배만으로는 턱없이 부족하여 베네치아와 제노바, 피사도 배를 제공했지만, 교황은 굳이 기사단의 배를 탔던 것이다.

이후에도 피에르 1세는 소아시아와 레반트 지방에 공격을 가하였고, 약탈도 했다. 기사단도 참가했겠지만 자세한 내용은 확보하지 못했다. 1368년에는 다시 십자군을 일으키기 위해 유럽을 순방하였다. 이렇게 바깥으로 도는 남편을 보다 못한 왕비 엘레노르 Eleanor of Aragon는 어느 귀족과 바람이 나고 말았다. 사실 키프로스의 귀족들은 전쟁 때문에 많은 부담을 져서 피에르1세 에게 불만이 많았다. 이를 알게 된 피에르 1세는 잔혹한 보복을 하였는데, 1369년 1월 17일, 3명의 기사들이 그를 암살하였다. 이렇게 마지막 십자군 왕이 사라졌다. 화려한 군사적 성과로 인해 피에르 1세는 키프로스 국왕들 중 가장 유명한 인물이 되었지만, 이후 키프로스 왕국은 계속 쇠퇴하다가 1489년에 이르면 약삭빠른 베네치아인들의 땅이 되고 만다. 피에르 1세가 죽고 키프로스 왕국이 약체화되면서 구호기사단과 로도스의 중요성은 더욱 커졌다.

로도스의 요새화

우트르메르 시절, 기사단은 많은 성채를 보유했지만, 기존의 성과 요새를 확대하고 보강한 것이 대부분이었다고 언급했는데, 로도스 시대 역시 예외가 아니었다. 하지만 동로마제국이 남긴 요새를 거의 다섯 배로 확충하였으니 개조가 아니라 신축에 가깝다고 할 수 있을 것이다. 드 고종 총장은 방파제를 크게 보강하는 한편, 방어시설도 크게 정비하였다. 32대 총장 후안 페르난데스 데 에레디아Juan Fernanadez de Heredia는 항구 쪽의 성벽을 더욱 보강하였다. 34대 총장 필리베르 데 나라크Phillbert de Naillac는 항구 쪽의 요새를 더욱 보강하는 동시에 방파제 끝에 정식 이름은 성 미카엘St. Michael 탑이지만 보통은 자신의 성인 나라크 탑이라고 불리게 되는 46미터 높이의 탑을 건설하였다.

나라크는 프랑스 출신이었지만, 당시 기사단은 스페인의 영향을 많이 받아 이 탑은 스페인풍을 띠었다. 사방으로 사격이 가능한 이 탑은 로도스의 랜드마크로 사랑을 받았지만 19세기에 지진으로 인해 파괴되어 아쉽게도 지금은 그 터만 남아 있을 뿐이다.

나라크 탑을 그린 유화 (©Aga Khan (IT): wiki)

나라크의 후임자인 안토니오 플루비안 데 리비에Antonio Fluvian de Rivere는 육지 쪽 방어시설을 대거 보강하고, 성 요한St. John, 성 게오르기우스, 성 아타나시오스St. Athanassios의 이름이 붙은 탑들을 세워 더욱 사각을 줄였고, 육지 쪽 성벽을 전부 이중으로 구축하였다. 이렇게 로도스는 작은 콘스탄티노플이 된 것이다. 하지만 리비에의 후임자이자 36대 총장인 쟝 드 라스티Jean de Lastic는 이에 만족하지 않고 서북쪽을 중심으로 성 안토니오St. Antonio 탑을 쌓는 등 더욱 철저하게 요새화하였다. 나라크 탑 건너편에 풍차탑을, 서남쪽에는 성 마리아St. Maria 탑을 쌓아올렸다.

또한 열병기 시대의 시작, 즉 대포의 등장에 맞추어 성벽을 보완하고, 성벽에도 대포를 쏠 수 있는 구멍들을 만들어 놓았다. 100여 년 전에 말에서 내려 배를 탔던 기사들이 칼과 창을 버리고 총과 포를 잡기 시작한 것이다. 1453년 오스만 제국의 거포가 콘스탄티노플의 삼중 성벽을 무너뜨리자, 라스티의 후임인 자크 드 미리Jacque de Milly는 육지 쪽 성벽에 삼각형 보루를 추가하였다. 미리의 후임

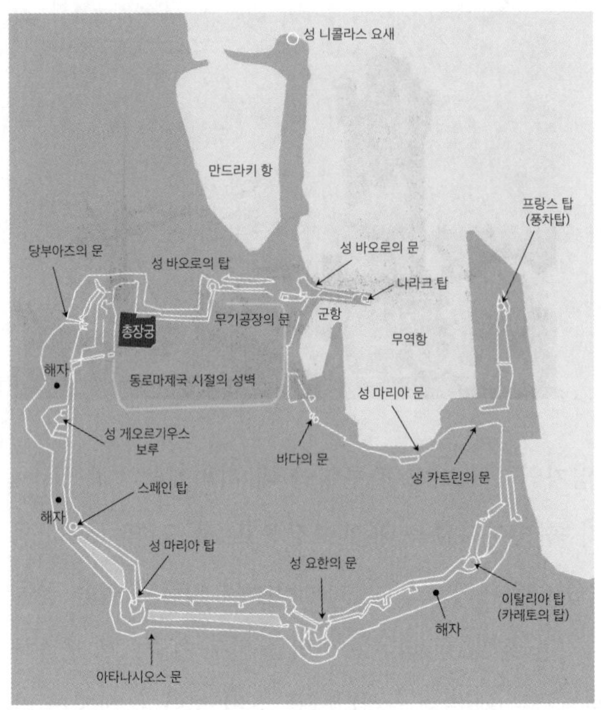

로도스의 성벽과 방어시설(©Aga Khan (IT): wiki)

자인 피에로 라이문도 자코스타Piero Raimundo Zacosta는 상업용 항구인 만드라키Mandraki의 방파제 끝에 성 니콜라스 탑과 오각형 보루를 추가하였다.

거기에다 폭 15미터, 깊이 9미터에 달하는 해자가 성 전체를 둘렀으며, 항구의 입구에는 콘스탄티노플의 금각만처럼 쇠사슬을 설치하였다. 이렇게 무려 한 세기 반 동안 로도스의 성벽과 방어시설은 끊임없이 보강되어 말 그대로 지중해 최강의 요새라 불릴 만한 존재가 되었다. 그러면 그동안 기사단은 무슨 싸움을 했을까? 이제 그 이야기를 해야 할 것이다.

에레디아 총장의 시대

피에르 1세가 암살당하고, 왕위를 이은 피에르 2세는 용렬한 인물이었고, 따라서 외교도 엉망이었다. 특히 제노바와의 관계가 극히 악화되었는데, 베렌가 총장이 온 힘을 다해 조정에 나섰지만 소용이 없었고, 결국 두 나라는 1373년 전쟁에 돌입하고 말았다. 전세는 제노바에게 유리했고, 결국 키프로스의 가장 중요한 항구인 파마구스타까지 함락되었다. 투르크인들이 이 좋은 기회를 놓칠 리 없어, 1374년 안탈랴가 그들이 손에 넘어가고 말았다. 다음 해, 투르크인들은 여세를 몰아 맘루크 왕조와 연합하여 킬리키아 아르메니아 왕국을 공격해 멸망시켰다. 이 해에 베렌가 총장이 세상을 떠나고 로베르 드 쥘리Robert de Juilly가 31대 총장에 선출되었다.

이 시기에 여러 투르크 세력 중 오스만이 위대한 군주 무라드 1세Murad I의 영도 하에 소아시아의 패권을 장악하고, 모레아 Morea와 트라키아Trakiya를 사실상 지배하여 동로마제국 황제 요한 5세가 신하를 자처해야 할 정도로 급성장하고 있었다. 라틴제국의 잔존 세력인 아테네 공국과 아키이아 후국도 바람 앞에 촛불 같은 신세였다. 앞으로 400년간 펼쳐질 기사단의 역사 중 오스만과의 싸움이 거의 8할을 차지한다고 해도 과언은 아닐 것이다.

기사단 역시 이런 상황에서 준비를 하지 않을 수 없었다. 우선 이탈리아의 은행에서 2만 4,500플로린을 빌려 군비를 확충하였다. 이 자금의 일부로써 이루어진 로도스의 요새화는 앞서 언급한 바 있다.

1377년, 쥴리 총장은 모레아의 보호를 위해 아키이아 후국의 모후 죠안나와 담판하여 보니스타Vonista 항을 조차하는 데 성공하였다. 다니엘 델 카레토Daniel del Carretto가 총독이 되어 현지로 떠났다. 하지만 이 조치는 건너편에 있는 알바니아의 영주 요한 스파타Johan Spata에게 위협적으로 받아들여졌다. 그런데 쥴리 총장이 그 해 7월, 갑자기 세상을 떠나고 말았다.

마침 그해 1월, 아비뇽에서 로마로 돌아온 교황 그레고리우스 11세는 60년 만에 다시 전례를 깨고 직접 총장을 임명했는데, 그 인물이 바로 에레디아였다. 18세 때 입단한 그는 교황청의 특사로 활동했고, 아라곤 왕세자의 교사를 맡을 정도의 학식과 행정경험을 갖춘 인물이었다. 교황의 두터운 신임을 받았음은 물론이다. 하지만 1310년생으로 거의 일흔을 눈앞에 둔 노인이었다. 그렇지만 놀랍게도 그는 거의 20년 가까이 직책을 수행하며 기사단의 천 년 역사에 손꼽히는 명총장 중 하나가 된다.

에레디아 총장의 초상화

에레디아 총장은 유럽의 지부에서 거의 400명에 달하는 기사들을 불러들였다. 프랑스가 역시 가장 많아 125명이었고, 이탈리아 출신이 108명, 스페인과 포르투갈 출신이 73명, 영국과 아일랜드 출신이 38명, 독일과 보헤미아 출신이 32명, 헝가리 출신이 17명, 모레아와 아테네 출신이

각 2명이었다.

에레디아 총장은 1378년 4월, 함대를 이끌고 보니스타 건너편에 있는 아르타Arta 공략에 나섰다. 요한 스파타는 세르비아군의 지원을 얻어 반격에 나섰다. 에레디아 총장은 불운하게도 매복에 걸려 지휘부와 함께 포로가 되고 말았다. 그들은 다음 해 9월이 되어서야 몸값을 주고 풀려났는데, 명총장의 데뷔전치고는 면목 없는 일이었다. 주류를 이루는 프랑스 기사들은 '늙은 스페인 출신 먹물 낙하산'에 대해 더욱 불만을 가질 수밖에 없었다.

이번에도 나쁜 일은 겹쳐서 왔다. 그가 포로 신세로 지내던 기간, 정확히 말하면 1378년 4월, 그를 임명한 그레고리우스 11세가 세상을 떠나고 우르바누스 6세가 로마에서 교황으로 선출되었는데, 이에 반발한 프랑스 추기경들이 아비뇽에서 클레멘스 7세를 대립교황으로 선출하면서 유럽 각국이 두 교황을 지지하는 사태가 벌어져 서방교회의 대분열이 시작된 것이다.

에레디아 총장은 프랑스 출신이 다수라는 현실을 인식하고, 아비뇽 교황청을 지지하는 한편, 로마의 교황을 지지하는 세력(주로 잉글랜드 출신이었다)을 관용으로 대해 기사단의 분열을 막았다. 또한 모레아에 대한 직접적인 방어를 포기하고, 로도스와 그 주변으로 방어선을 축소하는 결단을 내렸다. 동시에 모레아는 나바라Navarrese 군단이라는 용병을 써서 적군을 저지하였다. 이런 시의 적절한 조치로 기사단은 총장에 대한 암살 시도가 한 번 있기는 했지만, 안정을 되찾았다. 에레디아는 학식이 높은 인물답게 기사단을 '문치'로 다스려, 드 고종 총장과는 아주 대조적인 모습을 보였다. 1382년, 그는 아비뇽 등 유럽을 방문하여, 프랑스와 아라곤에 깔아둔 두터운 인맥을 활용하여 기사단의 후방을 든든하게 다져놓았다.

하지만 이런 행동은 로마의 교황 우르바누스 6세를 자극할 수밖에 없었고, 그는 카푸아 지부장인 리카르도 카라치올로Riccardo Caracciolo를 총장에 임명하는 강수를 두었다. 이렇게 '대립 총장'이 탄생한 셈이었다. 60여 년 만에 다시 기사단이 분열될 수 있는 위험한 순간이었다.

카라치올로는 리발도Ribaldo라는 기사를 로도스에 보내어 에레디아에 대한 반역을 선동하게 했지만, 전혀 먹히지 않았다. 그는 체포되어 아비뇽으로 보내졌고, '대립 총장'은 이름만 남은 존재로 전락하였다. 1395년 카라치올로는 세상을 떠났고, 그 사이 우르바누스 6세의 후계자가 된 보니파키우스 9세는 대안이 없어 새로운 '대립 총장'을 세울 수 없었다.

에레디아 총장은 그리스 문화에 대한 경외심을 지니고 있었다. 마침 전란이 잦았던 시기여서 많은 그리스의 학자들이 비교적 안전한 로도스 섬으로 모여들고 있었다. 에레디아 총장은 그들을 우대하여, 로도스를 당대 지식의 중심지로 만들었고, 많은 서적을 번역하는 한편 그들의 지식을 이탈리아와 프랑스에 전하는 데도 상당한 역할을 하여, 당시 피렌체 공화국의 서기장이었던 콜로초 살루타티Coluccio Salutati의 찬사를 받을 정도였다. 즉 그는 르네상스의 숨은 공로자였던 것이다.

에레디아 총장은 학자 출신답게 교육을 중요시하여, 기사들의 교육에 힘써 취임 당시에는 그리 높지 않았던 그들의 지적 수준을 획기적으로 높였다. 또한 재정 건전화에도 많은 노력을 기울여 연간 4만 5천 플로린의 흑자로 올려놓았다. 이렇게 에레디아 총장은 외교가, 교육가, 정치가, 학자로서 다방면에 걸쳐 엄청난 업적을 쌓았고, 기사단은 그의 재임기인 14세기 후반, 면모를 일신하면서 다음 세기를 버텨낼 기반을 쌓을 수 있었던 것이다. 물론 에레디아 총장도 완벽한 인물은 아니었다. 친척들을 아라곤 등 유럽 지부의 요직에 임명한 것이 대표적인 오점이다.

그러면 군사적 업적은 어떠했을까? 그의 임기 후반은 난세였다. 우선, 오스만 제국이 점점 팽창하였다. 1385년, 세르비아와 보스니아가 연합하여 코소보Kosovo에서 맞섰고, 기사단도 소규모지만 병력을 보냈다. 하지만 결과는 대참패였고, 세르비아는 속국으로 전락하고 말았다. 1393년에는 불가리아가 굴복했고, 그 다음 해에는 콘스탄티노플이 포위되었다. 궁지에 몰린 동로마 황제는 헝가리와 왈라키아에 구원병을 청할 수밖에 없었다. 하지만 그 두 나라의 힘만으로는 오스만을 막을 수 없었다. 그들도 서유럽에 구원을 요청했는데, 로마와 아비뇽의 분열은 여전히 계속되고 있었고, 더구나 영국과 프랑스는 '백년전쟁'을 치르고 있는 좋지 않은 상황이었다.

그럼에도 콘스탄티노플이 함락되고, 그 중요한 해협을 오스만이 장악한다면 어떻게 되는지는 잘 알았기에 두 교황 모두 십자군을 선포하였다. 헝가리 왕국, 신성로마제국, 프랑스 왕국, 왈라키아 공국, 폴란드 왕국, 잉글랜드와 스코틀랜드 왕국, 스위스Swiss 연방, 부르고뉴, 독일기사단, 베네치아 공화국, 제노바 공화국 등 거의 전

유럽이 참여한 거대한 십자군이 결성되었다. 물론 구호기사단도 빠질 수 없었다.

니코폴리스 십자군

기사단은 1396년 봄 원정을 시작했는데, 사령관은 앞서 이야기했지만 자신의 이름이 붙은 탑을 건설하는 드 나라크였다.

이때 노령의 에레디아가 세상을 떠났고, 나라크가 차기 총장으로 당선되었는데, 일설에 의하면 그는 이 사실을 전투가 끝난 뒤에야 알았다고 한다. 이 군대는 7월에 헝가리의 부다Buda에 도착하여, 지기스문트Sigismund*가 지휘하는 헝가리군과 합류하였다. 기사단 원정대는 로도스에 온 44척의 베네치아 해군과 합세하여, 해로로 에게해와 마르마라해 그리고 보스포루스해협을 통과한 다음 다뉴브강을 거슬러 올라가 그들과 합류하였다. 해군이 약한 오스만은 이들의 통과를 수수방관할 수밖에 없었다.

왈라키아와 독일의 공국군 등 유럽 여러 나라의 군대, 그리고 실로 오랜만에 함께하게 된 두 기사단을 합쳐 십자군의 규모는 13만 명에 달하였다고 하지만 아무래도 의심스럽고, 그 절반 정도라 보이지만 그렇다 해도 십자군 역사상 최대 규모였다.

오스만군과 싸운 경험이 있는 지기스문트와 왈리키아 공작은 조

* 훗날 신성로마제국 황제에 오르지만, 아들이 없어서 룩셈부르크Luxemburg 왕조의 마지막 제왕이 되고 만다.

심스러운 작전을 제의했지만, 느베르의 장 등 프랑스의 기사들은 명예욕에 불타 신속하게 진격하여 콘스탄티노플 구원은 물론 예루살렘 탈환까지 이루고 영광스럽게 귀국하기를 원했다. 결국 200년 전 하틴 전투 때와 같이 주전론이 이겼고, 다뉴브강을 따라 몇 개의 소도시를 점령하였는데, 그중 라호보Oryahovo 시는 철저히 약탈당했고, 오스만 분견대는 학살당했으며, 주민들은 살해당하거나 포로가 되었다. 뜨내기 십자군의 폐해는 여전했던 것이다. 9월 24일에 그들은 다뉴브 강변의 대도시 니코폴리스Nicopolis에 도착하였다. 이 때문에 역사가들은 이 십자군을 니코폴리스 십자군이라 부른다.

나라크 총장의 초상화(©Piotrus: wiki)

니코폴리스는 방어가 견고하고 군수품과 식량도 충분한 데 비해 십자군은 공성병기를 갖고 있지 않았다. 그럼에도 불구하고 십자군 수뇌부는 단순하게 콘스탄티노플 구원을 위한 전초전으로 보고 공략을 결심하였다. 콘스탄티노플을 포위하고 있는 오스만의 술탄 바예지드가 십자군과 전투를 벌이기 위해 빠르게 이동할 것이라고 믿지 않았기 때문이기도 하였다. 하지만 바예지드의 별명은 '번개'였다. 그는 이미 한참 전에 포위를 풀고 군대를 집결해 니코폴리스를 향해 진군하기 시작했고, 25일 식사를 하던 십자군 수뇌들은 오스만군이 근처에 도착했다는 청천벽력 같은 소식을 들었다. 양군은 바로 전투에 나섰다.

오스만군의 규모 역시 최소 2만에서 최대 6만까지 주장하는 학자가 있을 정도로 확실하지 않지만, 십자군보다 더 큰 규모는 아니었을 것이라는 견해가 통설이다. 그러나 오스만군은 훈련도가 더 높았고, 십자군과는 달리 지휘계통이 통일되어 있었다.

지기스문트와 왈리키아 공작은 이번에도 신중하게 맞서자고 주장하였다. 그들은 오스만군의 선봉은 주로 적 지역을 약탈하거나 잘 무장된 주력이 싸우기 전에 적을 지치게 만들기 위한 목적으로 투입되는 경보병들이기 때문에 주력인 기사들을 투입할 필요가 없으며, 대신 이미 오스만군과의 전투 경험이 있는 왈라키아 보병들에게 상대하게 하고, 그들을 밀어낸 다음 프랑스 기사들이 정면으로 돌격해가는 동안 헝가리와 다른 십자군들이 측면을 엄호하며 함께 공격해 들어가자고 제안하였다. 그러나 프랑스 기사들은 '우리들에게 농민 보병들을 뒤따라가라는 것은 모욕적이다'라며 거절하였다. 그리고 오스만군을 향해 지나치게 정직한 정면돌격을 감행하였다. 결과는 8천 명이 넘는 사상자와 수천 명이 포로로 잡힌 대패였다.*

물론 구호기사단은 이런 무모한 돌격에 참가하지 않았다. 후방 예비대로 자리를 지키면서 십자군이 강변으로 도망쳐 배를 탈 수 있는 시간을 벌어주었다. 그중에는 지기스문트도 있었다. 기사단은

---

* 프랑스인들은 이 전투에서 별 다른 교훈을 얻지 못하고, 중기병 돌격을 고집하다가 20년 후 아쟁쿠르Azincourt에서 영국군에게 궤멸당하고 만다.

니코폴리스 전투를 묘사한 당시의 그림. 돌격하는 프랑스 기사들과 학살당하는 포로들의 모습을 볼 수 있다.

별다른 손실 없이 다뉴브강을 통해 콘스탄티노플을 지나 로도스로 무사히 귀환하였다. 하지만 수천 명의 포로 중 몸값을 낼 수 없는 자들은 라호보의 학살에 대한 보복으로 처형되고 말았다. 비록 기사단에 별다른 손실은 없었지만 이런 상황은 이슬람 세력에 맞서는 최전선에 서 있는 그들에게 직접적인 영향을 미치지 않을 수 없었다.

모레아 방어전 그리고 동쪽에서 부는 태풍

니코폴리스 전투 바로 다음 해인 1397년, 오스만은 그 창끝을 모레아로 돌렸다. 동로마제국 황제의 동생이자 모레아의 군주인 테오도로스 1세Theodoros I는 베네치아로 도망쳐 버렸고, 구호기사단이 방어를 전담해야 하였다. 드 나라크 총장은 중과부적의 상황임을 잘 알고 있었기에 코린트Corinth 지협만을 결사방어하는 전술을 채택하여, 오스만의 대군을 완강하게 저지하였다. 이 방어로 그리스도 세력의 모레아 점유는 60여 년간 더 이어지게 된다. 2년 후, 테오도로스 1세는 아예 모레아를 구호기사단에 팔아넘기려 했지만 잘되지 않았고, 결국 바예지드와 협상하여 구호기사단의 모레아 철수를 전제로 한 협상을 시작하여 성사시켰다. 즉 동로마인들이 구호기사단을 팔아먹은 셈이었다. 할 수 없이 기사단은 모레아 포기를 결정하고 1402년에 완전히 철수하였다. 테오도로스 1세는 귀국하였지만, 3년 후 세상을 떠난다.

바예지드가 모레아 공국과 협상을 한 이유는, 그들이 두려워서가 아니라 동쪽에서 거대한 태풍이 불고 있었기 때문이다. 바로 반은 몽골인 반은 투르크인인 절름발이 티무르Timur가 등장했기 때문이다. 1400년 8월, 아나톨리아에 들어선 그는 알레포와 다마스쿠스까지 정복하며 오스만과 맘루크 두 제국을 모두 위협하였다. 바예지드로서는 더 이상 유럽 전선을 유지할 수 없었기에, 대군을 모아 티무르와의 일전을 준비할 수밖에 없었다.

1402년 7월 27일, 앙카라Ankara 외곽에서 14만의 티무르군과 8

만 5천의 오스만군이 대전투를 벌였다. 결과는 바예지드가 포로가 되었을 정도로 티무르의 대승으로 마무리되었다. 티무르는 바예지드를 정중하게 대접했지만, 치욕을 이기지 못한 그는 1년 후 티무르 진영에서 죽고 말았다. 이후 오스만 제국은 왕자들 간의 왕위 다툼으로 20년간의 '대공위 시대'를 맞이하게 된다. 본의 아니게 티무르는 프레스터 존의 역할을 하게 된 셈이었다.

티무르는 오스만에 굴복했던 에미르들에게 영지를 돌려주고 사방으로 약탈을 했지만, 해군이 전무했기에 유럽으로 진격하지는 못했다. 그사이에 기사단은 할리카르나소스Halicarnassus를 차지하였다. 이 도시는 고대 그리스 시대의 유명한 역사가 헤로도토스Herodotus의 고향이자 고대 7대 불가사의 중 하나인 마우솔리스의 영묘Mausoleum로 유명하다. 이 영묘는 페르시아 제국의 태수였던 마우솔로스가 죽자 그의 아내이자 누이인 아르테미시아 2세가 만들었고, 그녀도 같이 묻혔다. 그리스인 건축가들에 의해 지어졌으며, 약 45미터의 높이를 가진 장대한 건축물로 네 면은 모두 종교적인 장식물들로 꾸며져 있었다. 완공된 무덤은 워낙 규모가 장대했기 때문에, 고대의 7대 불가사의 중 하나가 될 정도였다. 이 영묘는 로마 티베리우스Tiberius 황제 시대에 일어난 지진으로 손상을 입고, 다시 14세기의 지진으로 인해 파괴*되었으며, 유물은 해적들에게 약탈된 상황이었다. 그럼에도 남은 잔해들만으로도 기사들

---

* 현재 없어진 6개의 고대 불가사의들 중 가장 늦은 시기에 파괴되었다. 현재 보드룸에는 세계 최초의 해양고고학 박물관이 들어서 있지만, 관리와 전시 상태는 좋지 않다고 한다.

현재의 보드룸 요새(ⓒAd Meskens: wiki)

을 감탄시키기 충분했다고 한다. 하지만 그들은 그 잔해로 1409년까지 성 베드로의 이름을 붙인 요새를 건설했는데, 라틴어로는 페트리움Petrium이었다. 한 세기가 지난 이후, 이 요새를 차지한 오스만인들은 이 이름을 잘못 발음하여 보드룸Bodrum이라 부르게 되었고, 현재까지 이르게 된다.

티무르 덕분에 구호기사단과 동로마제국은 숨 쉴 틈을 얻게 되지만, 전혀 불똥이 튀지 않을 수는 없었다. 당시 티무르는 같은 이슬람 세력만 공격한다는 비난을 받고 있었기에 구색 맞추기인지 그해 12월, 소아시아 해변에 있는 기사단의 근거지 스미르나를 공격했다. 기사단은 단단히 준비하고 방어에 임했고 2주간 격전을 치렀지만 이 항구를 내줄 수밖에 없었다. 기사단은 반세기 동안 지켰던 이 항구도시를 잃었고, 다시는 되찾지 못했다. 그러나 스미르나에 비해서 작기는 했지만, 보드룸의 확보로 소아시아의 거점은 유지할 수 있었다. 보드룸은 10킬로미터 맞은편에 떠 있는 코스섬과 함께 기사단의 해상통제력을 높이는 데 한 세기 넘게 큰 역할을 하였는데, 특히 오스만 제국에서 노예로 살다가 탈출한 그리스도교인들이 도망칠 수 있는 유일한 육지 거점으로서의 역할도 하였다. 조선소가 있을 정도로 기사단에게는 로도스 다음으로 중요한 공간이었다. 방어는 영국인 기사들이 주로 맡았다.

기사단의 '평화로운 14세기'

드 나라크는 수완 좋은 외교관이기도 하였다. 전임자 에레디아가 명총장이기는 했지만 아비뇽과 가까웠던 데 비해 두 교황청과 모두 우호적인 관계를 유지했고, 1409년 피사에서 열린 공의회에 참석하기도 하였다. 이 공의회에서 두 교황을 모두 폐하고 새로운 교황을 뽑았지만, 오히려 세 파벌로 분열되는 결과를 가져왔다. 그러나 1417년, 콘스탄츠Konstazer 공의회에서 기존의 세 교황을 모두 폐하고 마르티노 5세Martinus V를 새로운 통일 정통 교황으로 선출하면서, 교회의 분열은 막을 내렸다. 이 공의회에서 드 나라크 총장은 마르티노 5세의 대관식을 주관할 정도로 주도적인 역할을 하였다. 이로써 1309년 로도스 함락으로 시작된 기사단의 '14세기'는 이렇게 막을 내렸다.

14세기 중반의 교황이었던 이노센트 6세는 기사단이 소아시아의 투르크인들을 몰아낼 생각을 하지 않고 평화 속에서 무위도식하고 있다고 비판할 정도로 14세기는 기사단에게는 평화로운 시기였다. 좋은 예가 훗날 잉글랜드왕 헨리 4세에 오르는 헨리 볼링브로크Henry Bolingbroke의 편력이다. 그는 십자군 참가를 열망하며 독일기사단에 합류하여 발트해 일대에서 전투를 벌였다. 하지만 여기에 만족하지 못하고 1393년 로도스까지 왔지만 전투할 기회를 잡지 못했다. 결국 성지순례로 만족할 수밖에 없었는데, 그의 편력을 보아도 그 시기는 평화스러웠다는 사실을 잘 알 수 있다. 하지만 자세히 살펴보면 기사단은 알렉산드리아와 스미르나 공략, 코소보와 니코폴리스 전투, 모레아 방어전 등 여러 전쟁에 적극적으로 참여하였다. 그저 로도스를 직접 공격하는 적군이 없었을 뿐이었다. 그리고 유럽의 기사들에 비하면 일상생활도 소박하였다. 다만 상대적으로 13세기에 비하면 전투가 적었고, 거의 쉬지 않고 발트해 안에서 전투를 치른 독일기사단에 비해서는 평화로운 시절을 보냈다고 할 수 있을 것이다.

그러면 전쟁을 제외하면 기사단의 14세기는 어떠했을까? 우선 구성원들의 출신이 많이 변화했다는 점을 들어야 할 것이다. 그전까지와는 달리 귀족 출신이 아닌 중산 계급 출신자의 입단이 늘어났는데, 이는 명실상부한 독립국가로서 필수적인 행정업무, 즉 회계, 사법, 문서처리, 제조업과 건설사업 등에 필요한 전문인력이 절실해졌기 때문이었다. 그리고 군사용 목적 외의 건설사업이 활발해졌다. 그들은 우선 동로마제국 시절 로도스 지사 관저를 총장의 궁전으로 바꾸어 크게 증축하였고, 서북쪽에는 세례자 요한에게 바치는 대성당을 지었다. 동서를 관통하는 기사대로를 뚫었으며, 동북쪽에는 무기공장을 건설하였다. 총장궁과 언어구의 본부들이 모여 있는 지역은 샤토château라고 불렸고, 로도스의 심장으로 자

총장궁의 정문. 이 궁을 복원한 인물은 의외로 무솔리니였다. 이탈리아는 오스만과의 전쟁에서 승리하여 로도스 섬을 차지했고, 무솔리니가 자신과 국왕의 여름 궁전으로 복원하였다. 그래서 외부는 중세풍이지만 내부는 화려한 이탈리아풍이다.(ⓒSailko: wiki)

리 잡았다.

만약 14세기 중반 유럽을 강타한 흑사병이 없었다면 로도스는 더욱 번영했을 것이다. 그럼에도 기사단의 로도스 시대는 이 섬 그리고 주민들에게 제2의 전성기였다. 20세기 프랑스의 거장 장 콕토Jean Cocteau는 세계일주를 하면서 몇 시간 동안 로도스에 머물렀는데, 그는 이때 "로마가 다이아몬드라면, 아테네는 진주, 로도스는 목걸이를 장식하는 최고급 바로크석이다"라는 멋진 표현을 했는데, 물론 목걸이는 도데카니사 제도를 의미하는 것이다.

1410년대, 오스만의 술탄은 메메드Mehmed I세로, 앙카라 전투 이후 벌어진 대공위 시대라는 난세를 정리한 인물이었다. 신사적인 성품인 그는 비교적 온건한 대외정책을 펼쳤고, 기사단과도 우호적인 관계를 유지했는데, 심지어 소아시아의 군소 에미르들을 토벌하는 데 기사단에게 도와달라는 요청을 했을 정도였다. 물론 기사단은 이를 정중하게 거절하였다.

15세기 초반, 기사단은 큰 전투 없이 그리스도교 쪽 선단의 호위와 이슬람 세력을 상대로 한 통상파괴전 정확하게 말하면 '해적 행위'에만 열중하고 있었다. 단 기사단의 공식적 행위가 아니라 로도스 주민의 '개인적인 일탈'이라고 연막을 쳤다. 이런 사실상의 해적질은 형식상 이교도들에 대한 '성전'을 치른다는 명분과 전리품 획득이라는 일석이조의 효과를 거둘 수 있었다.

하지만 좋은 면만 있을 수는 없었다. 적과 아군을 구분하기 어려운 상황에서 공격대상이 그리스도교의 배가 될 수도 있었고, 기사단을 '사칭'하는 전업 해적도 등장했기 때문이다. 하지만 전부 사칭은 아니었다. 니콜라스 샹페르Nicolas Samper라는 해적은 미리 기사단의 허락을 받고 동지중해를 종횡무진하며 해적질을 했는데, 그 피해자 중에는 기사단과 우호조약을 맺은 에미르도 있었다. 소아시아의 에미르들은 분노를 감추지 못했다. 이슬람 세력과의 무역이 중요했던 이탈리아 도시국가들도 기사단의 해적행위가 불편하긴 마찬가지였다. 1412년에는 제노바인으로 레스보스Lesbos 섬의 주인인 하메스 가티루시James Gattilusi가 섬 인근에서 투르크 선박을 공격하는 기사단의 군함을 나포하고 단원들을 감옥에 가두는 일이 벌어졌을 정도였다.

교회의 통합을 이룬 나라크 총장은 뒤처리를 하고 1420년에야 로도스로 돌아와, 다음 해 세상을 떠났다. 나라크 본인은 프랑스 출신이었지만, 인재등용에는 국적을 가리지 않는 안목이 있는 인물이었다. 그래서인지 스페인, 정확하게 말하면 카탈로니아 출신의 부총장인 안토니오 프루비안 데 리비에레Antonio Fluvian de Riviere가 후계자가 되었다. 그동안 기사단은 프랑스, 더 정확하게 말하면 프로방스 출신이 여전히 주류를 이루었지만, 이베리아 반도의 이슬람 세력을 몰아내는 레콩키스타의 완결을 눈앞에 둔 본국의 분위기 덕분에 스페인 세력이 약진하면서 기사단에 눈에 띄는 변화가 일어났다.

리비에레 총장의 초상화

40년 후, 총장에 오르는 피에로 라이몬도 자코스타 시대가 되자 스페인 언어구를 아라곤과 카스티야로 나누어 8개 구로 재편했다는 것이 좋은 증거였다. 각 언어구에는 크기는 다르지만 기사관 하나와 갤리선 한 척씩이 주어졌고, 당연히 '해적 활동'을 해야 했다. 자코스타의 후계자는 로마의 명문가 출신 지오반니 바티스타 오르시니Giovanni Battista Orsini가 맡았는데, 이탈리아 세력의 성장도 만만치 않았다는 좋은 증거이다.* 물론 이때도 프랑스 출신이 다수였

* 오르시니 가문은 콜론나 가문과 함께 로마의 양대 명문이었는데, 두 가문

지만, 15세기의 기사단이 점점 다양한 면모를 보이게 된 것은 분명한 사실이었다. 하지만 15세기는 평화와는 거리가 먼 세기였다.

계속되는 이슬람 세력의 공격

나라크 총장이 세상을 떠난 1421년, 묘하게도 오스만의 술탄 메메드 1세도 죽고, 아들 무라드 2세Murad II가 즉위하였다. 무라드는 아버지와는 다르게 공격적인 대외정책을 펼쳤는데, 동로마제국이 첫 목표가 되었다. 즉위 다음 해인 1422년, 콘스탄티노플 공략에 나섰는데, 그냥 위협이 아니라 진짜로 함락시키기 위한 본격적인 포위 공격이었다. 하지만 이 틈을 노려 두 동생이 반란을 일으켜 수도 부르사Brusa를 위협하였다. 무라드는 할 수 없이 콘스탄티노플 포위를 풀고 두 동생을 제압하기 위한 싸움을 했고, 그 다음 해 2월 그들을 죽이고 부르사의 포위를 풀었다.

콘스탄티노플을 정복하기 위해서라도 후방인 소아시아를 단단히 다질 필요가 있다는 사실을 깨달은 무라드 2세는 소아시아를 종횡무진하면서 정복사업을 벌였다. 1426년에 이르면 한때 스미르나를 두고 기사단과 한판 싸움을 벌인 아이딘과 테케Tekke 등을 정복하면서 기사단령 보드룸이 오스만 제국과 직접 국경을 접하기에 이르렀다. 기사단은 당연히 오스만 제국 쪽으로 신경을 곤두세우고

은 종교 기사단에도 자제들을 보냈다. 콜론나 가문은 성전기사단에 주력했다가 실패한데 비해, 오르시니 가문은 구호기사단에 주력하여 성공적으로 뿌리를 내렸다.

있었지만, 위협은 바다 건너에 있는 숙적인 맘루크 쪽에서 다가왔다. 보드룸이 오스만과 국경을 맞대게 된 1426년, 맘루크의 술탄 바르사바이Barsabay가 해적 소탕을 명분으로 키프로스를 침공했기 때문이다. 사실 해적질은 기사단도 당연히 책임을 피하기 어려웠다. 7월에 벌어진 전투에서 키프로스 왕 야누스Janus가 참패하여 맘루크군의 포로가 되었고, 기사단의 중요한 거점인 콜로시 성이 약탈을 당해 많은 재산손실을 입고 말았다.* 키프로스 왕국은 막대한 몸값을 치르고 왕을 돌려받았는데, 기사단도 1만 5천 플로린을 동맹국을 위해 내놓지 않을 수 없었다. 2년 후, 해적 행위를 하지 않는다는 조건으로 맘루크와 평화조약을 맺었던 것이 그나마 다행이었다.

그사이 소아시아의 기반을 굳힌 무라드는 창끝을 유럽 쪽으로 돌려 동로마제국에서 두 번째로 큰 도시였지만 방어가 어려워 베네치아 공화국에게 넘긴 테살로니카Thessalonica를 1430년에 차지하고, 펠로폰네소스 반도 쪽으로도 세력을 확장하기 시작하였다.

이렇게 악화된 정세 때문에 앞에서 이야기한 것처럼 당시의 총장들은 로도스의 방어시설을 계속적으로 강화하지 않을 수 없었던 것이다. 리비에레 총장도 기존의 보루를 보강하는 동시에 보루와 성벽의 연결성을 개선하고, 대포에 대한 방어와 포구를 설치하였다. 여담이지만 당시의 보강공사는 총장의 고국인 스페인풍을 띠었다고 한다.

---

* 맘루크 입장에서는 60년 전 알렉산드리아에서 당한 수모를 멋지게 복수한 셈이다.

이슬람 세계의 두 강대국인 오스만과 맘루크는 모두 흑해 연안에서 '사냥'한 슬라브인 노예무역으로 큰 이익을 보고 있었다. 또한 한 산에 두 호랑이가 공존할 수는 법이었기에, 서로를 경계하면서 빈틈을 노리고 있었다. 따라서 그 사이에 끼여 있는 로도스의 기사단은 언제 무슨 공격을 당해도 이상할 것이 없는 상황이었던 것이다.

1437년부터 총장을 맡은 장 드 라스틱은 방어시설의 확충으로만은 부족하다고 여겼기에, 유럽의 왕국들에게 지원을 요청하고 유럽 각국의 지부에서 병력을 보충하려 하였다. 그러나 주된 병력 공급원인 프랑스는 영국과 백년전쟁을 치르고 있는 중이었고, 중부 유럽은 후스 전쟁Hussite Wars으로 여력이 없었다. 그나마 부르고뉴 공작인 필리프 3세Philip III는 드물게 '구시대적인 십자군 정신'의 화신이었다. 1440년, 그는 작은 함대를 편성하여 가장 급한 콘스탄티노플로 보냈었다. 하지만 도중에 맘루크 함대가 로도스 공략을 위해 출발했다는 소식을 접하고, 항로를 로도스로 돌렸다.

맘루크의 술탄 자크마크Jaqmaq는 18척의 갤리선으로 구성된 함대를 로도스로 보냈고, 그들은 지금의 샌디 포인트Sany Point 부근에 닻을 내렸다. 기사단은 8척의 대형 전투용 갤리선과 10척의 소형함으로 맞섰고, 치열한 접전 끝에 그들을 물리치는 데 성공하였다. 하지만 그들의 약탈까지는 막지 못했고, 적지 않은 주민들이 포로가 되어 끌려갔으며, 재산 피해도 만만치 않았다. 그럼에도 이 전투는 기사단의 승리라 할 수 있었다. 필리프 3세의 '십자군'은 이 전투에는 별다른 도움을 주지 못했다. 하지만 그 자체가 기사단과 주민들의 사기를 높이는 데에는 큰 역할을 하였고, 오스만 제국의

장 드 라스티의 초상

해안을 공격하는 해상 게릴라전에도 참가하여 상당한 전과를 거둔 다음 다시 돌아온다는 약속을 하고 일단 귀국하였다.

라스틱 총장은 귀한 선물을 든 사절단을 이집트로 보내 화평을 청했지만 거절당한다. 1442년 맘루크는 두 번째 공격을 가했는데, 대규모는 아니었고 기사단은 이를 이겨냈다. 이렇게 로도스의 전운이 점점 깊어지는 상황에서 1444년 8월, 이집트의 대군이 로도스에 나타났다.

원정군의 규모는 1만 8천 명이나 되었다. 즉 그전같이 약탈과 노예 획득을 위한 저강도 전쟁이 아니라 로도스를 정복하겠다는 의지를 지니고 온 군대였다. 기사단은 12척의 대형 전투용 갤리선으로 요격에 나섰지만, 8월 10일에 이루어진 로도스 항 서북쪽으로의 상륙을 저지하지는 못했다. 그들은 상대적으로 방어력이 약한 성 니콜라스와 성 안토니오 문 사이를 공격했는데, 처음으로 대형 공성포를 사용하였다. 이 공성포에서 발사되는 돌 포탄의 무게는 270킬로그램에 달했다. 앞서 이야기했듯이 기사단은 이런 상황을 예상하고 성벽을 보강했지만 실제로 당하는 것, 그것도 처음 당하는 것은 완전히 다른 차원의 문제였다. 무서운 신무기에 질려버린 여인들과 노약자들은 성당에 들어가 하느님과 성모의 가호를 빌었다. 맘루크군은 필리프 3세와 카탈로니아에서의 원군이 오기 전에 함락시킬 작정이었다.

열흘이 넘는 공방전이 이어지던 시점에서 라스티 총장은 기습을 결심하고, 용맹하고 과감한 성격의 영국 출신 기사인 휴 미들턴 Hugh Middleton을 돌격대장으로 임명하였다. 8월 23일, 중무장하고 긴 창을 든 기사들이 중앙에 서고 석궁수들이 좌우를 엄호하는 대형을 만든 돌격대는 해가 뜨기 직전 성문을 열고 자신들의 수호성인인 "성 요한!"을 외치며 과감한 돌격에 나섰다. 이에 비해 맘루크군은 별다른 대비를 하고 있지 않아서 그대로 박살이 나고 말았다. 일패도지한 맘루크군은 함대가 정박해 있는 해안까지 밀려났고, 돌격대는 공성무기를 전부 노획하여 성안으로 돌아갔다.

맘루크군은 다시 전열을 정비하여 공성전에 나섰지만, 이미 맥이 풀린 상황이었다. 거기에다 필리프 3세의 군대와 카탈로니아군까지 도착하자 더 싸울 힘을 잃어버리고 철수하고 말았다. 기사단으로서는 그들을 성지에서 축출한 숙적 맘루크에게 제대로 복수를 한 셈이었다. 물론 알렉산드리아에서의 일시적 승리가 있었지만, 당시 주역은 키프로스 왕국이었고, 4년 전의 승리는 국지전에 불과했기 때문이다. 필리프 3세의 함대는 콘스탄티노플 방어를 위해 북상하면서 오스만의 해안을 공격하며 나름대로의 십자군 전쟁을 이어나갔다.

바르나 십자군의 패배와 불안한 평화

여기서 눈을 로도스 밖으로 돌려보자. 1441년에서 1442년 사이 헝가리의 명장 후녀디 야노시Hunyadi János는 여러 차례 오스만 제국군에게 승리를 거두었다. 또한 오스만 동쪽에 있는 카라만Karaman 공국*의 에미르 이브라힘Ibrahim이 동로마의 지원을 받아 오스만에 대항하기 위해 일어났다.

이 기회에 오스만 제국의 기세를 어떻게든 꺾어야 한다고 판단한 교황 에우제니우스 4세Eugenius IV는 1444년 가을, 대규모 십자군을 일으켰다. 새로운 십자군은 헝가리군과 폴란드군이 주력이었고, 보헤미아Bohemia군, 교황청군, 독일기사단, 보스니아Bosnia, 크로아티아Croatia, 불가리아Bulgaria, 왈라키아Wallachia, 리투아니아Lithuania가 보낸 소규모 군대로 구성되어 있었다. 헝가리와 폴란드 두 왕국의 젊은 왕 브와디스와프 3세Władysław III가 친정에 나섰다. 다만 구호기사단은 직전에 로도스에서 격전을 치렀기에 제외되었다. 창설 이후 구호기사단이 십자군에서 빠진 적은 이번이 처음이자 마지막이었다. 이 십자군의 목표는 말할 것도 없이 오스만군을 유럽에서 축출하고 콘스탄티노플의 안전을 보장하는 것이었다. 병력 규모에 대해서는 정확하게 알 수 없지만 2만 정도로 추정된다.

12살짜리 아들 메메드 2세에게 술탄 자리를 물려주고 은퇴했

---

* 동부 아나톨리아를 통치하던 투르크계 왕조이다. 오스만 제국과 맘루크 왕조 사이에 있어 완충국이자 분쟁지역이 되었지만 결국 오스만 제국에게 멸망당한다.

브와디스와프 3세의 돌격을 그린 미완성 유화

던 무라드 2세가 복위하여 지휘봉을 잡았고, 6만 대군을 지휘하여 동부 불가리아의 바르나 Varna에서 대전투를 벌였다. 십자군은 압도적인 오스만군과 맞서 분전했지만 패하고 말았다. 브와디스와프 3세는 후녀디 야노시의 만류에도 불구하고 무모한 돌격을 감행하다가 전사했는데, 병력 손실은 양쪽이 거의 비슷했던 것으로 전해진다. 이로써 발칸은 다시 오스만의 뒤뜰이 되었고, 콘스탄티노플을 구원할 대규모 십자군은 다시 만들어지지 않았다. 1453년의 파국은 피할 수 없게 된 것이다.

이 전투에 불참한 기사단은 다행히 아무런 피해를 입지 않았지만, 오스만에 대항하기 위해서라도 맘루크와 더 이상 전쟁을 해서는 안 된다는 결론을 내리고, 1446년 술탄 자크마크와 불안하긴 하지만 평화조약을 맺었다.

1448년, 카라만의 이브라힘이 소아시아에 남은 키프로스 왕국의 도시들을 공격하였다. 당시 키프로스 왕국은 맘루크 술탄에게 조공을 바치는 종속국이었기에, 라스틱 총장은 자크마크를 무려 알렉산드로스 대왕과 비교할 정도로 미사여구가 가득 찬 서신을 보내 구원을 청했지만, 그들은 움직이지 않았다. 1451년에는 기사단과 동맹을 맺은 한 에미르가 지배하고 있는 항구도시 알라니아 Alanya가 카라만의 공격을 받았다. 기사단은 함대를 출동시켜 막아보려 했지만 함락을 막을 수는 없었다. 당연히 라스틱은 자크마크를 불신할 수밖에 없었고, 로도스의 모든 이들은 불안에 떨게 되었다.

1450년 7월에는 오스만의 술탄이 보낸 국서가 로도스에 도착하였다. 그 내용은 "해적 행위를 중단하고, 오랫동안 지속될 평화를 선택하라는 것"이었다. 당시 오스만인들은 구호기사단을 '지옥의 파수꾼'이라고 불렀다.

당시의 기사단은 이를 물리칠 형편이 아니었기에, 라스틱 총장은 이를 받아들여 '해상에서의 영웅적 행위'를 중단하라고 지시할 수밖에 없었다. 이렇게 살얼음을 걷는 듯한 불안한 평화가 계속되었지만 오래갈 수는 없었다.

메메드 2세의 등장과 격변하는 시대

1451년 2월, 무라드 2세가 세상을 떠나고, 아들 메메드 2세가 19세의 나이로 술탄의 위에 올랐다. 이 청년 군주는 선황의 지도하에 제대로 교육을 받아, 투르크어와 아랍어는 물론 페르시아어, 그리스어, 라틴어에 능숙한 비범한 인물이었다. 메메드 2세가 기사단, 아니 그리스도교 세계 전체의 무서운 강적이라는 사실을 알게 되는 데에는 많은 시간이 필요하지 않았다. 반면 라스틱 총장은 80세의 초고령이었다.

새로운 '로마 황제'를 꿈꾸던 메메드 2세에게 콘스탄티노플은 반드시 필요한 도시였다. 1453년 봄, 10만 대군을 이끌고 천 년 동안 단 한 번밖에 함락되지 않았으며, 이교도의 손에 넘어간 적은 그야말로 한 번도 없었던, 3중 성벽을 자랑하는 콘스탄티노플 공략에 나섰다. 잘 알려진 바대로 7천의 수비 병력밖에 없던 콘스탄티노플은 압도적인 물량과 거대한 대포, 그리고 육지로 배를 옮기는 상상을 초월하는 공격법 앞에 5월 29일 함락되었다. 이로써 동로마 천 년은 막을 내렸고, 명실상부한 오스만 제국의 시대가 열렸다.

기사단은 이슬람을 막아줄 방패 하나가 사라졌다는 사실을 다른 누구보다도 잘 알았기에 눈물을 흘렸지만, 겉으로는 메메드 2세에게 승리를 축하하고 화평을 청하는 서신을 보내지 않을 수 없었다. 이와 동시에 노 총장은 유럽의 지부들에게 자금과 병력을 보내라는 서신을 보내 궁극적으로는 피할 수 없는 오스만과의 전쟁을 준비하였다. 이 소문을 듣고 싸우기 위해 로도스로 온 '뜨내기 십자군'도 있었는데, 그중 하나가 20대 중반의 독일 귀족이자 기사인 요르그 폰 에힝엔Jörg von Ehingen이었다. 하지만 오스만군은 쳐들어오지 않았고, 그는 대신 성지순례를 다녀왔다. 메메드 2세는 공격 대신 자신을 주군으로 모시고 매년 2천 두카토의 조공을 바치라는 요구를 담은 국서를 보냈다. 교황만을 유일한 주군으로 모시는 기사단으로서는 그들의 정체성 자체를 부정하는 것이기에 받아들일 수 없는 요구였다. 노 총장은 단호하게 거절했고, 다음 해인 1454년에 세상을 떠났다. 후임자는 자크 드 미리였는데, 1291년 이후 가장 위험한 시기에 중책을 맡은 셈이었다.

메메드 2세는 로도스를 바로 공격하지는 않았다. 먼저 로도스 주변 도서인 시미Symi 섬과 코스 섬을 공격했고, 1456년에는 키오스Chios 섬을 아예 점령하기까지 하였다. 내부적으로 당시 로도스 섬은 전염병과 기근으로 경제적, 사회적 어려움까지 겪고 있었다.

설상가상으로 키프로스 문제까지 발목을 잡았다. 1458년, 키프로스 국왕 장 2세가 세상을 떠나자, 그의 딸 샤를로트가 즉위했지만, 사생아인 자크가 반란을 일으켰다. 기사단은 그녀를 지원했지만, 마지막 승리는 자크가 차지하면서 키프로스 왕국과의 관계는 최악으로 치달았다. 나쁜 일은 같이 온다는 말대로 베네치아와의 관계도 최악에 가까울 정도로 나빠졌다. 기사단은 다시 해적질을 시작했는데, 1464년 베네치아의 상선을 건드려, 이 배에 탄 아랍인 10명을 노예로 팔아먹었다. 이에 분노한 베네치아는 대함대를 로도스로 보내 무력시위에 나서기에 이른다. 기사단은 아랍인들을 다시 돌려받아 석방하고, 배상까지 하여 급한 불을 끌 수 있었다.

자코스타 총장의 초상화

미리 총장은 이런 상황에서 동분서주하다가 1461년에 세상을 떠난다. 후임자는 피에로 라이문도 자코스타였는데, 이 두 총장은 앞서 말한 대로 방어시설 보강에 많은 노력을 기울인 바 있었다.

이렇게 어려운 상황에 빠진 기사단

은 오스만 제국과 관계개선에 나서, 1462년 조공 대신 선물 명목으로 금품을 내어놓는 조건으로 평화조약을 맺는 데 성공하였다. 하지만 그리 오래 갈 수 없는 평화임은 분명하였다.

이를 증명하듯이 메메드 2세는 정복의 고삐를 늦추지 않았다. 1456년에는 아테네 공국이, 1460년에는 동로마제국의 남은 조각인 모레아가, 그 다음 해에는 트레비존드Trebizond가 오스만 제국의 손에 들어왔다. 이어서 왈라키아와 알바니아가 신하의 나라임을 자처하면서 기사단은 거의 고립무원의 처지에 빠지고 말았다.

1464년, 메메드 2세는 사실상 공물의 성격을 띤 선물을 증액하라고 요구했지만 자코스타 총장을 비롯한 기사단은 단호히 거절하였다. 당연히 오스만 제국과의 관계는 악화되었고, 대책을 마련해야 하였다.

자코스타 총장은 먼저 기사단의 조직을 개편하였다. 우선 스페인 세력의 증가를 반영하여 스페인 구를 카스티야-포르투갈과 아라곤-나바르구로 나누었다. 또한 과거에는 제노바나 마르세이유Marseille에서 갤리선을 주문했지만, 이제는 조선소를 건설하여 자체 건조가 가능하도록 하였다. 니콜라스 탑과 오각형 보루 건설에 대해서는 앞에 다루었지만, 오각형 보루는 열병기 시대에 맞춘 최신형 요새이기도 했다. 당연히 많은 비용이 들었는데, 필리프 3세가 보내준 금화가 큰 도움이 되었다고 한다. 이 요새들의 건설로 방어종심防禦縱深이 더욱 깊어졌음은 물론이다.

자코스타 총장이 이 요새들이 완공된 1467년에 이제는 되었다는 듯이 세상을 떠나자, 오르시니가 후계자가 되었다. 앞서 이야기한 대로 이탈리아 출신인 그는 베네치아와의 관계개선에 적극적으로 나섰다. 1470년, 오스만 제국은 크레테 다음으로 에게해에서 큰 섬이자 베네치아령인 에우보아Euboa 섬을 포위 공격하기 시작했는데, 기사단은 2척의 갤리선을 보내 구원에 나섰다. 비록 섬을 지키지는 못했지만, 이로써 기사단과 베네치아는 전우가 된 셈이었다.

오르시니 총장의 초상(ⓒPiotrus: wiki)

교황 식스투스 6세Sixtus VI는 팽창하는 오스만 제국을 더 이상 방관해서는 안 된다고 판단하고, 해상으로나마 새로운 십자군을 구성하였다. 기사단과 교황령은 물론 베네치아와 아라곤, 나폴리 왕국이 참가하였다. 기사단은 야콥 반덴부르크Jacob Vandenburg를 대장으로 삼아 2척의 갤리선을 보냈다.

1472년, 이 해상십자군은 스미르나를 초토화시켰고, 이어서 안달리아Andalia, 셀레시아Seleucia 등 해안도시를 공격하여 많은 전과를 거두었다. 그리고 육지에서는 오스만 동쪽에 버티고 있는 백양 왕조*의 군주 우준 하산Uzun Hasan과 연합하여 수륙 양면에서 오스만을 포위한다는 장대한 계획을 세웠지만, 1473년 8월, 하산이 메메드 2세에게 패하면서 계획은 무산되고 말았다. 하지만 난세에는

---

* 하얀 양을 상징으로 사용한 투르크 계열의 이슬람 왕조. 한때는 이란과 이라크, 카프카스를 지배했던 대세력이었다. 1508년, 사파비 왕조에게 완전히 멸망당한다.

영웅이 등장하기 마련이다. 3년 후, 오르시니의 뒤를 이어 프랑스 출신인 피에르 도뷔송Pierre d'Aubusson이 41대 총장에 올랐다.

대전 전야: 양쪽의 전쟁 준비

1423년 프랑스 귀족의 다섯째 아들로 태어난 도뷔송은 상속을 받을 수 없는 위치였기에 1444년 기사단에 입단하면서 자신의 운명을 개척하기 시작하였다. 1460년에는 로도스 시 방어사령관에, 1468년에는 오베르뉴 분단장에 올랐고, 1474년에는 로도스 전체의 방어사령관을 맡기에 이른다. 그는 기사들에게 신뢰를 얻고 있었고, 전략적 시야도 남달랐을 뿐 아니라, 당시 유럽을 풍미하고 있던 르네상스에도 조예가 깊어서 말 그대로 문무를 두루 갖춘 인물이었다.

그는 총장에 선출되자마자 유럽 지부에 있는 기사들을 로도스로 소환하였다. 그 다음 해인 1477년에는 군함을 정비하고 탄약과 식량을 비축하기 시작하였다. 1479년에는 프랑스 왕 루이 11세와 교황 식스투스 4세가 8천 두카토의 군자금을 보내주었다. 어이없게도 프랑스 지부는 송금을 차일피일 미루면서 미적거리는 추태를 보였고, 참다못한 도뷔송 총장은 자신이 프랑스 출신임에도 프랑스 지부의 기사들을 모두 퇴출시키는 강경한 조치를 취하였다.

변방인 아일랜드 지부도 말썽을 부렸다. 아일랜드 지부장 제임스 키팅James Keating은 영국왕실과 결탁하여 사실상 로도스 본부와 상관없는 독립 군주 같은 행동을 했고, 로도스에 아무런 기여도 하지 않았던 것이다. 하지만 도뷔송 총장은 너무 먼 아일랜드까지 손을 뻗지는 못했다.* 유능한 외교가이기도 한 그는 알렉산드리아에 기사단 상관을 설치할 정도로 맘루크와의 우호를 더욱 굳게 다졌다. 튀니지와도 우호관계를 수립하여 그곳에서 밀을 수입하였는데, 이렇게 그는 후방에서 공격을 받지 않도록 모든 노력을 기울였다.

방어준비를 하고 있는 도뷔송 총장을 묘사한 그림

도뷔송 총장은 인재 스카우트에도 신경을 썼다. 그가 데려온 대표적인 인물은 독일의 화포 전문가인 요하니스 베르거Johannis Berger였다. 거금 80플로린에 고용되어 로도스로 온 베르거는 귀중한 자문을 제공하여 성의 방어에 큰 공헌을 하였다. 도뷔송은 그의 자문을 반영하여 방어체계를 더욱 보강하였다. 성벽의 두께는 평균 5미터였고, 심지어 12미터에 달하는 곳도 있었다. 해자 바깥에도 보호장벽을 쌓았다.

그러면 그가 상대해야 할 거대한 적인 메메드 2세는 그동안 무엇을 하고 있었을까? 메메드 2세는 자신을 로마의 황제로 여기고 있었다. 그래서 동방정교회의 총대주교 임명은 물론 십자가 휘장도

* 로도스 공방전이 끝난 1482년, 도뷔송 총장은 아일랜드 지부장 교체를 시도하여, 새 지부장을 현지로 보냈지만 실패하고 말았다.

베네치아의 화가 젠틸레 벨리니가Gentile Bellini가 두 나라 우호의 상징으로 그린 메메드 2세의 초상화. 그려진 해는 '1480년'이었다.(©Hadilen: wiki)

직접 하사하는 독특한 면모를 보였는데, 언젠가는 로마를 정복하고 새로운 로마제국을 건설하고자 하였다. 그런데 이미 여러 번 현실화되었었기에 반오스만 포위망은 언제든지 다시 등장할 수 있었고, 그 근거지가 될 로도스는 제거해야 할 존재였다. 메메드는 그 포위망의 하나가 될 베네치아부터 처리하였다. 오랜 담판 끝에 1479년 6월 25일, 베네치아와 평화조약을 체결하였다. 그 내용은 오스만 제국이 이미 정복한 에게해의 섬들과 알바니아를 베네치아가 기정사실로 인정하고, 대신 베네치아령인 달마티아의 안전을 보장하며 무역상의 특권을 회복시켜 준다는 내용이었다. 이로써 오스만은 로도스를 공격할 때 베네치아의 지원을 배제시킬 수 있게 되었다.

이때 로도스에 체류하면서 성벽 건설과 화포 제작에 한 몫을 했던 독일 마이센Meissen 출신의 게오르그라는 인물이 거금에 혹하여 콘스탄티노플로 와서 로도스 방어시설에 대한 정보를 제공하였다. 또한 로도스 출신의 귀족인 안토니우스 멜리가라스Antonios Meligalas는 섬의 주인이 되겠다는 욕심으로 이런저런 정보를 제공하면서 로도스 공격을 부추겼다.

하지만 도뷔송의 결의와 그의 방어 준비에 대한 정보는 거의 알지 못했다. 따라서 메메드 2세와 궁정의 측근들은 낙관적인 분위기에 젖어들 수밖에 없었고, 병가의 금기인 '적을 가볍게 보는' 치명적인 실수를 저지르고 말았다. 그들은 로도스뿐 아니라 이탈리아 본토에 교두보까지 마련한다는 거대한 원정 계획을 세웠다.

젊은 시절에는 친정을 즐겼던 메메드 2세였지만 거의 50대에 접어들었고, 몸 상태가 그리 좋지 않았기에 2명의 대신을 대리인으로 선정하여 원정을 맡겼다. 로도스 공략은 동로마 황족 출신인 와지르*인 메시 팔레올로구스Mesih Palaeologus 파샤가 사령관을 맡았는데, 동방정교신자라는 점이 발탁의 중요한 원인이었다. 로도스 주민들은 대부분 동방정교회 신자들이었기에, 기사단과 주민들 간의 유대를 무너뜨릴 수 있는 적임자로 보았던 것이다. 이탈리아 공격은 해군사령관인 게딕 아흐메드Gedik Ahmed 파샤의 몫이 되었다. 둘 중 메시 팔레올로구스 파샤가 먼저 로도스를 치고, 두 달 정도 후 게딕 아흐메드 파샤의 군대가 이탈리아로 출발한 다음 교두보를 마련한다는 계획이었다. 그 사이 로도스를 함락시킨 메시 팔레올로구스 파샤가 이탈리아에 합류한다는 장대한 작전이었는데, 이는 메메드 2세의 마지막 정복전쟁이기도 하였다.

---

* Vizier, 재상 또는 장관

니콜라스 탑—이탈리아 성벽 방어전

오스만의 대공세는 1479년 겨울, 도데카니사 제도의 섬들을 공격하면서 시작되었다. 약탈과 살육이 벌어졌을 뿐 아니라 심지어 로도스에 상륙하기까지 하였다. 하지만 도뷔송 총장은 당황하지 않았다. 이 공격은 본격적인 것이 아니라 기사단의 허실을 알아보려는 것임을 간파했기 때문이다. 그는 오스만의 진짜 공격은 다음 해 봄에 시작될 것이라고 확신했고, 그에 따라 모든 준비를 진행시켰다. 그의 예상은 정확하였다. 메메드 2세는 그 겨울 동안 병력과 식량, 함선을 모으기 시작했던 것이다. 도뷔송은 1480년 봄에 시골에 사는 로도스 주민들을 모두 성내로 이주시키고, 미처 수확하지 못한 작물은 전부 없애도록 하였다. 또한 식량과 보급품 비축을 더욱 늘림으로써 완벽한 견벽청야 작전을 시작하였다.

당시의 기록에 의하면 로도스 성내에 비축된 곡물과 올리브유, 포도주와 소금에 절인 고기, 버터와 치즈는 2년 동안 버틸 수 있을 정도였다고 한다. 5월 23일, 오스만의 대함대가 외해에 나타났다. 대형군함만 108척, 전체 함선은 약 300척, 병력은 약 7만이었고, 그중 예니체리는 약 3천 명이라는 정보가 총장에게 입수되었다. 나머지는 아나톨리아와 아라비아 등 제국 가지에서 모은 병력이었다. 워낙 대함대였기에 겨우 7척밖에 없는 기사단 입장에서는 해전은 포기할 수밖에 없었다. 당시 기사단의 전력은 정식 기사는 600명이 넘지 못했고, 최소 2천 명 최대 5천 명으로 추산되는 용병, 그리고 현지인으로 구성된 보조병력이 전부였다. 용병은 대부분 프랑스와 이탈리아 출신이었다.

누가 보아도 절대적인 열세였지만 도뷔송 총장은 5월 28일, 굳은 결의를 보이면서 침착한 어조로 방어전이 정식으로 시작되었음을 선포하면서, 이런 말을 남겼다.

"로도스의 성벽은 견고하며, 탑은 높고 해자는 깊다. 우리는 어떤 적이 쳐들어와도 두렵지 않다."

오스만 사령관 메시 팔레올로구스 파샤는 그날 밤 병사들에게 밤중에 일부러 하얀 깃털을 머리에 쓰게 하고 큰 소리로 항복하라는 고함을 지르게 하였다. 하지만 대답은 탄환 세례였다. 오히려 기사단은 자원자들로 구성된 특공대로 야습에 나서 오스만군의 수급을 여럿 거두었는데, 안타깝게도 선두에 서서 용감히 싸우던 카탈로니아 출신의 기사 페드로 데 보르헤스Pedro de Bourges가 머리에 총탄을 맞고 전사하고 말았다. 그는 로도스 공방전에서 첫 번째로 희생된 기사로 역사에 남았는데, 불행 중 다행으로 그의 시신은 동료 기사들이 거두어 성내로 가져올 수 있었고, 정성을 다한 장례가 거행되었다.

5월 29일 새벽, 공방전이 본격적으로 시작되었다. 오스만군은 성 니콜라스 탑 쪽으로 3문의 거대한 공성포를 설치하였다. 오스만군의 포격은 9개의 탑과 성안의 도로, 그리고 총장의 궁전을 파손시켰지만, 기사들의 투지에는 별다른 영향을 주지 못했다.

다음 날, 가벼운 희극이 벌어졌다. 게오르그가 총장 궁전 쪽의 해

현재의 니콜라스 탑

자 앞에 나타나더니 총장과의 면담을 요청했기 때문이다. 무시할 수 없는 인물이었기에 기사들은 그를 총장에게 데리고 갔다. 게오르그는 위풍당당한 체구에다가 언변에도 품격이 느껴지는 인물이었다. 로도스 주민들은 몰려와 그를 둘러쌌다. 총장을 만난 그는, 콘스탄티노플에 몇 년 동안 있었고 술탄으로부터 항복을 권유하라는 명령을 받았지만 다시 그리스도교로 돌아오려 한다고 '고해성사'를 하였다. 그리고는 병력은 17만이고, 길이가 7미터나 되는 거포가 16문, 초대형 박격포가 6문, 그 외에도 많은 소형 대포가 있다며 오스만군에 대한 정보를 전해주었다. 물론 상당한 과장이 가미된 정보였다. 가장 소름끼치는 정보는 오스만군이 8천 개의 뾰족한 말뚝을 준비했다는 것인데, 물론 기사단이 항복하지 않으면 모조리 여기에 꽂아 죽이겠다는 의미였다.

기사들의 의견은 당연하지만 둘로 갈라졌다. 한쪽은 그가 숨은 의인이니 믿어야 한다는 것이었고, 다른 한쪽은 술탄이 보낸 첩자라고 여겼다. 도뷔송 총장은 그를 믿는 쪽을 선택하고, 성 내에서 자유롭게 움직일 수 있게 해주었다. 단 6명의 기사가 그를 보호(물론 사실상의 감시도 겸하는 것이었다)하는 조건이었다.

그다음 날인 5월 31일, 거대한 돌포탄 2발이 총장궁을 강타하였다. 대리석 기둥과 천장이 파손되고, 총장의 술통이 떨어져 포도주가 쏟아져 내렸지만, 다행히 총장은 전방 시찰을 나간 상황이라 아무런 부상도 입지 않았다. 총장궁의 파손도 대수로운 것은 아니었다.

오스만군의 첫 번째 공격 목표는 상항과 군항을 가르는 가느다란 방파제 끝에 솟아 있는 성 니콜라스 탑이었다. 이곳을 제압해야 포위의 가장 첫 번째 조건인 외부와의 연계 차단, 즉 항구의 봉쇄가 가능하기 때문이었다.

오스만군은 보름 동안 300발이 넘는 포탄을 니콜라스 탑에 명중시켰다. 당연히 충격이 누적되었지만 이를 감안하고 만든 요새는 버텨냈다. 게오르그가 준 정보에 의하면 대포의 구경은 30에서 33센티미터이며, 돌포탄의 무게는 최소 60킬로그램에서 최대 115킬로그램 정도였다. 하지만 당시의 대포는 하루에 최대 발사량이 14발에 불과했으므로, 기사들은 한숨 돌릴 여유가 있었다. 당시 니콜라스 탑을 지키던 기사들의 대장은 33년 후 총장에 당선되는 파브리치오 델 카레토Fabricio del Carreto였다.*

* 파브리치오 델 카레토는 시오노 나나미의 『로도스섬 공방전』의 주인공 안

하지만 포격은 무려 15일이나 계속되었다. 명중탄만도 300발이 넘어가면서 단단한 니콜라스 요새도 만신창이가 되었다. 이렇게 되자 일부 기사들은 요새를 포기하고 철수시켜 병력을 보전하자고 주장하였다. 하지만 도뷔송 총장은 요새의 전략적 가치 때문에 포기하지 않고 카레토에게 사수명령을 내렸다. 그리고는 참호를 통해 천 명이 넘는 기술자와 노동자를 니콜라스 요새로 보내 보수하도록 하였다. 또한 화공선을 준비하여 바다 쪽으로의 공격에도 대비했고, 총장이 직접 요새로 가서 화포를 재배치하는 지시를 내리는 등 솔선수범하자 수비대의 사기는 회복되었다.

오스만군은 포격으로 만족할 만한 성과를 거두지 못하자 6월 9일부터 보병을 동원한 공격에 나섰다. 이날 새벽 병력을 가득 태운 보트들이 돌로 만든 제방에 상륙하면서 공격이 시작되었다. 포격은 물론 어마어마한 함성 소리가 그들의 뒤를 받쳐주었다. 하지만 그들이 상륙할 공간은 너무 좁았고, 기사단의 화기와 활, 석궁 세례, 그리고 그리스의 불을 얻어맞고 700명의 전사자만 남기고 완전히 실패하고 말았다. 메시 팔레올로구스 파샤는 이 전투에서 안전한 후방에 있었지만 도뷔송 총장은 최전선에서 지휘했고, 전투를 승리로 이끈 후 조그만 성당으로 가서 성모께 감사기도를 올렸다.

일격을 얻어맞은 메시 팔레올로구스 파샤는 새로운 전술을 들고 나왔다. 6명의 병사가 나란히 서서 싸울 수 있을 정도의 폭을 가진

토니오 델 카레토의 숙부이기도 하다.

나무통 부교를 띄우고 닻으로 고정시켜 공격을 시작했던 것이다. 기사들은 잠시 감탄했지만, 바로 반격에 나섰다. 잠수에 능한 영국인 기사 로저 저비스Roger Jervis가 자원하여 물에 들어가 부교를 고정한 밧줄을 끊고 닻까지 노획물로 가져와 총장에게 바치는 놀라운 쾌거를 이룬 것이다.

물론 오스만군도 가만히 당하고만 있지는 않았다. 보트들을 연결한 새로운 부교를 준비하고 최정예 예니체리군을 앞세워 6월 18일 밤부터 두 번째 공격을 시작하였다. 이번에는 그전처럼 요란하게 하지 않고 정숙을 유지하면서 기습을 했는데, 6명의 예니체리 병사가 요새 외곽까지 접근하는 데 성공하였다. 그때 기사들은 물론 자고 있었지만, 갑옷을 벗지 않고 무기도 손에 들고 있었다. 보초가 경보를 울리자 카레토를 비롯한 기사들은 바로 제자리로 돌아갔고, 프랑스어 구역의 성벽과 총장 궁전에서는 포탄이 날아가기 시작하였다. 포탄 한 발이 부교를 두 동강 내면서 그 위에 있던 예니체리 병사들이 바다에 빠져버렸다. 하지만 예니체리는 오스만군 중 최정예답게 투지를 잃지 않고 진형을 유지하면서 다시 공격에 나섰다. 치열한 육박전이 벌어졌

예니체리 군단

는데, 아무래도 갑옷을 입은 기사들 쪽이 유리할 수밖에 없었다.

수적으로 우세한 오스만 해군도 함포로 지원에 나섰다. 하지만 숫자는 적지만 '해적질'로 단련된 기사단 쪽이 기술과 경험에서는 한 수 위였다. 미리 준비한 화공선이 오스만 함대를 덮쳤고, 4척의 갤리선이 불타버렸다.

도뷔송 총장은 직접 전투에 나섰고, 머리에 총탄을 맞아 투구가 떨어질 정도로 위험한 순간도 있었지만, 다행히 별 부상은 입지 않았다. 전투는 10시간 넘게 계속되었고, 승리는 기사단의 것이었다. 오스만군의 전사자는 2천500명이었고, 기사들 중의 전사자는 12명, 물론 용병과 보조병도 많이 희생되었겠지만 정확한 숫자는 알 길이 없다.

장기화되는 공방전

첫 전투와는 달리 이번에는 최정예 병력을 동원한 본격적인 공격에서 참패를 당했기에 메시 팔레올로구스 파샤는 사흘 동안 한마디도 하지 않을 정도로 큰 충격을 받았다. 그는 공격 방향을 바꾸지 않을 수 없었다. 그가 선택한 장소는 동쪽의 이탈리아 구역 쪽이었다. 지세가 비교적 평탄하여 대포를 설치하기 쉬운 공간이고, 비교적 수비병력이 적은 지역이기도 하였다. 8문의 거포가 그곳으로 옮겨졌고, 맹포격이 시작되었는데, 180킬로미터 떨어져 있는 코스 섬에서도 그 소리가 들렸다는 기록이 있는데, 물론 과장된 것이 아닐 수 없다. 또한 심리전, 즉 가져온 말뚝들을 꽂아 놓고 항복하지 않

기욤 커신의 『로도스 공방전』 중의 삽화

으면 모두 여기에 꽂아 죽이겠다는 협박도 병행하였다.

이런 포격으로 당연히 성벽이 여기저기 파손될 수밖에 없었는데, 도뷔송 총장은 직접 현장에 와서 살펴보고는 야간을 이용하여 인력을 동원해 수리를 하도록 지시하였다. 동원인력 중에는 부녀자들까지 포함되어 있었다고 한다. 자재로는 단순히 돌덩어리만 쓴 것이 아니고 돌포탄의 파괴력을 완화시키는 효과를 지닌 진흙 주머니도 사용하였다. 성벽 수리에 그치지 않고 성 내부에 또 하나의 해자를 팠는데, 이 공사에는 총장 이하 기사단의 고관들, 성직자와 수도자, 상인, 시민은 물론 여자와 어린이들까지 참여하였다. 모두 한배에 탄 공동운명체라는 사실을 깨달았기 때문이다.

로도스 주민들의 사기를 떨어뜨리기 위해 오스만군은 성벽뿐 아니라 거주구에도 포격을 가하기 시작하였다. 이 임무는 대형박격포가 맡았는데, 원형을 그리며 날아가므로 8미터 높이의 성벽을 넘을 수 있기 때문이었다. 하지만 정확도는 아주 낮았다. 지휘에 바쁜 도뷔송 총장이었지만 노약자들은 지하실에 숨도록 하는 등 주민들의 안전에도 신경을 썼다. 파샤는 포대를 고지대로 옮겨 파괴력을 높이고, 소이탄과 불화살로 화재를 일으키려 하였다. 하지만 용의주도한 도뷔송 총장은 미리 훈련시켜둔 소방대를 투입하여 이 시도도 물거품으로 만들었다.

오스만은 이와 별도로 이탈리아 구역 성벽 앞에 공격용 참호를 파고 토산을 쌓기 시작하였다. 그 작업은 무려 38일 동안이나 계속되었다. 물론 이 작업이 완성된 후에 총공격이 시작될 예정이었다. 이때 신성로마제국의 황제 프리드리히 3세로부터 서신이 도착하였다. 그 내용은 오스만군이 해자를 메우기 위한 엄청난 양의 석재를 모으고 있으며, 이탈리아 성벽 쪽의 공격과는 별도로 갱도를 파고 있으니 조심하라는 것이었다.

도뷔송 총장은 게오르그를 불러 투석기로 오스만군 진영을 공격

• 성벽의 기초를 불태운다

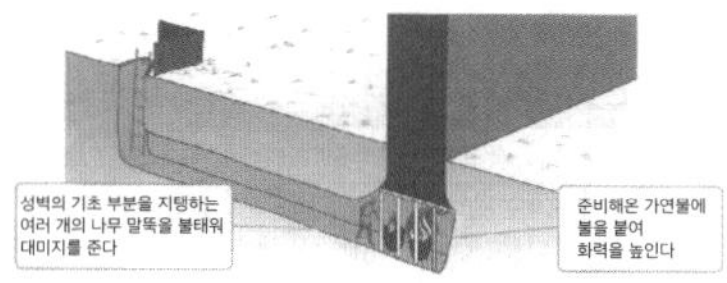

• 직접 성내에 침입한다

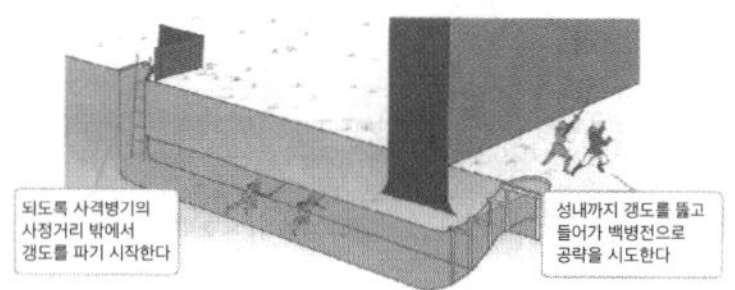

• 수비 측이 갱도 내에서 요격

갱도전(『중세 유럽의 성채도시』 p.126)

하라고 명했지만, 그가 발사한 투석기의 돌포탄은 오스만군 진영이 아니라 로도스 성벽을 강타하였다. 그에게 엄중한 심문과 고문이 가해졌는데, 오스만의 간첩이라는 자백이 나왔다. 당연한 결과겠지만 그는 교수형에 처해졌다. 이탈리아 성벽 쪽으로 가해지는 오스만 공격이 점점 강도를 더해가자, 이탈리아 기사들이 동요하기 시작하였다.

이탈리아 기사들은 필리포라는 이름의 기사를 대표로 총장에게 보내 오스만과의 협상을 하라고 주장하기에 이르렀다. 총장은 이탈리아 기사 전부를 소집한 자리에서, 그렇게도 적군이 두렵다면 배를 내줄 터이니 로도스를 떠나라고 그들의 자존심을 자극하는 격장지계를 사용하였다. 그러자 자존심이 상한 이탈리아 기사들은 모두 로도스와 운명을 함께하겠다는 맹세를 하면서 동요는 가라앉았다.

메시 팔레올로구스 파샤는 10만 대군이 증원군으로 오고 있다는 헛소문을 퍼뜨리고 2명의 배신자로 하여금 필리포에게 총장의 암살을 충동질하는 계략을 썼다. 그러나 도뷔송 총장은 대군의 증원을 믿지 않았고, 암살계획은 이탈리아 기사들이 그 둘을 체포하여 감옥에 가둠으로써 모두 물거품이 되고 말았다. 오히려 이탈리아 기사들은 자신들의 용맹을 증명하기에 위해 포병 진지를 목표로 한 야습까지 감행하여 큰 승리를 거두기까지 하였다. 그들은 창끝에 오스만 병사들의 수급을 꽂아 성에 돌아왔다. 하지만 이 전투로 전체적인 흐름을 바꿀 수는 없었다.

포격이 6주 동안이나 계속되자 말을 타고 지날 수 있는 크기의 큰 균열이 생길 정도로 성벽은 여기저기 부셔졌다. 파샤는 술레이만이라는 베이Bey, 부족장이란 의미의 고관를 보내 전원의 생명 보장을 조건으로 항복하라는 제안을 하였다. 하지만 대답은 거절이었다. 파샤는 4만의 정예병을 대기시키며 결전을 준비하였다. 물론 도뷔송 총장과 안토니 가우티에Antonie Gautie 방어사령관을 중심으로 뭉친 기사단도 그만한 준비를 하고 있었다.

유럽을 구한 승리

7월 27일, 오스만 포병은 하루 동안 300발이라는 지금까지 없었던 맹렬한 포격을 이탈리아 성벽에 퍼부었다. 기사단은 대형 투석기로 토산을 무너뜨리면서 보복을 가했다. 다음 날 여명이 밝아오기 직전, 오스만군은 대형 박격포의 발사소리를 신호로 대대적인 공격을 시작하였다. 선봉은 바쉬포주크Başıbozuk라고 불리는 용병부대로, 잔인한 약탈로 악명이 높았다. 메시 팔레올로구스 파샤는 그들을 총알받이로 쓴 다음 예니체리를 투입하여 승기를 잡겠다는 의도를 품고 있었다.

그럼에도 불구하고 그들의 첫 공격은 대단히 맹렬하였다. 기사단의 손실은 컸고 오스만군은 이탈리아 탑 정상에 깃발을 꽂았다. 도뷔송 총장은 가장 큰 위기가 왔음은 절감하고, 창을 들어 적군을 향해 돌격해 들어갔다. 그리고는 이렇게 외쳤다. “우리는 신앙을 위해 죽기를 기다렸다! 용감하게 맞서자!” 훗날 그가 프리드리히 3세에게 보낸 서신에는 당시의 상황이 이렇게 쓰여 있다.

“성벽 위에는 장비를 잘 갖춘 적군이 가득했습니다. 병력은 약 2천 명에 달했습니다. 하지만 아군은 사력을 다해 싸워 전면적인 붕괴는 막을 수 있었습니다. 이탈리아 성벽 쪽에는 4개의 계단이 있는데, 이를 이용하여 이탈리아 탑의 적군에 다가설 수 있었고, 치열한 백병전을 벌여 제압하는 데 성공하였습니다. 적은 4천 명가량 되는 원군을 보냈지만, 두 시간 동안의 격전 끝내 그리스도의 깃발을 높이 올릴 수 있었습니다. 적군은 더 버티지 못하고 철수하기 시작했습니다. 하지만 퇴로가 좁아 서로 밟고 뭉개는 사태가 벌어졌고, 더 많은 사상자를 내고 말았습니다. 장교와 병사들은 엄청난 전리품을 얻었는데, 주도권을 확보한 아군은 적군의 본영까지 쳐들어가 적지 않은 손실을 입힌 후 퇴각하는 데 성공했습니다. 전투가 끝나고 우리는 3천500구나 되는 적군의 시신을 확인했는데, 전염병을 막기 위해 불태울 수밖에 없었습니다.”

기욤 커신Guillaume Caoursin 등 역사가들의 기록은 이러하였다.

“7월 27일, 오스만인들은 하루 종일 포격을 가했다. 다음 날 여명

전, 오스만군의 1차 돌격이 시작되었고, 성공적으로 이탈리아 성벽을 올랐다. 도뷔송 총장은 근처의 성벽에서 지휘하고 있었는데, 57세의 나이에도 불구하고 일단의 정예병들을 거느리고 이탈리아 성벽 쪽으로 달려 나갔다. 그때 수비병들은 워낙 중과부적이어서 붕괴 직전에 몰려 있었다. 다행히 총장과 그 부하들은 단단한 갑옷을 입고 있어서 방어력에서는 압도적인 우위를 누릴 수 있었기에 수적 열세를 상쇄하였다. 도뷔송 총장 옆에는 그리스도와 성모 마리아, 세례자 요한의 초상을 깃발을 든 세 기수가 버티고 섰다. 이 모습은 양군 병사들의 눈길을 끌 수밖에 없었고, 기사단의 투지를 높이는 데 큰 기여를 하였다."

하지만 이것들은 기사단 쪽의 일방적인 기록이고, 오스만 쪽의 시각을 감안하면 결과는 큰 차이가 없지만 경과는 조금 달랐다. 총장의 진두지휘로 상황이 역전되기 시작하자 도뷔송 총장과 기사들도 사람인 이상 지칠 대로 지쳤다고 본 파샤도 굴하지 않고 예니체리를 투입하여 끝장을 내려 하였다. 사실 당시 도뷔송 총장은 세 군데나 부상을 입은 상황이었다. 팔팔한 군대의 참전으로 오스만군은 다시 우세를 보이기 시작했던 것이다.

그러나 메시 팔레올로구스 파샤는 결정적인 순간 큰 실수를 저지른다. 바로 로도스 내의 재물은 모두 술탄 메메드에게 속한다는 약탈 금지 명령을 내리고 만 것이다. 물론 예니체리는 전투를 계속했지만, 에미르들의 군대와 바쉬포주크들은 급격히 전의를 잃었다. 이 기회를 놓치지 않은 도뷔송 총장은 오스만군을 마구 몰아붙였고, 결국 본영까지 공격하여 군기를 빼앗기에 이른 것이다. 결국 오스만군은 3천500명의 전사자와 9천 명의 부상자를 내는 엄청난 손실을 입고 패배하였다. 그동안 오스만군의 인명 손실은 2만 4천 명에 달했다.

이 전투에서 성모의 발현이 나타났다고 한다. 커신은 이 '기적'을 오스만 포로의 입을 빌려 기록했는데, 도뷔송 총장은 성벽에 예수 그리스도와 성모 마리아, 그리고 수호성인인 세례자 요한의 깃발을 걸라고 명령했다. 그러자 하늘에 금색 십자가와 함께 창과 방패를 든 빛나는 성모 마리아와 거친 옷을 입고 이를 따르는 전사들의 모습이 나타나 많은 오스만 병사들이 공황상태에 빠져 승리에 큰 도움이 되었다는 내용이었다. 그런데 오스만 병사들에게 창과 방패를 든 성모와 거친 옷을 입고 이를 따르는 전사들의 모습이 나타나 상당수의 병사들이 공황상태에 빠져 승리에 큰 도움이 되었다는 내용이다.

기사단 역시 기사들의 절반 이상이 죽거나 부상당하고, 지휘관들이 희생도 적지 않아서 큰 타격을 입었다. 도뷔송 총장까지도 큰 부상을 입었지만 다행히 생명에는 지장이 없었다.

여전히 병력 면에서는 큰 우세를 차지하고 있었지만, 연이은 패배로 군대의 사기가 떨어진 데다가 피로도 누적되었고 전염병까지 돌기 시작하자 메시 팔레올로구스 파샤의 고민은 깊어갔다. 더구나 나폴리 왕국의 원병을 실은 배 2척이 오스만 해군의 포위망을 뚫고 로도스에 도착하는 사태까지 벌어지면서 그는 철수를 결심하고 말았다. 상륙한 지 89일 만인 8월 17일이었다. 파샤는 술탄에게 최소한의 면목을 세우기 위해 보드룸을 공격했지만 이조차도 실패

1480년의 공방전을 묘사한 후세의 유화

하고 말았다. 콘스탄티노플로 돌아온 그는 면직은 물론 갈리폴리로 유배당했지만, 메메드의 후계자인 바예지드 2세Bayezid II 시대에는 다시 중용되었고, 1499년에는 대와지르에 오르기까지 한다.

여기서 잠시 로도스 공격과 함께 이루어진 오스만의 이탈리아 공격에 대해 알아보자. 게딕 아흐메드 파샤가 이끄는 1만 8천의 군대는 140척의 배에 나누어 타고, 7월 28일 이탈리아반도 남부에 상륙하였다. 이들은 오트란토Otranto를 공격하여 8월 11일에 함락시키는 큰 전공을 세웠다. 오트란토의 주교는 살해되었고, 상당수의 주민들은 학살당하거나 노예로 끌려갔다. 오트란토의 함락은 교황청을 비롯한 유럽에 큰 충격을 주었다.

하지만 로도스의 패배로 인해 더 이상의 증원군이 올 수 없었고, 메메드 2세의 건강이 악화되면서 게딕 아흐메드 파샤는 오트란토를 지키는 약간의 수비대를 남긴 다음 알바니아로 철수하였다. 하지만 다음 해 5월 3일, 메메드 2세가 세상을 떠났고, 그해 9월 나폴리 왕국의 태자가 이끄는 십자군이 오트란토를 탈환하였다. 결국 로도스의 승리는 이탈리아, 더 크게 보면 유럽을 구한 셈이 되었고, 기사단과 도뷔송 총장은 동로마제국과 지중해의 여왕 베네치아조차 막아내지 못한 오스만 제국을 저지하고, 정복왕 메메드 2세에게 유일한 패배를 안긴 그리스도교 세계의 영웅으로 추앙을 받았다.

오스만 왕자 젬의 망명과 도뷔송 총장의 죽음

공교롭게도 메메드 2세가 세상을 떠난 1481년, 로도스 섬에 큰 지진이 일어났고 그렇지 않아도 오랜 공방전으로 파손된 성벽은 더 큰 손실을 입을 수밖에 없었다. 만약 한 번 더 오스만 대군이 쳐들어온다면 그야말로 끝장이었다. 이런 상황에서 메메드 2세의 죽음은 그야말로 천우신조였는데, 행운은 여기서 끝나지 않았다.

도뷔송 총장과 젬 왕자와의 연회를 묘사한 그림

잘 알려진 바대로 오스만 제국에서는 술탄 위에 오르는 자는 다른 형제들을 다 죽이는 관습이 있었다. 바예지드는 궁정투쟁에서 술탄 자리에 오르려는 야심을 가진 동생 젬Djem에게 승리했지만 제거에는 실패하고 말았다. 젬은 맘루크 왕조로 망명을 갔다가 군대를 일으켜 형에게 도전했지만 1482년 6월 앙카라에서 다시 패하고 말았다. 결국 젬은 도뷔송 총장에게 망명하겠다는 제의를 했고, 총장은 함대를 보내어 그를 로도스로 데리고 왔다. 그가 항구에 들어올 때 악대가 맞이했는데, 국가원수급 대우였다. 도뷔송은 대단한 환대를 했고 젬 왕자는 자기가 술탄이 된다면 기사단에게 무역 특권을 주고 15만 두카토의 사례금을 주겠다고 제안하였다. 하지만 도뷔송 총장의 진심은 그의 찬탈을 지원하는 것이 아니었다. 그는 젬이 호전적이고, 오히려 바예지드가 아름다운 모스크 건설을 좋아하는 등 평화 애호가임을 잘 알고 있었기에, 젬이 술탄이 된다면 기사단에 더 위험한 존재가 될 것이라고 보고 있었던 것이다.*

그럼에도 도뷔송 총장은 제 발로 품에 굴러들어온 젬이라는 카드를 활용하여, 기사단의 이익을 극대화하기로 결정하였다. 술탄에게 밀사를 보내 젬을 지원하지 않을 것이며, 딴 짓 못하게 감시하다가 유럽으로 보내버리겠으니 대가를 제공해 달라는 제안을 하였다. 바예지드는 이에 응했고, 젬 역시 로도스가 오스만 제국 본토와 너무 가까워 위험하다는 현실을 깨닫고 9월에 로마를 거쳐 프랑스에 있는 기사단의 영지로 망명하였다. 그해 연말, 바예지드는 기사단과 화약을 맺었는데, 그중에는 매년 4만 5천 두카토를 지불한다는 조항도 있었다. 그 외에도 술탄은 1453년 콘스탄티노플 함락 때

---

* 사실 바예지드는 평화애호가라기보다는 부왕 메메드 2세가 워낙 전쟁을 좋아해서 국고가 탕진되었기에 이를 채우기 위한 시간이 필요했다. 물론 부왕보다는 덜 호전적인 것은 사실이었다.

얻은 세례자 요한의 오른팔과 예수 그리스도의 가시면류관을 선물로 보내주었다.* 세례자 요한의 오른팔은 예수그리스도에게 세례를 준 바로 그 팔인데, 그를 수호성인으로 모시는 기사단 입장에서는 비할 데 없는 보물이 아닐 수 없었다.

교황 이노센트 8세가 뒷배를 봐주고, 12만 두카토라는 거액을 대가로 받았는데, 이는 교황령의 일 년 세입과 맞먹는 액수였다. 도뷔송 총장은 부서기관인 커신을 시켜 『로도스 방어기』라는 책을 쓰도록 하였고, 이를 유럽 각국어로 번역하여 배포하였다. 이 덕분에 기사단 입단 지원자가 크게 늘어나, 방어전에서 입은 손실을 메우고도 남을 정도에 이르렀다. 이노센트 8세는 1489년 도뷔송 총장을 추기경에 임명하고, 기사단을 유럽의 제후와 맞먹는 지위로 격상시켰을 뿐 아니라 면죄부를 팔 수 있는 권한까지 부여하였다. 1484년에는 맘루크와도 평화조약을 맺었는데, 맘루크 술탄은 3천 두카토를 선물로 보내주기도 하였다.

이렇게 적의 진영에서 생긴 '공돈'으로 도뷔송 총장은 로도스 성벽 재건 공사를 시작할 수 있었다. 또한 바예지드 2세는 1485년부터 6년간이나 계속된 맘루크와의 전쟁 때문에 로도스를 칠 움직임을 보이지 않았다.

---

* 시오노 나나미의 『바다의 도시 이야기』 제9장 「성지순례 패키지 투어」의 주인공 산토 브라스카의 성지순례가 1480년이었는데, 그는 귀국길에 전투가 끝난 로도스에 방문해서 세례자 요한의 오른팔과 예수의 가시면류관을 관람한다. 이렇게 보면 시간이 맞지 않는데, 필자로서는 어느 쪽이 맞는지 판단하기 어렵기에 두 주장을 다 소개하는 것으로 갈음하고자 한다.

그러나 '공돈'은 1495년 젬이 세상을 떠나면서 끊기게 되었다. 돈보다도 도뷔송 총장 입장에서는 오스만 제국을 상대할 으뜸패가 사라진 셈이었는데, 더구나 오스만의 해군력 증강에 대한 정보가 계속 들어오고 있었다. 이슬람 해적을 제독으로 영입하고 배수량 1천800톤에 달하는 거대한 배까지 건조한다는 정보까지 들어왔다. 도뷔송 총장은 1495년 3월, 메시나 지부장에게 군함 몇 척을 들여오라는 명령을 내렸다. 또한 제노바, 롬바르디아 등 이탈리아 본토의 지부에서도 몇 척의 군함은 물론 범포(돛에 사용하는 천)와 목재를 로도스로 가져오도록 명령하고, 당시 롬바르디아 지부장으로가 있던 델 카레토를 해군사령관에 임명하였다. 총장은 공방전 때 얻은 전리품으로 대금을 지불하였다. 하지만 오스만 제국의 목표는 로도스가 아니라 그리스 내에 있는 베네치아의 거점들이었다.

1496년부터 오스만 제국이 베네치아 영토를 공격하기 시작하면서 관계가 급격하게 악화되었다. 베네치아 상인들의 제국 내 항구 입항이 금지되었고, 1499년 7월에는 콘스탄티노플의 베네치아 거류민들이 체포되고 상품들은 압류되었다. 그다음 달에는 그리스에 있던 베네치아의 거점 레판토Lepanto가 함락되었다. 존치오Zoncio에서 해전도 벌어졌는데, 놀랍게도 오스만은 대등한 결과를 얻는데 성공하였다. 이어서 베네치아가 지배하는 크로아티아 연안의 거점들이 오스만 기병대에게 유린당하기 시작하였다. 뿐만 아니라 오스만 제국은 이슬람 해적들에게 기지를 제공하여 그리스도교 국가들의 선박을 마음껏 공격하도록 하였다.

이렇게 되자 1501년, 교황 알렉산데르 6세Alexander VI는 새로

현재의 레프카다섬(ⓒERWEH: wiki)

운 십자군을 선포하였는데, 육군은 없는 해상십자군이었다. 마침 1500년은 성년*이었고, 이를 기념하여 교황청 함대가 창설된 상황이었다. 교황령과 구호기사단, 베네치아는 물론이고 막 통일을 이룬 스페인과 프랑스가 참여하였다. 영광스럽게도 교황이 임명한 총사령관은 여든을 눈앞에 둔 도뷔송이었다. 기사단은 유럽 지부에서 5척, 로도스 본부에서 5척, 모두 10척의 갤리선을 전쟁에 투입했지만 주력은 50척을 투입한 베네치아였다. 이 해상십자군은 1502년, 이오니아제도로 진격했고, 7월에는 요새가 있는 레프카다

---

* 가톨릭교회에서는 예수 그리스도와 성인성녀들의 무한한 공로를 교회에서 간직하면서 신자들에게 대사를 통해서 죄를 용서한다. 그런데 1년을 송두리째 대사의 해로 선포하여 많은 신자들이 대사의 은혜를 받게 하는 해를 성년聖年이라고 한다. 성년의 시작은 보니파시오 8세 교황이 1300년에 성년을 반포한 데서 기인한다.

Lefkada 섬을 포위하여 함락시켰다.

해적들은 교수형에 처해졌고, 노잡이로 고생하던 그리스도교인들은 풀려났지만, 일부는 로도스 섬으로 끌려가 성벽 수리작업에 동원되었다. 하지만 베네치아로서는 더 이상 오스만 제국과의 전쟁을 수행하기에는 경제적 타격이 심각했기에, 그해 연말 사실상의 연공을 바치는 조건으로 바예지드 2세와의 강화를 선택하고 말았다. 알렉산데르 6세는 다시 한 번 해상십자군을 일으키려 했지만 도뷔송 총장이 1503년 7월 3일, 세상을 떠나면서 무산되고 말았다.

23년 전처럼 6명의 기사들이 총장의 깃발과 교황이 하사한 십자가, 추기경 관을 들고 앞장선 긴 장례식 행렬이 로도스의 중심대로를 지나갔다.

아슬아슬한 막간극

후임자로는 프랑스 지부장이던 아모리 당부아즈Emery d'Amboise가 선출되었다. 그가 프랑스에서의 일을 정리하고 로도스로 오는 데는 1년이라는 시간이 걸렸고, 기사단에 수장이 없는 사이에 오스만 해군(당시 해적과의 구별은 무의미하다)들은 로도스 주위 섬들을 약탈하면서 민심이 어지러워졌다. 물론 기사단에서 가만히 있을 리가 없었다. 총장 대리를 맡은 부총장 기 드 블랑세포Guy de Blanchefort는 바로 3척의 갤리선을 거느리고 오스만 해군을 공격하여 8척을 격침시키고 2척을 나포하는 대승리를 거두었다. 오스만 해군은 잠시나마 조용해졌고, 민심은 안정을 되찾았다.

여기서 잠시 눈을 지중해에서 대서양과 인도양으로 돌려보자. 1499년, 15세기를 정리하는 해에 엄청난 세계사적 사건이 일어나는데, 바로 바스코 다가마Vasco da Gama가 해낸 신항로를 통한 인도 항로 개척이었다. 이로 인해 홍해와 페르시아만을 통해 많은 관세를 물고 수입되던 기존의 향료 수입 항로는 빛을 잃게 되었다. 당연히 베네치아가 큰 타격을 입었고, 중계무역에 재정의 상당 부분을 의지하던 맘루크 왕조도 같은 처지가 되었다. 맘루크 왕조는 목재와 자재를 수입하여 해군을 만들었는데, 기사단은 이 정보를 입수하여 포르투갈에 전달하였다. 이 역할을 맡은 인물이 포르투갈 출신 기사인 안드레아 다마랄Andrea d'amaral이었다. 포르투갈은 1509년 2월, 인도 디우Diu 앞바다에서 맘루크 해군과 해전을 벌여 승리하면서 인도양의 제해권을 장악하고 향료 원산지에서 직접 수입을 하게 되는 구조를 구축하기 직전에 이르렀다. 다급해진 맘루크 왕조는 베네치아에 지원을 요청하기에 이른다. 베네치아는 같은 그리스도교 국가인 포르투갈과 공개적으로 척을 지을 수 없었기에 대포는 오스만에서, 선원은 그리스에서 구하라고 조언하면서, 프리랜서 기술자들을 보내는 방식으로 은밀히 지원을 해주었다.

아모리 당부아즈 총장

물론 그 사이 오스만 제국과의 충돌도 이어졌는데, 1504년, 기사단 해군은 큰 '사고'를 치고 만다. 바예지드 2세의 아들이자 아나톨리아 남부 총독인 코르쿠트Korkut의 총신인 케말Kemal을 포로로 잡았기 때문이다. 코르쿠트는 기사단에 여러 번 편지를 보내 그의 석방을 요구했지만, 기사단은 우물쭈물하며 확답을 주지 않았고, 그는 탈출을 시도하다가 익사하고 말았다. 코르쿠트가 무력시위에 나서자, 암보즈 총장은 정중한 사과를 담은 서신을 보냈고, 그 덕분에 전쟁으로까지 이어지지는 않았다. 그러나 다음 해 젬의 아들 무라드가 로도스 섬에 오면서 다시 오스만과의 관계는 냉각될 수밖에 없었다.

1507년 크레테 섬 부근에서 알렉산드리아에서 튀니스로 향하는 큰 상선 한 척이 기사단의 손에 들어왔는데, 이집트의 부호들이 많이 탄 데다가 그에 걸맞게 향료와 융단, 비단 등 귀중한 화물이 가득 차 있었다. 이 해가 지나기 전에 기사단은 다시 키프로스 근해에서 귀중한 상품을 많이 실은 이슬람 상선 3척을 다시 공격하여, 한몫을 단단히 챙겼다. 이렇게 되자 오스만과 맘루크 두 제국은 손을 잡아 대처하지 않을 수 없게 되었다.

1510년, 맘루크의 술탄 칸수Kansuh는 함대를 확충하기 위한 목재를 사오기 위해 선단을 오스만 제국의 항구 유무르탈릭Yumurtalik으로 보냈다. 이 정보를 입수한 당부아즈 총장은 안드레아 다마랄과 프랑스 출신 기사 필리프 빌리에 드 릴라당Philipe Villiers de L'Isle-Adam에게 함대를 주어 이를 막도록 명령하였다. 릴라당은 앞으로 기억해야 할 인물로 성장한다. 다마랄은 갤리 전함을, 릴라당은 대형 범선을 지휘하였다. 기사단 함대가 유무르탈릭 항구 부근에 이르자, 두 지휘관의 의견이 갈렸다. 다마랄은 항구로의 돌격을, 릴라당은 항구 밖으로 유인하여 격파하자는 것이었다. 격론 끝에 릴라당의 의견이 관철되었고, 기사단 함대는 4척의 군함과 11척의 상선을 포획하는 대승리를 거두었다. 하지만 이 승리는 12년 후 일어나는 비극의 원인이 된다. 이런 갈등과는 별개로 다마랄은 모국 포르투갈을 위해 인도양에서 포르투갈을 몰아내려는 맘루크 제국의 움직임, 즉 함대 건조와 대포 제작에 대한 정보를 제공해주었다. 이제 맘루크는 다시 해군을 재건할 수 없게 되었다. 포르투갈 배들은 인도양과 홍해를 제 집 안마당처럼 누볐다. 이렇게 되자 베네치아 배들은 알렉산드리아에 가도 싣고 올 향료가 없을 지경에 이르렀다. 어쨌든 이런 방식으로나마 기사단도 대항해시대에 영향을 미친 셈이었다.*

1512년, 노쇠한 바예지드 2세의 뒤를 잇기 위해 세 아들 아흐메드Ahmed, 셀림Selim, 그리고 코르쿠트가 왕위쟁탈전을 벌이는데, 군사적 능력이 뛰어난 셀림이 승자가 되었다. 곧 바예지드 2세는 독살당하고 셀림이 술탄에 올랐다. 할아버지 메메드 2세의 호전성을 물려받은 셀림의 등장은 기사단의 미래에 좋은 징조가 될 수 없었다. 같은 해 당부아즈 총장도 세상을 떠나고 프랑스 지부장인 기 드 블랑세포Guy de Bianchefort가 새 총장에 올랐지만, 로도스로 돌아오던 중에 병을 얻어 급사하고 말았다. 이런 불상사에도 불구하

* 이렇게 기사단이 포르투갈에 협조한 이유는 맘루크에 대한 원한은 물론 숙적이나 마찬가지인 베네치아의 약화를 위해서일 것이다. 하지만 장기적으로 보면 기사단에도 좋지 않은 영향을 미친다.

델 카레토의 초상화. 보듯이 온화한 학자풍의 외모이다.

고, 기사단은 자신의 일에 충실하였다. 콘스탄티노플로 향하는 곡물 수송선 18척을 나포하여, 그렇지 않아도 내전에 시달리는 이 대도시의 곡물가격을 50%나 올려놓았다. 1512년은 오스만 제국이나 기사단 모두에게 말 그대로 다사다난한 해였다.

1513년, 다음 총장으로는 한 세대 전 니콜라스 탑을 사수했던 델 카레토가 선출되었다. 그는 제노바의 집정관이었던 바르나바스 아도르노Barnabas Adorno의 외손자로, 제노바 인근 피날레Finale의 후작 가문의 넷째 아들 출신이었다. 1480년 방어전은 물론 해군 제독 등을 지내며 군사 경험을 더욱 쌓았음은 물론이고, 교황청 대사로 파견되어 1512년에 열린 5차 라테란Lateran 공의회에서 율리우스 2세Julius II를 경호한 적도 있었다. 유럽 내의 인맥도 넓었다. 로도스로 돌아온 그는 오스만의 동향을 예리하게 파악하면서 다시 한 번 성벽 보강에 심혈을 기울였다. 물론 그는성벽 보강에만 지붕한 것은 아니었다. 기사단은 맘루크의 해군이 무력화되었기에 1514년과 1515년 알렉산드리아를 봉쇄하여 사실상 개점휴업 상태로 만들어 맘루크 왕조를 더욱 무력화시키는 데 일조하였다지만 이는 부메랑으로 돌아오고 만다.

화약무기로의 전환

우트르메르 시대에는 전혀 화약이 사용되지 않았는데, 로도스 시대는 정도 차이는 있지만 전 세계적으로 일어난 열병기, 즉 화약무기로의 대전환과 거의 일치한다. 이는 전쟁의 혁명이라고 부를 수 있지만 그 변화는 급속하게 이루어지지는 않았다. 서양에서 화약에 대한 첫 기록을 남긴 인물은 영국의 수도사 로저 베이컨Roger Bacon이었는데, 그 시기는 1267년이었다. 화약의 제조법에 대한 글은 1270년대 중반에서 1300년 사이에 많이 나왔으며, 1320년대에 서유럽에서도 본격적으로 사용되기 시작하였다. 하지만 대포가 너무 무거워 이동이 힘들고, 정확성도 떨어졌다. 더구나 원료인 염초가 너무 비싸서 많이 보급되지는 않았다. 이런 이유로 기동력이 필요없고 표적이 거대한 공성전에만 사용되었다.

그러나 1380년대부터 각국이 화약을 대량 생산하기 시작하면서 염초 가격도 내려갔고, 비교전국과의 교역으로 화약 확보가 쉬워졌다. 하지만 여전히 기술개발 속도는 느렸고, 1530년대에 이르러서야 표준적인 화포와 포탄 제작이 이루어진다. 화승총도 대포보다는 늦었지만 개발되었다.

열병기의 등장, 특히 화승총은 약간 과장하면 여자나 아이들도 방아쇠만 당기면 갑옷으로 무장한 전사를 간단히 죽일 수 있는, 전쟁의 패러다임을 완전히 바꿀 수 있는 결정적인 무기였다. 특히 고도의 기술을 연마해야 하는 기병의 경우는 화승총에 대한 거부감이 더 심했다. 이는 중세 유럽의 기사들이 석궁에 대해서 보였던 반응과도 비슷한데, 대표적인 존재가 구호기사단의 숙적인 맘루크 기병이었다.

> 내 말을 듣고 귀를 기울여라. 그리하여 그대와 다른 이들은 우리 가운데 운명과 붉은 죽음의 기사들이 있음을 알게 되리라. 우리 가운데 단 한 사람만으로도 그대의 모든 군대를 패배시킬 수 있다. 만약 내 말을 믿지 못하겠거든, 한번 시험해보라. 그러나 다만 그대의 군사들에게 제발 총만은 쏘지 말라고 명령해다오. 그대는 여기에 모든 인종으로 이루어진 20만 명의 병사들을 거느리고 있다. 그대의 자리에 서서, 그대의 병사들에게 전투대형을 갖추게 하라. 우리 편에서는 단 세 사람만이 그대와 맞서기 위해서 나서리라.… 그대는 두 눈으로 이 세 기사가 이루는 위업을 목격할 것이다.… 그대는 황급히 온 세상에서 군사를 끌어모았다. 그리스도교인들과 그리스인들과 그밖에 여러 민족들을. 그리고 그들이 전쟁터에서 무슬림의 기사들을 대적할 수 없게 되자, 유럽의 그리스도교도들이 고안한 정교한 무기를 가지고 왔다. 이 무기는 설혹 여인이라고 해도 그것을 쏘기만 하면 그토록 많은 숫자의 남자들을 죽일 수 있는 총이었다.… 그대에게 저주가 있으라! 어떻게 그대가 감히 무슬림들에게 총을 쏠 수가 있단 말인가!*

---

* 『세계전쟁사』 존 키건 지음, 유병진 번역, 까치, 68쪽.

이들이 화승총을 얼마나 싫어했는지를 보여주는 좋은 예가 있다. 1497년에 어린 술탄인 사다트 무하마드가 흑인 노예들로 화승총 부대를 만들고, 자신이 총애하던 파라잘라흐에게 맘루크 처녀를 시집보내자, 다른 맘루크들은 분노가 폭발하여 반란을 일으켜 파라잘라흐를 비롯한 50여 명의 부대원들을 학살할 정도로 화승총이라는 무기를 증오하였다. 하지만 열병기를 거부하고 옛 전투 방식을 고집한 대가는 혹독하였다. 열병기를 적극적으로 도입하고 활용한 오스만 제국과의 이슬람 세계의 패권을 두고 마르지다비크Marj Dābiq와 리다니야Ridaniya에서 두 차례의 결전을 벌였지만 모두 참패했고, 왕조는 멸망하였다.

하지만 기사단은 이런 전철을 밟지 않았다. 열병기로 전환한 시기는 정확하게 알 수 없지만 대략 14세기 중후반으로 보인다. 엘리트 전사인 그들이 열병기를 호의적으로 받아들였을 리는 없다. 하지만 맘루크보다는 열병기 전환에 대한 저항감이 덜했던 것은 확실하다. 가장 중요한 차이는 맘루크는 여전히 기병이 주력이었지만, 구호기사단은 말에서 내려 배를 탔기 때문이었을 것이다. 그리고 기사단에게는 시대의 변화에 빠르게 적응하는 유전자가 있었고, 물론 상대적으로 작은 조직이었기에 변화에 필요한 내부 합의를 쉽게 이끌어낼 수 있었을 것이다. 덕분에 그들은 역사의 무대에서 퇴출당하지 않을 수 있었다.

기사들의 일상

이제 1522년 벌어질 대공방전을 다루기 전에 로도스섬에서 로도스 기사들이 어떻게 지냈는지를 알아볼 필요가 있다. 앞서 우트르메르 시대에서도 다룬 바대로, 십자군은 성지에서 쫓겨났지만, 성지순례는 계속되었다. 이슬람 쪽에서도 순례객들이 뿌리는 돈을 무시할 수 없었기 때문이다. 하지만 그들은 숙소만 허용하였다. 이런 상황에서 기사단은 로도스의 병원을 크게 확장하여, 지중해 최고 수준의 서비스를 제공하였다. 이러하니 로도스 섬은 누가 보아도 중간기착지로 안성맞춤이었다. 성지순례객 중에는 왕족 등 신분이 높은 이들도 적지 않았기에 그들에게 좋은 인상을 남기는 것도 중요할 수밖에 없었다.

장려함을 자랑하는 기사단의 병원에는 내과의사 2명과 외과의사 4명이 상주했고, 우트르메르와 마찬가지로 기사들은 일주일에 한 번은 의무적으로 병원 봉사를 하였다. 천장이 높아 쾌적한 대형 병실에는 마포로 만든 시트가 깔린 개인 침대 100개가 놓여 있었고, 별도로 7개의 개인 병실이 있었다. 간이 창고도 구비되어 개인 물품을 보관할 수 있었으며, 걸을 수 있는 환자들을 위한 식당도 운영하였다. 작은 성당도 있어서 매일 아침 환자들을 위한 미사를 올렸다.

치료비는 환자의 빈부와 신분을 가리지 않고 무료였으며, 식사도 흰 빵과 포도주, 고기와 삶은 야채라는, 당시로서는 무척 고급스러운 메뉴가 제공되었다. 전사한 기사들의 은식기가 환자용으로 제공되는 전통은 우트르메르 시절과 같았음은 물론이다. 내부에서 도박은 물론 고성을 지르는 말싸움도 금지되었고 정숙이 유지되었다.

기사단은 앞서 말한 '해상의 영웅적인 행동'에 열심이었다. 이것은 그 자체로 이슬람 세력에 대한 싸움이기도 했지만, 이슬람 쪽 갤리선에서 혹사당하는 그리스도교인 노예들을 해방시킨다는 확실한 명분도 있었기 때문이다.

로도스 섬은 에게해와 지중해가 만나는 지점에 위치해 있어, 가만히 지키고만 있어도 이슬람 배들이 지나갈 수밖에 없었고, 보드룸과 여러 섬에 위치한 기사단의 요새에서 신호를 보내면 보통 4척으로 구성된 기사단의 갤리선단이 출동하여 소기의 성과를 올렸다.

더구나 기사단의 배는 장거리를 갈 이유도, 짐을 많이 실을 필요도 없었기에 전투원을 많이 태울 수 있었다. 1척당 이슬람 노예 노잡이 100명, 로도스의 선원 20명, 기사 50명이 승선하였다. 전투가 삶의 목적인 기사들이었기에 그들의 전투력은 일반 병사들과는 차원이 달랐고 전과는 확실하였다. 보통 그리스의 불을 넣은 원시적인 수류탄을 던지거나 구리관으로 만든 화염방사기로 불을 지르고, 갑주로 완전무장한 기사들이 뛰어드는 방식의 전투가 벌어졌다.

물론 오스만 쪽도 한 척만 항해하는 경우는 없었고, 일반적으로 네댓 척, 많으면 열 척 이상이 선단을 꾸렸다. 기사단은 이 선단의 규모에 따라 함대의 규모를 정하였다. 어쨌든 빨간 바탕에 하얀 십자가를 새긴 기사단의 깃발은 이슬람 선원과 승객들에게는 지옥으로의 초대장이나 다름없었다.

공격이 성공하면, 선원들은 죽이거나 노예로 삼고, 승객들은 인질로 잡아 두었다가 몸값을 받고 석방해 주었다. 물론 화물은 모두 빼앗았다. 로도스 출신 선원들에게도 일부가 주어졌음은 물론이다. 이런 짓을 하고 지내던 그들은 결국 큰 화근을 남기고 말았다. 아루지라는 붉은 수염이 난 청년이 있었는데, 레스보스 섬 출신의 그리스인이었다. 아버지는 오스만 제국의 기병인 시파히 sipahi 출신이었고 어머니는 정교도였다. 은퇴한 아버지의 해운업을 돕다가 형제들과 함께 해적업에 발을 들이게 되었지만, 구호기사단의 습격을 받아 동생 일랴스İlyas는 죽고 자신은 로도스 섬으로 끌려갔다. 이후 3년 동안 보드룸 요새에 갇혀 노잡이 고생을 하다가, 다른 동생이 배를 몰고 왔을 때 쇠사슬을 끊고 탈출하였다. 그리스도교에 대해 증오심을 품을 수밖에 없게 된 그는 붉은 수염 때문에 바르바로사라는 별명으로 불리면서 악명 높은 초거물 해적으로 성장하였다.

그러면 로도스 기사들의 사생활은 어떠했을까? 이미 앞에서 다루었지만, 기사들은 순결, 청빈, 복종을 맹세한 수도자들이기도 하였다. 이 셋 중 군사조직이라는 특성 때문에 복종이 가장 중요시되었고, 청빈은 시오노 나나미의 표현대로 유럽의 영지가 아니라 최전방인 로도스에서 사는 것 자체가 청빈이었다. 순결은 결국 여자 문제인데, 정식 결혼은 금지되었지만 은밀한 교제는 묵인되었다고 한다.

어쨌든 싸우는 수도사로서의 정체성은 여전히 유지되고 있었는데, 이는 죽은 후에도 마찬가지였다. 신에게 바쳐진 몸이기에 기사단은 기사가 전사하든 병사하든 행방불명이 되든 이름을 남기지 않았다. 그저 몇 명의 기사가 몇 월 며칠에 주님의 부름을 받았다고 기록할 뿐이다. 총장만이 예외였으며, 가족들에게 통보를 하였다. 묘지에 묘비를 만들 수는 있지만, 공식적으로 하는 것이 아니고 가족과 동료들이 만들었다. 지금도 로도스에는 몇몇 기사들의 무덤과 묘비가 남아 있지만, 시간적 여유가 있을 때 만들어진 것이다. 무덤 자체가 없는 경우도 많다.

5장. 로도스 대포위전

현대화된 로도스의 방어망

그동안 이런저런 보강이 있었다고 해도, 로도스의 성벽은 1453년에 함락된 콘스탄티노플 스타일을 크게 벗어나지 않았다. 그래서 카레토 총장은 신성로마제국 황제인 막시밀리안 1세Maximilian I의 고문으로서 활동할 정도로 능력이 증명된 베네치아의 축성전문가 바실리오 델라 스칼라Basilio della Scala를 후한 대우로 초빙하였다. 당시 베네치아는 방어축성의 최고 선진국이었고, 외교 문제만 없다면 이런 식의 기술원조에는 상당히 너그러웠다. 스칼라는 3년 동안 로도스에 머무르며 성벽을 크게 개조하였다. 이제까지의 성벽은 가능한 한 높여서 아래쪽에 있는 적군에게 공격을 퍼붓는 것이었지만, 화포가 점점 발달하게 된 현실에 맞춰 높이를 낮추고 두께를 강화하는 쪽으로 바꾼 것이다. 따라서 성벽의 두께는 그 전보다 두 배가 넘는 10미터가 넘을 정도에 이르러, 중세의 성벽이라기보다는 현대의 벙커에 가까운 구조로 진화하였다.

당연히 탑들도 높이를 낮추고 두께를 더하는 방식으로 개조되었다. 해자도 더욱 깊고 넓게 팠는데, 그 폭이 20미터에 달했다. 또한 해자 중간에 낮은 성벽을 하나 더 쌓았다. 이를 외벽이라고 부르겠다. 해자가 너무 넓으면 아군이 적을 공격하기도 어렵기 때문이었다. 일단 외벽에서 방어하다가 불리해지면 내벽으로 후퇴하는 방식인데, 당연히 두 성벽 사이에 연결통로를 건설하였다. 또한 성벽에서 돌출된 포대를 곳곳에 만들어 적에게 포화를 퍼붓고 지휘소 역할도 겸할 수 있게 만들었으며, 방어력 향상을 위해 성문도 크기를 줄였다.

종합하면 사계가 확 트인 보루, 포탄과 총알, 화살이 빗나가도록 비스듬하게 설계된 성벽 상단, 장거리포 발사대, 골짜기처럼 판 이중 해자, 적에게 가장 효율적으로 집중포화를 퍼부을 수 있도록 만든 모든 성벽의 구조… 구호기사단이 이념적으로는 구시대적일지 모르지만, 군사기술에 있어서는 세계 최첨단에 서 있다는 증거가 로도스의 성벽을 비롯한 방어시설이었다.

다만 이런 개조는 오스만군의 공격이 집중될 것이 확실한 육지 쪽 성벽에만 이루어졌다. 오스만군이 바다에서까지 공격을 퍼부을 능력은 없다고 보았기 때문이었다. 따라서 바다 쪽 성벽, 즉 니콜라

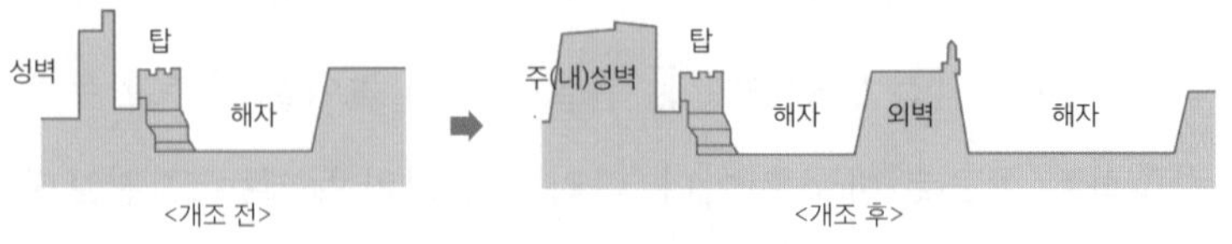

개조된 로도스의 성벽

스 탑에서 당부아즈 문까지는 별다른 개량을 하지 않았다.

그사이 셀림 1세는 사파비 왕조와 싸워, 상당한 성과를 올렸다. 이어서 칼끝을 맘루크로 돌려 1517년, 카이로를 함락시키면서 이집트까지 손에 넣었다. 십자군 국가를 소멸시켰던 맘루크 왕조였고 1515년까지도 알렉산드리아를 봉쇄했던 기사단은 뒤늦게나마 순망치한의 원리를 깨닫고 그 전해인 1516년 그들에게 부족한 대포와 탄약을 보내주는 완벽한 태세전환을 보여주었지만 멸망을 막지는 못했다. 결국 과거의 적 맘루크가 몰락하고 새로운 적 오스만이 부상하면서, 새로운 숙적이자 강적이 된다.* 동지중해에서 벌어진 새로운 십자군 전쟁이 단순한 종교 전쟁이 아닌 정치, 외교, 경제, 전략, 전술, 지정학 등 다양한 요소가 뒤섞인 현대적 전쟁의 성격을 지닌다는 사실은 무척 흥미롭다. 어쨌든 로도스는 오스만 제국의 천하인 동지중해에서 유일한 서유럽의 군사 거점이 되었다. 우여곡절 끝에 뤼지냥 왕가에서 베네치아령으로 넘어간 키프로스만이 예외라면 예외였다.** 하지만 통상국가인 베네치아의 특성상 이곳은 서구 세력의 군사거점으로는 사용할 수 없었다.

실제로 셀림 1세는 로도스 원정을 준비했지만 1520년 세상을 떠났다. 그 다음 해 카레토 총장도 세상을 떠났다. 다만 카레토 총장은 죽기 전에 교황청과 프랑스 국왕에 원군을 요청했고 허락을 받

---

* 맘루크는 국가로서 몰락하긴 했지만 오스만을 종주국으로 하면서 이집트에서의 실권은 유지하였다.

** 이 과정에 대해 알고 싶은 독자들은 시오노 나나미의 『르네상스의 여인들』 중 「카테리나 코르나로」 편을 읽어보시면 된다.

았다. 셀림 1세와 카레토 총장은 거의 비슷한 시기에 술탄과 총장직을 지냈지만 한 사람은 원정에, 한 사람은 축성에 대부분의 시간을 보냈으니, 아주 대조적인 재위기간을 보낸 셈이다. 셀림 1세의 후계자는 약관의 술레이만 1세, 카레토의 후계자는 50대 후반의 릴라당이었다. 이제 2차전은 피할 수 없는 운명이었다.

다마랄과 치열한 경쟁 끝에 총장에 선출된 릴라당은 당시 프랑스 지부장이었는데, 공교롭게도 방계이긴 하지만 빌리에라는 가운데 이름에서 알 수 있듯이 1291년 아크레 함락 당시 총장이었던 장 드 빌리에의 후손이었다. 따라서 총장에 오른 그의 각오는 남다를 수밖에 없었다. 바로 그때 릴라당의 조카 니콜라스 듀랑 드 빌게농Nicolas Durand de Villegaignon이 기사단에 들어온다. 그는 훗날 군인, 과학자, 탐험가, 모험가, 기업가, 해적이라는 다양한 면모를 보이며 활약하는데, 뒤에서 소개하도록 하겠다. 그는 로도스로 떠나기 직전 프랑스 국왕 프랑소와 1세François I를 알현하였다. 훗날 명군으로 이름을 날리는 프랑소와 1세는 로도스 등 동지중해에 관심이 많았다. 이미 1518년에 소규모 함대를 레바논에 보냈고, 그 다음 해에는 실패하기는 했지만, 베이루트를 공격한 적이 있을 정도였다. 그랬었기에 국왕은 지원을 약속했고, 베르나르댕Bernardin 자작에게 소함대를 이끌고 로도스로 떠나라고 명령하였다.

릴라당은 마르세유에서 기사단의 기함 성모 마리아Santa Maria 호에 올랐는데, 조짐이 좋지 않았다. 니스Nice 앞바다에서는 배 한 척이 불에 탔고, 몰타 해협에서는 기함에 번개가 떨어져 선원 9명이 죽고, 총장의 검에도 전기가 통하면서 날이 휘어지는 불상사가 벌어졌다. 불행 중 다행으로 신임 총장은 무사하였다. 시라쿠사 Syracusa에서는 거물 해적 쿠르트 울루의 습격을 당할 뻔했지만 빠져나가는 데 성공하였다. 오스만 제국은 본격적인 로도스 공략에 앞서 외부로부터의 지원을 차단하려는 사전 작전을 펼친 것이다. 이런 불길한 조짐처럼 유럽의 상황은 아주 좋지 않았다.

즉위한 지 얼마 되지 않은 칼 5세 역시 프랑스와의 전쟁 외에도 마르틴 루터Martin Luther가 이끄는 프로테스탄트의 등장과 독일 내부에서 일어난 소요사태로 로도스에 신경을 쓸 여유가 없었다. 더구나 메디치 가문 출신으로 루터의 종교개혁의 직접적인 원인이 된 면죄부 판매를 하면서 르네상스를 실컷 즐겼던 레오 10세Leo X가 1520년 12월, 겨우 45세의 나이로 세상을 떠나고 말았다. 놀기 좋아하는 레오 10세이지만 그래도 오스만 제국의 팽창을 방관하지는 않았다. 레오 10세가 세상을 떠나기 몇 달 전에 술레이만은 정예부대를 콘스탄티노플에 집중시켜 발칸반도의 중요한 도시인 베오그라드 원정에 나섰다. 그러자 레오 10세는 자금을 보내고 십자군 결성을 시도하는 등 나름의 노력을 했지만 8월에 그 도시의 함락을 막지 못했다.

전임 총장인 카레토의 요청을 받은 교황청 해군사령관인 파올로 베토리는 3척의 대형범선에 병력과 화약을 잔뜩 싣고 로도스로 떠났다. 그곳에는 17척의 프랑스 함대가 와 있었다. 이들은 베토리의 지휘하에 로도스 근처의 오스만 함대를 소탕하는 눈부신 성과를 올렸다.

1521년 1월에 네덜란드 출신으로 칼 5세의 가정교사 출신인 하드리아누스 6세Hadrianus VI가 즉위하였지만 파탄이 난 재정 때문에 더 이상 로도스를 지원할 여력이 없었다.

이렇게 당시 유럽의 정세는 기사단에 아주 불리하였다. 그러면 가장 가까운 곳에 있는 베네치아는 어땠을까? 베네치아 역시 통상에만 주력하고 있었고, 애써 얻은 키프로스의 보전에만 신경을 쓰고 있었기에 기사단을 직접적으로 지원할 생각은 전혀 없었다. 하지만 그들다운 방법으로 기사단을 도와주기는 하였다.

본명은 가브리엘 타티니Gabriel Tatini였지만 베르가모 교외의 마르티넨고Martinego 출생이어서 그 이름으로 불리는 경우가 많은 40대 중반의 공병 대령을 '로도스로 보냈기 때문'이었다. 그의 전공은 축성 기술이었다. 당시 그는 베네치아령 크레테 섬의 요새들을 보강하는 업무에 전념하고 있었다. 시오노 나나미는 『로도스 섬 공방전』에서는 마르티넨고가 기사단의 요청을 받고, 전문가로서의 자존심과 호기심 때문에 로도스를 택했으며, 그리고 베네치아 정부는 이를 방조하는 형태로 기사단을 '지원'했다고 묘사하였다. 너무 그럴 듯한 데다가, 너무나 베네치아다운 수법이기에 필자도 여기에 굳이 반론을 제기하고 싶지는 않다. 더구나 베네치아는 오스만이 이기더라도 최대한 많은 출혈을 하도록 유도해야 하는 입장이었기에 시오노의 견해에 찬성할 수밖에 없다.

배경이야 어쨌든 근무지를 이탈하고 로도스에 온 마르티넨고는 이미 스콜라가 구축한 요새를 보고 감탄했지만, 보강할 곳이 있으며 특히 오스만군이 실시할 갱도와 지뢰 공격에 대한 대비를 더욱 철저히 해야 한다고 주장하였다. 릴라당 총장을 비롯한 기사단의 수뇌부들은 이에 대한 전권을 그에게 주었다. 마르티넨고는 바로 로도스의 남자들을 동원하여 보강공사에 나섰다.

대포위전 전야

물론 기사단의 전쟁 준비가 성벽 보강에서 끝날 리 없었다. 엄청난 양의 화약과 식량을 들여왔고, 500명의 크레테 궁수들을 비롯한 용병들을 모았다. 아마도 이 역시 베네치아의 묵인 덕분에 가능했을 것이다. 로도스의 청년들 중 지원자들을 모아 훈련을 시켰는데 그 숫자가 수천 명에 달했다. 311명의 기사를 중심으로 300명의 부사관, 제노바에서 온 수병들을 합치면 로도스의 수비병력은 약 7천 명 정도였다. 항구에 정박 중인 유럽 출신 선원들도 가세했지만, 그 숫자는 알 수 없다. 물론 42년 전과 같은 견벽청야 작전은 기본이었다. 이렇게 방어전 준비에 여념이 없는 로도스에 술레이만이 직접 쓴 라틴어 국서가 도착하였다. 막 로도스에 도착한 릴라당이 그 국서를 읽었다.

내용은, 그 해(1521년) 오스만 제국이 거둔 승리를 열거하면서, 여러 도시를 정복했고 반항하는 자들은 노예가 되었으니 기사단도 이 승리를 축하해 달라는 것이었다. 막 취임한 릴라당 총장은 오스만 제국을 상대로 거둔 기사단의 승전을 열거하면서, 술탄도 축하해 달라는 내용의 답신을 보냈다.

릴라당의 초상

사실 기사단의 활동으로 오스만 제국은 통상에 큰 어려움을 당했을 뿐 아니라 곡물 수송선이 계속 공격을 당해 콘스탄티노플의 물가가 급등하여 소요사태가 일어났을 정도였다. 또한 셀림 1세가 세상을 떠난 직후, 이집트 총독 알 가잘리Al-Ghazali가 일으킨 반란을 기사단이 지원하기도 했으니, 40년 전 벌어졌던 젬의 망명까지 생각하면 로도스는 반드시 제거해야 할 '뱀의 소굴'이었던 것이다.

술레이만은 1522년 봄부터 20만이라고 주장하는 대군을 모아 로도스 건너편 해안으로 보내기 시작했는데, 늘 그렇듯이 과장된 숫자였지만 적게 잡아도 10만은 되는 대군임은 확실하다. 그 가운데 예니체리는 약 1만 명이었다. 1480년보다 두 배나 되는 병력이었고, 무엇보다 술탄의 친정이었기에 그 결의와 기세는 42년 전의 공격에 비할 바가 아니었다. 물론 엄청난 규모의 함대도 집결시켰는데, 기사단 쪽의 기록에 의하면 35척의 초대형 범선을 포함하여 400척에 달했다고 한다.

술레이만은 이미 합스부르크 제국과 프랑스 등 유럽의 강대국들이 로도스에 원군을 보낼 형편이 아니라는 사실을 잘 알고 있었고, 마지막 남은 베네치아를 구워삶기 위해 그들에게 유리한 내용의 통상조약을 맺었다. 이렇게 되자 기사단은 오로지 자신들의 역량만으로 오스만이라는 대제국과 맞서야만 하는 처지가 된 것이다.

전쟁 준비가 거의 끝나가던 1522년 6월 10일, 술레이만의 두 번째 국서가 도착하였다.

술탄 술레이만이 릴라당 구호기사단 총장과 주민들에게 고하노

라. 짐의 고통받는 백성들에게 그대들이 저지른 극악무도한 행위로 짐의 분노는 하늘을 찌르고 있다. 따라서 명하노니 당장 로도스 섬과 요새를 내놓도록 하라. 그리하면 그대들의 귀중품을 소지하고 섬을 안전하게 떠날 수 있도록 할 것이로다. 만일 떠나지 않고 나의 지배 아래 살기를 원한다면 공물을 요구하지도, 자유를 구속하지도 않을 것이며, 강제로 개종시키지도 않을 것이다. 그대들이 현명하다면 잔혹한 전쟁보다는 평화와 친선을 선택하리라 믿는다. 그렇지 않고 그대들이 짐의 군대에 정복당하면 패한 쪽이 당하게 마련인 모든 고통을 면치 못하리라. 그것은 군대로도, 외부 원조로도, 짐의 군대가 토대까지 완전히 허물어뜨릴 요새의 힘으로도 막지 못한다. …

짐은 그것을 이 땅을 창조하신 하느님, 그리고 네 복음서의 저자, 강림한 사천 명의 예언자, 그들 가운데 가장 높은 분으로 추앙받아 마땅한 무하마드, 짐의 조부와 부친의 영혼, 거룩하고 존귀하고 당당한 짐의 제권에 대고 맹세하노라.

릴라당 총장은 이번에는 아예 답장도 보내지 않았다. 즉 선전포고가 이루어진 셈이었다. 그리고 자신들의 본업 중 하나인 '해상에서의 영웅적 행위'도 중지시켰다. 단 한 사람이라도 다가올 공방전에 힘을 보태야 했기 때문이다.

코스 섬에서의 전초전과 오스만군의 상륙

6월 16일, 술레이만이 대신들, 즉 파샤들과 대군을 거느리고 수도를 떠나 보스포루스 해협을 건너 로도스와 가장 가까운 항구인 마르마리스Marmaris*로 진군을 시작하였다. 이틀 후에는 대함대와 선단이 중포와 군수물자, 그리고 일부 병력을 싣고 출발하였다. 시리아와 이집트에서도 대함대가 돛을 올렸다. 10만의 대군, 대포와 공성기 등 어마어마한 장비, 그리고 군수물자가 이 항구와 그 부근에 집결하였다. 기사단이 가진 작은 함대로는 저지할 엄두도 낼 수 없는 규모였다. 그리고 그들은 기사단이 가진 유일한 육지 보루인 보드룸에 대한 공격은 시도조차 하지 않았다. 어차피 로도스를 함락하면 보드룸은 저절로 손에 떨어질 것이기 때문이었다.

기사단은 전력 집중을 위해 레로스 섬 등 주위 부속 도서의 수비병력을 대부분 철수시켰고, 오스만군은 차례로 섬들을 접수하였다. 하지만 예외는 있었다. 바로 코스 섬이었다. 이 섬의 수비대장인 프랑스 출신 프레장 드 비두Prejan de Bidoux는 섬을 포기하지 않고, 오히려 요새를 나와 막 상륙한 오스만군을 공격하였다. 전혀 공격을 예상하지 못했던 오스만군은 참패를 당하고 말았다.

하지만 전체적으로 보면 대수롭지 않은 손실이었기에, 술레이만은 코스 섬은 점령하지 말고, 남은 부대들에게 로도스로 바로 직행

* 지금도 터키 쪽에서 로도스로 가려면 마르마리스에서 배를 타는 것이 가장 가깝다. 필자도 로도스를 방문할 때 이 경로를 이용하였다.

하라고 명하였다. 이 승리는 기사단의 사기를 높이긴 했지만, 결국 대세에는 아무런 영향을 미치지 못했다.

6월 24일은 기사단의 수호성인인 세례자 요한의 축일*이어서, 당연히 기사단 입장에서는 가장 중요한 날이었다. 릴라당 총장을 비롯한 기사단원들은 요한 성당에서 장중한 미사를 올리면서 기사단의 승리를 간절히 기원하였다. 그런데 바로 같은 시간 오스만군의 로도스 상륙이 시작되었다. 기사들은 불과 5킬로미터 정도 앞에서 진행되는 상륙을 지켜보기만 해야 하였다. 기사단의 병력은 600명이 채 안 되는 기사와 1천500명 남짓한 용병, 그리고 로도스의 남자들 가운데 전투가 가능한 자 3천 명이 전부였다. 말 그대로 단 한 명도 헛되이 낭비할 수 없는 인력이었기 때문이다. 7월 말까지 대군과 장비, 그리고 군수물자의 상륙은 계속 이어졌다. 술탄의 화려한 천막을 비롯한 오스만군의 천막이 바다를 이루었음은 물론이다.

술레이만은 7월 28일에 로도스에 상륙하였다. 오스만군은 10만이라는 숫자 자체도 대단했지만, 81센티미터라는 엄청난 구경을 자랑하는 거포 2문을 위시하여, 73센티미터 거포 15문, 25센티미터짜리 중간크기의 포는 기본이었다. 둘레가 3미터나 되는 거대한 돌포탄, 성벽을 강타하여 균열을 일으키는 쇠포탄, 목표에 명중되면서 가연성 기름을 사방에 퍼뜨리는 인명살상용 놋쇠 소이탄 등

---

* 세례자 요한은 그리스도교 역사에서 예수 그리스도 다음 가는 중요한 성인이다. 그래서 동지인 성탄절과 대응하는 하지를 그의 축일로 삼았다.

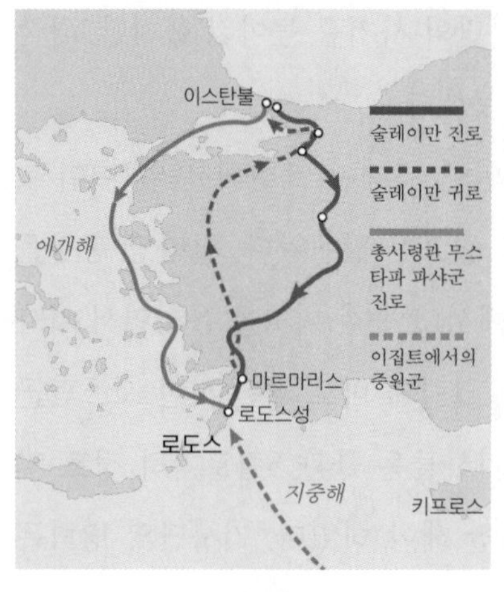

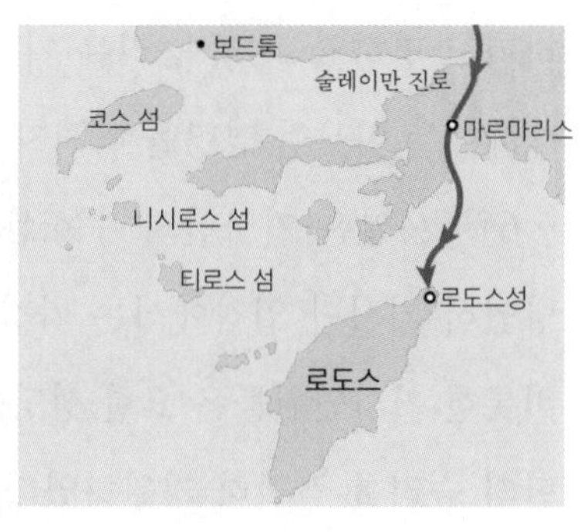

오스만군의 진로
(『역사군상』 14호 p.20)

다양한 포탄은 물론 생물 병기, 즉 썩은 시신을 성안에 날려 보내는 투석기도 있었다.

술레이만을 정점으로 하는 오스만군의 수뇌부는 로도스의 견고함을 잘 알고 있었기에 많은 손실은 각오하고 있었다. 따라서 이런 철옹성을 무너뜨리기 위해서는 공병이 전투병 못지않게 중요하였다. 과장되었겠지만, 이들의 숫자는 6만에 달했다고 하는데, 실제로는 약 3만 정도였을 것이다.

공병의 대부분은 발칸반도의 동방정교도 출신 광부였다. 그들은 우선 대포의 사정거리를 벗어난 지점에서부터 성벽과 평행선을 이루는 참호를 팠는데, 자연스럽게 반원형이 된 이 참호의 길이는 2.5킬로미터에 달했다. 이 참호에서 성벽을 파괴하기 위한 갱도가 뚫릴 것이었다. 그 앞에는 포화의 피해를 줄이기 위한 목책을 세웠다.

이와 함께 공병들은 갱도에서 나온 흙으로 거포들의 발판이 될 포대와 인공산을 쌓았다. 가장 큰 것은 동쪽의 이탈리아 성문 앞에, 다른 하나는 서쪽의 성 게오르기우스 문 앞에 올라갔다. 두 '산'에는 각각 5문의 거포가 배치되었다.

7월 31일, 술레이만의 봉인이 찍힌 서신이 화살에 달려 영국 성벽 쪽으로 날아왔다. 릴라당 단장은 기사 전원을 공관 앞뜰에 소집해 그 서신을 읽어주었다. 물론 내용은 좋은 조건으로 여러 번 항복을 권유했음에도 응답이 없어 내일 아침을 기해 공격하겠다는 내용이었다.

포격이 시작되었다. 아무래도 첫 포격이라 사정거리 측정 등을 시험해서인지, 이탈리아 성벽을 시작으로 동쪽에서 서쪽으로 이어지다가 일단락되었는데, 먼지와 돌가루만 날렸을 뿐 별다른 피해는 없었다.

포격이 끝나자 기사단원들은 전원 갑옷과 붉은 바탕에 흰 십자가가 새겨진 망토를 입고 성벽에 섰다. 은빛으로 반짝이는 갑주와 당당한 기사들의 웅자는 오스만 병사들에게도 깊은 인상을 주었지만 어디까지나 시위에 불과하였다. 이렇게 첫날의 '전투'는 기 싸움으로 시작되었다.

공방전이 본격적으로 시작되다!

이로부터 한 달 내내 계속 각도를 조절해가며 포격이 계속되었고, 성 안의 기사와 병사들을 노리는 저격병들의 사격이 더해졌다. 이어서 공병들이 성벽으로 접근하는 공격용 갱도를 파기 시작하였

이슬람 쪽에서 그린 로도스

다. 물론 기사단 쪽에서 이를 방관할 리 없어 무자비한 포화를 퍼부어 많은 공병들이 희생되었다. 하지만 그들은 어차피 소모품이었고, 술레이만의 계산 안에 들어 있었다.

마르티넨고는 별도의 대응책을 마련하였다. 그는 적군의 갱도가 성벽에 다가오는 기미가 보이자 양피지를 팽팽하게 펴 만든 원통용기에 방울을 다는 일종의 감지기를 개발했던 것이다. 어린이들의 귀도 도움이 되었다. 기사단은 대항갱도를 파 오스만군의 갱도를 화약으로 폭파시키고, 갱도를 놓친 경우에는 성벽 토대에 나선형 통풍구를 만들어 폭발력을 약화시켰다. 기사단은 9월 초까지 50개가 넘는 갱도를 찾아내 무력화시킬 정도로 오스만군의 집요한 공격을 잘 막아냈다. 집요한 물량공세에 세계 최고를 자랑하는 로도스의 성벽도 가랑비에 옷이 젖듯이 타격을 피할 수 없었다. 양군은 당대 최고의 군사공학을 이 전투에 쏟아 붓고 있었던 것이다.

여담이지만 「마징가Z」의 악역 헬 박사는 미케네 제국의 기계수들을 발견하여 바도스 섬을 본부로 삼아 '세계 정복'에 나서는데, 바도스 섬의 모델이 로도스 섬이다. 고대의 로도스는 고대 최고의 발명인 안티키테라Antikythera 시계가 만들어진 곳일 정도로 과학이 가장 발달한 곳이었기 때문이다. 물론 기사단이 로도스섬을 차지했을 당시에는, 시오노 나나미의 표현을 빌리면, 다른 지역 사람들을 야만인라고 부를 '자격'을 잃은 지는 오래된 상태였다. 그런데 이런 방식으로 최첨단 전쟁이 이 섬에서 벌어진 것이다.

8월 31일에는 반가운 손님이 찾아왔다. 이탈리아 지부에서 보낸 쾌속선 한 척이 엄중한 경계를 뚫고 입항한 것이다. 그 배에는 4명의 기사와 소수의 용병 그리고 상당한 양의 탄약이 실려 있었다. 오스만 해군의 제해권이 완벽하지 않다는 증거이기에, 기사단의 사기는 높아졌다. 격노한 술레이만은 함대 사령관 콜토글루를 발가벗겨 돛대에 매달고, 태형을 가했다.

한 달 간의 공방전 동안 기사단은 성 요한 성당의 종탑에서 내려다보며 오스만군의 배치 자체는 잘 파악할 수 있었지만, '휴민트'가 없는 이상 한계가 명확하였다. 그래서 밤중에 투르크어에 능통한 2명의 기사를 보내어 2명의 오스만 공병을 납치하였다. 마르티넨고는 그들을 종탑에 끌고 올라가, 오스만 진영을 바라보면서 아는 정보를 모두 내놓도록 하였다. 이 덕분에 50개가 넘는 갱도를 차단하는 데 성공하였다. 하지만 역시 물량 차이가 명확한 만큼 한계는 있었다. 결국 9월 4일, 영국 쪽 성벽 밑에서 미처 찾아내지 못한 갱도 밑에서 대폭발이 일어났고, 성벽에 9미터나 되는 균열이 생겨나고 말았다.

당연히 오스만군은 함성을 지르며 그곳으로 공격을 집중하였다. 하지만 엉뚱하게도 성 마리아 문에 깃발을 꽂는 허례허식에 시간을 허비하는 바람에 기사단에 여유를 주고 말았다. 릴라당 총장이 직접 지휘에 나선 기사단은 본 성벽에 집결하여 그들을 소총과 석궁으로 쓰러뜨렸다. 프랑스와 카스티야 성벽을 지키던 기사들도 정면의 적이 그쪽으로 이동하자, 영국 성벽 쪽으로 지원에 나섰다. 전투는 해가 질 때까지 이어졌고, 오스만군은 2천 명의 전사자를 남기고 후퇴하였다. 기사단의 전사자는 많지 않았지만, 고급지휘관인 가브리엘 드 포메롤스와 총장의 기수인 헨리 만셀, 갤리선 함장 한 명이 전사했기에 질적인 면에서의 손실은 상당히 컸다.

5일 후, 오스만군은 다시 공격에 나섰고, 전투는 그전보다 더 치열하였다. 오스만군 3천 명이 죽거나 심각한 부상을 입었고, 그중에는 술탄의 직속 포병대장도 있었다. 기사단이 쏜 포탄을 맞고 두 다리를 잃었던 것이다. 술레이만은 무척 슬퍼했고, 일시적이긴 하지만 군대의 사기도 많이 떨어졌다. 실전 사령관이자 술탄의 처남이기도 한 무스타파 파샤Mustafa Pasha는 공성전이 앞으로 한 달 정도 이어질 것이라고 술탄에게 보고를 올렸다. 하지만 지나치게 낙관적인 생각이었다는 것이 증명된다. 어쨌든 이렇게 치고받는 과정에서 손실은 물론 오스만군 쪽이 훨씬 컸지만, 기사단은 공백을 메울 방법이 없었으므로 상대적으로 보면 타격은 더 컸다.

9월 17일, 무스타파 파샤가 지휘하는 오스만군은 다시 영국 성벽 쪽으로 지뢰를 폭발시키면서 공격에 나섰다. 성벽은 큰 손실을 입었고, 오스만군은 외성벽을 돌파해 들어갔다. 부근의 성당에 있던 릴라당은 폭음을 듣고 바로 달려왔다. 독일 성벽을 책임지고 있던 크리스토프 폰 바르더나도 포병을 포함한 지원부대를 이끌고 방어전에 나섰다. 원병에 힘을 얻은 영국 출신 기사단원들은 침투한 오스만군을 돌파구까지 몰아넣는 데 성공하였다. 그러자 무스타파 파샤는 반월도를 뽑아들고 도망치는 병사 하나를 베어 쓰러뜨리면서까지 강력한 독전에 나섰다. 전의를 회복한 오스만군은 다시 돌격해 들어왔다. 물론 기사단도 강하게 반격하였고, 두 시간 동안 격전이 이어졌다. 이번에도 승리는 기사단의 것이었다. 그러나 구호기사단은 영국 기사들의 수장인 존 벅John Buck이 전사하는 큰 손실을 입었다. 무스타파 파샤는 패장이 되었지만, 여전히 9월 안에 성을 함락시킬 수 있다고 자신했고, 일주일 후 더욱 대규모의 총공격을 준비하겠다고 술탄에게 보고하였다.

9월 24일의 대혈전

D-day는 24일로 정해졌다. 전날 술레이만은 전군을 모아놓고 연설을 하였다. 다음 날 해가 뜨기 전부터 대대적인 포격이 시작되었고, 피리와 북, 나팔 소리가 울려 퍼졌다. 해가 뜨자 오스만군의 돌진이 이어졌다. 이번 공격은 육지 쪽 거의 모든 전선에 대한 공격이라는 점에서 그전의 공격과는 차원이 달랐다. 그렇다고 해도 주 목표는 있었는데, 영국, 이탈리아, 아라곤, 프로방스 성벽이 그 대상이었다. 선두는 동방정교도가 대부분인 비정규군이었는데, 이들 뒤에서는 예니체니 군단이 독전하였다. 즉 비정규군의 역할은 사실상 총알받이로 방어군의 전력을 소모시키는 것이었다.

성벽 안에서도 당연히 총동원을 알리는 종이 울렸다. 모든 전투병들은 미리 정해진 위치를 향해 달려갔다. 바다 쪽 방위를 맡은 카스티야와 프랑스 성벽의 전투원들도 육지 쪽 성벽 방어에 힘을 보탰다.

비정규군은 해자를 메우고, 외벽 틈새로 침투하여 내벽에 사다리를 걸고 기어올라가기 시작하였다. 기사단은 최대한 그들을 끌어들여 차분하고 정확하게 적병을 쓰러뜨렸다. 비정규 군단은 약 3천 명의 전사자를 내고 패퇴하였다.

그러자 바리 파샤Bali Pasha가 선두에서 지휘하는 예니체리가 아라곤과 영국 성벽 공략에 나섰다. 전체 지휘는 여전히 무스타파 파샤가 맡았다. 기사단은 공성기를 화염방사기로 불사르고, 수류탄으로 갑주가 없는 오스만 병사들을 산 채로 화장시켰다. 석궁과 소총도 그들을 쓰러뜨렸음은 물론이다. 그럼에도 워낙 압도적인 수적 우위를 자랑하는 오스만군은 아라곤 성벽 위에 깃발을 올리는 데 성공했고, 그 순간 오스만군의 함성이 울려 퍼졌다. 하지만 이것은 마르티넨고와 기사단이 설치한 덫이었다. 그들이 두 성벽 사이의 해자로 내려가자 그곳에는 아무런 엄폐물이 없었다. 릴라당 총장은 바로 기동타격대를 이끌고 나타났고, 총탄과 화살을 비오듯 퍼부었다.

이런 상황에서 오스만군은 병력의 우위를 활용할 수 없었고, 반면 기사단은 그들을 각개격파할 수 있었다. 아라곤 성벽 위에 꽂은 오스만 군기는 기사단의 전리품으로 전락하고 말았다.

무려 여섯 시간 동안 이어진 대혈전 끝에 기사단은 성을 지켜내는 데 성공하였다. 오스만군의 전사자는 1만 2천 명에서 1만 4천 명에 달했다고 한다. 해자에 채워진 물이 오스만군의 피로 붉게 변했을 정도였다. 오스만 병사들은 시신과 부상자들을 날랐는데, 기사단 역시 지칠 대로 지쳐 그들에게 화살 하나 쏘지 못했고, 승리의 환호성도 나오지 않았다. 기사단의 손실은 정확하게 알 수 없지만, 절반인 300명이 죽거나 다쳤다고 한다.

술탄은 9월 24일 자 일지에 "아군의 공격은 격퇴되었다"라고 간단히 기록했지만, 그의 감정이 이렇게 단순할 리 없었다. 온화하다는 평을 듣던 그였지만, 책임자인 무스타파 파샤에게 불같은 분노를 터뜨렸다. 그러고는 그는 다음 날에 무스타파 파샤를 오스만군의 맨 앞에 세워 기사단의 화살 세례를 받게 하겠다고 선언하였다. 이를 말리던 최연장의 대신 쿠아짐 파샤까지 사형에 처하라고 명령했을 정도였다. 경악한 중신들과 지휘관들은 두 파샤가 모두 사라지면 군 내부가 큰 혼란에 빠질 것이라고 간언하지 않을 수 없었다. 결국 술탄은 죽음의 명령은 거두었지만, 무스타파 파샤를 사령관 자리에서 해임하고, 시리아 총독으로 보내버렸다. 그는 20척의 배와 함께 임지로 떠나야 했다. 그의 후임은 그리스 출신 이브라힘 파샤가 맡았다. 9월 24일의 패배는 오스만군의 사기에 큰 악영향을 주었고, 몰래 배를 구해 탈영하는 자들도 나왔을 정도였다.

기사단의 승전보는 빠른 속도로 유럽에 전해졌지만, 여전히 여유가 없는 유럽 열강들은 '대규모 원병'을 보내지 않았다. 물론 그들도 체면이 있기에 완전히 외면할 수는 없었다. 기사단이 이탈리아에서 모은 용병 2천 명이 메시나에 집결해 있었지만, 대규모 해군이 지원해 주지 않으면 로도스에 갈 방도가 없었다. 프랑스와 스페인이 상징적인 의미의 함대를 보내주었지만, 턱도 없는 규모였다. 영국에서는 지부 소속의 기사 몇 명이 약간의 군대와 무기, 탄약을 싣고 로도스로 출항했지만 비스케이Biscay 만에서 조난을 당해 모두 물귀신이 되는 참사까지 일어났다. 나폴리에서 보낸 배 두 척이 소수의 용병을 데리고 들어왔고, 베네치아가 보낸 물자도 도착했지만 큰 도움이 되는 것은 아니었다.

며칠 동안 숨을 고르던 오스만군은 다시 공격에 나섰고, 주전장은 역시 영국 성벽이었다. 열흘 동안 다섯 차례의 공격을 받았지만 모두 격퇴하였다. 하지만 성벽의 손실은 심각했고, 특히 영국 기사들은 전원 전사하거나 부상을 당해서 멀쩡한 자가 하나도 없을 지경에 이르렀다. 그리고 공방전의 분수령이 될 10월 10일의 날이 밝았다.

공방전의 분수령이 된 10월

10월 10일, 오스만군은 갈라진 카스티야 성벽 사이로 침투하려 내부에 진지를 구축하였다. 기사단은 더 이상의 침투만 막았을 뿐 그들을 성벽 밖으로 내보낼 힘이 없었다. 그나마 주민들의 협조는 원활하여 성벽의 복구는 어느 정도 이루어졌다. 여자들이 재료를 날라 오면 남자들이 복구작업을 하였다. 오스만군에 대한 공포 못지않게 그동안 기사단이 준 이런저런 혜택 덕분이었다. 물론 그 혜택에는 해적질로 얻은 전리품도 있었다. 물론 복구작업의 최고 지휘자는 마르티넨고였다. 이 방어전에서 그의 비중은 총장 다음이나 마찬가지였다. 그런데 오스만군의 침투 다음 날, 즉 10월 11일에 오스만군의 한 저격수가 쏜 총탄이 그의 오른쪽 눈에 명중하고 말았다.

기사들은 그에게 투구 착용을 권했지만 늘 시야를 확보해야 하기에 거절했었는데, 이런 참사가 일어나고 만 것이었다. 이 비보에 놀란 릴라당 총장은 바로 병원으로 달려왔다. 불행 중 다행으로 죽음까지는 이르지 않았다. 아마도 구호기사단의 의료진이 당대 최고 수준이었던 것도 그가 생존한 이유가 아닐까 싶다. 하지만 마르티넨고는 오른쪽 눈의 시력을 잃었음은 물론 상당 기간 일선으로 복귀는 어려울 수밖에 없었다. 얼굴 반쪽을 붕대로 감았으면서도 그는 병실을 작업실화 하여 그곳에서 조수들을 시켜 도면을 그리면서 복구와 갱도 저지 작업을 지휘하는 놀라운 정신력을 보여주었다. 전장에서 늘 목숨을 내놓고 싸우던 기사들조차 그의 용기와 정신력에 감탄하지 않을 수 없었다. 그러나 아무래도 멀쩡했던 시절보다는 부족할 수밖에 없었고, 그 공백은 점점 커져 갔다.

목책으로 부서진 성벽을 보완한 것이 대표적이었는데, 오스만군이 태워버리면 그만이었기 때문이다. 이런 행동은 마르티넨고가 현장에 있었다면 벌어지지 않을 헛수고였다.

이렇게 어려운 상황에 몰린 기사단에 설상가상으로 내부 문제까지 터지고 말았다. 병원에 속한 유대인 의사가 적에게 내부 정보가 담긴 쪽지를 매단 화살을 쏜 것이 발각되었기 때문이다. 윗선이 있다는 의심을 하지 않을 수 없었고, 바로 적과 내통하는 배반자가 있다는 사실이 유력해졌기 때문이다. 릴리당 총장은 은밀하게 수사를 시작했는데, 놀랍게도 범인은 유력 간부인 안드레아 다마랄로 밝혀졌다. 바로 저번 총장 선거의 유력 후보였고, 12년 전 릴라당과 함께 유무르탈릭 항구를 같이 공격했던 그 인물이었다.

다마랄은 10월 28일에 체포되어 모진 고문을 받았지만, 끝내 자백하지 않았다. 그와 유대인 의사, 그리고 심부름을 했던 몸종 디아즈는 11월 8일에 처형되었고, 그들의 시신은 갈가리 찢긴 다음 창끝에 꿰어져 성벽 밖에 전시되었다. 일부 기사들은 너무 잔인한 형벌에 불만을 가졌고, 성안은 비관적인 분위기에 지배당할 수밖에 없었다. 이렇게 암울하고 어렵기만 했던 10월이 지나갔다.

사면초가의 11월

외부의 지원을 기대할 수 없는 상황의 기사단에게 믿을 것은 이제 '하늘'뿐이었다. 10월 25일부터 큰비가 내리기 시작하면서 참호에 물이 차고, 전장 전체가 수렁화 되었다. 전염병이 돌기 시작했고 아나톨리아에서 부는 찬바람이 기온을 뚝 떨어뜨리기 시작하였다. 병사들의 사기도 떨어질 수밖에 없었다. 범용한 군주였다면 이쯤에서 공략을 포기했을 것이다.

하지만 술레이만의 의지는 확고하였다. 큰비는 대군인 오스만군의 운용을 어렵게 했지만, 기사단 쪽도 성벽 복구에 어려움이 더해지므로 피장파장이라고 여겼기 때문이기도 하였다. 10월 31일, 어전회의에서 술레이만은 전투의 지속을 선언했고, 스스로도 섬에 남겠다고 선언하였다. 다만 기후 문제 때문에 함대는 철수시켰다.

술탄의 확고한 의지를 알게 된 병사들의 사기도 높아졌다. 상황이 이렇게 돌아가면서 대규모는 아니었지만, 오스만군의 공격은 겨울인 11월에도 계속되었다.

그러면 기사단의 상황은 어떠했을까? 말 그대로 최악이었다. 카스티야 성벽의 균열이 무려 40명이 통과할 수 있을 정도로 커져 있었다는 것이 좋은 증거였다. 기사단은 성벽 복구는 물론 화포를 이동시킬 인력조차 바닥이 났다. 기사들과 용병들도 공사에 참가해야 했으니 피로는 누적될 수밖에 없었다. 식량은 아직 충분했지만, 무기와 탄약은 바닥을 드러내고 있었다. 좋은 소식이라고는 마르티넨고가 6주 만에 일선에 복귀했다는 것 하나뿐이었다.

11월 말, 보드룸과 코스 등 로도스 밖에 있던 병력들이 로도스로 돌아왔다. 물론 오스만 함대가 철수한 덕분에 쉽게 돌아올 수 있었던 것이다. 전력은 증강되었지만, 기사단으로서는 이것이 마지막 카드였다. 11월 29일 밤, 항복을 권하는 술탄의 친서가 화살에 달려 날아왔다. 물론 총장은 거절했고, 다음 날 오스만군의 공격이 시작되었다. 기사단은 사력을 다해 막아냈고, 오스만군은 2천 명의 전사자를 남기고 물러났다. 이로써 오스만군의 누적 전사자는 거의 5만에 달했다.

기사들은 여전히 싸울 생각이었지만, 주민들과 용병들은 피로감을 숨기지 않았고, 뭔가 다른 방법을 찾아야 한다는 공감대가 확산되어 갔다. 그리고 12월로 달력이 넘어갔다.

1522년의 마지막 달: 대공방전의 끝

12월 1일, 제노바 출신이었지만 이슬람으로 개종한 술탄의 밀사가 오베르뉴 성벽 가까이 와서 목소리를 높여 항복을 권유하였다. 성벽에 나타난 릴라당 총장의 대답은 "꺼져라!"였다. 이틀 후 다시 나타난 그 개종자는 명예로운 항복과 기사들과 주민들의 생명은 보장하겠다는 술탄의 친서를 전달하였다. 하지만 총장의 태도는 바뀌지 않았다. 그러나 주민들의 항전의지는 크게 흔들리고 있었다. 결국 12월 9일에 열린 회의에서 주민들을 대표하여 클레멘트 Clement 주교가 릴라당 총장을 만나 협상을 하라고 권유하기에 이르렀다. 뿐만 아니라 기사단의 재정을 맡고 있는 이탈리아 출신의 밀레지도 항복을 권유하였다. 물론 결사항전을 하자는 세력도 있었고, 대표자는 라 발레트였다. 그들은 항복을 한다면 당장 목숨이야 건질 수 있겠지만 기사단은 존재 이유를 잃고 결국 고사당하고 말 것이라는 주장을 펼쳤다.

릴라당 총장은 두 의견 중 어느 것도 받아들이지 않았다. 대신 남아 있는 방위력의 현황과 외부 지원 가능성을 정확하고 객관적으로 분석하라는 명령을 내렸다. 식량은 몇 달 치의 여분이 있지만 탄약은 한 달 치도 남지 않았고, 성벽의 파손은 회복 불가능하다는 보고가 올라왔다. 항해가 어려운 겨울이 되었기에 외부의 지원은 더더욱 어려운 상황이어서, 메시나에 있는 2천 명의 용병들조차 오지 못하는 형편이었다.

물론 이렇게 항복 권유를 한다고 해서 전투가 멈춘 것은 아니었다. 갱도를 통한 지뢰 공격과 포격, 소규모 백병전은 계속되었기 때문이다. 그럼에도 12월 12일, 다시 술탄의 친서가 도착하였다. 성문을 연다면 기사들과 주민들의 생명은 물론이고, 원하는 자는 로도스를 떠나도 좋다는 내용이었다. 물론 최후까지 항전한다면 모두 죽음을 면치 못한다는 협박도 빼놓지 않았다.

릴라당 총장은 사흘간의 휴전을 요청하였는데, 오스만 쪽에서도 바로 좋다는 답변이 돌아왔다. 총장은 2명의 기사를 적진으로 보냈다. 따로 2명의 스페인 기사를 인질로 보냈으며, 오스만 쪽도 몇 명의 인질을 보내왔다. 두 기사는 당부아즈 문을 열고 적진으로 들어가 술탄에게 교섭 책임자로 임명된 아메드 파샤를 만났다. 엄청난 고전을 치르긴 했지만, 승리를 예감한 아메드 파샤는 두 기사를 정중하게 맞이했다. 심지어 5만이 넘는 전사자를 냈고, 8만 5천 발에 달하는 포탄을 발사했다는 '군사기밀'까지 털어놓았다. 두 기사는 그 수치에 놀라지 않을 수 없었다. 물론 오스만군이 이런 엄청난 손실을 감수하면서까지 싸울 수 있었던 이유는 오로지 술탄의 의지 때문이었다. 그리고 좀 더 관대한 내용의 항복조건을 내놓았다. 그 내용은 다음과 같았다. 물론 전제는 로도스와 코스, 보드룸을 비롯한 기사단의 모든 영토를 포기한다는 것이었다.

1. 기사단은 군기와 성물, 성상 등 원하는 모든 물품과 재산을 가지고 섬을 떠날 수 있다.
2. 기사들은 화포를 제외한 모든 무기와 군장을 지니고 섬을 떠날 수 있다.

3. 만일 기사단 소유의 배만으로 부족할 경우, 오스만군의 배를 지원해 준다.
4. 섬을 떠날 준비 기간 12일을 인정한다.
5. 이 기간 동안 오스만군은 전선에서 약 2킬로미터 정도 후퇴한다.
6. 이 기간 동안 로도스 외의 기지도 모두 성문을 연다.
7. 향후 3년간, 로도스 주민 중에 이주를 원하는 자들에게는 언제든지 이를 허락한다.
8. 잔류를 택한 주민들에게는 향후 5년간 조세를 면제한다.
9. 잔류한 주민들에게는 완전한 종교의 자유를 인정하고, 성 요한 성당을 제외한 다른 성당은 모스크로 바꾸지 않는다.
10. 로도스 주민들의 자녀들은 예니체리로 징병하지 않는다.
11. 기사단의 노예인 이슬람교도 3천 명은 석방되어 자유인이 되고, 양쪽의 포로들은 다른 조건 없이 교환한다.

누가 보아도 놀랄 만큼 관대한 조건이었는데, 그만큼 오스만군도 겨울 전투를 피하고 싶어 했다는 증거이기도 하였다. 특히 1, 2항은 고참 기사들이 보아도 명예로운 항복으로 여길 수 있는 매력적인 조건이었다. 7항과 8항은 주민들의 민심을 흔들 수 있는 조항일 수밖에 없었다.

하지만 사흘이 지나도 성문은 열리지 않았다. 릴라당의 본심은 원병이 도착할 때까지 시간을 버는 것이었기 때문이다. 적어도 메시나에 모여 있는 용병대는 들어올 수 있을 것이라는 기대였다. 사실 총장을 비롯한 기사단에게 있어 중요한 것은 로도스라는 거점이지 주민들의 안위는 2차적인 것이었다. 하지만 그들 없이는 성을 지킬 수 없었기 때문에 그들의 의견을 무시할 수는 없었다. 오스만군은 하루를 더 기다린 다음 12월 16일 포격을 재개하였다. 물론 인질은 교환되었다. 기사들은 용감하게 맞섰지만, 소집에 응한 주민들은 나흘 전에 비하면 많이 줄어들었다. 다음 날에도 공방전은 계속되었는데, 저지에 성공하였다. 하지만 바로 그날 이탈리아 지부에서 메시나의 용병대가 올 수 없다는 비보를 전해왔다.

12월 18일, 전투는 이미 절반쯤 파괴된 아라곤 성벽에서 다시 재개되었다. 사실 성벽의 파괴는 물리적인 피해만이 아니라 방어 측에 큰 심리적 충격을 안겨주기 마련이다. 이제 끝이 보인다고 생각했는지 예니체리 군단까지 투입된 오스만군의 공격은 전에 없이 그야말로 맹렬하였다. 심지어 아군이 쏜 포탄에 병사들이 산산조각이 나도 포격을 멈추지 않을 정도였다. 기사단도 릴라당 총장이 직접 지휘하면서 총력전으로 맞섰다. 날이 저물자 전투는 끝났다. 이번에도 기사단은 방어에 성공하였다.

다음 날인 19일에도 공방전은 계속되었다. 이번에는 아라곤 성벽뿐 아니라 영국 성벽과 이탈리아 성벽에서도 전투가 벌어졌다. 특히 델 카레토 탑 부근에서 벌어진 전투가 가장 치열하였다. 릴라당 총장은 이번에도 최전선에서 지휘했는데, 화살이나 탄환이 스치지도 않아 그에게 신의 가호가 내렸다는 소문이 돌 정도였다. 이날 기사단 쪽의 전사자 중에는 아주 특별한 인물이 있었는데, 바로 전사한 어느 영국 기사의 애인이었다. 그녀는 두 아이를 자기 손으로 죽이고는 죽은 애인의 갑옷을 걸치고 무기를 들고 용감하게 싸우다가 전사했던 것이다.*

이 공격도 막는 데 성공했지만 이제 더 이상 싸울 힘이 없었고, 무엇보다 주민들이 더 이상의 전투를 원하지 않았다. 결국 그날 밤 릴라당 총장은 회의에서 술탄의 항복조건을 수락하기로 결정하였다. 전투에서 진 것은 아니었지만 인적·물적 자원의 고갈을 더 이상 견딜 수 없었기 때문이었다. 다음 날 기사 두 명과 주민 대표 1명이 기존의 항복조건을 확인하기 위해 오스만 진영으로 들어갔다. 공격은 중단되었고, 오스만군은 해자 안에 가득 찬 전사자를 실어 날랐으며, 기사단은 아무런 공격을 하지 않았다. 다음 날, 양쪽은 사흘간의 휴전에 합의했고, 기사와 주민 각 25명이 오스만 진영에, 무장을 하지 않은 예니체리 군단병 400명이 로도스 성안에 인질로 들어갔다.

로도스를 떠나는 기사단

교섭은 일주일 전처럼 아메드 파샤의 천막 안에서 진행되었다. 성문을 여는 조건은 그 전과 같았다. 합의는 성탄절인 12월 25일에 이루어졌다. 하지만 그날 밤 400명의 예니체리 병사들이 주민들의

---

* 시오노 나나미의 『로도스 섬 공방전』에서는 주인공 중 하나인 오르시니의 애인이 전사한 것으로 설정하였다. 앞서 여성과의 은밀한 교제는 묵인되고 있었다고 했는데, 이 '커플'처럼 공공연한 동거가 어느 정도 보편화되었는지는 알 수 없다.

집을 약탈하고, 성당을 모욕하는 불상사가 벌어지고 말았다. 릴라당 총장은 그들을 진압하는 대신 술탄에게 항의했고, 술탄은 군말없이 받아들였다. 400명은 오스만 진영으로 돌아왔고, 기사단의 인질과 주민 대표들도 성안으로 들어갔다. 거의 같은 시간, 성탄 미사가 진행되던 성 베드로 대성당에서는 아치의 돌 하나가 교황의 발치에 떨어져 부서졌다. 교황청조차 로도스가 함락되었다는 의미로 받아들일 수밖에 없었다. 양쪽 인질들이 교환되자 바로 오스만군은 진영을 2킬로미터 밖으로 물렸다. 다음 날 아침, 아메드 파샤의 사신이 총장의 공관을 방문하여 술탄을 직접 만나보는 것이 어떻겠냐고 권유했고, 총장은 이 권유를 받아들였다.

그날 오후, 릴라당 총장은 은빛으로 빛나는 갑주 위에 붉은 바탕에 흰 십자가를 새긴 정복, 그리고 같은 문양의 망토를 입었다. 각 성벽을 지키던 8명의 기사관장과 보좌관들도 같은 차림을 하였다. 모두 18명이었다. 이들은 군기를 앞세우고 마치 개선식에 나가듯이 당당한 모습으로 당부아즈 문을 나섰다. 오스만 병사들은 놀라지 않을 수 없었고, 얼떨결에 길을 내주었다. 총장 일행은 그 가운데를 지나 황금색으로 빛나는 술탄의 천막 앞에 도달하였다.

천막 앞에는 아메드 파샤와 술탄의 측근인 이브라힘이 마중 나와 있었다. 총장 일행은 그들의 안내를 받으며 천막 안으로 들어섰다. 금과 은으로 호화롭게 장식된 의자에 역시 화려하게 장식된 비단옷에 달걀만한 에메랄드가 박힌 터번을 쓴 술탄이 앉아 있었다. 총장 일행이 들어오자마자 그는 자리에서 일어나 그들을 맞이하였다.

회담은 그리스어로 진행되었다. 술탄과 대신들은 이 언어를 구사할 줄 알았고, 이 말에 서툰 릴라당 총장을 위해 한 기사가 통역해 주었다. 젊은 술탄은 기사단의 용전분투를 칭찬하면서 알라의 이름으로 약속을 지키겠다고 맹세했을 뿐 아니라 12일로 부족하면 더 시간을 주겠다고까지 제안하였다. 기사들도 이 약속을 믿었다. 그리고 총장은 호의는 고맙지만 최대한 빨리 성을 비우겠다고 답하였다. 양자의 대화는 좋은 분위기 속에서 진행되었다. 양쪽 모두 기사도의 모범을 보인 셈인데, 마치 330년 전 이루어진 사자심왕 리처드와 살라딘의 합의가 연상될 정도였다. 물론 당시 두 군주는 직접 만나지는 못했다. 그 일화를 모를 리 없는 술탄은 이런 말로 릴라당 총장을 위로하기까지 하였다.

"살다 보면 도시와 왕국을 잃는 일은 왕왕 일어나기 마련이오."

그리고는 신하들을 향해 이런 말까지 남겼다. "저렇게 용감한 노인을 고향에서 내쫓자니 짐의 마음이 심히 울적하오."

술탄은 여기서 멈추지 않고 천막을 나서려는 총장 일행 모두에게 다홍색 벨벳 한 두루마리씩을 선물로 주었다. 물론 술탄은 감상에만 빠져 있지는 않았다. 사흘 후 입성하겠다고 통보했던 것이다.

12월 29일, 술탄은 로도스 성에 입성하였다. 놀랍게도 100명 정도의 예니체리 군단 병사들만 대동했을 뿐이었다. 측근 이브라힘을 제외하고는 대신들도 들어가지 못하게 하였다. 그는 무역용 항구로 가는 길을 한 번 오가기만 했을 뿐, 총장궁과 기사관들이 밀집

해 있는 샤토 지구에는 들어가지 않았다. 성문을 나서면서 터번을 벗어 기사단의 용전에 경의를 표하기까지 하였다. 그리고 며칠 전 일어난 불상사 때문인지 휘하 병사들에게 패자를 업신여기는 자는 엄벌에 처하겠다고 공포했고, 이는 완벽에 가깝게 지켜졌다.

술탄이 성문을 나서자, 악대를 앞세운 오스만군이 입성했고 이슬람의 상징 초승달 기가 성에 걸렸다. 이렇게 기사단의 로도스 시대는 막을 내린 것이다.

두 항구는 섬을 떠나기로 결심한 사람들로 북적거리기 시작하였다. 기사와 용병들은 군항으로, 주민들은 무역항에 모였다. 주민들 중 떠나고자 하는 이들은 5천 명이었다. 기사들의 생존자는 부상자를 포함해서 180명에 불과하였다. 살아남은 용병들의 숫자는 알려진 바가 없다. 기사들은 대포를 제외한 무기들과 성물들을 챙겨 배에 올렸다. 목적지는 베네치아의 땅인 크레테 섬의 카니아Chania였는데, 물론 임시 거처에 불과하였다. 그다음이 어디일지는 아무도 알 수 없었다.

여기서 케라크 범선인 기사단의 기함 산타 마리아호에 대하여 알아보자. 기사단이 보유한 배 중 가장 큰 이 배는 원래 맘루크 왕조의 모가르비나Mogarbina 호로서, 1507년 코스 섬 부근에서 나포하여 개량한 것이다. 이 배는 당분간 기사단의 이동하는 본부가 되었다. 총장과 대주교가 이 배에 탑승하고 중요한 성물도 실렸음은 물론이다. 당연하게도 이 배가 선두에 섰다. 기사단은 돛대 3개에 사각과 삼각돛을 갖춘 전투함 7척을 보유하고 있었는데, 산타 마리아 호는 돛대가 같은 3개라도 다른 배보다 훨씬 더 컸다. 함장은 영국 출신 윌리엄 웨스턴William Western 경이었다.

그 외에도 돛대가 2개인 대형 갤리선 3척이 있었는데, 성 야고보St. Jacobo 호와 성 카타리나St. Catarina 호, 성 보나벤투라St. Bonabentura 호라는 이름이 붙어 있었다. 여기에 소형 갤리선 14척, 대형 수송선 한 척까지 합치면 모두 25척이었다. 하지만 10척 정도는 얼마나 길어질지 모르는 항해, 그것도 겨울 항해가 가능할지 불안한 상황이었기에 조선소에 두고 가야 했다. 출항일은 공교롭게도 1523년 새해 첫날이었다.

릴라당 총장은 1522년의 마지막 날이자 출항 전날인 12월 31일 술탄을 찾았다. 술탄은 섬을 떠나는 모든 이들을 위해 오스만 제국 내 통행의 자유와 안전을 보장하는 통행증을 준비해 놓고 있었다. 또한 군항에는 오스만 군인을 1명도 들어가지 않도록 하는 배려까지 아끼지 않았다. 그들은 꽤 오랫동안 대화를 나누었는데, 천막을 나서면서 릴라당 총장은 "그야말로 진정한 기사이다"라고 진심을 말했다고 한다.

1월 1일 오전, 기사단 기를 건 산타 마리아 호를 선두로 한 선단이 성 니콜라스 탑을 지나자 오스만군의 예포가 울렸다. '기사 중의 기사' 술레이만의 마지막 선물이었던 것이다. 모든 기사들은 200년 이상 자신들을 따뜻하게 품어준 섬에 눈을 떼지 못했다. 그중에 훗날 가장 주목받은 인물은 라 발레트였다. 시오노 나나미의 표현을 살짝 비틀면, 둥지를 잃은 독사들 중 가장 맹독을 가진 블랙 맘바 같은 존재였다.

길어지는 방랑

기사단의 임시 피난처인 크레테 섬의 카니아는 말 그대로 임시 거처에 불과하였다. 이미 여러 번 언급했지만, 기사단은 베네치아와 사이가 좋지 않았고, 오스만의 눈치를 볼 수밖에 없는 베네치아에게 기사단은 귀찮을 수밖에 없는 존재였다. 더구나 크레테 섬에 있는 한, '해상에서의 영웅적인 행위'도 할 수가 없었다. 크레테에 머무는 동안 릴라당은 부상당한 기사들을 치료했고, 로마로 사절을 보내 원조를 청하였다. 하드리아누스 6세는 추기경 회의를 열어 파병을 결의했을 뿐 실제 행동은 전혀 보여주지 못했다. 그사이 따라온 주민들은 크레테 등 에게해의 여러 섬으로 살 곳을 찾아 떠났다. 서유럽 출신들이 모두 자기 연고지로 돌아갔음은 당연한 결과였다.

기사단은 4월에 시칠리아의 메시나로 근거지를 옮겼다. 하지만 칼 5세 대신 이곳을 다스리는 총독은 땅을 떼어주는 데 난색을 표하였다. 릴라당 총장은 서유럽 군주들의 궁전을 돌면서 로도스 수복을 위한 십자군 결성을 호소하였다. 물론 하드리아누스 6세와의 알현이 가장 먼저였다. 1523년 9월 1일에 알현이 이루어졌지만, 교황은 중병에 걸려 있었다. 그럼에도 릴라당은 근거지를 달라고 요구하지 않을 수 없었다. 그는 시칠리아나 사르디니아Sardigna, 코르시카Corsica 섬의 한 조각, 엘바Elba 섬, 마요르카Mallorca 섬, 몰타 중 하나를 달라고 요구했지만 당장 받아들여지지는 않았다.

물론 교황도 기사단의 곤경을 무작정 모른 척할 수는 없었기에,

일단 로마 서북쪽에 있는 치비타베치아Civitavecchia로 오라고 제의하였다. 당시 이탈리아 해변은 이슬람 해적들의 약탈에 시달리고 있어서 교황청조차 소규모나마 해군을 만들지 않을 수 없을 정도였다. 치비타베치아는 교황청 함대의 기지였고, 따라서 막 완성된 요새도 있었다.

물론 교황청 해군과 연합하여 이슬람 해적들과 싸우라는 의미였다. 기사단 입장에서는 마다할 이유가 없었기에 바로 치비타베치아로 이동하였다. 그런데 9월 15일, 하드리아누스 6세가 결국 세상을 떠나고 말았다. 당연히 새로운 교황을 선출하기 위한 콘클라베Conclave가 열렸는데, 영광스럽게도 릴라당이 그 호위 책임자로 임명되었다. 다음 교황은 메디치 가문 출신인 쥴리오Giulio di Giuliano de Medici 추기경이 선출되어 클레멘스 7세로 즉위하였다. 새 교황은 구호기사단 단원이었기에, 기사단에게는 겹경사인 셈이었다. 이렇게 1523년은 기사단에게 최악의 해였지만, 다른 의미에서는 최고의 해이기도 한 아이러니한 해였다.

기사단의 함대가 치비타베치아에 입항하자 교황청 해군사령관인 파올로 베토리가 마중을 나왔다. 앞서 언급했듯이 베토리는 로도스에 가서 전투까지 치른 적이 있어, 릴라당 총장 등 기사단의 수뇌부와는 잘 아는 사이였다. 소규모이긴 하지만 두 함대는 힘을 합쳐 작전에 나섰다. 두 함대의 존재 때문인지 적어도 이탈리아 중부, 즉 라치오Lazio와 토스카나Toscana 해안에는 이슬람 해적들이 그해에는 더 나타나지는 않았다.

이렇게 지내고 있는 중에, 칼 5세로부터 몰타 섬과 그 옆에 있는 고초Gozo 섬을 넘겨주겠다는 제안이 들어왔다. 참고로 몰타 섬의 면적은 246제곱킬로미터, 고초 섬의 면적은 67제곱킬로미터로, 합쳐도 로도스 섬의 4분의 1에도 미치지 못하는데, 강화도와 비슷한 면적이다. 물론 조건이 있었다. 칼 5세에게 충성을 바쳐야 하며, 얼마 전 정복한 리비아의 트리폴리를 지켜야 한다는 것이었다. 그렇기에 릴리당 총장은 쉽게 받아들일 수 없었다. 우선 충성을 바친다는 것부터 문제였다. 칼 5세와 프랑스는 계속 싸우고 있었기에, 프랑스 기사들이 많은 기사단 입장에서는 약속하기 어려운 일이었기 때문이다. 또한 트리폴리는 이슬람에게 포위당해 있는 형국이라, 방어가 쉽지 않았다.

다음 해인 1524년 6월, 연합함대 5척은 다가오는 이슬람 해적들을 포위하여 2척의 소형 갤리선을 포획하였다. 해적 전원이 포로가 되었고, 물론 노잡이로 혹사당하던 그리스도교인 노예들은 해방되었으며, 거꾸로 해적들이 노를 저어 치비타베치아에 입항하였다.

기사들은 포로들의 머리와 수염을 밀어버리고, 감옥에 가두고는 노잡이로 부려먹었다. 지금도 마찬가지만 이슬람교도들에게 삭발과 면도는 가장 모욕적인 행위였다. 이런 과격한 방식 탓인지는 모르겠지만 기사단과 교황청 함대의 연합은 다음 해에는 끝나고 말았다. 기사단은 이탈리아 중부에 있는 항구도시 비테르보Viterbo로 근거지를 옮겼고, 여기서 3년을 머물게 된다.

이렇게 근거지를 마련하지 못한 기사단은 설상가상으로 종교개혁의 태풍까지 맞고 만다. 잘 알려진 바대로 종교개혁은 1517년 10월 31일, 마르틴 루터Martin Luther가 비텐베르크Wittenberg 대학의 구내 성당 정문에 95개 조의 논제를 붙이면서 시작되었다. 이렇게 시작된 종교개혁은 유럽 전체를 치열한 찬반 논쟁의 도가니로 만들었고, 결국 대분열로 이어졌다. 이 과정에서 스칸디나비아 등 북유럽과 독일 북부 등 많은 지역이 신교를 택하게 되었는데, 기사들 중 이 지역 출신들이 신교로 개종하면서 기사단을 떠나는 사태가 벌어졌다. 또한 신교화된 지역의 군주와 영주들은 기사단의 재산을 몰수하면서, 많은 재산 피해까지 입기에 이르렀다. 이렇게 가면 결국 기사단은 바티칸을 지키는 제2의 스위스 근위대 신세가 될 것이 확실하였다. 상황이 점점 어렵게 돌아가자 릴라당 총장은 8대 언어구의 장들을 모아 위원회를 구성하고, 칼 5세의 제안을 다시 심사숙고하도록 하였다.

이러던 중 1525년 2월 24일, 파비아Pavia에서 이탈리아 지배를 둘러싸고 칼 5세의 신성로마제국과 프랑스가 대전투를 벌였다. 결과는 파비아 성을 포위한 프랑스군을 역 포위한 신성로마제국군의 대승리였다. 프랑스 국왕 프랑수아 1세는 포로 신세가 되어 스페인으로 끌려가고 말았다. 그는 다음 해인 1526년 굴욕적인 마드리드 조약Treaty of Madrid을 체결하고 이탈리아, 플랑드르, 부르고뉴 지방에 대한 영향력을 포기해야 했다. 그런데 일은 여기서 끝나지 않았다.

이 와중에 릴라당 총장은 두 진영을 오가며 중재를 하고 로도스 탈환을 위한 십자군 편성을 호소했지만 성과는 전무하였다. 오히려 나쁜 결과만 낳았는데, 바로 변덕스럽기로 악명 높은 영국 국왕 헨리 8세에게 몽니를 부릴 명분을 주고 말았기 때문이다. 헨리 8세는 칼 5세와 프랑소아 1세만 찾아가고 자신은 찾지 않았다는 이유로 영국 내 기사단의 재산을 모조리 동결시켜 버렸던 것이다. 이에 그치지 않고 기사단의 영국 지부를 대륙에 남은 유일한 영국 거점인 칼레Calais로 강제 이주시키기까지 하였다. 이런 사태가 벌어지자 릴라당 총장은 급히 영국으로 달려가 헨리 8세에게 사죄를 하였다. 마음이 풀어진 헨리 8세는 동결 조치와 칼레 유배를 취소하였고, 대포를 제공하기로 약속하기까지 하였다.

기사단은 영국에서 난 급한 불을 껐지만, 발을 딛고 있는 이탈리아의 상황은 점점 급박해졌다. 마드리드에서 굴욕을 겪고 프랑스로 돌아온 프랑소와 1세는 조약을 파기하고, 영국과 베네치아와 피렌체 공화국, 밀라노 대공국, 페라라 공국과 함께 꼬냑 동맹League of Cognac을 결성하였다. 칼 5세에게 너무 지나치게 권력이 집중되는 것을 원하지 않았던 교황 클레멘스 7세도 이 동맹에 참가하였다. 분노한 칼 5세는 이탈리아에 대군을 보냈다. 신성로마제국군은 1527년 5월 로마를 함락시키고, 악명 높은 로마 약탈을 자행하였다. 기사단 출신의 교황이 별 도움을 못 준 것처럼, 기사단 역시 교황청에 도움을 주지 못했던 것이다.

기사단은 로마와 가까운 곳에 있었지만, 그들의 힘으로는 이 거대한 참사를 막을 힘이 없었기 때문이다. 할 수 없이 그들은 제노바를 거쳐 니스Nice*로 본부를 이동해야 했다. 이렇게 기사단의 방랑시대는 유럽의 격동기와 정확하게 겹쳐 하루도 편한 날이 없었다.

---

* 니스에는 기사단이 운영하는 호스피스 병원이 있었다.

이때, 술레이만의 정복은 더 거침없이 진행되었다. 1526년 봄, 모하치mohácsi 전투에서 오스만군은 합스부르크의 지원을 받은 헝가리군을 대파하고 부다페스트Budapest에 입성하면서, 유럽 대륙의 중심부로 더욱 깊숙이 진입했던 것이다. 이에 그치지 않고, 1529년에는 합스부르크 제국의 심장 빈Wien까지 포위했지만, 다행히 빈은 부다페스트와 로도스의 전철을 밟지는 않았다.

이런 오스만의 위협 때문에 칼 5세와 클레멘스 7세의 화해가 이루어졌고, 꼬냑 동맹은 해체되었다. 클레멘스 7세는 칼 5세에게 이탈리아 국왕이라는 호칭을 더해주고 왕관을 직접 머리에 씌워주기에 이른다. 이렇게 되자 기사단이 움직일 수 있는 공간이 생겨났다. 칼 5세는 이전에 제안한 몰타 양도 카드를 다시 내놓았다. 이번에는 조건이 확 달라졌다. 내용은 다음과 같았다.

> 종교적 의무를 다하고 그리스도교 세계의 이익을 보호하기 위해 그리고 신앙의 적과 싸우기 위해 몰타와 고초 섬 등 몰타 제도를 기사단에게 양도한다. 대신 기사단은 매년 만성절*에 시칠리아 섭정이기도 한 칼 5세에게 사냥용 매 한 마리를 대가로 바쳐야 한다.**

---

* 모든 성인 대축일(라틴어: Sollemnitas Omnium Sanctorum), 또는 모든 성인의 날(영어: All Saints' Day)이라고도 한다. 로마 가톨릭교회를 비롯한 서방 그리스도교에서 천국에 있는 모든 성인들을 기리는 대축일로, 11월 1일이다.

** 대실 해밋Dashiell Hammett의 소설과 험프리 보가트Humphrey Bogart 주연

몰타 정착 직전인 1530년 5월, 바르바로사가 지휘하는 오스만의 함대가 알제리에 있던 합스부르크 제국의 거점 엘 페뇽El Peñón 섬을 공격하여 함락시켰다. 이에 멈추지 않고 스페인의 대도시 발렌시아Valencia를 공격하여 대포와 미녀들을 약탈하기도 하였다. 칼 5세 입장에서는 당연히 보복을 해야 했고, 이슬람과의 전투가 존재 이유인 기사단도 참가하지 않을 수 없었다.

트리폴리 방어에 대한 의무는 달라지지 않았지만, 6년 전에 비하면 훨씬 좋은 조건임에는 분명하였다. 적어도 칼 5세의 집 지키는 개 신세가 아닌 것은 확실하였다. 기사단은 이를 받아들기로 결정하였다. 사전 준비 작업이 끝나고, 1530년 10월 26일, 릴라당 총장이 탄 기함 산타 마리아 호가 몰타에 도착하였다. 릴라당은 7년 넘게 이어졌던 두 번째 방랑 시대에 조직을 보호하고 새로운 둥지로 이끌었다는 그것만으로도 명총장의 자격이 차고 넘친다고 할 수 있다. 어쨌든 이렇게 두 번째 방랑이 끝나고, 몰타 시대가 시작되었다.

의 영화로 유명한 『몰타의 매』의 모티브가 여기서 유래했다. 작중 설정에 의하면 구호 기사단은 감사의 표시로 살아있는 매 대신에 황금과 보석으로 치장한 아름다운 매 조각상을 만들어서 황제에게 바친다. 이 매 조각상은 돌고 돌아서 러시아로 흘러들어갔고, 10월 혁명 당시 유출되었다가 미국에 흘러들어왔으며 범죄자들이 이 매 조각상을 놓고 이전투구를 벌린 다는 내용이다.

6장. 몰타의 매

몰타 정착

릴라당 총장이 섬에 상륙하자, 섬 주민의 대표들이 영접에 나섰다. 그들은 정중한 태도로 기사단을 주군으로 받들고, 봉건적 의무를 다하겠다고 맹세하였다. 대신 릴라당 총장은 그들에게 앞으로 군사적 보호와 복지를 제공하겠다고 약속하였다. 몰타 본섬만 치면 1만 2천 명, 고초 섬을 비롯한 부속 도서를 합치면 2만이 조금 넘는 섬의 주민들은 이슬람 해적들에게 시달리고 있는 상황이었다.

몰타는 대부분 석회암으로 이루어진 산악 지형이고, 담수도 부족해서 농경 특히 곡물 생산은 거의 불가능한 땅이었다. 이 때문에 기사단이 가장 먼저 만든 시설물은 저수지였고, 수질 관리는 기사단 소속 의사들이 맡았다. 이 섬에서는 수박, 무화과, 면화, 참외, 올리브, 아마 정도만 재배가 가능했고, 벌꿀이 특산물이었다. 대부분의 주민들은 양과 소를 치며 살아갔다. 어업도 워낙 이슬람 해적들이 설치는지라 쉽지 않았다. 어쨌든 이런 것들을 육지로 가지고 가서 곡물과 바꿔야 했다. 나무도 부족해서 주민들은 소똥을 연료로 사용했고, 자재가 필요하면 역시 육지에서 사와야 했던 것이다. 크기는 물론 어느 구석을 보아도 로도스보다 훨씬 못한 섬임은 분명하였다. 기후도 여름에는 시로코Sirocco라는 남동풍이 불며 40도 안팎의 혹서가 주민들을 괴롭혔다. 겨울에는 반대로 마에스트랄레Maestral라는 북서풍이 휘몰아쳤다. 당연히 로도스 같은 찬란한 문명의 역사가 있을 리 없는 섬이었다. 겨우 정체를 알 수 없는 고대인들이 쌓은 거석군과 『사도행전』에서 나오는 성 바오로의 표착이 내세울 만한 역사의 전부였다.

몰타의 수도는 노타빌레Notabile인데, 지금은 므디나Mdina라고 부른다. 섬의 중앙 고지에 자리 잡고 있었고, 이미 로마 시대에 건설된 성벽 도시였고, 몇 안 되는 몰타 귀족들의 저택과 놀랍게도 유대인 구역까지 있었다. 하지만 바다를 기반으로 활동해야 하는 기사단 입장에서 그곳을 수도로 삼을 수는 없었다. 다행스럽게도 지도를 보면 알 수 있지만, 몰타 섬의 동쪽과 동남쪽에는 항구를 만들기에 아주 좋은 만이 존재하였다. 기사단은 동북쪽의 만에 항구와 요새를 만들기로 결정하였다.* 그리고 이 공사가 끝나기도 전인 1531년, 모도네를 공격하면서 자신들의 십자군 전쟁은 끝나지 않았다고 선언하였다.

---

* 이 만은 현재 그랜드 하버Grand Harbour라고 불리고, 대단한 장관을 이루고 있다. 하지만 당시에는 아무것도 없는 황량한 만에 불과했다. 여기서는 편의상 이 만을 그랜드 하버라고 부르겠다.

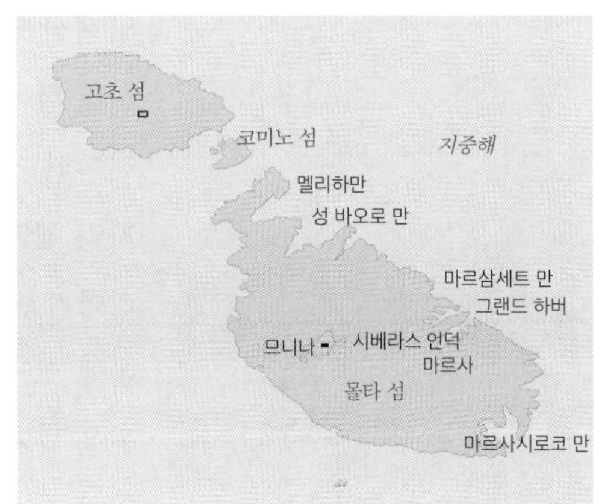

몰타 지도(1565년)

요새와 항구를 만들려면 당연히 기술자가 필요하였다. 여기서 잠시 마르티넨고에 대해 눈을 돌려보자. 기사단이 로도스를 떠날 때 그는 어떻게 했을까? 일부 서적에서는 그의 기술을 탐낸 오스만 쪽에서 데려갔다고 하지만, 시오노 나나미의 『로도스 섬 공방전』에서는 기사단을 따라 얼마간은 같이 행동했다고 한다. 시오노 쪽의 기술이 더 상세하므로 여기서는 그 견해를 따르기로 하겠다. 마르티넨고는 공로를 인정받아 귀족 출신이 아님에도 기사의 반열에 들었고, 칼 5세와의 교섭에도 참가하였다. 하지만 몰타에는 가지 않고 대신 다른 기술자를 천거해 보냈으며, 칼 5세의 요청을 받아들여 스페인으로 가서 요소요소에 요새와 성을 구축하였다. 그리고 이탈리아로 돌아가 파비아, 제노바, 나폴리의 성채들을 증축하거나 복구하는 데 참가하였다. 멀리 있는 벨기에의 안트베르펜Antwerpen까지 가서 도시 방어 계획에도 참가하는 놀라운 활약을 보이다가 1544년 베네치아에서 세상을 떠났다.

참고로 몰타의 위치는 지브롤터Gibraltar에서 1천800킬로미터,

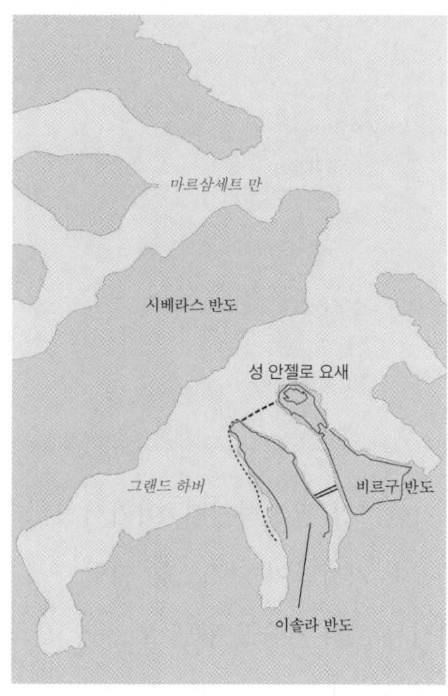

비르구 반도를 중심으로 본 기사단의 새 근거지

알렉산드리아에서 1천500킬로미터 떨어져 있어, 기사단은 폭풍 전야인 지중해 세계의 한복판에 자리 잡게 된 것이다. 또한 시칠리아가 손에 잡힐 듯이 가깝기 때문에 로도스와는 달리 외부의 지원을 받기 용이하다는 장점이 있었다.

릴라당은 동쪽의 만에 튀어나온 비르구Birgu 반도에 새로운 수도를 건설하기 시작하였다. 그 시작은 반도 끝에 자리 잡은 성 안젤로San Angelo 요새의 건설이었다. 그리고 성벽으로 반도를 두르게 하고, 관례대로 8대 언어구를 배치하였다. 하지만 시설은 엉망이었다. 기사들은 허름한 합숙소에서 지내야 했고, 그것도 모자라 일부 기사들은 주민들의 집을 빌려야 했다. 릴라당 총장은 강력한 규율로 기사들을 통제하였다. 어느 날은 성물을 훔친 수도사와 자신의 정부를 죽인 영국인 기사를 부대자루에 담아 공개리에 바다에 던지는 일벌백계를 보여준 적도 있었을 정도였다. 그럼에도 낯설고 좁고 황량한 섬에 갇힌 신세가 된 기사들은 이런저런 사고를 쳤다. 1532년 로마 출신 기사는 프로방스 출신 기사와 싸우다가 그를 죽이고 말았고, 프랑스와 스페인·이탈리아 기사들이 비르구의 거리에서 난투극을 벌인 적도 있었다. 하지만 이런 불상사는 다행히도 일시적인 현상으로 끝났다. 릴라당은 이를 수습했을 뿐 아니라 확고한 지도력으로 기사단의 몰타 정착을 성공적으로 이끌어냈다. 때마침 영국 국왕 헨리 8세가 약속한 19문의 중포와 1,023발의 포탄이 도착해서 방어에 큰 도움이 되었다.

이제는 몰타기사단이라는 별명이 붙은 '그리스도의 뱀'들에게 당면한 적은 지금의 알제리와 튀니지를 기반으로 활동하고 있는 바르바로사였다. 앞서 다루었지만 기사단과는 철천지원수 사이였던 그는 활동 무대를 서지중해로 옮겼다. 공교롭게도 기사단의 몰타 정착 한 해 전인 1529년에 칼 5세로부터 알제르Algeier, 지금의 알제리를 빼앗아 거점으로 삼고 있었다. 바르바로사와 제노바 출신으로 바다의 용병인 안드레아 도리아Andrea Doria와의 라이벌전은 당시 지중해에서 가장 중요한 볼거리 중 하나였다. 어쨌든 기사단이 몰타에 자리 잡은 이상 바르바로사의 싸움과 도리아와의 협력과 갈등은 피할 수 없는 운명이었다.

초전함 산타안나와 그리스 원정

몰타 정착과 때를 같이 하여 기사단은 어마어마한 무기를 손에 넣는다. 당시 기준으로는 초전함이라고 할 수 있는 초대형 캐라크Carrack 선인 산타 안나St. Anna 호였다. 배수량이 3천 톤에 달하고 함포 50문이 2층짜리 전용 갑판에 장착되어 있으며, 돛대가 4개나 되는 사상 초유의 거함이었다. 함포만 전용 갑판을 2층으로 배치

산타 안나 호. 높은 선미가 인상적이다.

한 경우는 산타 안나 호가 사상 최초였다. 기사 100명과 수병 500명이 탑승하였다. 선체의 상당 부분을 납으로 둘러싼 '철갑함'이기도 하였다.

산타 안나 호는 1522년 12월 21일 니스에서 진수되었는데, 공교롭게도 기사단이 로도스 공방전에서 '명예로운 조건'으로 항복하기 하루 전이었다. 오랜 방랑 기간 동안 일어난 여러 가지 사정으로 정식 취역이 늦어졌다가 비로소 실전 투입을 할 수 있게 된 것이다.

이 거함 내부에는 3명의 대장장이가 무기의 유지 및 보수 작업을 할 수 있는 대장간이 있었고, 기사와 수병들에게 매일 2천 개의 신선한 빵을 제공할 수 있는 여러 개의 오븐과 제분소까지 있었다. 선미에는 상자에 꽃이 매달려 있는 방식의 정원도 있는, 말 그대로 초유의 거함이었다. 이 함은 당연히 산타 마리아 호를 제치고 기사단 함대의 기함이 되었다. 1531년, 산타 안나 호는 25척의 오스만 함대를 단독으로 맞서 싸우기도 하였다.

몰타 정착 다음 해인 1531년, 기사단은 칼 5세에게 합스부르크 제국 해군사령관으로 임명된 안드레아 도리아 지휘하의 그리스도교 연합군 함대의 일원으로 펠로폰네소스반도 원정에 참가하였다. 당연하지만 기사단은 산타 안나 호를 비롯한 모두 4척의 전함을 투입하였다.

릴라당 총장은 이 원정이 로도스 탈환의 전초전이 될 것이라고 확신하였다. 도리아의 원래 의도는 오스만 해군과의 결전이었지만, 해전 경험이 없는 오스만 함대 사령관의 회피로 이루어지지 못했다. 대신 예전에는 베네치아의 요새였지만 오스만 제국에게 넘어갔던 펠로폰네소스반도 남단의 모도네Modone를 공략하여 함락시켰다. 연합군의 일원으로서 오랜만에 기사단의 깃발이 그리스 땅에 휘날렸지만 로도스 공략까지 이어지지는 못했다. 실의에 빠진 노년의 릴라당 총장은 1534년에 세상을 떠나고 말았다. 후임자는 피에로 데 폰테Piero de Ponte였다. 하지만 그는 1년 만에 세상을 떠났고, 그다음 총장도 1년 만에 죽어 기사단은 리더십의 공백을 겪을 수밖에 없었다. 이런 시기에 기사단은 대전투를 치르는데, 장소는 바로 두 세기 반 전 성왕 루이가 마지막 십자군을 이끌었던 튀니지였다.

튀니스 공략전

튀니스 공략전을 다루기에 앞서, 바르바로사 이야기를 먼저 해야 할 것이다. 술레이만은 자신의 안방인 에게해에서 도리아에게 일격을 당해 큰 충격을 받았다. 그는 바르바로사를 해군 총사령관으로 임명하기로 결심하고 그를 콘스탄티노플로 불렀다. 바르바로사는 릴라당 총장이 세상을 떠난 1534년 여름, 14척의 갤리함대를 이끌고 콘스탄티노플을 방문했고, 오스만 제국 해군사령관에 정식으로 임명되었다. 그는 겨울 내내 함대를 건조했고, 70척의 새로운 갤리선을 손에 넣었다. 그는 이렇게 만들어진 대함대를 이끌고 나폴리, 레지오 등 이탈리아 남부를 휩쓸었다. 수많은 이탈리아인들이 노예가 되었고, 물질적 피해는 이루 말할 수가 없었다. 이런 참사를 당하자 칼 5세는 정신이 번쩍 들었다. 바르바로사의 본거지를 박살내지 않으면 안 된다는 판단을 내린 것이다. 해적들이 사용하는 항구는 10개가 넘었지만 가장 중요한 곳은 역시 알제르와 튀니스였다. 두 군데를 한꺼번에 공략하기에는 무리였기에 튀니스로 결정되었고, 교황과 황제가 주도하는 신성동맹이 결성되었다. 그 사이 클레멘스 7세가 세상을 떠나고 바오로 3세Paulus III가 즉위하였다.

갤리선만 보면 교황청이 12척, 스페인 본국이 16척, 나폴리가 14척, 제노바 공화국이 3척, 포르투갈이 1척, 도리아의 개인소유 갤리선이 19척, 그리고 구호기사단이 3척이었다. 범선은 산타 안나 호와 포르투갈이 내놓은 12척이 가세하였다. 산타 안나 호를 제외하면 가장 큰 배는 포르투갈에서 막 건조한 보타포고Botafogo 호로서 약 1천 톤이었다. 함장은 포르투갈 국왕 조앙 3세João III의 동생이기도 한 루이 공작이었는데, 그는 포르투갈의 크라토Crato 분단장을 맡을 정도로 기사단과 인연이 깊은 인물이었다.

그 외에 200척의 수송선이 약 3만에 달하는 육군을 싣고 움직일 예정이었다. 이탈리아 병사가 1만 3천500명, 독일 병사와 스페인 병사가 각 8천 명, 포르투갈 병사가 500명이었다. 무엇보다 칼 5세가 직접 참전했다는 점에서 베네치아와 프랑스가 빠진 것만 빼고 거의 완벽에 가까운 진용이라고 할 수 있었다. 구호기사단은 해군 사령관 오타비오 보티젤라Ottavio Bottigella가 지휘를 맡았는데, 700명의 기사와 상당수의 용병, 그리고 산타 안나 호를 비롯한 54척의 배를 동원하였다. 당시 기사단에는 피란체 남자들이 많이 입단하여 기사단은 이탈리아 부대에 속하게 되었다. 산타 안나 호의 위용에 칼 5세조차 감탄하지 않을 수 없었고, 신성동맹 병사들의 사기를 크게 높여 주었다. 6월 14일, 집결지인 사르디니아와 시칠리아를 출발한 신성동맹의 대함대는 바로 다음 날 튀니스 만에 도착하였다.

신성동맹군은 튀니스 북쪽 약 30킬로미터 지점, 즉 카토Cato가 카이사르Caesar에 대항하여 스스로 목숨을 끊었던 고대 도시 우티카Utica가 있었던 해안에 상륙하였다. 황금색으로 빛나는 선미와 역시 황금색 차양이 달린 4단 갤리선이 칼 5세의 기함이었다.

그들의 일차 목표는 튀니스 만을 지키는 골레타Goletta 곶의 요새였다. 당연히 바르바로사도 이 요새의 방어에 만전을 기했다. 얼마 전에 콘스탄티노플에서 도착한 지원 병력 6천 명을 이 요새에 집중적으로 배치하고, 항구에 정박해 있는 배에서 대포를 모두 떼어 요새에 달았다. 지중해의 이슬람 해적들은 대부분 튀니스로 집결하여 방어에 나섰다. 오스만 해군 총사령관이라는 직함의 위력은 역시 대단했던 것이다. 본격적인 공격은 6월 20일부터 시작되었다.

신성동맹의 함대는 만을 가로지르는 쇠사슬은 비교적 쉽게 제거했지만 쾌속선을 탄 해적들의 해상 게릴라전에 적지 않은 곤란을 겪어야 했다. 그럼에도 대함대의 화력은 골레타 요새를 천천히 질

식시켜갔다. 여기서 산타 안나호의 압도적인 화력이 크게 기여했음은 물론이다. 마침내 7월 14일, 새벽 6시부터 총공격이 시작되었다. 전 함대가 피스톤식 포격을 퍼부었고, 포탄을 장전하는 사이에 갤리선에 탄 병사들이 해안에 상륙하였다. 기사단의 한 갤리선은, 선수에는 8인치 포를 선미에는 24인치 포를 싣고 방향을 바꾸어 가며 포격을 퍼부었다. 이런 쉴 새 없는 공격이 6시간 동안 이어지자 수비병들은 정신을 차릴 수 없었다. 정오쯤 공격이 멈추었다. 너무 많은 먼지 때문에 양쪽 다 시야를 확보할 수 없었기 때문이었다. 먼지가 어느 정도 걷히자 무참하게 파괴된 골레타 요새의 참상이 드러났다.

사기가 오른 신성동맹군의 대대적인 육상 공격이 시작되었고, 한나절 동안 치열한 백병전이 벌어졌다. 해가 지기 전에 요새는 함락되었고 6천 명의 수비대는 대부분 전사하였다. 골레타에서 가장 높은 탑에는 황제기와 교황기, 그리고 구호기사단의 깃발이 꽂혀 펄럭였다. 노획물 중에는 놀랍게도 프랑스 왕실 문장인 백합이 새겨진 포탄도 발견되었다. 프랑스가 오스만을 지원하고 있다는 증거가 아닐 수 없었다.

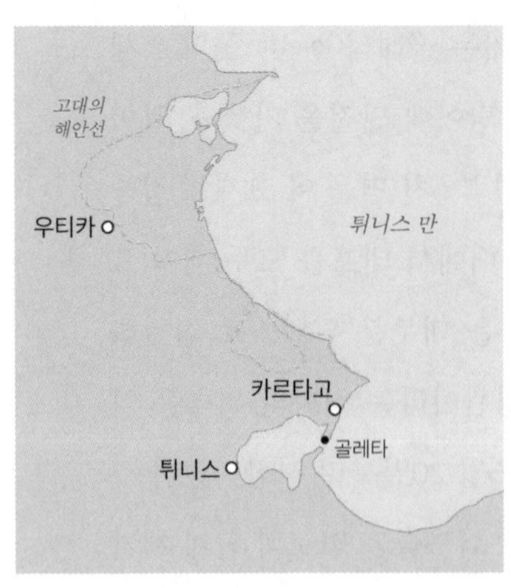

당시의 튀니스 인근 지도(시오노 나나미의 『로마멸망 이후의 지중해 세계』(하))

15일 아침, 신성동맹군은 바로 튀니스로 진군하기 시작했고, 16일 아침에는 튀니스 성벽 아래에 도착

튀니스 공략전을 묘사한 당시의 그림

하였다.

날이 밝자마자, 신성동맹군은 이탈리아와 스페인, 독일 3개 부대로 나뉘어 튀니스로 진군했고, 바다 쪽에서도 수송선까지 총동원하여 봉쇄에 나섰다. 하지만 숨고르기를 해야 했기에 16일은 포대만 설치하고 공격은 하지 않았다. 공격은 17일 아침에 시작되었다. 기사단을 비롯한 신성동맹군은 전초전 따위는 생략하고 바로 맹공에 나섰다.

치열한 공방전이 오전 내내 이어지는 동안, 정오 무렵에 돌발사태가 벌어졌다. 당시 튀니스 시내에는 노예가 된 그리스도교도가 1만 명가량이나 갇혀 있었다. 대부분 갤리선 노잡이나 광산 노예들이었다. 신성동맹군이 상륙하자 바르바로사는 이들을 식량저장창고로 사용하는 천연동굴에 사슬로 묶어 가두어 놓았다. 물론 후환이 두려워 죽일 수도 있었지만, 노예가 된 자들이 아까워서 죽이지 못하게 한 것이다. 노예들 중에는 구호기사단원이었던 파올로 시메오니Paolo Simeoni도 있었다. 이름을 보면 알겠지만 이탈리아인이었다. 비록 포로 신세이긴 했지만 이슬람 세력과 전투경험이 풍부했기에, 본격적인 대전투라는 사실을 눈치챘다.

아랍인 해적들과 원주민인 베르베르인Berbers들은 전투에 나가야 했기에 노예들을 관리하던 자들은 유대인들이었다. 시메오니는 튀니스가 함락된 다음을 생각하라며 유대인 감시자들을 설득했고, 처음에는 듣지 않던 그들은 마음을 바꾸었다. 이들 1만 명이 시메오니의 지휘 하에 무기고를 털어 무장한 채 튀니스 배후를 기습하였다. 안 되겠다고 판단한 아랍인들과 베르베르인들은 바르바로사의 호소에도 불구하고 대부분 도망쳤고, 튀니스는 순식간에 함락되고 말았다. 하지만 바르바로사는 알제르로 도주하는 데 성공하였다. 항구에 정박한 85척의 갤리선은 모두 신성동맹군의 손에 넘어갔다.

약탈과 파괴를 허용하느냐의 문제 때문에 칼 5세의 입성은 바로 이루어지지 않았다. 이탈리아 부대는 많은 노력과 시간, 희생을 치르고 튀니스를 함락한 것도 아니고, 주민들이 방어에 협력한 것도 아니라는 이유로 반대하였다. 하지만 스페인과 독일 부대는 찬성했고, 칼 5세는 그들의 주장을 받아들였다.* 사흘 동안의 파괴와 약

* 약탈 허용은 칼 5세가 특별히 잔인해서가 아니라 군자금이 부족했기 때문으로 보인다.

탈이 이어졌고, 약 1만 명이 학살당하고 1만 명이 노예가 되어 스페인에 끌려갔다. 모스크와 부속학교도 파괴되었다. 필자로서는 기사단이 얼마나 이런 행위에 가담했는지는 알 수 없었다. 어쨌든 이 만행은 이후 지중해에 짙은 그림자를 드리우고 만다.

칼 5세가 튀니지 정복을 기념해서 제작한 메달로, 최근 국립중앙박물관에서 열려 뜨거운 반응을 얻는 〈합스부르크 600년 매혹의 걸작들〉전에 전시되었다. 1,700여 년 전 같은 땅을 정복한 스키피오와 견주어 아프리카누스라고 쓴 부분은 주목할 만하다.

칼 5세는 21일에야 튀니스에 입성하였다. 가장 먼저 마중을 나온 인물은 시메오니였다. 이 공략전에서 기사단은 여러모로 멋진 활약을 보였기에 그 위상이 높아질 수밖에 없었다.

신성동맹군은 여세를 몰아 알제르까지 쳐들어가 후환을 없애야 했지만 그렇게 하지 않았다. 이질이 돌았기 때문이라고도 하지만 칼 5세의 의지가 부족했던 것도 상당부분 사실로 보인다. 어쨌든 이 대승리는 그리스도교가 지배하는 지중해 지역을 열광시키기에 충분하였다. 이 전투와 아무 상관없었던 베네치아인들조차 축하하는 가면무도회를 열었을 정도였으니 말이다. 하지만 10월에 바르바로사는 알제르에 보관해둔 갤리선 15척을 이끌고 마요르카섬의 마온Mahon 항을 기습하여 주민 1천800명을 노예로 끌고 가고 말았다. 축제 분위기는 급속하게 식었고, 다시 지중해는 전란의 파도에 휩싸였다.

스페인 세력의 대두와 영국 세력의 몰락

몰타로 개선한 기사단은 내부 권력 구조의 변화라는 홍역을 앓게 된다. 릴라당 총장 이후 2명의 총장이 단명으로 끝나고, 1536년 9월, 아라곤 출신으로 로도스 공방전에 참가했던 경력이 있는 후안 돌메데스Juan de Homede가 총장에 올랐다. 기사단에는 여전히 프랑스 출신이 가장 많았지만, 프랑소와 1세가 친오스만 정책을 계속하는데다가 스페인 국왕이기도 한 칼 5세의 존재감이 점점 커지면서 스페인 세력이 강해질 수밖에 없었던 것이다.

그런데 돌메데스 총장이 취임하자마자 큰 시련이 닥쳐왔다. 바로 영국이었다. 릴라당 총장 시절 약간의 트러블이 있긴 했지만 헨리 8세와 기사단의 관계는 우호적이었다. 1526년 앞서 일어났던 트러블은 영국 언어구장인 토마스 도크라Thomas Dockwra의 중재로 문제가 해결되었었다. 덕망 높은 도크라는 영국 상원의원이자 외교관으로 로도스 공방전 당시 헨리 8세가 보내주지 않을 정도로 신임을 받는 중진 귀족이기도 하였다. 하지만 그가 1527년에 세상을 떠나자 상황은 완전히 바뀌었다.

헨리 8세는 자신의 측근을 언어구장으로 임명하려 했고, 연간 4천 파운드를 영국 지부를 통해 기부하겠다고 제안했지만, 그 자리는 성 마리아호의 함장이었던 웨스턴에게 돌아갔다. 헨리 8세는 할 수 없이 동의했지만, 사이는 벌어질 수밖에 없었다. 하지만 이것은 서곡에 불과하였다. 왕비 캐서린과의 이혼 문제로 교황청과 사이가 틀어진 헨리 8세는 1534년 정식으로 수장령을 발표하며, 영국

교회를 로마로부터 독립시켰다.

토마스 도크라의 전신화

기사단 역시 이 태풍을 피해 갈 수가 없었다. 가톨릭교회의 재산은 모두 몰수되기 시작했는데, 기사단의 자산이라고 예외가 될 수는 없었다. 프랑스에 당한 성전기사단의 참극이 영국 땅에서 규모는 다르지만 재현되는 듯싶었다. 그래도 헨리 8세는 회유도 하는 등 필리프 4세 정도로 막 나가지는 않았다. 몇 년 간의 '밀당' 과정이 진행되었고, 헨리 8세는 아래와 같은 내용의 최후통첩을 보냈다.

- 영국 언어구장의 임명은 국왕인 자신의 인가를 받아야 한다.
- 영국 언어구장이 중요한 작전에 참가할 때에도 그래야 한다.
- 영국 출신 단원은 정기적으로 영국에 소집되어 애국심을 검증받아야 한다.
- 영국 지부는 납세를 해야 한다.

아무리 국왕의 최후통첩이라지만, 창설 이래 교황 외에는 거의 간섭을 받지 않았던 최고 수준의 자치 아니 주권을 행사했던 기사단에게는 받아들일 수 없는 조건이었다. 오메데스 총장은 거절한다는 답신을 보낼 수밖에 없었다. 이 사건은 선악과 호불호를 떠나

몰타에 있는 포티스큐의 전신화

점점 민족국가로 바뀌어가는 유럽의 상황 그리고 더욱 시대착오적 존재로 '전락하는' 기사단의 위치를 잘 보여준다 하겠다.

1540년 5월 7일, 헨리 8세는 영국 지부 해산 명령서에 서명하였다. 같은 날, 구호기사단 영국 지부는 사라졌다. 같은 날, 너무 마음이 상한 웨스턴 지부장도 세상을 떠났다. 8년 가까이 이어진 기사단과 헨리 8세와의 싸움에서 '순교자'가 나오지 않을 리가 없었다. 그 순교자 중 가장 유명한 인물은 명문 출신의 아드리안 포티스큐Adrian Fortescue였다.*

1476년생인 그는 헨리 8세가 프랑소와 1세와 전쟁을 벌일 때 참전했고, 다크라보다는 약간 비중이 떨어졌지만 헨리 8세의 중신 중 하나였다. 묘하게도 그의 어머니는 영국 교회 독립의 큰 원인이 된 헨리 8세의 두 번째 부인 앤 볼레인Anne Boleyn의 고모였다. 1532년 늦은 나이에 구호기사단에 입단한 그는 2년 후, 아무런 증거 없이 체포되었다. 다행히 석방되기는 했지만 전전긍긍한 5년을 보내야 했고 결국 1539년 두 번째로 체포되어 감옥에 갇혔다. 이번에는 화를 피하지 못하고 7월 9일에 런던탑

* 아드리안 포티스큐는 아이러니하게도 보통법이 왕권을 제한한다는 주장을 한 대법원장 존 포티스큐John Fortescue의 사촌동생이기도 하다.

에서 참수되고 말았다. 같은 단원인 토마스 딩글리Thomas Dingley를 비롯한 16명이 같이 희생되었다. 포티스큐는 1895년 교황에 의해 복자위에 올랐고, 딩글리는 몰타 해안에 그의 이름을 남겼다.

불행 중 다행으로 이 둘을 제외하면 대부분의 영국 기사들은 살아남았고, 일부는 전향하고 일부는 몰타로 돌아왔지만 손실은 엄청났다. 영국과 아일랜드에 있는 모든 재산을 잃었기 때문이다. 대표적인 재산이 성전기사단에게 인수받았던 템플 처치Temple Church였다. 예루살렘의 성묘교회와 비슷하게 지어진 이 교회는 말 그대로 런던 시내 한복판에 있다. 기사단은 그전에는 이 건물을 법률가들에게 임대했지만 이후 영국 왕실의 소유가 되었고, 지금까지 이어지고 있다. 영국 언어구는 남았지만 앞으로 영국 출신 후배들을 받을 가능성이 없어졌으므로 유명무실한 존재로 전락하고 말았다.

엄청난 재산상의 손실을 입은 기사단은 긴축재정에 돌입할 수밖에 없었고, 산타 안나 호가 그 희생자가 되었다. 오메데스 총장은 이 거함을 해체하고, 무장을 다른 배와 육상으로 옮겼다. 자재는 다른 배를 건조하는 등 잘 활용했지만 기사단의 자랑인 이 배를 잃은 단원들의 심정은 비통할 수밖에 없었다. 이렇게 16세기의 초전함 산타 안나 호는 '시시하지만 중요한 이유'인 재정문제로 퇴장하고 말았다.*

---

* 산타 안나 호는 시간상 바로 뒤에 나오는 도리아와의 연합작전과 프레베자 해전까지는 참가했을 수도 있지만 확실하게 알 수는 없다.

프랑스의 배신과 도리아와의 연합 작전

'적의 적'은 친구란 말이 있는데, 동서고금에 모두 통용될 수 있는 진리 중의 하나이다. 칼 5세에게 짓눌려 있던 프랑스 국왕 프랑소아 1세는 1537년, 오스만 제국과 군사동맹을 맺는 그야말로 파격적이고 충격적인 일을 저지른 것이다. 프랑스는 제노바를 포함한 북이탈리아에서 칼 5세를 견제하고, 오스만은 그사이 남이탈리아와 중부유럽을 공략한다는 것이었다. 프랑스의 별명 중 하나는 '교회의 맏딸'이다. 맏딸이 저지른 '불륜'에 교황은 충격에 빠졌고, 모든 유럽 국가들은 프랑스를 비난하였다.

이 동맹에 바르바로사는 더 신이 났다. 동맹의 목적을 달성하기 위해서는 남이탈리아에 근거지가 필요했고, 그가 찍은 곳은 풀리아Puglia의 포구 카스트로Castro였다. 그는 4천 명의 해적을 이끌고 이 포구를 점령하고 요새를 쌓기 시작하였다. 이 소식을 들은 도리아는 신속하게 행동하였다. 자신의 군함 22척과 스페인 군함 3척을 이끌고 바로 메시나로 출동했는데, 교황령에서 7척, 나폴리에서 6척이 가세하였다. 물론 기사단도 빠질 수 없었다. 기사단은 대형범선 2척을 먼저 보내고, 갤리선은 준비되는 대로 보내겠다고 약속하였다. 도리아는 이 함대를 이끌고 카스트로 앞바다에서 대기하고 있었다. 며칠 후 14척의 오스만 수송선단이 나타났고, 이를 포위하여 한 척 빼고 모조리 포획하는 데 성공하였다. 식량과 탄약이 모두 그들의 차지가 되었고, 800명의 포로까지 얻었다.

이 덕분에 연합함대는 작전을 오래 할 수 있게 되었다. 그 사이에 피렌체의 명문가 출신으로 15세에 기사단에 투신한 레오네 스트로치Leone Strozzi*가 지휘하는 4척의 갤리선이 몰타에서 도착하였다. 그는 바로 전 해에 기사단 해군 제독으로 임명되었다. 도리아는 사방으로 정찰선을 보내 정보를 수집했는데, 그중 한 척이 예니체리 군단을 가득 태운 12척의 오스만 갤리함대가 접근하고 있다는 정보를 가져왔다. 목적지는 알바니아의 발로나Valona였다. 도리아는 전 함대가 아닌 자기 소유의 갤리선 11척과 가장 믿음직한 전투력을 지닌 기사단의 갤리선 4척만 가지고 싸우기로 결정하였다. 상대가 예니체리 군단이니만큼 격전을 피할 수 없다고 보고 기사단 갤리선 4척의 노예 노잡이들은 빼고 다른 배의 그리스도교인 노잡이들을 태웠다. 유사시 모든 인원을 전투원으로 활용하기 위해서였다. 그리고 교황청과 나폴리의 지휘관들도 참가하였다.

8월 보름달이 뜬 밤에 두 함대가 맞닥뜨렸고, 처절한 전투가 벌어졌다. 전투가 절정에 이르자 도리아는 비밀병기인 회전포대를 이용하여 오스만 함대에 포화를 퍼부었다. 한 척이 침몰하자 나머지 11척은 항복하였다. 이 배들은 다른 오스만의 배들과 달리 노잡이가 전부 이슬람교도였다. 그만큼 중요한 수송이었던 것이다. 포로가 된 자는 800명, 부상자는 2천500명이었다. 연합함대의 인명피해도 전사자 300명, 부상자 1천200명으로 상당한 수준이었다. 특히 가장 격전을 치른 기사단의 갤리선 두 척은 너무 심하게 파손되어 범선의 예인을 받아야 하였다.

---

* 스트로치는 카푸아 지부장이기도 하였다.

격전이 끝나자 이번에는 바르바로사가 직접 지휘하는 약 100척의 대선단이 오고 있다는 정보가 들어왔다. 워낙 격렬한 전투를 치른 직후여서 그 정도의 대함대를 상대로 더 싸울 수는 없었다. 연합함대는 한 덩어리가 되어 항해하다가 시칠리아 근처에 이르자 기사단 함대는 몰타로 들어가고, 나머지는 메시나에 입항하였다.

콩가루 동맹의 전형: 프레베자 해전

술레이만은 애지중지하는 예니체리 군단 천여 명을 잃고 남이탈리아 공격도 차질이 빚어지게 되자 격노하였다. 그런데 분풀이 대상은 엉뚱하게도 베네치아였다. 카스트로와 바로나 일대에는 베네치아의 정보망이 빈틈없이 깔려 있는데도 도리아가 마음대로 설치도록 내버려 두었다는 이유였다. 물론 베네치아 입장에서는 오스만과 맺은 조약에 정보를 제공해야 할 의무는 없었으므로 억울하기 짝이 없었지만, 힘을 가진 쪽에서 그렇게 판단하고 휘두르면 당할 수밖에 없었다. 술레이만은 바르바로사로 하여금 아드리아해의 입구를 지키고 있는 가장 중요한 베네치아의 거점 코르푸Corfu 섬을 공격하라고 명령하였다. 2만 5천의 대병력이 투입되었지만 코르푸는 워낙 방어가 단단한 곳이라 함락되지는 않았다. 이 중요한 거점에 대한 공격은 베네치아에 대한 선전포고나 마찬가지였다.

교황 바오로 3세는 프랑스를 제외하고 베네치아를 포함한 새로운 신성동맹군을 구성하기 위해 많은 노력을 기울이고 있었는데, 때를 맞춘 코르푸 공격은 접착제 역할을 해주었다. 1537년 말부터 시작된 교황의 노력은 마침내 다음 해 2월 8일에 결실을 맺었다. 전체적으로 보면 스페인이 절반, 베네치아가 3분의 1, 교황청이 6분의 1을 부담하여 200척의 갤리선과 100척의 수송선, 그리고 5만 명의 병력을 동원한다는 것이 골자였다. 구호기사단의 참여는 너무나 당연한 것이었다. 일차적인 목표는 물론 바르바로사의 함대였다. 이를 격파하고 아드리아해와 에게해의 제해권을 장악하는 것이었다. 최종적인 목표는 콘스탄티노플을 함락시키고, 칼 5세가 그곳에서 로마 황제의 관을 받는 것이었지만, 누가 보아도 거기까지는 무리였다.

우리말로 김칫국부터 마시고, 서양 속담으로 보면 숲에 들어가기도 전에 모피값부터 계산하는 셈이지만, 서로의 몫도 나누었다. 칼 5세에게는 북아프리카, 베네치아는 아드리아와 에게해의 항구와 섬들, 로도스 섬과 도데카니사 제도는 구호기사단이 차지하는 것으로 '예정'되었다. 시오노 나나미의 표현을 빌리면, 허황되지만 이런 '김칫국'부터 마시지 않으면 동맹 결성 자체가 불가능한 것이 현실이었던 것이다.

그 사이 에게해에 떠 있는 베네치아의 작은 섬들이 바르바로사의 제물이 되었다. 베네치아는 크레테와 키프로스 외에도 우리에게 관광지로 잘 알려진 산토리니Santorin 등 25개의 작은 섬들을 가지고 있었는데, 섬마다 많으면 3개, 적어도 하나의 요새가 있었다. 이 섬들이 모조리 오스만의 차지가 되었다. 약탈은 기본이고, 장정들은 갤리선의 노잡이 신세가 되고 말았다.

신성동맹 함대의 집결지는 코르푸였고, 사령관은 안드레아 도리아였다. 당연히 도리아 개인 소유의 함정들도 참가하였다. 3월부터 함대가 모여들기 시작하였다. 잘만 되면 로도스를 되찾을 수도 있다는 희망을 품은 기사단은 범선과 갤리선을 합쳐 10척을 내놓았다. 사실 기사단은 몰타에 오자마자 붉은 바탕에 빨간 십자가를 새긴 제복을 검은 바탕으로 바꾸었다. 로도스를 잃었으니 상복으로 바꾸어 입은 것인데, 이 정도로 로도스 수복에 대한 열망이 강했던 것이다.

새로운 신성동맹 함대의 일차적인 문제는 베네치아와 제노바의 불화였다. 이 글에서도 다루었지만 이미 우투르메르 시절부터 두 나라의 사이는 그야말로 앙숙이었고, 당장 급한 쪽은 누가 봐도 베네치아였지 도리아와 제노바가 아니었던 것이다. 더구나 교황 바오로 3세가 프랑스의 참여를 포기하지 않고 끈질기게 추진했던 것도 지연의 큰 이유가 되었다. 결국 프랑스는 참여하지 않았지만 칼 5세와 10년간의 휴전조약을 맺는 성과는 거두었다. 직후 카스트로는 탈환되었다. 하지만 이런 교황의 선의는 결국 좋지 않은 결과를 낳았다. 문제는 급할 게 없어진 칼 5세와 도리아가 시간을 더 질질 끌었던 것이다. 그런데 이때쯤 바르바로사가 대함대를 이끌고 콘스탄티노플을 떠났다는 정보가 입수되었다. 베네치아는 자신들과 교황청, 그리고 몰타의 함대만으로 싸울 생각까지 할 지경에 이르렀다.

이런 와중에 9월 8일이 되어서야 도리아가 코르푸 섬에 나타났다. 너무 늦게 나타난 것도 문제였지만 그가 거느리고 온 함대는 약속한 규모의 절반밖에 되지 않았다. 그나마도 전부 도리아 소유의 함정들과 이탈리아 남부, 시칠리아의 배들이지 스페인 본국에서 온 것은 하나도 없었다. 즉 칼 5세는 사실상 이름만 걸고 아무것도 하지 않은 것이다. 그리고 도리아에게는 베네치아에게 도움이 될 만한 행동은 아무것도 하지 말라는 밀명까지 내렸다. 따라서 늦게 도착한 도리아는 이런저런 핑계로 출전을 늦추었지만, 명분상 전투를 아예 하지 않을 수는 없었다.

신성동맹 함대는 동쪽으로 나아갔다. 그들은 9월 27일, 케팔로니아Cefalonla 섬 인근의 프레베자Preveza 만에서 대기 중인 약 140척 규모의 바르바로사 함대와 충돌하였다. 함대 규모에서는 신성동맹이 우위였지만 이미 자리 잡고 있는 이상 지리적 이점은 바르바로사 쪽에 있었다. 프레베자 해전은 대함대의 충돌이었지만 결과는 시시하기 짝이 없었다. 풍향이 갑자기 바뀐 탓도 있었지만 신성동맹은 12척의 함정과 3천여 명을 잃은 반면, 바르바로사 측은 8척의 소형 갤리선과 400여 명을 잃었을 뿐이었다. 큰 손실은 아니었고 바르바로사 쪽은 귀환하다가 폭풍을 만나 70척이 침몰하거나 손상되어 배보다 배꼽이 더 컸다지만 패배는 패배였다. 손실의 대부분은 베네치아의 몫이었다. 이 해전에서 기사단은 전투에 참가할 기회조차 없었다.

어차피 계절도 가을에 접어들어 해전을 하기도 어려워졌기에, 신성동맹 함대는 자연스럽게 해체되었다. 이 해전에서 기사단은 당연히 손실도 입지 않았지만 빈손으로 몰타에 돌아가야만 했다.

누가 봐도 용두사미 같은 결과였지만, 묘하게도 그리스도교 세력은 전혀 의도하지 않은 한 가지 '성과'를 거두었다. 바로 오스만 쪽에 신성동맹은 분열하고 실패할 수밖에 없다는 확신을 심어준 것이었다. 실제로 2년 후 베네치아는 오스만과 에게해의 섬들을 포기하고 통상의 자유를 확보하는 내용의 조약을 맺어 신성동맹에서 이탈한다. 따라서 '확신'은 더 굳어졌다. 하지만 그 확신은 한 세대 후에 거의 같은 곳에서 벌어진 대해전에서 오스만에게 치명적인 결과를 낳고 말았다.

발레트와 투르굿

프레베자의 패배로 이슬람 해적들은 다음 해인 1539년 더욱 날뛰었고, 피해는 점점 더 심각해졌다. 심지어 신대륙에서 들어오는 배까지도 해적들의 제물이 되는 경우까지 생겨났다. 적어도 1539년의 지중해는 '이슬람의 바다'였다. 이미 일흔에 가까운 바르바로사는 프레베자 해전 이후 일선에서 일단 물러났고, 투르굿Turgut이라고 불린 후계자가 이어받았다.

상황이 심각해지자 칼 5세는 도리아에게 해적들을 제압하라고 명령하였다. 이번에는 스페인 본토의 함정들도 사용할 수 있도록 허용해 줄 정도였다. 기사단과 교황청 해군은 당연히 참가했으므로 도리아가 쓸 수 있는 갤리선은 약 80척 정도였다. 1540년 4월, 도리아는 이를 다섯 함대로 나누어 서지중해에 배치하였다. 기사단은 당연하게도 몰타 섬을 중심으로 튀니스에서 트리폴리까지의 해역을 맡았다.

5월 말에 투르굿이 코르시카 근처에서 설치고 있다는 정보가 들어왔다. 도리아의 조카인 자네티노 도리아Giannettino Doria와 로마 귀족 오르시니가 지휘하는 함대가 이들을 요격했고, 멋진 항해술과 강력한 화포로 투르굿 일당의 선단을 분쇄하고 투르굿 본인까지 포로로 잡았다. 연유는 모르겠지만 이때 라 발레트가 현장 또는 그 자리에 있었다. 그는 투르굿에게 "투르굿 선장, 이것은 전쟁에서 늘 있는 일이오."라는 말을 던졌다.

투르굿은 제노바의 감옥에 갇혔다가 해적질을 그만두겠다는 약속을 하고 3천500두카토라는 몸값을 내고 풀려났다. 도리아가 그 정도의 액수로 이런 거물을 풀어준 이유는 정확하게 알 수 없다. 그런데 라 발레트도 바로 다음 해 성 요한 호를 타고 이슬람 해적들과 싸우다가 포로가 되어 1년간 갤리선의 노를 잡아야 했다. 이후 포로 교환 때 석방되어 아무렇지도 않은 듯 다시 활발하게 활동하였다. 이 역시 "전쟁에서 늘 있는 일"이었던 것이다.

어쨌든 라 발레트와 투르굿의 악연은 1565년까지 이어진다. 사실 투르굿은 열 번 이상 몰타를 약탈한 경력이 있어, 누구보다도 그 섬을 잘 아는 인물이기도 하였다. 어쨌든 투르굿은 얼마 동안 조용했지만 대신 조포 디 칸디아Zoppo di Candia, 즉 칸디아의 외발이라는 별명을 가진 새로운 해적 두목이 나타나 투르굿의 공백을 완전히 메워버리면서 1541년 상반기를 다시 이슬람 해적의 독무대로 만들어버렸다. 발레트를 포로로 잡은 자도 바로 조포 디 칸디아였다.

어쨌든 스케일과 스타일은 차이가 있지만 도리아와 바르바로사에 이어 라 발레트와 투르굿도 새로운 라이벌 구도를 형성한다.

상황이 다시 안 좋게 돌아가자 칼 5세는 다시 해적들의 본거지를 소탕해야겠다고 결심한다. 장소는 6년 전 미처 치지 못한 알제르였다. 도리아도 공격 자체에는 동의하였다. 하지만 계절이 문제였다. 두 인물이 원정에 합의한 시기는 7월로, 준비기간까지 생각하면 1541년 내에는 아무래도 무리였다. 도리아는 당연히 다음 해 봄에 공격을 하자고 제안했지만 얼마 전 신구교 간의 화해에 실패했기 때문인지 칼 5세는 연내 원정을 고집하였다. 물론 다른 이유도 있었다. 당시 술레이만이 헝가리 전선에서 친정을 하고 있었고, 바르바로사는 도나우강 위에서 작전을 하고 있었기 때문이다. 또 하나의 이유는 내색하지는 않았지만 재정문제였다. 사방에서 전쟁을 하고 있었기에 칼 5세와 그의 제국은 심한 재정압박을 받고 있었고, 오스만이 함대를 움직이기 어려운 늦가을과 겨울에 빨리 움직여 승리를 거두고, 경비를 줄일 심산이었던 것이다. 겉으로는 신의 가호가 있을 것이라고 연막을 쳤다. 도리아는 받아들일 수밖에 없었고 빠른 속도로 준비에 나섰다.

당연히 기사단과 교황청 해군은 참여했고, 65척의 갤리선과 100척의 수송선이 출항 준비를 마쳤다. 육군은 약 2만 2천 명이었다. 기사단은 갤리선 4척과 기사 150명 등 700명이 참전하였다. 황제의 군대에서는 아즈텍Aztec 제국을 정복한 에르난 코르테스Hernán Cortés가 가장 눈에 띄는 인물이었다.

칼 5세는 원정을 떠나기 전 9월 12일, 이탈리아의 소도시 루카

Lucca에서 교황 바오로 3세를 만나 축복을 청하였다. 하지만 바오로 3세는 헝가리 쪽이 더 위급하다면서 원정에 반대하였다. 황제가 유럽을 비우면 어떻게 하느냐는 말까지 하였다. 이 소도시에는 도리아를 비롯한 참모들도 모여 있었다. 그들 중 3분의 2가 원정을 연기하자고 건의하였다. 하지만 황제는 그대로 밀어붙였다.

10월 24일, 칼 5세의 기함이 좌우로 교황청 함대와 기사단의 기함을 거느리고 마요르카를 출항하였다. 26일에 알제르 동쪽 해안에 닿았고, 27일부터 상륙이 시작되었다. 하지만 폭우가 내리면서 원정은 시작부터 좋지가 않았다.

연합군은 전위, 본대, 후위로 나뉘었는데, 기사단은 이탈리아 병사들과 함께 후위를 맡았다.

폭우 속에서 강행군 자체도 힘들었지만 더 심각한 문제는 화약이 물에 젖어 쓸 수 없게 되었다는 점이다. 어쨌든 28일 오후에는 알제르 성이 바라다 보이는 지점까지 나아갈 수 있었다. 결국 전투는 불가능했고 공성전을 해보지도 못하고 철수해야 했다. 물론 적이 그냥 보내줄 리가 없었다. 기사 150명을 비롯하여 700명을 파병한 구호기사단은 가장 위험한 후위를 맡아 분전하면서 후퇴시간을 벌어주었지만 가장 많은 희생을 치러야 했다. 후에 현지인들은 그들이 죽어간 교외의 어느 다리를 '기사들의 무덤'이라고 불렀다고 한다. 간신히 해안에 이르렀지만 폭풍으로 귀국도 쉽지 않았다. 할 수 없이 알제르 동쪽의 스페인 거점 부지Bougie에서 한 달을 보내고 12월 초에야 돌아갈 수 있었다.

손실은 엄청났다. 연합군은 아무런 성과 없이 배 150척과 약 8천 명의 병력을 잃고 만 것이다. 기사단은 이 원정에서 많은 것을 잃었지만 다음 해에는 마튀랭 로메가스Mathurin Romegas라는 10대 소년이 입대하면서 위안을 얻는다. 그는 기사 4년 동안 군사 및 종교 공부를 마친 후 완전한 기사가 되었는데, 가공할 명성을 떨치는 인물로 성장한다.

알제르 원정의 실패를 가장 기뻐한 인물은 프랑소와 1세였고, 오스만과의 동맹을 다시 추진하였다. 동맹은 성사되었고, 1543년 봄 바르바로사가 지휘하는 150척의 대함대가 콘스탄티노플을 떠나 프랑스의 마르세이유에 도착하였다. 그들이 계속 해적질을 하고 다닌 것은 물론이다.

프랑스는 엄청난 비난을 받아야 했고, 결국 이 함대는 80만 스쿠도scudo라는 금화를 대가로 받고 다음 해 봄이 되어서야 마르세이유를 떠났다. 이 항해는 바르바로사의 마지막 활동이었는데, 2년 후 그는 죽는다. 후임자는 투르굿이었다. 그 다음해인 1547년에 프랑소와 1세도 세상을 떠났다. 비싼 대가를 치르기는 했지만 프랑소와 1세는 이 동맹 덕분에 칼 5세의 완전한 이탈리아 제패를 막을 수 있었다. 이때 기사단의 프랑스 기사들이 어떤 감정을 품었는지에 대한 정보는 유감스럽게도 찾지 못했다. 하지만 프랑소와 2세가 세상을 떠난 다음해인 1548년, 릴라당의 조카 빌게뇽이 프랑스 함대를 지휘하여 프랑스 왕세자의 약혼자인 다섯 살짜리 스코틀랜드의 여왕 메리Mary Stuart를 프랑스로 데려갔다. 이것은 영국 함대의 감시를 피해 은밀하게 진행한 대담한 작전이었다. 또한 7년 후인 1555년, 빌게뇽은 프랑소와 2세의 후계자인 앙리 2세의 명령을 받고 600명의 군인과 가톨릭의 박해를 피하고자 하는 위그노Huguenot들을 실은 함대를 이끌고 현재의 리우데자네이루Rio de Janeiro를 침공하여 남미의 프랑스를 만들고자 하는 사업을 지휘하였다.* 결국 포르투갈과의 전투에서 패하여 실패하고 말았지만 이런 사건들을 볼 때 오스만과의 동맹 때문에 프랑스를 버릴 수 없었던 기사단의 입장을 어느 정도 이해할 수 있을 것이다.

마디아 공략전 & 1551년 여름의 두 참사

알제르 원정의 실패 이후, 몇 년 동안은 큰 전쟁 없이 평안하게 지나갔다. 물론 아무 일도 없을 리는 없었다. 기사단 입장에서 가장 큰 손실은 트리폴리를 요새화하기 위한 자금 7만 두카토를 실은 배가 나폴리 근처 포추올리에 들렀을 때, 배와 돈을 투르굿에게 통째로 빼앗긴 사건이었다. 배는 2년 후에 찾아 올 수 있었지만, 돈은 찾지 못했다.

1550년은 가톨릭에서 25년마다 돌아오는 성년聖年이었다. 자연스럽게 순례객들이 많아지기 마련이고, 해적들을 막기 위해 무언가 해야 되는 해였다. 칼 5세는 투르굿이 만든 새로운 거점인 마디아Mahdia를 공격 목표로 삼았다. 여전히 도리아가 총사령관을 맡았고, 갤리선만도 약 100척이 동원되었는데, 당연하지만 기사단도 참

* 앙리 2세는 위그노를 심하게 탄압했지만 전부 죽일 수는 없었기에 차선책으로 그들에게 식민지 개척을 시키려 했던 것이다. 앙리 2세의 부인은 메디치 가문 출신의 카트린 드 메디시스이다.

가하였다. 기사단은 140명의 기사와 500명의 용병, 그리고 4척의 갤리선이 참전하였다.

공격은 7월 11일에 시작되었다. 튀니스처럼 함포 사격과 상륙군의 육박전이 함께 벌어졌다. 전투는 격렬했고, 부상자와 수습 가능했던 전사자의 시신은 몰타로 옮겨졌다. 전투는 9월까지 이어졌고, 결국 마디아는 함락되었다. 700명이 넘는 그리스도교 노예들이 석방되었지만, 가장 앞장서서 싸웠던 기사단은 기사만도 전체의 20프로, 즉 30명이 넘는 전사자를 냈다. 그럼에도 기사단 입장에서는 꽤 오랜만에 맛보는 승리였다. 전사한 기사들은 시칠리아에서 가장 아름답다는 팔레르모의 몬레 알레Monnre Ale 대성당에 안장되었다. 그곳에는 칼 5세의 친필로 쓰인 추도문이 새겨져 있다.

> 이 대리석 바닥에는 대의를 위해 목숨을 버렸기에 인생을 도중에 단절할 수밖에 없었던 전사들이 잠들어 있다. 하지만 그들이 죽음으로써 남긴 업적은 영원하다. 이 영웅들이 이끈 강한 신앙심 앞에서는 신도 그들에게 천국의 최상석을 주실 것이다. 그들의 용기는 우리에게 영광을 가져다주었고, 육신에서 흘린 피는 이 전사들이 지나가는 과정에 불과한 이 현세에서 불멸의 내세로 갈 때 빛나는 무장으로 바뀔 것이다.

마디아에는 1천 명의 스페인 병사들이 주둔했고, 적어도 1년 동안은 해적들이 설치지 못했다. 하지만 다음 해인 1551년은 전혀 다른 상황이 전개된다.

마디아를 잃은 투르굿은 복수 대상을 몰타, 아니 정확하게 말하면 북쪽의 고초 섬으로 정했다. 아무래도 몰타 본도에 비해 경비가 허술할 수밖에 없었기 때문이다. 7월 중순, 그의 함대는 고초 섬을 무자비하게 습격하여 무려 5천 명이 넘는 주민들을 노예로 잡아갔다. 기사단은 21년 전 섬에 상륙하면서 주민들에게 한 약속을 지키지 못한 셈이 되었다.

재앙은 여기서 끝나지 않았다. 그들은 바로 창끝을 트리폴리로 향했다. 앞서 이야기한 바대로 해적들에게 요새 보강 자금을 강탈당했기에 방어 상태는 엉망이었다. 4개의 탑과 성벽을 갖춘 요새가 있었지만 대부분 흙으로 쌓아올린 것들이었다. 항구를 보호하는 반도의 끝에는 포대가 있기는 했지만 충분한 방어와는 거리가 멀었다. 방어 사령관은 오베르뉴 출신의 가스파르 드 발리에Gaprad de Vallier였는데, 능력이 부족했지만, 돌메데스 총장은 별다른 조치를 취하지 않았다. 수비 병력은 거의 프랑스 출신인 기사 30여 명과 주로 시칠리아와 칼라브리아Calabria에서 온 용병 630명이었다.*

트리폴리 서쪽과 동쪽에서 상륙하여 집결한 오스만군은 일단 항복권고문을 보냈지만 발리에는 거부하였다. 12문으로 구성된 포병대 3개를 배치하고, 참호를 파고 보급품을 확보하였다. 6일 동안 맹렬한 포격이 계속되었다. 그동안 원병이 온다는 소식은 없었다. 수적으로 수비대의 절대다수를 차지하는 용병들의 사기가 흔들렸고, 그들은 항복을 요구하였다.

* 기사가 50명이라고 하며, 용병은 200명이라고 보는 기록도 있다.

다행인지 불행인지 콘스탄티노플 주재 프랑스 대사인 가브리엘 다라몽Gabrel d'Aramon이 오스만군 진영에 있었다. 그의 중재로 기사들은 대사의 배를 타고 몰타로 돌아올 수 있었는데, 풀려난 기사들 중 하나가 빌게뇽이었다. 그는 몰타로 돌아온 다음 발리에를 변호하고 돌메데스 총장을 공격해 깊은 인상을 남겼다. 용병들은 불복종에 대한 대가로 포로가 되었다.

무슬림들은 20년 만에 트리폴리를 되찾자 다시 노예와 황금을 이 항구에 풀어놓았고, 해적들은 이곳을 또 다른 기지로 삼아 노략질을 시작하였다. 이런 상황은 정도의 차이는 있었지만 19세기까지 계속되었다.

돌메데스의 실정과 로메가스의 불운

트리폴리가 함락되자, 다음 해 돌메데스 총장은 스트로치를 사령관으로 삼아 기사단 단독으로 트리폴리 서쪽에 있는 항구도시 조아라Zoara를 공격하였다. 기사단은 이 항구도시는 쉽게 함락시켰지만, 어이없게도 전리품 사냥 때문에 전열이 무너져 적의 반격을 받아 참패를 당했다. 기사 전사자만 89명이 나온 대참사였다. 이 전투는 돌메데스 총장 재임 기간 마지막 대규모 작전이었다. 2년 동안 일어난 세 참사 때문에 돌메데스 총장의 위신은 크게 실추되었고, 다음 해 총장은 세상을 떠난다. 16세기 기사단 역사에서 가장 긴 17년 치세 동안 기사단은 좋은 일보다 나쁜 일이 더 많았다. 그가 남긴 업적은 비르구에서 벗어나 요새를 확장하기 시작했다는 것 정도였다. 후임자는 프랑스 출신 클로드 드 라 생글레Claude de la Sengle였다.

그가 취임하자마자 칼 5세는 마디아를 기사단에게 넘겨주겠다고 제안하였다. 트리폴리를 대신하여 북아프리카에 새로운 거점을 만들 좋은 기회였지만 새 단장은 정중하게 거절하였다. 더 이상 병력을 분산시키고 싶지 않았기 때문이다.

앞서 이야기했지만 1542년 입단하여 1546년 정식 기사가 된 로메가스는 갤리선단을 지휘하며 지중해를 주름잡았는데, 1555년 10월 22일, 엄청난 재앙을 겪는다. 그가 지휘하는 4척의 갤리선단은 몰타 섬의 '안전한 항구'에 정박해 있었고, 로메가스는 고물의 선실에서 잠에 빠져 있었다. 그런데 갑자기 일진광풍이 불어 배들의 돛대를 부러뜨렸을 뿐 아니라 모두 뒤집어버리고 만 것이다. 다음 날 아침 보트를 탄 구조대가 출동하여 구조작업에 나섰다. 어깨까지 물이 찬 상태로 에어포켓이 된 선실에서 밤을 지새운 로메가스는 구조되었다.

하지만 그는 장시간의 잠수로 신경계가 손상되어 손을 떨게 되었고 컵을 잡으면 물을 흘리지 않을 수 없을 정도로 몸이 망가졌다. 하지만 이런 몸으로도 항해술과 담력, 용맹은 전혀 쇠하지 않아 이후에도 가공할 만한 명성을 누렸다.

그러나 배의 모터 역할을 하는 무슬림 노잡이들의 운명은 끔찍 그 자체였다. 그들은 좌석에 쇠사슬로 고정되어 있었기에 꼼짝없이 익사를 당했던 것이다. 6백 구가 넘는 시신이 결박당한 채 죽은 모습은 상상만 해도 소름이 돋을 수밖에 없다. 어쨌든 이 돌발사태로 기사단은 함대의 기동력을 잃고 말았다. 이 소식을 듣자 칼 5세의 아들이자 얼마 뒤 스페인의 왕위에 오르는 펠리페 왕자는 2척의 범선을 보냈고, 프랑스 지부에서도 갤리온 1척을 보내주었다. 생글레 총장도 메시나에서 범선 한 척을 사서 전력을 보충하였다. 노잡이들을 몽땅 잃어 범선들로 보충한 셈이었다. 물론 여전히 갤리선은 필요하였다. 생글레 총장은 교황에게 지원을 요청했고, 나폴리 교회 감옥의 죄수들을 넘겨받았으며, 바다에 나가 무슬림들을 잡아 이를 보충해야만 했다. 꼭 이 참사 때문만은 아니겠지만 기사단은 이후 별 전쟁 없이 1550년대를 보냈다. 어쨌든 이 참사를 계기로 기사단 해군의 범선화가 빨라진 것만은 확실하다.

라 발레트와 펠리페 2세의 등장

물론 10년 가까운 세월 동안 예외가 없었던 것은 아니었다. 1557년 생글레 총장은 5척의 갤리함대를 로도스로 보내 수복을 위한 전초전을 시도했기 때문이다. 하지만 이들은 로도스 땅을 밟아보지도 못하고 외해에서 대규모 오스만 함대를 만나 큰 피해를 입고 물러나야만 했다. 이렇게 로도스 수복은 완전히 물거품이 되고 말았다. 생글레 총장은 이 결과에 충격을 받아 같은 해 8월에 세상을 떠나고 만다.

그의 후임자로 선출된 인물은 당시 함대 사령관으로 재임 중이던 라 발레트였다. 1494년생으로 이미 환갑을 넘긴 그는 머리가 거의 백발이었지만 기력은 젊은이 못지않게 왕성하였다. 균형 잡힌

체격에 키가 크고 풍채가 당당하여 총장으로서 손색없는 위엄을 지니고 있었다. 성격은 다소 침울하지만 나이에 비해서는 강단이 셌다. 또한 신앙심이 깊고 기억력도 좋았다. 지혜롭고 명석하면서도 육해군 양쪽 모두 경험이 풍부하였다. 트리폴리 총독을 지낼 때에도 평판이 좋았다. 프랑스 출신임에도 거의 이탈리아 출신이, 가끔 영국 출신이 맡는 함대사령관 직을 맡았다는 것이 좋은 증거이다. 겸손하면서 참을성이 많은 성격인데다가 여러 언어를 구사할 줄 아는, 말 그대로 기사단의 기둥 같은 존재였다.

라 발레트

하지만 같은 시기 그보다 여섯 살이나 적은 칼 5세는 신성로마제국 황제와 스페인 왕이라는 무게에 짓눌려 통풍에 시달리는 노인으로 전락하고 말았다. 이미 1556년 신성로마제국은 동생 페르난디드에게, 스페인은 아들 펠리페에게 분할함을 공포하고 수도원 은거를 선택하였다. 이렇게 펠리페는 펠리페 2세로서 유럽 최강국 스페인의 군주가 되었다. 펠리페 2세는 시칠리아의 주인이기도 했으므로 이렇게 된 이상 기사단은 펠리페 2세와 손을 잡고 함께 싸울 운명이었다.

이슬람 해적들의 횡포도 여전했으므로 펠리페 2세는 트리폴리 수복을 결정하고, 시칠리아 총독으로 후안 데 라 체르다Juan de la

Cerda 공작을 임명하였다. 다행히 트리폴리의 방어는 그리 대단치 않다는 정보까지 들어와 있었다.

물론 이 작전에 기사단이 참여하지 않을 수 없었다. 총사령관은 형식상 안드레아 도리아였지만 그는 93세의 노인이었다. 21살의 종손 지오반니가 바다에서는 실질적인 지휘를 맡았다. 때는 1559년이었다.

제르바의 참극

연합군은 기사단을 비롯하여 교황령·스페인·제노바의 연합군으로, 전력은 130척의 크고 작은 군함과 수송선, 8천 명의 보병이었다. 스페인이 주도하는 연합군의 총사령관은 후안 데 라 체르다 공작이었다. 전쟁 경험은 꽤 있었지만 바다 경험은 거의 없었다. 체르다 사령관은 발레트 총장과 각별한 사이였다고 하는데 자세한 내용을 알 수가 없다. 발레트 총장은 기므랑Guimeran이라는 카탈로니아 출신의 기사를 사자로 보내 이 연합군의 출전을 성사시켰다. 기사단은 용병을 포함하여 약 1천 명을 제공하기로 하였다.

집결지는 예전처럼 메시나였다. 하지만 체르다 사령관은 좀 더 많은 병력을 원하였다. 즉 항해하기 좋은 여름에 출진하라는 펠리페 2세와 체르다와의 견해가 달랐고, 이는 의견조율이 이루어지지 않았다는 증거이다. 펠리페 2세는 북이탈리아의 병력을 조금 더 보내 절충하려 했지만 공교롭게도 프랑스 왕 앙리 2세Henry II세가 세상을 떠나는 바람에 병력을 뺄 수 없게 되었다. 거기다 오스만군의 움직임도 심상치 않아 지역에서 병력을 내놓으려 하지 않았다.

그래도 병력은 약 1만에서 1만 2천으로 늘어났는데 이런저런 이유로 출전이 늦어져 함대는 12월에야 출발할 수 있었다. 사령관이 바다를 몰랐기에 일어난 어이없는 항해는 얼마 가지 못했고, 몰타로 도피할 수밖에 없었다.

당시의 몰타는 한창 공사 중이어서 지금같이 웅장한 모습과는 거리가 멀었고, 대병력이 겨울을 나기에 적당한 곳은 아니었다. 몰타 체류는 10주 정도 이어졌는데, 그사이 전염병이 돈 데다 고향이 해적들에게 습격당할까 걱정한 탈영자들이 나오면서 싸우지도 못하고 거의 2천 명을 잃고 말았다. 이 때문인지 아직 겨울인 2월 10일에 연합함대는 출항하였다. 항해전문가들의 예상대로 연합함대는 튀니지 해안에서 표류당하는 등 고생 끝에 2월 16일에 트리폴리 서북쪽에 상륙하였다.

하지만 19년 전 알제르 상륙 때처럼 악천후에 시달려야 했고 전염병도 돌았다. 그사이 트리폴리의 방어가 강화되면서 사실상 공략은 불가능해졌다. 체르다 사령관은 발레트 등의 반대에도 불구하고 목표를 튀니스 동부에 있는 이슬람 해적들의 소굴인 제르바 Djerba 섬으로 변경하였다. 빈손으로 돌아갈 수는 없었기 때문이었다.

제르바는 도시는 없지만 올리브 나무가 우거진 풍요로운 섬이었다. 연합군은 3월 7일, 이번에는 별 문제 없이 상륙을 완료하였다.

포격을 시작으로 연합군의 공격이 시작되었다. 제르바의 수비 태세는 그렇게 강하지 않았다. 열흘 동안의 백병전 끝에 제르바는 함락되었다. 해적들의 전사자는 300명, 부상자는 600명이었고, 그리스도교 연합군의 전사자는 25명, 부상자 30명이었다. 기사단의 손실이 어느 정도였는지는 알 수 없다.

체르나 사령관은 제르바 섬이 스페인 왕의 땅이 되었다고 엄숙하게 선언하였다. 그리고는 해방된 그리스도교 노예들과 병사들을 동원하여 바로 요새 구축에 나섰다. 하지만 당시 시칠리아에서도 요새 수비대가 주위에 목재와 돌, 석회가 부족해서 보강에 어려움을 겪고 있었는데, 바다 건너 제르바의 요새 구축이 쉽게 진행될 리 없었다. 그런데 4월 초에 콘스탄티노플에서 갤리선만 해도 80척이나 되는 대함대가 울루치 알리Uluç Ali의 지휘 아래 출항했다는 정보가 베네치아로부터 들어왔다. 그런데 이 함대가 몰타의 고초 섬 방향으로 접근하고 있다는 것이었다.

투르굿의 후계자인 울리치 알리는 원래 남이탈리아 출신의 그리스도교였지만 이슬람 해적에게 부모와 함께 납치된 후 이슬람으로 개종하고 해적으로서 주목을 받게 되어 출세한 인물이었다. 이 인물도 바르바로사와 투르굿 못지않게 기사단과 치고받는 라이벌이 된다.

이 소식을 들은 발레트는 5척의 갤리선 중 4척을 이끌고 몰타로 돌아갔다. 하지만 그들의 목표는 제르바였다. 이제까지 보인 바대로 맺고 끊는 데가 없는 체르나 사령관은 철수와 사수, 결전을 선택하지 못했고, 결국 5월에 벌어진 전투에서 대참패를 당하고 말았다. 교황군 사령관 플라미니오 오르시니Flamini Orsini가 전사하고, 체르나와 도리아는 도주하였다. 살아남은 병사들은 완성되지 않은 요새에서 절망적인 방어전을 펼쳤지만 7월 30일에 함락되고 말았다. 그나마 다행히 일부는 탈출할 수 있었다.

자료에 따라 다르지만 그전의 인적 손실까지 포함하면 전투원과 선원을 합쳐 전사자만 최소 9천에서 최대 1만 8천, 포로가 5천 명에 달했다. 이에 비해 오스만 해적들이 입은 인명 손실은 천 명 정도였다. 잃은 갤리선만 54척이었는데, 무엇보다 엄청난 수의 숙련된 선원들을 잃었다는 것이 뼈아팠다. 연합군 병사들의 시신은 피라미드 모양으로 겹겹이 쌓여 방치되었고, 이 흔적은 19세기 중엽까지 남아 있었다고 한다.

체르나 사령관은 성속의 차이, 그리고 바다라는 차이는 있지만, 340년 전 5차 십자군의 '사령관' 알바노 추기경을 연상하게 한다. 결말도 비슷했다는 것이 비극이었는데, 발레트가 그 역사를 알고 있었는지는 알 수 없다.

이 참사에도 불구하고 기사단 입장에서는 한 척 남은 갤리선이 탈출에 성공해서 큰 손실은 입지 않았다. 하지만 가장 강력한 동맹인 스페인이 이런 참사를 당했다는 것은 정말 심각한 문제가 아닐 수 없었다. 또한 대승을 거둔 오스만과 해적들의 사기가 충천하였다. 그들은 더욱 대담하게 행동하게 되었고, 그리스도교 세력의 연합이란 늘 실패로 끝난다는 확신을 가지게 된 것은 당연한 결과였다.

5년간의 조정기, 반격에 나선 기사단

제르바에서의 참극 이후 그리스도교 세계는 재기에 나섰다. 펠리페 2세는 바르셀로나Barcelona의 조선소를 가동하며 함대 재건에 나섰고, 베네치아까지 포함한 새로운 신성동맹을 결성하자는 움직임도 시작되었다. 물론 오스만의 대함대가 동지중해를 휩쓸 것이라는 공포감이 만연하였다. 그러나 1561년에는 오스만 제국 내에서 흉년과 전염병이 겹쳤기 때문인지 큰 싸움은 없었다. 물론 소규모 전투는 여전히 벌어졌는데, 시칠리아 인근에서 기므랑이 지휘하는 7척의 시칠리아 함대가 드라굿의 매복에 걸려 전멸당하는 사건도 있었다. 그럼에도 1564년까지 이렇다 할 대공격은 없었고, 그 사이에 스페인을 비롯한 그리스도교 세계는 힘을 회복할 수 있었다.*

그런데 무슨 이유로 오스만은 서쪽으로 나아가지 않았던 것일까? 정설은 없지만, 대제라고까지 불린 술레이만의 노쇠가 가장 큰 원인이었을 것이다. 이미 60대 중반에 접어든 위대한 술탄은 흉년과 기아, 전염병 외에도 아들과 형제들 사이의 골육상쟁, 신하들의 권력투쟁과 부정부패, 반체제 인종 집단의 반란, 이단 집단의 출현 등으로 편한 날이 없었다. 개인적으로도 통풍 때문에 다리를 절어야 했다. 그 역시 25년 전 튀니스에서 끝장을 보지 않은 칼 5세의 전철을 밟고 만 것이다.

---

* 오스만 제국은 1563년 4월에서 6월까지 스페인이 가지고 있는 알제리의 오랑Oran을 포위 공격했지만, 실패하고 말았다. 물론 이 공격을 본격적인 정복을 위한 전초전으로 보기는 어렵다.

1561년은 구호기사단에게 새로운 동료가 생긴 해이기도 하였다. 이슬람 해적들에게 시달려 왔던 토스카나의 코시모 데 메디치Cosimo de' Medici 대공이 성 스테파노St. Stefano 해상기사단을 창설했기 때문이다. 베네딕토수도회의 회칙을 적용하기는 했지만 구호기사단과 달리 독신일 필요가 없었고 의료 기능도 없는 순수 전투조직이었다. 본부는 피사, 모항은 리보르노Livorno였다. 약 5척의 갤리선을 보유하고 있었는데, 당연하지만 구호기사단과 공동으로 작전하는 경우도 많았다.

물론 최전선에 서 있는 구호기사단도 조용히 있을 리 없었다. 발레트 총장은 함대를 맡은 로메가스에게 적극적으로 오스만의 배들을 공격하도록 하였고, 해안 기습도 서슴지 않았다. 심지어 팔레스티나 해변까지 진출하여 오스만 제국에게 적지 않은 골칫거리를 안겼다.

이러던 중 펠리페 2세는 1564년, 노련한 명장 돈 가르시아 데 톨레도Don Garcia de Toledo를 시칠리아 총독으로 보냈다. 그는 바로 북아프리카의 해적기지 바디스Badis를 공격하여 함락시켰다. 로메가스도 그의 지휘를 받으며 참가하였다. 바디스의 해적기지는 큰 규모는 아니어서 눈에 띄는 승리라고는 할 수 없지만 그리스도교 세력의 사기를 회복하는 데는 상당한 도움이 되었다. 그리고 그해 6월 4일, 로메가스는 초대형 사고를 치고 말았다.

칼을 뽑은 술레이만, 방패를 든 발레트

그리스 쪽으로 항해하던 로메가스의 선단은 갤리선 몇 척의 호위를 받는 오스만 제국의 대형 갈레온을 포착하였다. 로메가스는 이 배가 보물선임을 직감하고 바로 공격에 나섰다. 갈레온 선에는 예니체리 군단 병사들이 200명이나 타고 있었다. 당연히 격전이 벌어질 수밖에 없었지만 로메가스는 그 배를 포획하는 데 성공하였다. 그 배는 무려 8만 두가토의 가치가 있는 물품을 싣고 있었는데, 그 주인은 콘스탄티노플의 환관장인 키즈라르Kizlar였다. 그 전리품은 한참 요새화 작업을 하고 있던 기사단의 재정에 큰 도움이 되었다. 10여 년 전 트리폴리 요새 보강 자금을 도둑맞은 것에 대한 복수이기도 했다.

하지만 로메가스는 이에 만족하지 않고 다시 바다로 나갔는데, 이번에는 소아시아 근해까지 진출하여 대형 무장상선 한 척에 포격을 가해 구멍을 냈다. 바다에 뛰어든 승객들을 포로로 잡았는데, 무려 300명이나 되었다. 그중에는 카이로 총독과 술레이만이 사랑하는 딸 미흐미라Mihrimah의 유모였던 100세의 노파도 포함되어 있었다. 승객들은 메카 성지 순례를 다녀오던 길이었다. 로메가스는 두둑한 몸값을 받을 수 있는 이들을 몰타로 끌고 왔다.

당연히 오스만 제국 내에서는 기사단을 응징하라는 요구가 빗발쳤다. 늙고 병든 술탄이지만 가만히 있을 수는 없었다. 더구나 기사단이 요새를 새로 구축하고 있다는 정보도 들어왔다. 이것이 완성된다면 당연히 공략은 더욱 어려울 것이었기에, 술레이만은 공격을 결심하고, 10월 6일 열린 추밀원 회의에서 이를 공식화하였다. 이번에는 친정이 불가능했기에 술레이만은 육군사령관으로 42년 전 로도스 공략전을 지휘했다가 시리아 총독으로 좌천된 무스타파 파샤를, 해군사령관으로는 손녀사위인 피얄라Piali 파샤를 임명하였다. 무스타파 파샤도 65세의 노령이었다.

오스만 제국의 전쟁기계가 가동되면서 병력과 보급품이 모이고, 조선소가 바빠졌다. 원정은 비밀에 붙여졌지만, 누구나 바다를 건너야 하는 전쟁이 시작될 것이라는 사실을 알 수 있었다. 다만 목표가 어디인지를 모를 뿐이었다. 물론 기사단에게도 이 정보는 전달되었는데, 발레트 총장은 몰타가 그 목표라고 확신했다.

1564년과 1565년의 겨울 동안 콘스탄티노플의 시민들은 톱질과 망치, 그리고 담금질 소리에 시달려야 했다. 술레이만 역시 조선소에 행차하여 작업을 시찰하였다. 3만의 병력과 대포 62문을 비롯하여 10만 발의 포탄, 2천 톤의 화약을 비롯한 엄청난 장비와 보급품이 200척에 달하는 선단에 실렸다. 3만 중에 가장 핵심은 6천 명의 예니체리 군단이었다. 선원과 포수들을 합하면 약 5만이었다. 대포 중 2문은 40톤에 달하는 괴물이었다. 이 대선단은 1565년 3월 30일, 몰타를 목표로 콘스탄티노플을 떠났다. 트리폴리에 있는 투르굿은 별도로 북아프리카에서 군대를 모아 몰타에서 합류할 예정이었다.

물론 발레트가 이끄는 기사단이 가만히 앉아 오스만의 대군을 기다릴 리가 없었다. 스페인과 이탈리아에서 용병을 모아 데려왔고, 유럽 각지에 흩어져 있는 단원들을 귀환시켰다. 오지 못하는 기사들은 돈을 보내왔다. 주로 이탈리아에서 온 4천 명의 지원병들도 섬에 도착하였다. 몇 백 명의 그리스인들도 있었는데, 대부분은 기사단을 따라 로도스를 떠난 주민들의 후손이었다. 그리고 5천 명의 몰타인 청년들을 징집하였고, 기사들이 이들의 훈련을 맡았다. 하지만 발레트는 이 현지인 민병대를 "용기도 없고 신앙심도 부족한 자들이며, 화승총에 겁을 먹고 포탄이 날아오면 처자식들이 맞을세라 벌벌 떨 인간들"이라며 얕잡아 보았다. 하지만 그들은 전쟁이 벌어지자 용감하게 오스만의 대군과 맞선다. 워낙 대대로 이슬람 해적들에게 시달렸기 때문이었다.

많은 식수를 점토병에 담아 비축하고, 이탈리아로 배를 보내 식량을 사 오도록 했지만 기근 때문에 여의치 않았다. 로메가스는 함대를 데리고 나가 주위를 지나는 운 나쁜 화물선을 잡아 식량을 '징발'하였다. 이렇게 수단과 방법을 가리지 않고 확보한 밀가루와 올리브유, 염장고기와 치즈 등 식량과 의약품, 군수물자와 건설장비가 속속 몰타에 도착하였다. 또한 아녀자와 노인 등 전투를 할 수 없는 주민들은 시칠리아로 소개시켰고, 일부는 섬 중앙의 므디나로 집중시켰다. 의사들은 남았지만 가족들은 피난시켰다. 물론 유럽 각국의 군주들에게 원병을 청했지만 움직인 군주는 펠리페 2세뿐이었다. 톨레도 총독에게 1만 6천 명의 군대를 준비하라고 했기 때문이었다. 하지만 언제 출전하라는 명령은 내리지 않았다. 제르바의 참극 이후 힘들게 재건한 함대를 지키고 싶었기 때문이었다.

발레트는 로도스 때처럼 길고 괴로운 방어전을 각오하고 있었지만, 가장 두려운 것은 시칠리아와의 항로 차단이었다. 이 때문에 로메가스가 이끄는 5척의 갤리선 함대를 서북쪽에 두어야만 했다. 갤리선 한 척에 최소한 20명의 기사가 필요했으므로 100명은 여기에 남겼다.

이런 준비도 물론 중요하지만 가장 중요한 것은 요새의 방어력이 어느 정도인가이다. 그러면 다소 시간을 거슬러 올라가 기사단이 몰타의 요새를 어떻게 보강해 왔는가를 살펴보고 몰타 공방전을 이야기하기로 하겠다.

7장. 유럽의 방패: 몰타 공방전

불완전한 몰타의 요새화 그러나…

앞서 잠시 이야기했듯이, 돌메데스 총장과 생글레 총장 시절 요새 보강이 이루어졌다고 했는데, 어느 정도로 진행되었는지 살펴볼 필요가 있다. 릴라당 총장 시절 비르구에 거점을 구축했다는 이야기는 다루었는데, 후임자인 돌메데스 총장은 이것으로 만족할 수 없었다.

물론 전문가가 있어야 했는데, 안토니오 펠라모리노Antonio Ferramolono라는 이탈리아 기술자*가 그 일을 맡았다. 1540년에 몰타에 도착한 그는 방어체계를 전면적으로 개편해야 한다고 생각했는데, 비르구의 본부는 포기하고 건너편의 시베라스Scibrras 반도로 옮겨야 한다는 것이 골자였다. 이 계획은 여러 가지 장점을 가지고

---

* 그가 마르티넨고의 제자인지 아닌지는 확인하지 못했다.

있었다. 첫 번째로 반도 중앙에 같은 이름의 시베라스 언덕이 56미터 높이로 솟아 있어 적의 포격이나 땅굴 파기를 완전히 감제瞰制할 수 있다는 것이었다. 물론 그랜드 하버도 완벽하게 통제할 수 있었다. 두 번째로는 반도가 비르구와는 비교할 수 없을 정도로 넓어 복합적인 방어망을 구축할 수 있다는 점이었다. 반면 적군에게는 공격 준비를 할 만한 공간을 허용하지 않았다.

돌메데스 총장은 이 계획의 장점을 알고 있었지만 비용 문제 때문에 그렇게 할 수 없었다. 대신 시베라스반도의 끝에 성 엘모Saint Elmo 요새를 구축하기로 결정하였다. 그 자리에는 이미 망루가 있었지만 이를 헐어버리고 세우기로 한 것이다. 둘레가 800미터 정도에 불과해서 규모는 크다고 할 수 없었지만 이 요새는 그랜드 하버 입구를 단단히 지키는 역할을 맡았다. 로도스 시절의 성 니콜라스 탑과 비슷한 위치라 할 수 있을 것이다. 펠라모리노는 1550년까지 몰타에 머물며 요새 건축과 총체적인 방어시설 건축 계획을 지휘했고, 스페인 출신의 페드로 팔도Pedro Pardo가 뒤를 이었다. 요새는 1552년에 완공되었다. 크지도 않은 요새 공사에 이렇게 시간이 걸린 이유는 흙과 석재를 시칠리아에서 실어 와야 했기 때문이다. 물리적으로 시베라스 언덕의 요새화는 무리였지만 기사단은 이를 실행하지 않은 대가를 비싸게 치러야 하였다.

물론 10년이 넘는 세월 동안 성 엘모 요새 하나만 만든 것은 아니었다. 비르구 반도의 끝부분에 있는 기존의 요새를 성 안젤로Saint Angelo라는 이름의 현대식 요새로 크게 개축했기 때문이다. 여기에 주목할 만한 시설은 펠라모리노가 설계하여 1547년에 완공

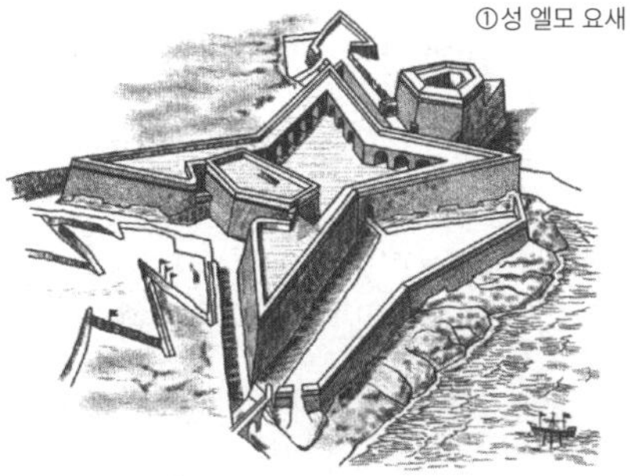

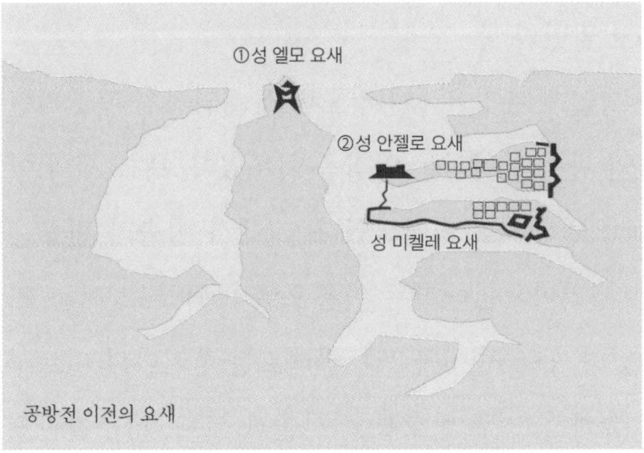

①성 엘모 요새

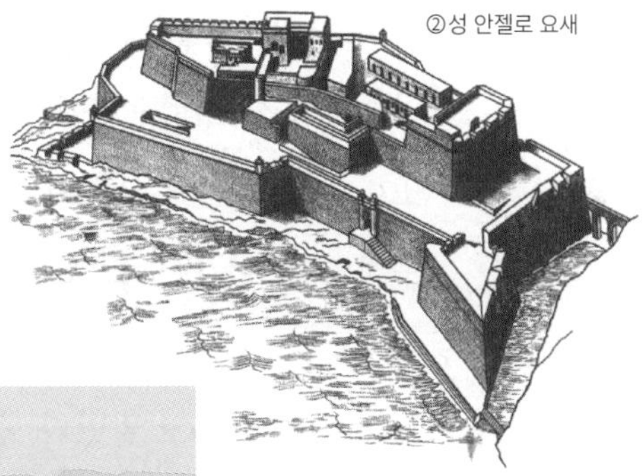

②성 안젤로 요새

①성 엘모 요새
②성 안젤로 요새
성 미켈레 요새
공방전 이전의 요새

성 엘모 요새
성 안젤로 요새
발레타
성 미켈레 요새
공방전 이후의 재건

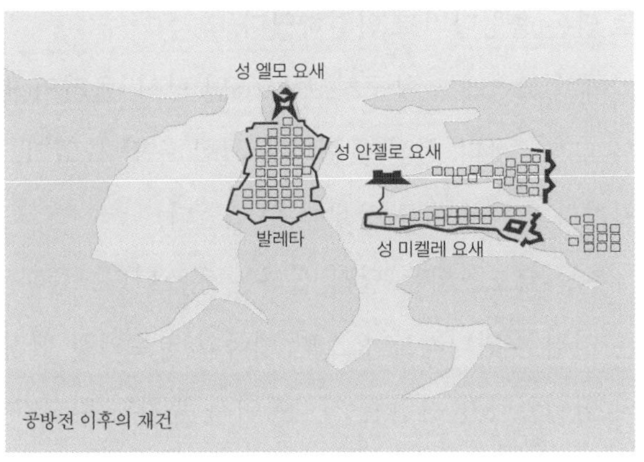

요새와 공방전 이후 재건된 모습

S. C. Spiteri의 *Fortress of the Cross, Hospitaller Military Architecture* (1136-1798)〉서 인용(4점 모두)

된 기사탑Cavalier인데, 지휘탑의 기능은 물론이고 성벽이 돌파당하더라도 자체적으로 방어가 가능한 작은 요새였다. 탑에는 8개의 포구와 1개의 신호대가 있었다.

또한 비르구 반도 서쪽에 위치한 이솔라Isola 반도의 요새화에도 착수하였다. 이 반도를 요새화하지 않으면 양쪽에서 함포 사격을 당할 수 있었기 때문이다. 하지만 돌메데스 총장은 기본 계획만 세우고 세상을 떠나고 말았다.

1553년 취임한 생글레 총장은 4년 정도밖에 재임하지 못했지만 그 사이에 기본적인 공사를 마치는 업적을 이루었다. 새 요새의 이름은 성 미켈레Saint Michele로 명명되었다. 그래서 이솔라 반도는 그의 이름을 따서 생리아Senglea라는 이름으로 바뀌었고, 이는 지금까지 이어지고 있다. 1565년 5월 7일, 발레트는 생리아와 비르구 입구를 쇠사슬로 봉쇄하고 두 반도를 쇠사슬과 로프, 나무발판으로 만든 출렁다리로 연결하였다.

이런 노력에도 불구하고 1565년 당시, 몰타의 방어력은 43년 전의 로도스보다 훨씬 못했다고 말할 수밖에 없다. 하지만 자연적·지리적 조건이 이를 상쇄할 수 있었다.

우선 로도스와는 달리 몰타는 콘스탄티노플과 너무 멀었다. 물론 인접한 튀니지도 오스만 제국의 영토이긴 했지만, 이슬람 해적의 땅이었다가 편입된 지역이어서 통치의 밀도가 훨씬 낮았다. 당연히 식량과 군수품 조달이 로도스 때보다는 훨씬 어려울 수밖에 없었다. 더구나 몰타에서는 식량은 물론 식수도 조달하기 어려웠다. 물론 오스만 쪽에서도 이를 모를 리 없어 충분한 준비를 했다지만 막상 전투가 시작되면 소모되는 속도가 어느 정도일지는 아무도 알 수 없는 일이었다. 그중에서도 화약은 더욱 그러했다.

반면 시칠리아는 코앞이었다. 아무리 오스만 함대가 우세하다지만 해협을 늘 봉쇄할 수는 없는 노릇이고, 언제 어떻게 어느 정도의 지원병이 건너올지 판단하기 어려웠다.

또한 로도스 때와는 달리 전투할 수 있는 공간이 훨씬 좁았다. 이 역시 머리수에 의존해야 하는 오스만군에게는 불리한 조건이었고 방어군에게는 유리하게 작용하였다.

지질도 방어 쪽에 유리하였다. 로도스 공방전처럼 땅굴을 파 지뢰를 폭발시키는 전법은 오스만군의 장기였는데, 대부분 석회암인 몰타의 지질은 이를 실행하기에 적합하지 않았던 것이다. 요새 건설을 지연시킨 석회암 지질이 오스만의 장기를 무력화시킨 셈이니 말 그대로 새옹지마인 셈이다. 또한 석회암 지질은 포대 설치도 어렵게 만들었다.

여기에 지휘관들의 자질과 경험을 비교해 볼 필요도 있을 것이다. 구호기사단 총장 발레트는 다양한 전투 경험은 물론이고 강철 같은 의지를 겸비한 최고의 지휘관이었다. 더 무서운 점은 거의 광신적이라고 보아도 될 정도로 투철한 신앙심에도 불구하고 전투에서는 조금의 환상도 품지 않고 현실적으로 준비를 하는 인물이라는 사실이다. 올리버 크롬웰Oliver Cromwel이나 오토 슈코르체니Otto Skorzeny, 보 응우옌 지압Võ Nguyên Giáp 같은 인물이 이런 종류의 지휘관이라 할 수 있는데, 말 그대로 적으로는 최악의 상대라 할 수 있다.

반면 무스타파 파샤는 많은 전투경험을 쌓은 인물이었지만 대부분 너른 들판에서 벌인 야전이었고, 이런 좁은 공간에서의 공성전은 처음이었다. 게다가 피알리 파샤는 경험이 부족하였다. 사실 그 전에 거둔 그의 전과는 대부분 투르굿 덕분에 얻은 것이었다.

하지만 로도스 때보다 가장 다른 조건은 술레이만의 부재였다. 친정이 아니라는 점이 병사들의 동기 부여에 엄청난 차이가 있다는 것은 누가 보아도 명확한 것이다. 물론 이런 악조건을 오스만 진영에서도 모르지는 않았다. 그럼에도 그들은 연전연승에 도취한 데다가 로도스 시절보다 훨씬 떨어지는 방어시설이라는 사실만 믿고 승리를 확신하고 있었다.

오스만군의 상륙과 전쟁의 색깔

톨레도 총독은 몰타 침공을 나 몰라라 할 수 있는 입장이 아니었다. 4월 9일, 그는 갤리선단을 이끌고 몰타에 도착하여 발레트와 협의를 하였다. 그는 성 엘모 요새가 방어전의 관건이 될 것으로 보았고, 구원병을 보내주겠다는 약속을 하면서 징표로 아들 페데리코Federico와 천 명의 군대를 섬에 남겨두었다. 그중에는 거의 환갑에 가까운 프란치스코 발비 디 코레조Francisco Balbi de Corregio라는 인물도 있었다. 칼 5세의 군대에서 복무했던 그는 무명의 시인 겸 작가이도 했는데, 이 전투에 대한 회상록을 남겨 유명해진다.

톨레도 총독은 발레트 총장에게 함부로 전선에 나서지 말라고 충고하였다. 마지막으로 방어전에는 무용지물이 될 기사단의 갤리선 5척과 500명의 무슬림 노잡이들을 빌려달라고 청했다. 하지만 발레트는 시칠리아와의 연결을 위해, 그리고 무슬림 노예들은 성벽 보강에 필요한 인력이라는 이유로 이를 정중하게 거절하였다.

1565년 5월 18일 아침, 성 엘모 요새의 파수꾼들은 전방 수평선에 나타난 오스만의 대함대를 목격하였다. 요새의 포대가 세 발의 포탄을 쏘자, 북과 트럼펫이 울렸다. 섬 전체의 봉화대에 불이 붙었다. 남아 있던 주민들은 세 요새와 음디나로 몰려들었다.

하지만 오스만군의 상륙지는 남부의 마르사시로코Marsasirocco 만이었다. 발레트는 아드리안 드 라 리비에르Adrian de La Riviere가 지휘하는 작은 기병대를 보내 상황을 보고받았다. 상륙을 마친 오스만군은 20일에 생리아의 서쪽인 마르사Marsa에 총사령부를 설치하였다. 마르사시로코 만에서는 약 10킬로미터 떨어진 곳이었다. 기병대는 후방에 두어 보급선을 지키도록 하였다. 물론 오스만군의 목표는 다시 한 번 독사의 둥지를 뜯어버리는 것이었다. 발레트는 이탈리아 기사에게 구원병을 요청하는 내용의 서신을 주어 메시나로 보냈다. 그리고 마르사의 우물에 독초와 배설물을 넣어 오염시켜 버렸다.

하지만 라 리베에르의 기병대는 오스만 포로를 잡으려는 과정에서 전투를 치렀고, 패해서 라 리비에르는 포로로 잡히고 말았다. 기사단 입장에서는 좋지 않은 시작이었다.

하지만 발레트는 굽히지 않고 반격을 가해 작은 규모이긴 하지만 승리를 거두었다. 그들이 가져온 오스만군의 머리와 금반지, 금팔찌는 방어군의 사기를 높였다. 방어의 중심인 비르구는 종교적 열정으로 달아오르고 있었다. 발레트 총장과 주교는 골목을 누비며 "주님이 야만인들의 공격으로부터 섬을 지켜달라고" 청하는 기도를 올렸다. 기사들은 500년 동안 이슬람 세력과 싸워왔던 역사를 되새기며 그야말로 마지막 보루인 이 섬을 죽을힘을 다해 지켜야 한다는 결의를 다졌다. 이제 본격적인 전투가 막을 올렸다. 이 전투에서 로도스 때와는 달리 기사도는 물론 화려한 전술이 자리 잡을 자리는 전혀 없었다. 말 그대로 인정사정없는 처절함, 그리고 불굴의 의지와 착실한 인내력만이 승부를 결정하게 된다.

이 전쟁을 다룬 역사가들은 양군 지휘관들의 나이가 대부분 놀라울 정도로 많았기 때문에 이 전쟁의 색깔은 회색이었다고 규정한다. 그럴 만도 한 것이 라 발레트와 술레이만은 70세, 무스타파 파샤는 65세, 투르굿은 무려 여든이었다. 피얄라 파샤만이 35세의 젊은이였다. 이렇기 때문에 이 공방전은 훗날 '노인들의 전쟁'이라고도 불린다. 이러한 '회색의 지배'에도 불구하고 이 전쟁은 엄청난 다채로움을 지니기도 하였다.

2차 세계대전 때, 아시아의 버마 전선과 유럽의 이탈리아 전역은 마이너 전선이었지만 참전국의 다채로움으로 유명하다. 버마 전선은 영국군, 미군, 중국군, 인도군, 네팔 구르카 병, 캐나다군, 영국령 아프리카군, 일본군, 태국군, 그리고 대한민국 임시정부의 광복군까지 참전하였다. 이탈리아 전선에서는 독일군과 이탈리아군은 물론 미군, 영국군, 브라질군, 프랑스군, 폴란드군, 모로코군, 알제리군, 캐나다군, 호주군, 뉴질랜드군, 남아공군 심지어 일본계 미국인으로 구성된 연대까지 뒤섞여 2년 동안 난투극을 벌였다.

400년 전 이탈리아와 인접한 몰타에서도 규모는 작았을지 모르지만 지중해 전역과 유럽 각지에서 온 전사들이 모여들어 엄청난 드라마를 펼친다. 약 600명 수준인 기사단 자체가 8개 국가와 지역으로 나누어져 있다는 사실은 이미 여러 번 언급하였다. 다만 영국인은 발레트의 비서인 올리버 스타키Oliver Starkey경 하나뿐이었다.

최소 6천, 최대 8천인 수비군의 출신도 다양하였다. 톨레도 총독이 남긴 스페인 병사들, 유럽 각지에서 그리스도교의 대의를 지키기 위해 모여든 모험가들과 돈을 받고 싸우러 온 유럽 각국 출신의 용병들, 로도스 섬 주민들의 후손, 무슬림 갤리선 노예, 강제로 그리스도교로 개종한 무슬림 출신 등 잡다한 집단이었다. 하지만 기사단을 제외하면, 핵심 전력이 된 집단은 의외로 몰타 현지인 민병대 3천 명이었다. 훈련도는 떨어졌지만 대신 강건한 육체를 지닌 이들은 이슬람 해적들에게 시달려 왔기에 이 척박한 섬과 가족들을 지키기 위해 말 그대로 젖 먹던 힘까지 다해 싸웠기 때문이었다.

공격자인 오스만군도 마찬가지였다. 화승총병은 주로 이집트 출신이었고, 기병과 보병은 아나톨리아와 모데아, 발칸반도, 살로니카, 왈라키아, 시리아. 메소포타니아 출신이었다. 상당수는 그리스, 이탈리아, 스페인에서 그리스도교인으로 태어났지만 자발적이건 강압에 의해서이건 이슬람으로 개종한 자들이었다. 승리할 경우 생길 노예들을 사려는 유대인 상인까지 끼어 있었다. 소수이긴 하지만 이슬람의 대의를 위해 참전한 지원병들도 있었다. 한 달 후에는 투르굿이 이끄는 북아프리카 출신 해적들도 가세할 예정이었다.*

그야말로 총천연색으로 이루어진 두 군대의 대결이었다. 여기서 양쪽 모두 어릴 때 믿던 종교를 따라 '배신'할 자들이 적지 않을 것이라는 사실에 주목해야 할 것이다. 그 이유가 예전 종교에 대한 신앙심이나 향수 때문이건 승자에 붙겠다는 기회주의이건 말이다.

오스만군은 기사단의 요새와 만이 내려다보이는 언덕에 진영을 설치하였다. 그리고는 첫 포로인 라 리비에르를 그 언덕으로 끌고 갔다. 무스타파 파샤는 취약지를 가르쳐 주면 풀어주겠다고 약속하였다. 라 리비에르는 오베르뉴 구역과 카스티야 구역이 약하다고 답했고, 이 말을 믿은 무스타파 파샤는 이 지역을 먼저 공격하기로 하였다. 여기서 1565년 봄, 기사들의 8개 출신 지역과 국가별 분포를 알아보도록 하자.

	기사	무장한 시종(부사관)
일 드 프랑스	61	15
오베르뉴	25	14
프로방스	57	24
이탈리아	164	5
영국	1	
독일	13	1
카스티야	68	6
아라곤	85	1
총	474	66

* 편의상 현재의 국가로 따지면 '참전국'은 다음과 같다
방어군: 프랑스, 이탈리아. 스페인, 포르투갈, 독일, 영국, 그리스, 몰타 등
공격군; 터키, 그리스, 리비아, 튀니지, 알제리, 이집트, 알바니아. 북마케도니아, 루마니아, 시리아, 이라크, 세르비아, 불가리아 등

순수하게 기사만 따지면 이탈리아 출신이 가장 많았다는 의외의 사실을 알 수 있는데, 다만 이 숫자는 유럽에서 돌아오고 있는 기사들을 포함한 것은 아니어서 이들을 합치면 전투에 참가한 기사들의 최종적인 숫자는 약 700명이다. 독일의 경우 종교개혁의 영향으로 기사의 수가 격감했다는 사실을 알 수 있다.

5월 21일 아침, 거의 완벽에 가까운 반달 모양의 진형을 짠 오스만군이 요새 쪽으로 진군하기 시작하였다. 오스만군의 다양하고 화려한 복장과 무기, 다채로운 깃발은 마치 움직이는 꽃밭 같은 장관을 이루었다. 그들의 다양한 피부색 역시 이런 분위기를 돋우는 데 한몫을 했을 것이다. 거기에다가 트럼펫, 북, 백파이프, 나팔, 피리 등 갖가지 악기들이 내는 음악까지 함께 퍼져 나갔으니 방어군은 일시적이긴 하지만 눈과 귀가 즐거웠을 것이다. 오스만 군과 오랫동안 전투를 벌인 유럽의 군대들은 그들의 군악대를 모방하기 시작했고, 이제는 전 세계로 퍼져나갔다.

하지만 아무리 오스만군의 퍼포먼스가 대단하다고 해도 지금의 상황은 공연이 아니라 전투였다. 기사단은 자신들의 군기를 성벽에 걸고 북을 울렸다. 그리고 오스만군이 사정거리 내로 들어오자 대포와 화승총이 불을 뿜었다. 이렇게 퍼포먼스는 끝나고 몰타 공방전이 시작되었다.

성 엘모 요새 공방전이 시작되다!

화승총을 장비한 예니체리를 앞장세운 오스만군의 공격은 카스티

성 엘모 요새 공략 직전의 상황을 묘사한 그림

야 구역 쪽으로 집중되었다. 물론 첫 전투이기에 일종의 탐색전이었다. 사격의 정밀도에서는 예니체리 쪽이 앞섰지만 속사에서는 기사단 쪽이 훨씬 앞섰다.*

더구나 의외로 발레트는 성문을 열어 로메가스가 지휘하는 700명 규모의 화승총 부대와 기병대를 내보내는 기습까지 감행하였다. 다섯 시간 동안 이어지는 전투 끝에 100여 명의 오스만군을 쓰러뜨리는 대신 10명을 잃는 손실을 입었다. 더구나 무스타파 파샤는 얼굴에 총탄이 스치는 부상까지 입었다. 12명의 병사들이 아군의 폭약이 터지는 바람에 개죽음을 당하는 오점이 있었지만 누가

---

* 오스만군의 화승총 특히 예니체리가 사용하는 그것은 기사단의 총보다 50, 60센티미터나 길었고, 휴대나 속사면에서는 불리했지만 명중률은 훨씬 높았다.

보아도 이날의 승자는 기사단이었다.

묶인 상태로 냉소를 띠며 이 전투를 지켜보던 라 리비에르는 분노한 무스타파 파샤에게 끌려가 그리스도교 노예들이 보는 앞에서 잔인한 고문을 받고 죽음을 당했다.

다음 날, 기사단의 결의가 만만치 않다는 사실을 깨달은 무스타파 파샤는 정찰을 실시한 다음 피얄리 파샤와 회의를 열었다. 두 사령관은 로도스와는 너무 다른 환경 때문에 돌발변수가 많이 발생할 수밖에 없다는 것과, 라이벌 투르굿이 도착하기 전까지 전공을 세워야 한다는 사실에만 동의했을 뿐, 공격 목표에 대한 의견은 완전히 달랐다. 무스타파 파샤는 배후의 위험이 되는 코조섬과 므디나를 먼저 공략한 다음 생 리아를 공격하자는 전략을 주장하였다. 하지만 피알리 파샤의 최우선 과제는 함대의 보전이었다. 곧 여름이라지만 6년 전 로메가스를 덮쳤던 돌풍이 불지 말라는 법이 없었던 것이다. 해군은 육군보다 훨씬 많은 비용이 들기에 만약 대참사를 당한다면 복구에는 엄청난 시간과 자원이 들 수밖에 없었다. 따라서 안전한 만이 필요했던 것이다. 물론 비르구와 생 리아가 있는 그랜드 하버는 당장 확보하기 어려우니 피알리는 성 엘모 요새 북쪽의 마르삼세트Marsamxett 만을 원했다. 결국 그의 주장이 받아들여졌다. 그러면 비르구와 생 리아 두 요새와 바다 건너 성 엘모 요새 중 어디를 공격해야 할지를 결정해야 했다. 피알리는 성 엘모 요새 공격을 원했고, 이것은 관철되었다.

당시 발레트 총장 등 기사단의 수뇌부는 오스만군의 다음 공격 목표가 어디일지를 알지 못했다. 하지만 이 고민은 그날 밤 바로 해소되었다. 그리스도교 출신이었던 무스타파 파샤의 호위병이 탈주하여 그 정보를 알려주었기 때문이다. 발레트로서는 낭보였다. 성 엘모 요새를 공격하는 사이에 비르구와 생 리아 두 요새의 방어태세를 보강할 수 있었기 때문이다. 에반젤리스타Evangelista라는 이탈리아인 공병장교가 요새 보강을 총지휘하였다.

5월 23일, 오스만군은 중포를 열 마리가 넘는 황소가 끄는 수레에 달아 시베라스 산으로 끌어올렸다. 그 산길의 길이는 11킬로미터가 넘었다. 바퀴의 마찰음, 황소의 울음소리, 인간들의 함성이 요새를 지키고 있는 방어군에게도 들려왔다. 다음 날, 오스만군은 24문의 대포를 배치하는 데 성공하였다.

물론 라 발레트도 그동안 가만히 있을 리 없었다. 성 엘모 요새에 남은 몇 안 되는 아녀자들을 대피시키고, 100명의 전투병과 60명의 갤리선 노예 그리고 식량과 탄약을 실어 보냈다. 발레트는 "성 엘모 요새는 몰타의 열쇠이다"라며 구원부대를 격려하였다. 이렇게 성 엘모 요새의 수비병력은 750명으로 증강되었다. 그중에 기사들은 64명이었고, 사령관은 이탈리아 피에몬테Piedmont 출신의 노련한 루이지 브로글리아Luigi Broglia가 맡았다. 부사령관은 스페인 출신의 젊은이 후안 데 에굴라스Juan de Eguaras였다.

이미 로도스에서도 증명되었지만 오스만군의 공성기술은 세계 최고 수준이었다. 기사단이 주인공인 이 책에서는 다루지 못했지만, 헝가리와 페르시아에서도 그들의 기술은 승리에 큰 역할을 했었다. 이런 전과를 거둔 오스만군의 노련한 기술장교들이 시베라스 언덕에 올라가 성 엘모 요새를 살펴보았다. 그들은 별 모양의 성 엘모 요새는 너무 작아 몇 문의 포밖에 설치할 수 없고 사각지대도 많으며, 몸을 숨기며 총을 쏠 수 있는 총안도 없는 허술한 요새이므로 길게 잡아도 일주일이면 손에 넣을 수 있다는 결론을 내렸다.

5월 24일, 시베라스 언덕 정상에 설치된 대포들이 성 엘모 요새를 강타하기 시작하였다. 장전에 상당한 시간이 필요했으므로 교대로 포격이 이루어졌지만, 그 위력은 엄청났다. 쇠포탄과 돌포탄이 성 엘모 요새를 강타하였다. 석회암 지질임에도 불구하고 참호작업 역시 시작되었고 땅굴과 참호가 뚫리기 시작하였다. 하지만 지형의 협소함과 지질 때문에 로도스 때처럼 수십 개의 통로를 파는 것은 불가능하였다. 이런 어려움과는 별도로 강한 인내심을 지닌 예니체리 군단 저격병들은 방심한 수비대원을 30명이나 쓰러뜨렸다.

물론 발레트가 이를 수수방관할 리 없었다. 성 안젤로 요새 끝부분에 4문의 대포를 설치하고 오스만군의 포대에 대응포격을 가했다. 이 포격은 오스만군에게 상당한 피해를 입혔는데, 특히 피알리 파샤는 돌조각을 맞고 부상을 입기도 하였다. 그럼에도 불구하고 수비병 쪽이 궁지에 몰린 것은 명확하였다. 발레트는 대포 소리에 놀라 개들이 짖어대자 모두 죽여버리라고 명령했는데, 자신이 아끼는 사냥개도 예외를 두지 않았다.

5월 26일 밤, 성 엘모 요새의 지휘관 중 하나인 후안 데 세르나 Juan de Serna가 비르구로 넘어가서 발레트 총장을 만났다. 그는 구호기사단원이 아니라 스페인군 소속이어서 총장에 대한 복종의 의무가 없었다. 아마 이 때문에 그가 온 것일 텐데, 그는 증원군이 없다면 작고 허약한 성 엘모 요새는 일주일을 버티기 힘들 것이라고 호소하였다. 당시 발레트 총장은 이사회를 열어 대책을 논의하고 있었다. 그러자 발레트는 죽음을 두려워하는 것이 아니냐며 자신이 직접 성 엘모 요새로 가서 방어를 지휘하겠다고 응수하였다. 수치심에 얼굴이 붉어진 세르나는 바로 돌아가서 의무를 다하겠다고 답할 수밖에 없었다. 그렇다고 발레트가 그를 빈손으로 돌려보낸 것은 아니었다.

놀랍게도 사지인 성 엘모 요새로 가겠다는 지원자들이 적지 않았고, 세베리노 데 메드라노Severino de Medrano가 지휘관을 맡았다. 이렇게 기사와 스페인 병사들로 구성된 120명이 성 엘모 요새로 넘어갔다. 식량과 탄약을 들고 갔음은 물론이다. 그들이 타고 간 배에는 부상병들이 타고 비르구로 넘어와서 병원에 입원하였다. 구원병을 보낸 다음 발레트는 이사회를 다시 열었다. 그는 성 엘모 요새는 함락될 수밖에 없다지만 톨레도의 구원부대가 올 때까지의 시간은 벌어야 한다는 솔직한 심정을 토로하였다. 압도적인 오스만 함대에도 불구하고 몰타와 시칠리아의 연락은 용케 유지되고 있었다. 하지만 상황은 그리 좋지 않았다. 톨레도는 5천의 병력은 확보했지만 갤리선은 30척밖에 없었다. 제노바의 도리아는 롬바르디아에서 오는 병력을 기다리다가 늦어지고 있었고, 막상 출항하려니까 폭우 때문에 배를 띄우지 못하고 있었다. 이런 정보는 오스만 쪽에도 전달되었기에 그들은 선원들을 상륙시켜 이런저런 노역에 투입하였다. 하지만 이런 행동은 결국 몰타와 유럽 사이의 연락을 끊지 못하는 원인이 되고 말았다.

발레트의 격장지계는 어쨌든 먹혀들어갔지만 오래갈 수는 없었다. 6월 2일, 성 엘모 요새의 망루에 서 있는 병사들은 멀리서 오는 대선단을 발견하였다. 수비대는 톨레도의 구원병이라 생각하고 환호하였다. 공교롭게도 그날은 선원들의 수호성인이자 이 요새의 이름이 된 성 엘모의 축일이니 그럴 만도 했을 것이다. 하지만 이 함대를 몰고 온 인물은 투르굿이었다. 그는 북아프리카에서 모은 1천500명의 정예부대를 13척의 갤리선과 30여 척의 작은 범선에 태우고 오는 중이었던 것이다. 이들은 대부분 최소한 그리스도교도 6명을 죽이겠다고 알라에게 맹세한 자들이었고 마타시에테라고 불렸다.

물론 투르굿은 사람들만 데리고 온 것이 아니라 4문의 대형 공성포를 비롯한 무기도 싣고 왔다. 다음 날에는 울리치 알리도 도착하였다. 앞서 이야기했듯이, 투르굿은 몰타를 너무나 잘 알고 있었다. 하지만 이 전쟁을 가장 꺼림칙하게 여겼던 인물이기도 하였다. 1540년부터 여섯 차례나 몰타 섬을 약탈했지만 그 과정에서 동생을 잃는 아픔을 겪었고, 확실하지는 않지만 자신도 몰타에서 죽을 운명이라고 여겼다고 한다. 물론 이런 미신적 이유 때문에 반대한 것은 아니었다. 몰타 공격에 투입할 인적 자원으로 자신의 봉토인 북아프리카에 비수처럼 박혀 있는 스페인 거점들을 제거하는 것이 최우선 과제라는 실용적인 목적이 먼저였기 때문이다.

피알리 파샤는 갤리선을 멋지게 정렬시켜 대선배를 맞이하러 갔다. 성 엘모 요새 앞을 지날 때에는 시위를 위해 포탄을 한 발 쏘았지만 엉뚱하게도 오스만군의 참호 안에 떨어져 아군을 죽이는 '팀킬'을 저지르고 말았다. 반면 성 엘모 요새에서 발사한 포탄은 갤리선 한복판에 정확하게 명중하였고, 피알리 함대는 이 배를 급히 뭍으로 끌어올려야 하였다.

북쪽 해안에 상륙한 투르긋은 마르사의 본진에 도착하였다. 여러 정황상 그는 몰타 섬에 도착하여 전황을 파악하고는 고촌 섬과 음디나를 먼저 공격하자는 무스타파의 의견에 동의했던 것으로 보인다. 하지만 일이 이렇게 커진 이상 최대한 빨리 성 엘모 요새를 함락시키는 것이 최선일 수밖에 없다는 것을 인정하고 지휘를 맡았다. 투르긋은 단순한 해적이 아니라 이미 반세기 전에 일어난 이집트 정복 때 포병으로 참전한 경력이 있을 정도로 유능한 포병장교이자 공성전의 대가이기도 하였다. 그는 삼각형의 외곽보루를 먼저 치기로 결정하고, 상륙 다음 날인 6월 3일에 대대적인 공격에 나섰다.

본격적으로 시작된 성 엘모 요새 공방전

투르긋은 공병대를 먼저 보내 요새의 상황을 더 자세히 알아본 다음 사다리를 장비한 예니체리 부대를 보내 공격을 시작하여 외곽보루를 점령하고 2문의 대포까지 노획하였다. 여세를 몰아 본 요새까지 밀어붙였지만 방어군의 맹렬한 반격에 밀려 후퇴하였다. 오스만군의 전사자는 500명이었고, 대부분 최정예 예니체리였다. 기사단은 기사 20명과 병사 60명의 목숨을 대가로 치렀다. 그중에는 프랑스 출신의 용맹한 기사 라 가르당프La Grardampe도 있었다. 그는 격전 과정에서 가슴에 총탄을 맞는 치명상을 입었다. 전우들이 그를 돌보려 하자 "나는 이미 죽은 목숨이다. 자네들은 굳건히 제

자리를 지켜라!" 하고 요새 성당까지 기어가 제단 아래에서 숨을 거두었다. 오스만군은 엄청난 희생을 치르고 장악한 외곽 보루에 흙을 가득 담은 염소가죽 포대를 쌓아올려 보루를 성 엘모 요새보다 더 높게 쌓아올리고 해자를 메우는 작업을 시작하였다.

6월 4일 새벽, 라파엘 살바고Rafael Salvago라는 스페인 기사와 루이스 미란다Louis Miranda라는 지휘관이 비르구에 도착하였다. 그들은 톨레도의 서신을 지니고 시칠리아의 갤리선을 탔다가 보트로 갈아타고 오스만의 포위망을 뚫고 요새에 도착하여 상황을 살펴본 후 용케 도착한 것이다.

성 엘모 요새와 비르구 사이의 좁은 뱃길은 낮에는 오스만의 저격병 때문에 통과가 불가능했고 밤에도 상당히 위험하였다. 살바고와 미란다 일행도 선원 하나를 저격병의 총탄에 잃어야 했다. 그들의 노고는 대단했지만 가져온 소식은 암담한 것뿐이었다. 성 엘모 요새의 함락은 시간문제이며 톨레도의 구원병도 빨라야 6월 20일에 출발한다는 것이었기 때문이다. 그럼에도 발레트는 최소한 표면적으로는 성 엘모 요새를 포기하지 않았다. 밤이 되면 병력과 물자를 그곳으로 보냈고, 아예 미란다를 방어지휘관으로 임명하기까지 하였다.

미란다는 귀족 출신이 아니었지만, 오히려 그렇기 때문에 평민 출신 병사들의 심리, 즉 그들이 원하는 것은 돈과 술, 도박, 여자라는 것을 잘 이해하는 노련하고 현실적인 지휘관이었다. 물리적으로 여자는 줄 수 없었기에 돈을 풀고, 연병장 주변의 아케이드에 도박장과 술집을 차렸다. 함락 직전의 조그만 요새에서 일어난 일이라고는 믿어지지 않지만, 적어도 당장은 병사들의 사기가 올랐다.

오스만군의 포격은 점점 강도를 더해갔다. 시베라스 언덕에 배치된 대포는 50문이 넘게 늘어났고, 수천 발의 포탄을 퍼부었다. 공병들도 열심히 움직여 외곽보루를 요새보다 높게 쌓아올렸고, 해자를 메웠다. 물론 외곽 보루에서 퍼붓는 포화로 성 엘모 요새 안에는 안전한 곳이 없어졌다. 그럼에도 기사들과 병사들은 분연히 맞아 싸웠고, 성 엘모 요새는 고기를 다지는 기계처럼 오스만 병사들의 피와 살을 그리고 그보다는 적었지만 기사들과 그 병사들의 육체를 계속해서 집어삼켰다. 물론 성 엘모 요새 수비대의 고생은 필설로 형언하기 어려웠다. 하지만 오스만군 역시 전투 외에도 물의 부족과 30도가 넘어가는 더위와 설사병의 만연으로 고생하고 있었고, 말라리아 환자도 적지 않았다. 몰타의 대부분을 차지하는 석회암은 태양열을 복사하여 고통을 더 가중시켰다. 마르사의 평지에 늘어선 수백 개의 병자용 텐트는 오스만군의 상황을 잘 보여주는 상징이었다.

6월 8일, 성 엘모 요새에서 53명의 기사가 쓴 서명이 담긴 서신이 비르구에 도착하였다. 요새의 함락은 시간문제이므로 이렇게 고사당하느니 차라리 나가서 싸우다 죽겠다는 내용이었다. 시간 끌기 외에는 대안이 없는 발레트 입장에서는 그런 행동은 수단방법을 가리지 않고 말려야 했다. 사실 내부에서도 성 엘모 요새의 수비대를 철수시키자는 의견까지 나왔었다. 하지만 오스만군의 대포와 화승총 때문에 대규모 병력의 철수는 불가능하였다. 더구나 오스만군은 화기에만 의존하지 않고 작은 보트에 병사들을 태워 싸움을 거는 '미니 해전'도 서슴지 않고 있었다. 즉 성 엘모 요새에서의 철수는 개죽음으로 연결될 확률이 상당히 높았던 것이다.

발레트는 3명의 기사를 성 엘모 요새로 보냈다. 수비대원들이 아직 요새에 방어력이 남아 있다는 세 기사의 말에 반발하면서 충돌이 일어났지만 전투가 다시 시작되자 제자리로 가면서 무마되었다.

상황을 보고 받은 발레트는 다시 지원병을 모았고, 그들과 함께 그리스도와 기사단에 한 서약을 상기시키는 서신을 성 엘모 요새에 보냈다. 놀랍게도 지원자 중에는 유대인 개종자도 2명이나 있었으며, 영감이 넘치는 설교가인 에볼리의 로베르토Eboli of Roberto도 이 생지옥을 제 발로 넘어왔다.

물론 그사이에도 치열한 전투는 계속되었는데, 미란다 사령관까지 중상을 입고 말았다. 그래서 발레트는 멜치오르 데 몬세라트Melchior de Monserrat를 새 사령관으로 임명하였다. 사령관 교대식에서 미란다는 감동적인 연설로 기사와 병사들로부터 이왕이면 의미 있게 죽겠다는 자발적인 결의를 이끌어냈다. 물론 이렇게 되었다고 지원이 필요하지 않다는 의미는 아니었다.

성 엘모 요새로부터 "수비대는 전원 싸우다 죽기로 결의하였다. 다만 병력과 탄약이 부족하니 보내 달라."는 내용의 서신을 품은 전령이 헤엄을 쳐서 비르구에 도착하였다. 서신은 입구를 밀랍으로 봉한 쇠뿔에 넣었다. 발레트는 다시 모은 지원병 100명과 함께 허장성세용 깃발, 그리고 라몬 포투인Ramon Fortuyn이라는 기사가 발명한 '비밀병기'와 탄약을 성 엘모 요새에 보냈다. 그 비밀병기는 천을 둘둘 감은 굴렁쇠를 끓는 타르 솥에 담갔다 빼는 과정을 반복하여 만든 것인데, 완성되면 굵기가 남자 다리만 하였다.

이후로는 성 엘모 요새로부터 더 이상의 항명은 나오지 않았다. 이 굴렁쇠에 불을 붙여 떨어뜨리면 그 효과는 대단하였다. 예니체리를 비롯한 오스만 병사들은 헐렁하고 풍성한 군복을 입고 있었기에 불굴렁쇠가 한 번 구르면 최소한 서너 명에 불이 붙었던 것이다. 불벼락을 맞은 병사들은 본능적으로 바다를 향해 뛰어갔고, 이런 모습은 오스만군 병사들에게 큰 충격을 주었다.

양군은 화승총과 대포는 물론 수류탄, 화염방사기, 선회가 가능한 경포, 밀집한 군대를 쓰러뜨리기 좋은 사슬탄, 터지면 끈끈한 불이 터져나오는 작탄 등 다양한 열병기들을 사용하여 상대방을 살육하였다. 하지만 이런 열병기 중 상당수는 미완성 상태에서 아군을 쓰러뜨리는 경우도 많았다. 어쨌든 이런 열병기들 때문에 멀리서 보면 성 엘모 요새는 활화산을 연상시킬 지경에 이르렀다. 덕분에 비르구의 포병들이 오스만군 진영으로 야간 포격을 할 때 횃불이 필요 없었다. 물론 활이나 칼, 창, 쇠뇌 같은 전통적인 냉병기들도 한몫을 하였다.

워낙 전투가 치열했기에 발레트조차도 성 엘모 요새가 함락된 것으로 믿었을 정도였지만 놀랍게도 수비대는 버텨내는 데 성공하였다. 발레트는 다시 장비와 원군 150명을 보내주었다. 오스만군 공병장교들이 함락에 필요한 시간은 길게 잡아도 일주일이면 충분하다고 보았지만 이 작은 요새는 무수한 오스만군의 목숨을 앗아가면서 2주 이상 버텨내는 놀라운 힘을 보여주었다.

2주 이상 격전을 치르고 엄청난 희생을 치렀음에도 손바닥만 한 성 엘모 요새를 굴복시키지 못한 오스만군의 지휘부는 6월 17일에 이를 해결하기 위한 심도 있는 토론에 들어갔다. 이 자리에서 백전노장 투르굿은 고전의 근본적인 원인은 비르구에서 들어오는 병력과 물자를 차단하지 못한 데에 있다고 주장하면서 그랜드 하버의 북쪽 해안을 따라 참호를 파자는 제안을 하였다.

이 제안은 받아들여졌고 오스만군은 참호망을 구축하기 시작하였다. 이 모습을 본 기사 12명이 성 엘모 요새 행을 자청했지만 발레트는 냉정하게도 이미 끝난 일에 더 이상의 피를 흘리면 안 된다고 허락하지 않았다. 발레트는 요새의 생명이 이렇게 길어졌음에 대해 신께 감사를 드렸다고 한다.

그리고는 그는 요새 보강 작업에 박차를 가하면서 교황과 톨레도에게 구원을 요청하는 전령을 보냈다. 하나는 오스만군에게 붙잡히고 말았지만 암호를 풀지는 못했다.

길어지는 공방전에 마음이 조급해진 오스만군 지휘부는 현장 시찰에 나섰다. 투르굿은 너무 높게 조준된 대포를 보고는 낮추라고 지시했는데, 포수가 각도를 너무 낮추고 말았다. 이렇게 발사한 포탄은 참호 위쪽으로 날아가지 않고 아래쪽 참호 벽을 강타했고 돌조각들이 사방으로 튀었다. 예니체리 군단 사령관 솔리 아가가 이 파편에 직격당해 즉사했고, 투르굿도 오른쪽 귀 위쪽에 돌파편을 맞고 쓰러지는 최악의 팀킬이 벌어지고 만 것이다. 그나마 투르굿은 신분에 어울리는 거대한 터번을 쓰고 있어 즉사는 면했지만 정신을 잃었고, 입 밖으로 혀가 늘어져 말 한마디 못하는 혼수상태에 빠지고 말았다.

무스타파 파샤는 백전노장답게 침착하게 이 사태를 받아들였다. 의식불명의 투르굿을 자신의 호화스러운 천막에 옮기고 그의 중상을 비밀에 붙였지만 소문은 빠르게 퍼져나가 그렇지 않아도 저조한 사기를 더 떨어뜨렸다. 사실 오스만군은 병사들을 전투에 몰아넣기 위해 악명 높은 마약 해시시를 복용시키고 있었을 정도였다. 오스만군에서 빠져나간 변절자가 투르굿의 '죽음'을 발레트에게 전했다. 하지만 투르굿은 아직 죽은 것은 아니었기에 이 정보는 사실과는 차이가 있었다. 물론 투르굿은 산송장이나 마찬가지였고, 무스타파 파샤의 천막에서 나오지 못할 운명이기는 하였다. 놀랍게도 숙명의 라이벌 발레트는 이 소식을 듣고 별다른 말을 남기지 않았다.

다음 날에도 오스만 군의 불행이 이어졌다. 다만 이번에는 '팀킬'이 아니라 적의 일격이라는 차이가 있었다. 기사 안토니오 그루그노는 오스만군의 장교들이 모여 있는 것을 눈치채고는 그곳에 포탄을 떨어뜨리는 데 성공하였다. 이 일격으로 무스타파 파샤 다음가는 지위의 포병사령관이 전사하고 말았다. 무스타파 파샤는 이 사실 역시 비밀에 붙였지만 숨길 수는 없었다. 다만 그루그노도 대가를 치러야 했다. 자신의 일격에 환호작약하다가 몇 분 후 저격병의 총탄에 맞아 중상을 입었기 때문이다. 그는 배에 실려 비르구의 병원으로 옮겨졌다. 그루그노가 탄 배에 동승한 두 병사가 오스만군의 포화에 희생되었다. 성 엘모 요새 지휘부에서는 병사들을 더 죽게 할 수 없으니 더 이상 배를 보내지 말라는 서신을 딸려 보냈다. 그래서 6월 19일 밤 이후, 그랜드 하버를 왕복하는 배는 더 이상 나오지 않았다.

성 엘모 요새의 함락

6월 21일은 가톨릭에서 중요시하는 성체 축일이었다. 비르구에서는 적의 포화에 노출되지 않는 도로에서 축하행렬이 벌어졌는데, 발레트 총장도 참가하였다. 다행스럽게도 이 날에는 소규모 교전만 벌어졌다. 그러나 22일은 달랐다. 무스타파 파샤는 이 날 새벽 총공세를 펼쳐 이 요새를 끝장내기로 결정했고, 성 엘모 요새 공방전은 절정으로 치달아갔다.

성 엘모 요새는 육지는 물론 바다에서는 피알리가 지휘하는 갤리선 함대의 포격을 받고 있었고, 그랜드 하버에서는 화승총병을 태운 보트들에게 비르구와의 연락을 차단당하고 있어 완전히 포위된 상태였다.

예니체리 부대를 선두로 한 오스만군은 사다리를 들고 요새에 돌격해 들어갔다. 수비대는 그들 머리 위에 돌과 불덩어리를 던졌고, 처절한 백병전도 벌어졌다. 해가 완전히 뜨면서 찌는 듯한 더위가 두 군대를 괴롭혔지만 전투는 더욱 치열하게 진행되었다. 이 와중에 몬세라트 사령관이 포탄에 머리가 날아가면서 최후를 맞았다. 이 전투는 무려 여섯 시간 동안 계속되었지만, 놀랍게도 수비대는 이번에도 방어에 성공하였다.

하지만 요새의 상황은 처참 그 자체였다. 생존자들은 100명에도 미치지 못했으며, 그나마도 거의 전부 크고 작은 부상을 입고 있었다. 살아남은 지휘관들 중 두 발로 설 수 있는 이들이 없었을 정도였다. 흉벽과 연병장에는 시신들이 널려 있었지만 매장은 엄두조차 낼 수 없었다. 성벽도 거의 갈라지거나 부서졌지만 수리할 자재는 물론 그럴 힘도 없었다. 파리 떼와 돌가루가 호흡조차 힘들게 하고 화약과 피냄새와 시체 썩는 악취가 코를 찔렀다.

그래도 두 발로 걸을 수 있는 이들은 성당에 모여들어 자신들의 삶과 이승에서의 순례를 이곳에서 끝내며 그리스도를 위해 죽기로 입을 모았다. 마지막이 될 고해성사를 받는 이들도 있었다. 그리고 서로 간에 죄를 고백하고 가련한 영혼에 자비를 베풀어 달라고 그리스도께 간구하였다. 프랑스와 스페인 출신인 두 신부는 종을 울렸다. 성당을 나온 기사와 병사들은 최후의 일전을 준비하기 위해 쓰러진 전우들의 군복에서 남은 화약을 그러모으고는 제 위치에 자리 잡았다. 성직자들은 신성모독을 막기 위해 성화는 불태우고 십자가와 성구들을 성당 바닥에 파묻었다. 미란다 등 지휘관들은 의자에 앉아 칼을 잡고 마지막 지휘를 맡았다.

마지막 전령이 헤엄쳐서 비르구로 넘어가 이 결의를 발레트에게 전달하였다. 발비 디 코레조는 그의 책에 "총장의 마음은 하느님만이 아실 것"이라고 기록하였다. 공교롭게도 6월 23일은 구호기사단의 수호성인인 세례자 요한의 축일 전날이었다. 장렬하면서도 처참한 현지 상황을 들은 발레트는 눈물을 흘렸다. 구원병을 보내자는 의견은 각하되었지만 작은 함대를 보내 포위망을 뚫어보자는 의견은 받아들여졌다. 로메가스가 지휘를 맡았고 15명의 기사와 지원병이 갑판 없는 배 5척에 나누어 타고 돌파를 시도했지만 별 다른 성과를 거두지는 못했다. 대신 큰 피해도 입지 않았다.

오전 6시부터 이번에는 그야말로 끝장을 내려는 오스만군의 공격이 시작되었다. 빈사 상태의 수비대는 그래도 네 시간을 버텨냈지만 화약이 다 떨어지고 말았다. 미란다와 에굴라스도 모두 전사하였다.

흉벽을 기어오른 오스만군은 수비대원을 보면 무조건 죽여버렸다. 무스타파 파샤는 몇 주 동안 당한 수모를 갚기 위해 수비대원을 포로로 잡지 말고 몰살하라는 명령을 내렸고, 예니체리 역시 자존심에 큰 상처를 입었기에 같은 심정이었다. 이런 상황에서 항복해 목숨을 구해보려는 수비대원들도 마음을 돌려 싸우다 죽는 쪽을 택했다. 이탈리아인 기사 프란체스코 란프레두치Fransesco Lanfreducci는 요새의 함락이 임박했다는 신홋불을 피워 올렸고, 곧 기사단의 깃발이 내려지고 오스만 제국기가 올라갔다. 이를 지켜보는 비르구 사람들은 모골이 송연해졌다.

무스타파 파샤가 성 엘모 요새의 연병장에 도착하였다. 숨이 붙어 있는 수비대원들은 화살 세례 속에 죽음을 맞았다. 하지만 기사들은 이렇게 편하게 죽지 못했다. 오스만군은 그들을 아치형 주랑에 거꾸로 매달아 놓고 머리를 둘로 쪼개고 가슴과 배를 찢어 내장을 모두 들어내는 극악무도한 방식으로 죽였기 때문이다. 물론 두 신부도 참혹한 죽음을 피하지 못했다.

하지만 전부 죽은 것은 아니었다. 란프레두치를 비롯한 9명의 기사들은 해적들에게 항복했고, 해적들은 몸값을 받아낼 수 있기에 그들을 잡아두었다. 몇 년 후 그들은 마치 죽은 자들 사이에서 부활한 것처럼 모습을 드러내었다. 그 외에도 몰타인 5명은 성문을 몰래 빠져나가 비르구를 바라보는 해안 동굴에 숨어 있다가 밤을 틈타 헤엄쳐서 비르구로 넘어와 요새 함락의 전말을 전했다.

무스타파 파샤는 승리를 거두긴 했지만 전 병력의 4분의 1인 8천 명을 잃었고, 1만 8천 발이나 되는 포탄을 소모하는 엄청난 손실을 입었다. 그는 이때 "신이시여! 아이(성 엘모 요새)를 얻는 데 이 정도의 대가를 치러야 한다면 부모(비르구와 생 리아)를 얻기 위해서는 어느 정도의 피를 흘려야 합니까!"라고 탄식했다고 한다. 물론 오스만 함대는 보다 안전한 마르삼세트 만을 얻긴 했지만 대가는 엄청났던 것이다.

여전히 의식불명인 투르긋은 요새가 함락된 지 두 시간 후 세상을 떠났다. 전사이긴 하지만 어찌 보면 참으로 행복한 죽음이라고도 할 수 있을 것이다. 그 험한 전쟁터와 바다를 누비면서 여든까지 살았고, 마지막 전투의 패배를 보지 않아도 되었으니 말이다. 참고로 그는 전임자 바르바로사나 후임자 울리치 알리와는 달리 아나톨리아 출신의 순수한 투르크인이었다. 무스타파 파샤는 그의 시신을 트리폴리로 보내면서 돌아오는 길에 화약을 실어오도록 지시하였다. 그만큼 성 엘모 요새 공방전에서 화약을 많이 소모했던 것이다. 또한 콘스탄티노플로 승전보와 함께 노획한 대포를 보내는 정치적 조치도 잊지 않았다.

다음 날 아침, 무스타파 파샤는 요새 지휘관들의 목을 창에 꿰어 비르구 사람들이 잘 보이는 곳에 전시하였다. 이에 그치지 않고 기사들과 신부들의 참혹한 시신 10구를 십자가에 못 박아 비르구 쪽으로 흘러가도록 하였다. 기사단의 전의를 꺾자는 의도였지만 오히려 역효과만 나고 말았다.

말 그대로 강철 같은 의지의 소유자인 발레트는 전혀 흔들리지 않았다. 시신들을 정중히 묻어주라고 한 다음 세례자 요한의 축일을 엄수하였다. 그리고 축하를 위해 먹고 마시라고 명령하였다. 식량과 물이 넉넉하다는 모습을 적들에게 보여주기 위함이었는데, 적어도 식량은 충분하였다.

그리고는 지하감옥에 갇힌 오스만군 포로들을 끌어내 성루에 올린 다음 적군이 보는 앞에서 모두 참수하였다. 그리고는 성 안젤로 요새에 있는 대포에 그들의 머리를 넣고 오스만군 진영으로 날려 보냈다. 로도스와는 달리 몰타 공방전은 말 그대로 인정사정없는 전투였고, 이후로도 그렇게 진행된다.

휴지기에 벌어진 막간극들

여기서 기사단이 성 엘모 요새에서 잃은 손실도 살펴보아야 할 것이다. 잃은 병력은 약 1천500명이었으며 그중 기사와 부사관은 120명이었다. 이 중 이탈리아 출신이 31명으로 가장 많았고, 아라곤과 오베르뉴, 프로방스, 프랑스, 독일 출신이 나머지를 차지하였다. 비율로만 치면 오스만군 못지않은 손실이었지만 그사이에 비르구와 생 리아의 방어시설을 보강할 수 있었으니 전체적으로는 '남는 장사'였던 것이다.

엄청난 유혈을 가져온 공방전이 끝났으니 당연하지만 숨고르기를 위한 시간이 필요하였다. 오스만군은 며칠간 조용했고, 29일에는 사절단을 비르구로 보냈다. 내용은 로도스와 같은 조건으로 항복하라는 것이었다. 발레트는 사자의 목을 베라고 호통을 쳤다. 발레트는 43년 전의 패배를 결코 잊지 않았는데, 패인 중 하나가 주민들의 동요 때문이라고 확신하고 있었기 때문이다. 협상의 기미조차 보이지 않을 작정이었다. 주위의 만류로 사자는 살아 돌아갈 수 있었지만 총장의 의지는 무스카파 파샤에게 충분히 전달된 셈이었다. 그리고 이런 말을 전하라고 하였다. "무스타파가 손에 넣을 수 있는 몰타의 땅은 그 자신의 무덤뿐이다." 분노한 무스타파 파샤는 발레트만 포로로 잡아 콘스탄티노플로 끌고 가고 나머지는 모두 죽여 버리겠다고 신에게 맹세하였다. 나중에 이 이야기를 들은 발레트는 자신은 결코 포로가 되지 않겠다고 공언하였다.

물론 무스타파 파샤가 사절단에만 모든 것을 걸고 있을 리는 만무하였다. 주도면밀한 작전 계획을 세웠는데, 그 골자는 상대적으로 방어가 취약한 생 리아를 먼저, 그중에서도 비르구와 마주하고 있어 안전한 동쪽과 달리 서쪽은 상당히 취약했기에 그곳을 공격하기로 한 것이다. 이를 성공시키기 위한 비책도 있었다. 하지만 비밀이 누설되면서 작전은 시작부터 꼬여가기 시작하였다.

메메드 벤 다부드Memed ben Davud라는 투르크 식 이름을 가지고 있지만 그리스 귀족으로 태어난 필리프 라스카리스Philip Lascaris라는 인물이 기사단 쪽으로 망명했기 때문이었다. 동로마제국 때 니케아를 기반으로 한 그의 가문은 황제도 셋이나 배출한 적이 있었다. 당시 55세였던 그는 무스타파 파샤의 측근으로 고급 정보에 접근할 수 있는 지위에 있었다. 어린 시절에는 그리스도교였다가 개종한 인물로, 성 엘모 요새 수비대의 영웅적인 방어전을 보고 감동하여 어린 시절의 종교로 돌아오기로 결심한 것이었다. 어느 연대기 작가의 표현을 빌면 "성령으로 가슴이 불타올라" 귀순과 개종을 결심했다고 한다.

경위야 어쨌든 그가 가져온 정보는 아주 소중했다. 무스타파 파샤의 전략은 포대가 있는 해안으로 공격하지 않고 시베라스 능선을 따라 작은 배를 이동시켜 생 리아 서쪽에서 공격하겠다는 것이었다. 즉 1453년 콘스탄티노플 공략전에서 사용한 전술의 축소판인 셈이었다.*

행운의 여신은 계속 기사단에게 미소를 지었다. 기사단 소속 2척, 톨레도 휘하 2척의 갤리선이 성 엘모 요새가 마지막 숨을 쉬고 있는 시점에 고초 섬 북쪽에 닻을 내렸기 때문이다. 구호기사단의 유럽 지부에서 떠난 42명의 기사와 56명의 잘 훈련된 화승총병, 남이탈리아와 시칠리아에서 온 600명의 보병, 그리고 25명의 하급 귀족이 작은 선단에 타고 있었다. 지휘관은 시칠리아 수비대 출신의 데 로블레스De Robles가 맡고 있었다. 이들 중에는 발레트 총장의 조카인 앙리도 있었다. 하급 귀족은 이탈리아 출신이 20명, 독

---

* 콘스탄티노플 공방전에서 오스만군은 언덕에 목제 레일을 깔아 마르마라Marmara해에서 군함을 육지로 이동시켜 금각만으로 이동시키는 엄청난 위업을 이루었다. 이것이 결정타가 되면서, 오스만은 콘스탄티노플을 손에 넣는다.

일 출신이 3명, 영국인이 2명이었다. 존 스미스John Smith와 에드워드 스탠리Edward Stanley라는 두 영국인은 영국의 종교개혁을 거부하고 로마로 망명한 모험가들이었다. 적어도 고초 섬 상륙 당시에는 발레트조차 이 사실을 모르고 있었다.

이들은 오스만군의 경계를 교묘하게 피해 몰타 본섬에 상륙한 다음 6월 29일 밤, 안개를 틈타 므디나에 입성하였다. 이들은 무스타파 파샤의 본영이 있는 마르사를 남쪽으로 돌아 7월 3일 밤, 배편으로 비르구에 도착하여 요새 안에 입성하는 놀라운 묘기를 보였다. 낙오하여 포로가 된 10명을 제외하고는 부상자 하나 없었기에 더욱 놀라운 일이 아닐 수 없었다.

기사단은 생생하고 잘 훈련된 700명의 병력을 얻기도 했지만 오스만군의 포위가 완벽하지 않다는 사실이 확실하게 증명되었기에 사기가 오를 수밖에 없었다. 반면 오스만군은 큰 충격을 받을 수밖에 없었고, 무스타파와 피알리 두 파샤는 책임소재를 놓고 언쟁을 벌이기까지 하였다.

시칠리아에서 대규모 구원부대가 오기 전에 물량을 퍼붓는 정면대결로 기사단을 굴복시킬 수밖에 없다고 판단한 무스타파 파샤는 새롭게 포대를 배치하였다. 그 사이 대포는 64문으로 늘어나 있었다. 본격적인 포격은 구원부대가 입성한 다음 날인 7월 4일부터 시작되었다. 다행히 성 엘모 요새를 차지했기에 배들이 쉽게 만으로 들어올 수 있어 보급은 원활해졌다. 그리고 7월 6일부터는 산 위로 배가 움직이기 시작하였다. 라스카리스의 정보가 정확했던 것이다.*

물론 발레트도 그동안 손 놓고 지켜보지는 않았다. 그가 한 조치는 두 가지였다. 하나는 비르구와 생 리아를 연결하는 촘촘한 부교를 놓는 것이었다. 이렇게 하면 두 지구는 하나로 연결되어 바로바로 병력을 지원할 수 있었다. 또 하나는 라스카리스의 말대로 적군의 공격이 집중될 생 리아 서쪽에 쇠고리를 단 말뚝을 박고, 이것들을 쇠사슬로 연결하는 작업이었다. 이렇게 하면 오스만의 배들이 접근할 수 없기 때문이다.

이를 본 오스만군 지휘부가 가만히 있을 리 없었다. 헤엄 잘 치는 병사들을 뽑아 도끼를 쥐어주고 그곳으로 보내 말뚝을 제거하려 했던 것이다. 물론 수비대도 가만히 보고 있을 리 없었다. 역시 물개 같은 수영의 달인인 몰타 청년들에게 두둑한 보상을 약속하자 그들은 알몸에 헬멧만 쓰고 입에 단검을 문 다음 주저 없이 물에 뛰어들었다. 수중 난투극은 홈그라운드 선수들의 승리로 끝났다. 권양기를 이용한 말뚝 제거 시도 역시 몰타인 물개들이 줄을 끊어버리면서 수포로 돌아갔다. 하지만 이런 싸움은 그야말로 작은 전초전에 불과하였다.

기사단의 복수

어딘가 한 끗씩 밀리는 듯한 오스만군에게도 좋은 일이 일어났다. 투르굿의 사위이자 알제리 총독인 하셈Hassem이 28척의 배에 2천

* 전투가 끝난 후 라스카리스는 공로를 인정받아 기사단의 연금 수혜자가 되었다.

명의 정예병을 데리고 도착했기 때문이었다. 그는 먼저 성 엘모 요새를 둘러보았는데. 이런 작은 요새를 점령하는 데 한 달이나 걸렸다는 사실을 믿지 못했다. 그래서인지 곧 벌어질 전투에서 자신의 부대를 선봉으로 삼아달라고 무스타파 파샤에게 요청했고, 허락을 받아냈다.

7월 4일부터 시작된 포격은 열흘 넘게 이어졌다. 무스타파 파샤는 포격 속도를 높이라고 종용했는데, 결국 탈이 나고 말았다. 7월 10일, 지나치게 열을 받은 대포의 포신이 깨어졌고, 거기서 튄 불똥이 화약고에 옮겨 붙어 40명의 병사들이 개죽음을 당하는 참사까지 벌어지고 말았던 것이다. 그럼에도 포격은 계속되었고 마침내 생 리아 성벽이 균열을 내기 시작하였다.

그러자 오스만군은 7월 15일 동 트기 직전, 육지와 바다에서 총공격에 나섰다. 하셈의 알제리 부대가 선봉이었는데, 그들의 목표는 생 리아의 육지 쪽 성벽이었다. 공교롭게도 상대는 막 도착한 로블레스의 부대였다. 두 신참의 대결이었던 셈이다. 알제리 부내는 해자를 넘어서 사다리를 놓고 성벽을 기어오르기 시작하였다. 물론 수비대도 화승총과 불굴렁쇠를 비롯한 각종 열병기를 동원하여 그들을 쓰러뜨렸다. 투르크, 스페인, 이탈리아, 아랍, 몰타, 세르비아, 그리스 어 등 지중해권의 모든 언어로 내지르는 함성과 비명, 욕설이 전장을 뒤흔들었다. 알제리 병사들은 용감하게 싸웠지만 좁은 지형을 극복하지 못하고 패했고 해자는 그들의 시신으로 메워졌다. 하셈은 적을 가볍게 본 대가를 톡톡히 치른 셈이었다. 하지만 바로 예니체리 군단을 중심으로 한 정규군이 뒤를 이어 성벽으로 달려들었다.

동이 트자 검은 옷을 입은 성직자들을 태운 세 척의 배를 앞세운 오스만 함대가 모습을 드러냈다. 그들의 주목표는 생 리아 반도의 서해안과 끝에 있는 스퍼Spur 보루였다. 녹색 모자를 쓴 성직자들은 병사들의 사기를 높이기 위해 꾸란의 구절을 낭송하고 있었다. 다양한 색깔의 깃발과 군목, 모자 그리고 갖가지 악기가 내는 음악도 수비대에게는 신기한 볼거리이자 들을 거리였다. 두 달 전 육지에서 보여주었던 퍼포먼스가 바다에서 재현된 셈이었다.

해안이 가까워지자 성직자들의 꾸란 낭송이 끝나고 그들의 배도 뒤로 물러섰다. 거의 동시에 요새의 포들이 불을 품었고 포탄을 맞은 배에서는 수많은 오스만 병사들이 쓰러졌다. 하지만 그들은 굴하지 않고 해안으로 배를 접근시켰고 말뚝과 뱃머리가 충돌하였다. 방패를 든 오스만군이 상륙하자마자 수비대의 포화가 쏟아졌다. 이 포화는 수많은 오스만 병사들을 쓰러뜨렸지만 이럴 때 쓰라고 준비한 대형 박격포는 알 수 없는 이유로 제 역할을 하지 못했다. 이 덕분인지 오스만군은 해안에 발판을 마련하는 데 성공하였다.

스퍼 보루는 박격포의 불발 외에도 여러모로 시작이 좋지 않았다. 한 병사가 소이탄을 잘못 다루어 폭발을 일으켰고, 자신은 물론 동료들까지 살상시킨 것이다. 혼란을 틈타 오스만군이 치고 들어왔고, 사령관 프란치스코 데 사노게라Francisco de Sanoguera는 이를 막다가 화승총을 사타구니에 맞고 전사하였다. 사노게라의 시신을 두고 양군의 육박전이 벌어졌지만 다행히 수비대가 이길 수 있었다. 이런 혼전이 벌어지는 와중에 무스타파 파샤는 히든카드를 꺼내들었다. 예니체리 군단과 해병으로 구성된 약 천 명의 정예부대였다. 애시 당초 헤엄을 치지 못하는 자들로만 구성하여 배수진을 친 이 부대는 비르구와 생 리아 사이를 차단하는 쇠사슬 옆의 사각지대에 상륙할 계획이었다. 그곳에는 방어시설이 없었기 때문이다. 하지만 이는 기사단의 함정이었다!

기사단은 상륙지점 바로 반대편에 해면과 거의 같은 높이로 6문의 대포가 있는 포대를 구축해 놓았는데 오스만군은 이를 눈치채지 못했던 것이다. 10척의 배에 나누어 탄 오스만 별동대는 사정거리 내로 들어왔고, 포대 사령관은 쇠사슬 조각, 못 박힌 철구, 돌 주머니를 넣은 포도탄을 무자비하게 퍼부었다. 전혀 대비가 없었던 오스만군은 한 척만, 말 그대로 구사일생으로 돌아갔을 뿐 다른 9척에 탄 병사들은 모두 몰타의 물귀신이 되었다.

발레트는 부교를 통해 비르구의 병력을 생 리아에 보냈다. 이들은 절반씩 나뉘어 육지와 해안 양쪽에 투입되었고, 맹활약하였다. 기세에 눌린 육지 쪽의 예니체리 군단이 철수하자 육지 쪽 수비대가 대거 서쪽 해안 쪽으로 가세했고 기세를 올리던 오스만 상륙부대는 열세에 몰렸다. 설상가상으로 그들은 함대 보전에 지나치게 민감한 피알리 파샤가 함선들을 위험한 해안에서 물리는 바람에 퇴로마저 끊기고 말았다. 생 리아 수비대는 성에서 나와 진퇴양난에 빠진 오스만 병사들을 무자비하게 쓰러뜨렸다. 살려달라고 간청하는 자들도 예외가 아니었는데, 그때 수비대원들이 한 말은 "성 엘모 요새의 복수다!"였다.

하지만 석 달 전 톨레도가 방문했을 때 남겨둔 아들 페데리코의 전사는 아픈 손실이었다. 발레트는 그를 위험한 전선에 보내려 하지 않았지만 몰래 구원부대에 섞여 생 리아의 서쪽 해안으로 갔다가 전사하고 만 것이다.

시신과 군기, 방패, 창, 화살집, 그리고 병사들이 흘린 피로 그랜드 하버는 말 그대로 지옥 같았다. 중상을 입은 병사들이 물위에서 극심한 고통 속에서 울부짖는 모습은 마치 홍해에 빠진 파라오의 군대를 방불케 했다고 한다.

하지만 몰타 주민들에게는 대목을 맞은 날이었다. 오스만 병사들은 귀금속을 몸에 지니고 다녔기 때문이다. 보석이나 상아로 장식된 무기도 고스란히 주민들의 차지가 되었다. 해시시도 대거 발견되었다. 주민들은 죽어가는 병사들의 숨통을 끊어 고통을 덜어주는 '자비'도 잊지 않았다.

이런 대전투였음에도 오스만군 포로는 4명에 지나지 않았다. 발레트는 심문을 한 다음 주민들에게 넘겨버렸고, "성 엘모 요새가 내리는 벌!"이라는 고함소리 속에서 갈가리 찢겨 죽고 말았다.

다섯 시간이 넘게 계속된 7월 15일의 전투를 결산하면 수비대는 약 250명, 오스만군은 3천 명이 넘는 전사자를 냈다. 방어에 성공했다는 것뿐 아니라 교환비 면에서도 기사단은 대승리를 거둔 셈이었다.

소모전으로의 전환

공방전이 한 달을 넘어가자 지중해 세계 아니 유럽의 이목이 이 작은 섬에 집중되었다. 신교 국가인 영국조차 몰타 섬을 위한 기도를 바칠 정도였다. 이탈리아인들 특히 해안 지방 주민들은 공포에 떨었고, 교황 피우스 4세는 로마가 공격받으면 도망치지 않고 싸우다 죽겠다는 결의를 다지고 있었다.

하지만 가장 급한 인물은 역시 톨레도였다. 아들을 몰타에 바친 그는 계속되는 구원 요청에 응하지 못하고 비난을 한 몸에 받고 있는 신세였다. 하지만 근본적인 잘못은 그가 아니라 주군인 펠리페 2세에게 있었다. 제르바의 악몽을 잊지 못한 그는 여전히 함대의 사용에 대해 극히 소극적이었기 때문이다. 즉 병력과 함대의 소집은 허락했지만 사용은 불허했던 것이다. 이런 태도에 가장 분노한 인물은 피우스 4세였다. 사실 바티칸이 스페인 함대 재건 비용의 상당 부분을 부담했기 때문에 그 함대는 전체 가톨릭 세계를 위해 사용함이 옳다는 것이었다. 스페인 추기경들을 모아 뜻을 전달했지만 펠리페 2세는 여전히 요지부동이었다. 톨레도는 8월 초에 모든 준비를 마쳤지만 여전히 몰타로 떠나지 못했다.

여기서 눈을 오스만 쪽으로 돌려보자. 지지부진한 전황에 불안과 분노를 느끼고 있었던 술레이만은 전투의 경과를 궁금해 하는 서신을 보냈다. 그럼에도 무스타파 파샤는 대대적인 포격, 끈질긴 참호전, 소규모 기습 등을 병행하는 소모전 전략을 채택하였다. 즉 해상을 통한 공격은 포기하고 비르구와 생 리아의 짧은 육지 전선에 전력을 집중한 것이다. 7월 22일부터 76문의 대포가 본격적으로 불을 품었다.

발비 디 코레조는 그의 저서에서 7월 23일 오스만군의 포격을 "직접 본 사람이 아니면 누구도 믿지 못할 것인데, 마치 세상의 종말이 다가온 것 같았다. 소리가 워낙 컸기 때문에 몰타에 200킬로미터나 떨어진 시라쿠사나 카타니아Catania 사람들이 그 소리를 똑똑히 들었다 해도 얼마든지 믿을 수 있을 정도였다"라고 그 강렬함을 묘사하였다. 대대적인 포격은 닷새 동안 계속되어, 두 요새의 가옥과 방어시설을 적지 않게 파괴하고 상당한 인명 피해를 가했다. 물론 이 정도로 발레트와 기사단이 굴복할 리는 없었다.

7월 말까지 말 그대로 산전수전 다 겪은 두 노장은 모든 경험을 다 쏟아 부으며 치열한 힘겨루기를 하였다. 둘의 실력은 막상막하였지만 적어도 전술적으로는 홈그라운드에서 싸우는 발레트가 유리할 수밖에 없었다. 특히 비르구와 생 리아의 육지 전선은 1킬로미터에도 미치지 못하기 때문에 오스만군은 병력의 우위를 살릴 수 없었고, 반면 기사단은 소수 병력으로도 얼마든지 싸울 수 있었다. 우수한 갑옷을 입은 상황에서는 더욱 그러했다. 또한 톨레도의 구원병이 700명밖에 나타나지 않았지만 또 언제 올지 모른다는 불안감은 오스만군 지휘부의 큰 부담이었고, 기사단에 잡힌 포로들도 이런 분위기를 확인해 주었다. 이런 이유로 피알리는 대부분의 함대를 초계 활동에 투입하여 요새 공략을 위한 합동작전에는 거의 손을 놓은 상태였다. 무스타파가 육해군 합동작전, 즉 상륙작전을 포기한 이유가 여기에 있었다. 문제는 육군 병사들은 해군이 자신들을 버린 것으로 여겼고, 두 군의 갈등이 심해지면서 사기가 떨어진 것이다. 설상가상으로 오스만군은 말라리아 외에도 이질과 장티푸스까지 번지면서 많은 병사들이 쓰러지고 있었다.

7월 내내 오스만 공병대는 생 리아 쪽 암반 밑으로 굴을 열심히 파고 있었다. 포격이 그토록 강력했던 이유 중 하나가 이 작업을 가리기 위함이었을 정도였다. 하지만 7월 28일, 공병들은 "신의 뜻에 따라" 자신들이 판 갱도가 지면과 얼마나 가까운지 알기 위해 창을 위쪽으로 찔러 올리는 모험을 하고 말았다. 하지만 기사단 입장에서는 천만다행으로 한 수비대원이 이것을 발견했고, 바로 대항 갱도를 파고 소이탄을 던져 그들을 물리치는 데 성공하였다. 공들여 준비한 갱도 공격이 사소한 실수로 실패하자 무스타파는 다시 총공격을 준비할 수밖에 없었다.

아나스타지의 전신 초상화. 무려 엘 그레코El Greco의 작품이다.

또 하나의 불안요소는 모험심 넘치는 이탈리아 기사 빈센초 아나스타지Vincenzo Anastagi가 지휘하는 기사단의 작은 기병대가 므디나에 주둔하면서 오스만군의 낙오병을 공격하거나 보급선을 교란하고 정찰을 하는 등 배후를 위협하고 있는 점이었다. 결국 이 기병대는 오스만군에 큰 화를 안겨준다.

이렇게 전력의 열세에도 불구하고 전반적으로 기사단 쪽이 분위기는 좋았다. 하지만 역시 모든 면에서 그렇지는 않았다. 7월 25일은 스페인의 수호성인인 성 야고보의 축일이기에 주민들은 이날까지는 톨레도의 구원부대가 올 것이라 굳게 믿었지만 오지 않았기에 동요가 일어났던 것이다. 발레트는 일장 연설로 이를 안정시켰지만 불안감을 완전히 잠재울 수는 없었다. 또한 식수가 부족해지기 시작한 것도 큰 문제였다. 다행히 비르구의 한 가옥 지하실에서 샘이 발견되어 이 문제는 상당 부분 해결되었다. 발레트는 신에게 감사기도를 올렸다.

뜨거운 8월

며칠 동안 뜸하던 포격이 8월 2일 해가 뜨기 직전에 다시 격렬해졌다. 오스만군의 공격이 시작된 것이다. 오스만군이 성벽에 제국의 깃발을 꽂고 기사단이 다시 뺏는 공방전이 여섯 시간 동안 계속되었지만 수비대는 성벽을 지켜냈다. 총력을 기울인 공격은 아니었지만 이제 반달 이상 계속된 소모전이 끝나고 본격적인 공성전이 다시 시작되었다는 확실한 증거였다.

그동안 오스만 입장에서는 배신자이지만 기사단 입장에서는 귀순자의 덕을 보았던 발레트는 며칠 후에 반대의 경우를 당한다. 8월 6일, 프란시스코 데 아길라르Francisco de Aguilar라는 스페인 장교가 적에게 넘어가 보급과 전술, 방어시설 등 기밀을 모두 넘겨주는 불상사가 벌어졌기 때문이다.

그렇지 않아도 총공격이 임박했다고 확신했던 발레트는 취약지역에 병력과 장비를 보충하고 자신도 중앙광장에 기동타격대와 함께 대기하였다. 못 박힌 판자와 뜨거운 역청도 충분히 준비해두었다. 이튿날 해뜨기 한 시간 전에 오스만군은 두 반도에 대대적인 포격을 가한 다음 생 리아에는 8천, 비르구에는 4천 명이라는 대군을 투입한 대대적인 공격을 시작하였다. 비르구 전선에 투입된 병력은 주로 피알리의 해군이었다. 성벽은 그동안 계속된 포격으로 상당히 파괴된 상태였다.

발레트 총장이 직접 화승총을 쏘며 독전했을 정도로 전투는 7월 15일 못지않게 치열하였다. 당시 한 카스티야의 기사가 출전을 말리자 그는 이렇게 대답하였다. "나는 이미 일흔이 넘었다. 신앙을 지키기 위해 형제들과 어깨를 나란히 하고 싸워야 한다."

양군의 군기 쟁탈전도 처절했는데, 발비는 오스만군이 군기를 찾긴 했지만 이미 많은 부분이 불에 탄 상태였다고 기록하였다.* 발레트 정도는 아니었지만 무스타파와 피알리도 독전대를 이끌면서 승리할 때까지 전선을 떠나지 않을 태세였다. 발레트는 다리에 총상을 입었고, 기사단의 고향이었던 로도스의 총독 알리 포르투치

* 발비는 이 전투에서 오스만의 용맹도 대단했다는 기록도 남겼다.

도 전사하였다.

전투는 아홉 시간이 넘게 계속되면서 양군 모두 지쳐갔다. 부상으로 인해 후방으로 물러선 발레트는 아녀자들을 포함한 민간인을 동원하여 빵과 물 탄 포도주를 차질 없이 보내주었지만 상황은 좋지 않았다.

그런데 여기서 이변이 일어났다. 아나스타지가 이끄는 기병대와 민병대가 거의 텅 빈 오스만군의 후방을 공격한 것이다. 이들은 경비병들을 죽이고 천막과 보급품을 불태우며 공포를 확산시켰다. 이 병력은 100명 정도밖에 안 되었지만 오스만군은 시칠리아에서 온 원병으로 착각하고 전투를 포기하고 도주하기 시작하고 만 것이었다. 무스타파와 피알리를 비롯한 지휘관들의 고함과 질타도 별 소용이 없었다. 두 사령관이 상황을 파악하고 응징하려 했지만 이미 아나스타지의 부대는 잽싸게 므디나로 도망친 다음이었다.*

결국 므디나를 먼저 쳐야 한다는 무스타파의 의견이 증명된 셈이지만 이미 사후약방문이었다. 어쨌든 몰타는 말 그대로 간발의 차이로 살아남았다. 수비대와 주민들은 다음 날 성당에서 감사미사를 바치고 거리를 행진하며 승리를 자축하였다.

무스타파와 피알리는 다시 심한 언쟁을 벌였다. 이 언쟁의 자세한 경과는 알 수 없지만 다음 날 피알리가 므디나 공략에 나선 것으로 보아 무스타파가 승리한 것으로 보인다. 기사단 쪽의 기록에는

---

* 오스만군은 본진 방어에 소홀한 경향이 있는데, 1683년 빈 포위전에서도 이런 실수를 반복한다.

어린이까지 군복을 입혀 성벽 위에 세우니 병력이 많은 것으로 오해한 오스만 쪽에서 철수했다고 한다. 하지만 본격적인 공성을 위해서는 대포가 필요하였다. 그러나 이것들을 이동시키는 엄청난 작업을 다시 할 수 없었고, 그곳에 쓸 전력 자체가 부족한 오스만군이 므디나를 공격할 수도 있다는 제스처만 취한 것이 사실에 가깝다 할 것이다.

다시 참호전과 심리전, 저격과 포격이 중심이 된 소모전이 시작되었는데, 8월 12일에는 700명의 구원부대를 이끌고 온 영웅 로블레스가 저격을 당하고, 19일에는 발레트 총장의 조카 앙리가 오스만군의 공성기계를 부수려다가 전사하는 비극도 일어났다. 앙리의 시신을 두고도 쟁탈전이 벌어졌는데, 다행히 기사단이 승리해 찾아 올 수 있었다. 그 강철 같았던 발레트도 조카의 시신을 보고는 잠시나마 흔들렸다고 하는데, 공방전 과정에서 그가 보인 유일한 유약함이었다고 한다.

반면 희극과 부조리극도 벌어졌다. 희극은 오스만군의 몫이었다. 8월 18일 밤 병력을 가득 태운 30척의 갤리선을 바다로 내보내고는 다음 날 아침 지원병을 가득 실은 새로운 선단이 오는 것처럼 위장하는 쇼를 연출했던 것이다. '지원부대'는 예니체리 군단의 제복을 입었고, 환영 축포를 발사하고 시베라스 언덕 정상에 깃발까지 거는 주도면밀한 쇼였다. 부조리극은 양 진영 병사들의 작품이었다. 마치 1차 세계대전 당시 비참한 참호전에 내몰린 연합군과 동맹군 병사들이 동질감을 공유했듯이, 몰타 공방전에서도 양군 병사들은 같은 처지라는 심리에서 나오는 기묘한 우정을 나누었기 때문이다. 그리스도교 출신 오스만 병사들이 정보를 전달하기도 하고, 과일과 채소, 빵과 치즈가 든 봉투를 서로에게 던지는 일도 일어났다. 물론 이런 희극과 부조리극이 전세에 큰 영향을 주지는 못했다.

여기서 눈을 바다 건너 시칠리아로 돌려보자. 당시 기사단이 펼치는 영웅적인 항전은 전 유럽의 응원을 받고 있었다. 따라서 가장 가까운 곳에 있는 톨레도 총독이 받는 심리적 압박은 엄청났다. 그는 8월 중순까지 1만 1천 명의 병력과 80척의 갤리선을 준비하여 몰타에 상륙할 준비를 마쳐놓고 있었다. 대부분의 병력은 화승총병과 창병들이었고, 늦게 도착한 유럽의 구호기사단원, 귀족 모험가들도 있었는데, 주목할 만한 인물은 펠리페 2세의 이복동생인 오스트리아 공작 돈 후안Don Juan이었다. 이 청년은 6년 후 세계사적 대해전을 승리로 이끄는 주인공이 된다. 몰타에서 오는 전령들의 독촉에 시달리는 톨레도는 빨리 출전하고 싶었지만 펠리페 2세는 여전히 움직이지 않았다. 8월 20일에야 출전허가가 났지만 "함대가 손상될 우려가 없는 경우에만 출전"하라는 말도 안 되는 조건이 붙은 것이었다. 톨레도는 고민에 끝에 갤리선 중 상태가 나쁜 것들은 뺀 60척에다가 약 8천 명가량의 병력만 싣고 단숨에 몰타로 넘어가 병력을 내려놓은 다음 철수한다는 전략을 세웠다. 실제로 8월 25일 출항했다가 폭풍을 맞아 상당한 손실을 입고 밀려나는 불운도 겪은 바 있었다.

오스만 진영도, 허세였지만 시칠리아 공격도 가능하다는 듯이 시칠리아의 항구에 포격을 했을 정도로 경계를 게을리 하지는 않았다. 별도로 포로와 밀정들에게서 많은 정보가 들어왔음은 물론이다. 무스타파와 피알리는 톨레도의 강행 돌파 계획까지는 몰랐지만, 구원병이 온다는 것은 모든 정보와 정황을 종합해본 결과 확실하다는 결론을 내릴 수밖에 없었다. 안 그래도 다 된 밥에 코 빠뜨린 것처럼 다 된 승리를 놓친 무스타파에게 이 소식은 그야말로 두렵기 그지없는 것이었다.

오스만군 입장에서는 당연히 하루빨리 두 요새를 함락시키는 것만이 최선의 해결책이었다. 무스타파는 총공격을 다시 한 번 시도하기로 결심하고, 기사단의 방어력을 약화시키기 위해 8월 16일부터 20일까지 대대적인 포격과 함께 제한된 병력을 동원하는 공격을 함께 퍼부었다. 이 공격으로 로블레스와 발레트의 조카 앙리를 쓰러뜨렸으니 성과가 없었던 것은 아니었다. 그러나 이 시기에 예니체리 군단이 그가 선두에 서지 않으면 공격을 하지 않겠다고 반발하는 황당한 상황까지 일어났다. 그래서 무스타파는 선두까지는 아니어도 최전선에 가까운 곳으로 이동했고, 자기 막사의 하인들까지 예니체리의 제복을 입혔다. 하지만 병사들의 사기는 그리 높아지지 않았다. 이미 모든 병사들이 "신께서는 몰타 점령을 원하지 않으신다"란 말을 들은 적이 있을 지경이었다. 20일에는 예니체리 군단의 유명한 베테랑 전사인 체다도 전사하였다. 설상가상으로 제르바에서 출발한 곡물수송선이 시칠리아 갤리선의 공격을 받아 나포되었다는 나쁜 소식까지 전해졌다. 무스타파는 보급책임자를 불러 군량 재고를 물으니 밀가루는 25일 분이 남았다는 답변을 받았다. 사실을 따지면 식량보다 화약의 재고가 더 간당간당했다. 콘스탄티노플을 떠난 시기로 치면 다섯 달, 몰타 상륙으로 치면 석 달이나 지났으니 그럴 만도 하였다.

의기소침해진 무스타파는 22일 열린 지휘관 회의에서 로도스 때처럼 몰타에서 겨울을 나는 것이 어떻겠냐는 의견까지 냈지만 피알리는 결사반대했다. 필자가 보기에 몰타에서의 월동 제안은 무스타파의 본심이 아니라 마지막이 될 총공격을 위한 밑밥 깔기 전략일 가능성이 높다. 결국 오스만군 지휘부는 8월이 지나기 전까지 총공격을 실행하기로 결의하였다. 이를 위해 해군의 화약까지 가져다가 쓰기로 합의했으며, 병사들에게는 예니체리 군단으로의 편입과 전공을 세운 병사들에게 포상, 노예에게는 해방시켜 주겠다는 엄청난 당근도 제시하였다.

물론 기사단의 형편도 어렵기는 마찬가지였다. 두 요새의 외벽은 이미 돌무더기에 가까웠고, 발레트 총장은 부상자와 환자로 가득한 병원을 돌며 두 다리로 설 수 있는 자는 모두 전선으로 내보냈을 정도였다. 공격을 하는 오스만군은 교대로 휴식을 취할 수 있었던 반면 수비하는 입장에서는 그것이 어려웠고, 성벽 수리까지 해야 했기에 피로도는 훨씬 높을 수밖에 없었다. 다만 구호기사단의 전통적인 장기인 의료기술 덕분에 전염병에 의한 희생자는 많지 않았다. 그럼에도 대부분의 기사와 병사들은 한 번만 더 총공격을 받는다면 몰타는 끝장이라는 생각을 하지 않을 수 없었다. 하지만 발레트가 두려워 아무도 그 말을 입 밖에 내지 못했다. 이사회에서 비르구의 성벽을 포기하고 반도 끝의 성 안젤로 요새로 철수하자는 의견이 강력하게 제기되었지만 발레트는 거부하였다.

기사단 참사회에서는 비르구 시가를 포기하고 성 안젤로 요새 본체로 퇴각하자는 의견이 우세했으나, 발레트는 이번에도 고개를 저었다. "비르구 포기는 두 반도의 전체적 방어기능 파탄을 불러올 것이다. 그리고 더 중요한 문제는 협소한 성 안젤로 요새에는 장병과 비전투원 전원을 수용할 방법이 없다."

양군 모두 강노지말强弩之末, 즉 아무리 강한 군대라도 긴 전투의 끝에서는 약한 모습을 보일 수밖에 없다는 고사성어대로 기진맥진한 상태였다. 이런 상황에서는 지휘관의 의지와 행운이 승패를 결정하기 마련이다. 무스타파와 피알리로 지휘권이 분산되어 있는 오스만군과 달리 발레트를 원톱으로 일사불란한 지휘체제를 갖춘 기사단의 차이는 전투 막판으로 갈수록 확연한 차이를 보였다. 그리고 행운의 여신은 다소 변덕스럽기는 해도 기사단 편이었다. 8월 25일 엄청난 폭우가 쏟아졌던 것이다.

오스만군의 참호에는 물이 들어찼고, 대충 시신을 묻은 무덤들이 폭우로 인해 다시 시신을 토해내면서 차마 눈뜨고 보기 힘든 참상이 노출되었다. 오스만군은 그전에 시베라스 언덕 중턱에다가 공동묘지를 만들었지만 그곳으로는 만 단위가 넘어가는 시신들을 다 처리할 수 없었다. 당연히 전염병이 돌 수밖에 없는 상황이었다. 이를 모를 리 없는 무스타파는 폭우를 무릅쓰고라도 총공격을 감행해야 했다. 반면 발레트는 미리 준비해둔 건초 매트를 병사들에게 지급해주었다. 폭우는 열병기를 사용할 수 있는 범위를 극히 좁혀 놓았기에 양군은 화승총 대신 쇠뇌를 장비하였다.

8월 30일, 폭우가 계속되고 있음에도 무스타파는 최후의 총공격을 명령하였다. 오스만군은 부서진 성벽의 돌들을 치우며 안으로 돌진해 들어갔다. 발레트는 다리를 절뚝거리며 기사와 병사들은 물론 돌을 던질 수 있는 여자와 아이들까지 데리고 전선으로 나갔다. 무스타파 역시 지휘봉을 휘두르며 병사들을 맹렬하게 몰아붙였다.

치열하게 벌어지는 전투 중간에 하늘의 도움인지 비가 멎었다. 그러자 수비대의 화승총과 대포가 불을 뿜으며 오스만 병사들을 쓰러뜨렸다. 대부분 화약과 화승총을 가지고 오지 못한 오스만 병사들이 불리할 수밖에 없는 상황이었다. 더구나 후방의 오스만 대포들도 아군과 적군이 혼전을 벌이는 성안으로 포격을 할 수는 없었다. 오스만 병사들이 무더기로 쓰러져 갔고, 무스타파 역시 얼굴에 상처를 입기까지 하였다. 힘과 운이 다했음을 깨달은 무스타파는 저녁이 되기 전 철수 명령을 내리지 않을 수 없었다. 이런저런 행운들이 겹치면서 기사단은 오스만군의 마지막 총공격을 끝끝내 막아내는 데 성공하였다. 이렇게 뜨거웠던 8월은 지나고 9월로 달력이 바뀌었다. 발레트와 기사단 그리고 병사들과 주민들은 말 그대로 모든 것을 다 바쳐 싸웠다. 그야말로 묵시록 같은 이 전투의 마지막을 장식할 무대는 두 요새와 만이 아니었고, 주인공도 발레트와 기사단이 아니었다. 바로 아들을 몰타에 바친 톨레도였다.

구원병의 도착과 최후의 승리

9월 1일 이후에도 오스만군의 공격이 이어졌지만 맥이 풀린 공격이었다. 구원부대의 도착이 확실했고, 예니체리와 시파히 부대는 서로 선봉을 '양보'할 정도로 사기가 떨어져 있음에도 무스타파는 여전히 승리에 대한 미련을 버리지 않았다. 그들이 오기 전에 공격을 한 번 더 해야 하며 이것이 먹힌다면 전력이 바닥난 기사단은 버티지 못하고 무너지고 말 것이 생각했던 것이다. 9월 7일 무스타파는 마지막 일격을 준비하면서, 시칠리아 쪽으로 경계 중인 울리치 알리의 함대를 내려오도록 하였다.

역시 행운의 여신은 마지막까지 기사단의 편이었다. 울리치 알리의 함대가 떠난 지 불과 두 시간 후, 최고 28척 이상의 갤리선으로 이루어진 시칠리아의 함대가 섬 최북단의 멜리하Mellicha 만에 나타나 8천 명이 넘는 병력을 아무런 방해도 받지 않고 무사히 상륙시켰다.* 피알리는 최소한 80척 이상의 갤리선을 보유하고 있었으니 잘하면 상륙 지점에서 격파가 가능했지만 불운 탓인지 능력 탓인지는 몰라도 이를 해내지 못한 것이다. 아마 피알리가 몰타 주변 해역에 익숙하지 못한 것도 큰 원인이었을 것으로 보인다.

톨레도는 후속 부대 4천 명의 상륙 준비를 위해 바로 메시나로 돌아갔다. 이탈리아 출신 아스카니오 데 라 코르나Ascanio della Corgna가 지휘를 맡았고, 스페인 출신 알바레 돈 산데Alvare Don Sande가 보좌하였다. 지원부대는 무거운 갑옷과 장비, 식량을 짊어지고 12킬로미터의 시골길을 걸어 므디나에 도착하였다. 아나스타

---

* 1만 2천 명이었다는 설도 있을 정도로 구원부대의 규모는 정확히 알 수 없지만 몰타를 구원하기에는 충분한 규모였다.

지는 주민들과 함께 말, 소, 당나귀 등을 데리고 나가 보급품 운반을 도와주었다. 이날 해가 지기 전까지 전 병력이 므디나에 입성하였다.

이 소식은 빠르게 오스만군 진영에 전달되었고, 무스타파부터 졸병에 이르는 모든 이가 패닉 상태에 빠졌다. 약삭빠른 북아프리카 해적들은 이미 닻을 올리고 몰타를 떠나기 시작하였다. 오스만군은 장비와 식량을 배에 싣는 등 철수준비를 서둘렀다. 하지만 가장 무거운 주포 2문은 포기할 수밖에 없었다. 정신을 차린 무스타파는 시베라스 언덕에 군대를 집결시키고, 수비대의 역습에 대비하여 화승총 부대를 매복시켰다.

비르구와 생 리아는 승리의 환호성을 올렸다. 모든 교회의 종이 울렸고, 병사와 주민들은 트럼펫을 불고 북을 치고 깃발을 휘두르며 격렬한 감정을 표출하였다. 어떤 이는 껑충껑충 뛰어다니며 "우리는 구원되었다! 우리가 이겼다!"고 외쳤고, 무릎을 꿇고 손을 하늘로 들어 올리며 하느님에게 감사기도를 올리는 이도 많았다.

하지만 냉정한 발레트는 병사들이 성 밖으로 나아가 추격을 하지 못하도록 막았고, 구원군의 병력을 실제의 두 배인 1만 6천 명이라고 발표하였다. 그리고는 오스만 포로를 해방시켜 그로 하여금 이 소식을 무스타파에게 전하도록 하였다.

이제는 오스만군에게는 수치스러운 후퇴 외에는 선택지가 없어 보였다. 그런데 9월 9일, 스페인 출신의 모리스코morisco가 오스만 진영으로 넘어왔다. 모리스코란, 1492년 그라나다Granada가 함락되면서 스페인에 의해 강제로 개종한 이슬람교도와 그의 후손들을 지칭한다. 그는 해안가에 펄럭이는 이슬람 깃발들을 보고 옛 생각이 간절하여 넘어온 것이었다. 그는 지원군의 규모가 1만 6천이 아니라 절반 정도에 불과하며, 항해와 행군으로 지쳐 있고, 건빵 외에는 먹지 못해 사기도 말이 아니라고 주장하였다. 또한 돈 알바레와 아스카니오의 알력으로 지휘에도 문제가 많다는 사실도 폭로하였다.

하지만 그의 주장 중 피로도와 식량 문제는 사실이 아니었다. 그럼에도 무스타파에게는 반가운 소식이었다. 그는 마지막 도박을 해보기로 하고 9월 11일, 1만여 명의 병력을 갤리선에서 하선시키고 동이 트기 전 지원부대를 공격하기 위해 북쪽으로 나아갔다. 피알리의 함대도 항구를 떠나 성 바오로가 탄 배가 풍랑을 만나 표착했다는 성 바오로 만으로 집결하였다. 하지만 몰타 공방전의 중요한 키워드인 '배신자'는 이 마지막 전투에도 나타났다. 사르디니아 출신 귀순자가 수비대에게 오스만군의 상황을 알려주었고, 발레트는 므디나로 전령을 보냈다.

비르구의 수비대는 성문을 나와 시베라스 언덕과 성 엘모 요새에 기사단의 깃발을 꽂았다. 넉 달 간 엄청난 피를 흘리고 얻은 오스만군의 성과는 이렇게 하루 만에 헛수고가 되고 만 것이다.

12일 아침, 무스타파의 눈앞에 자신의 군대와 거의 맞먹는 지원군이 철모를 쓰고 단단하게 진을 친 상태에서 기다리고 있었다. 이들은 이틀 동안의 휴식으로 피로에서 회복되었고 소고기로 배를 채워 위장도 든든하였다. 대부분 전투경험도 풍부하고 한 시대를 풍미한 테르시오Tercio 방진*에 능한 노련한 병사들이었다. 무엇보다 지휘관들이 당장 오스만군과 붙어 박살을 내겠다는 병사들의 열의를 막기 어려울 정도로 사기도 높았다. 음디나 건너편의 언덕을 두고 두 군대가 충돌했고, 지원군이 이를 차지하며 기선을 제압하였다. 오스만군도 아스카시오에게 부상을 입히고 돈 알바레의 말까지 쓰러뜨릴 정도로 분전했지만 이미 넉 달 동안 이어진 전투로 지칠대로 지쳤기에 원기왕성한 지원군의 상대가 될 수 없었다. 더구나 성 밖으로 나온 므디나 수비대가 측면을 강타하기까지 하였다.

무스타파는 최전선에 서서 자신이 탄 애마까지 베어가며 독전했지만 대세를 뒤집을 수는 없었다. 스페인 화승총병과 창병에 밀린 병사들은 바다 쪽으로 후퇴했고 지휘관들은 통제력을 상실하였다. 패배를 직감한 무스타파는 급히 피알리에게 전령을 보내 퇴각하는 병사들을 수용하도록 하였다.

음디나에서 성 바오로 만으로 이어지는 메마른 평원은 피로 물들기 시작하였다. 지원병들 역시 성 엘모 요새의 최후를 잘 알고 있었기에 부상병이나 항복하려는 자들을 살려두지 않았다. 살육은 해안까지 이어졌다. 알제리 총독 하셈이 화승총 부대를 이끌고 엄호를 했고, 마지막 생존자가 배에 오르자 오스만 함대는 대포를 육지에 겨누었다. 그때서야 살육은 멈추었다. 시신들은 2, 3일 후 성

---

* 스페인의 장군 곤살로 데 코르도바Gonzalo de Córdoba가 대령(coronel) 계급의 연대장 밑에 다수의 장창병, 화승총부대, 검방 보병을 연대규모로 묶어 각 부대가 자체적으로 대기병 사격전, 대보병 백병전 등 다양한 형태의 전투를 유기적으로 수행할 수 있도록 짠 진형을 의미한다.

〈몰타의 승리〉 샤를 필립 라비에르의 작품. 베르사유 궁전에 걸려 있다.
(ⓒCharles-Philippe Larivière: wiki)

바오로 만과 인근 바다에 떠올랐고 악취 때문에 한동안 근처에 접근하는 자가 없었다.

오스만 함대는 식수를 보충한 다음 술탄의 진노가 기다리고 있을 콘스탄티노플을 향해 긴 항해를 시작하였다. 이렇게 마지막 전투가 끝나고 넉 달 동안 이어졌던 몰타 공방전은 기사단의 승리로 막을 내렸다.

이렇게 마지막 전투를 승리로 이끈 구원부대가 비르구에 입성하였다. 돌무더기나 마찬가지인 성벽, 정도 차이만 있지 여기저기 부서진 집들이 눈에 들어왔다. 마중 나온 사람들 중 발레트부터 철부지 아이들까지 경중의 차이만 있을 뿐 다치지 않은 자들은 거의 없었다. 그들은 4개월간의 공방전이 얼마나 치열했는지 저절로 느낄 수 있었다. 그럼에도 불구하고 승리는 그들의 것이었다. 입성한 구원부대는 승전 축하를 위해 가져왔던 포도주를 풀었다.

당연하겠지만 기사단이 치른 대가는 엄청났다. 5월 기준으로 몰타에 있던 기사와 부사관 중 거의 절반인 250명이 전사했고, 생존자들도 대부분 불구가 되거나 크고 작은 부상을 입었다. 용병과 민병대, 오스만군 상륙 전에 온 스페인 병사, 700명의 증원군에서 나온 전사자를 다 합치면 거의 7천 명이었다. 사실 9월 초, 무스타파가 마지막 총공격을 시도하기 전 비르구와 생 리아에서 멀쩡한 전투요원은 600명 정도에 불과하였다. 그러니 마지막 공격을 시도한 무스타파의 판단은 틀린 것이 아니었다. 즉 기사단의 승리는 말 그대로 한 끗 차이였으며, 승리의 최대 공로자는 역시 강철 같은 의지로 버텨낸 발레트일 수밖에 없다.

9월 14일, 톨레도 총독은 나머지 4천 명을 데리고 몰타에 도착하여 발레트 총장과 거의 반년 만에 재회하였다. 발레트는 예의바르게 그를 영접하면서 왜 이렇게 늦었는지에 대해서는 한마디도 하지 않았다. 톨레도 총독은 몰타로 항해할 때 오스만 선단의 최후미가 눈에 들어왔지만, 함대 규모가 작아서 공격하지 않았다는 말을 꺼냈는데, 발레트 총장은 가벼운 미소만 지었을 뿐 아무 말도 하지 않았다. 둘은 오스만군의 참호와 본부, 포대가 설치되었던 자리, 그리고 톨레도의 아들 페데리코가 전사한 장소도 둘러보았다. 며칠이 지난 후 톨레도는 대부분의 병력을 남겨두고 시칠리아로 돌아갔다.

그러면 오스만군의 손실은 어떠했을까? 학자들마다 차이는 있지만 대략 3만 명을 잃었다는 것이 정설이다. 다만 이 숫자에는 보급하다가 희생된 이들은 포함하지 않는다. 몰타 공방전은 반세기에 가까운 술레이만 대제 치세에서, 1529년 전투가 아니라 장마로 인해 실패한 빈 포위전을 제외한다면, 사실상 첫 번째 패전이라는 데 큰 의미가 있다. 오랜 세월 동안 승승장구했던 오스만 제국에 그늘이 드리워진 것이다.

무스파타와 피알리는 그리스가 가까워지자 쾌속선을 먼저 보내 술탄에게 패전소식을 알렸다. 물론 술레이만은 이 패전보에 분노했지만 나이는 속일 수는 없었는지 그들이 도착하자 마음이 누그러져 있었다. 무스타파만 보직을 잃었을 뿐이었고, 생존자들은 진급과 약간의 위로금을 받았다. 그리고는 곧 자신이 직접 나서고 노잡이 5만과 군대 5만을 동원하여 복수전을 할 것이라고 선언하였다. 하지만 다음 해 9월, 그는 헝가리 원정을 하다가 노환으로 세상을 떠나게 된다.

쏟아지는 찬사와 지원

기사단은 엄청난 손실을 입었지만, 그 희생은 그만한 가치가 있었다. 그야말로 천하무적이었던 오스만의 정복 행진을 소수의 힘으로 저지했다는 성과 외에도 엄청난 심리적 자신감을 전 그리스도교 세계에 안겨주었기 때문이다. 로마는 물론 신교 세계인 런던까지 감사 미사와 예배가 이어졌고, 발레트 총장과 기사단 그리고 몰타 섬은 '유럽의 방패'로 칭송을 받았다. 영국 성공회의 수장인 캔

터베리 대주교까지 감사 미사를 올렸을 정도였다. 이탈리아 메디치 가문 출신이지만 어린 샤를 9세의 태후로서 프랑스 권력의 정점에 서 있던 카트린 드 메디시스Catherine de Médicis는 발레트가 프랑스인이라는 사실이 자랑스럽다고 떠벌이고 다녔다. 시오노 나나미의 표현을 빌리면, 이 소식을 들은 발레트는 틀림없이 쓴웃음을 지었을 것이다. 몰타 공방전의 승리는 그림과 책, 지도로 끊임없이 재생산되었는데, 가장 대표적인 것은 발비가 공방전 내내 하루도 빠짐없이 기록한 전투일지였다.

물론 기사단과 주민 입장에서 당장 절실한 것은 요새의 복구와 섬을 지킬 수비대였다. 교황청은 물론 스페인과 포르투갈, 프랑스 등 여러 나라에서 요새를 복구할 지원금이 도착하였다. 스페인은 1만 5천의 병력을 주둔시켜 기사단의 병력이 회복될 때까지 몰타를 지켜주기로 하였다. 펠리페 2세는 발레트 총장에게 보석으로 장식된 장검과 진주, 다이아몬드, 금으로 된 손잡이를 갖춘 단검을 승리의 선물로 보냈다. 이 보물은 지금 프랑스 국립 도서관에 있는데, 그 이야기는 뒤에서 다루도록 하겠다. 또한 유럽 각국에서 지원자들이 많이 몰려와 죽은 기사들의 공백을 메워준 것도 빼놓을 수 없는 기쁜 소식이었다.

교황 피우스 4세는 12월에 건축가이자 요새 전문가인 프란체스코 라파렐리Francesco Laparelli를 보내주었다. 44세의 한창 나이인 그는 바티칸을 지키는 성 안젤로Castel Sant'Angelo 요새에 오각형 보루를 더하는 공사를 막 완성시킨 바 있었다. 라파렐리는 다음 해 1월, 비르구와 생 리아의 파괴가 너무 심각하므로 복구를 연기하고,

대신 성 엘모 요새의 복구와 함께 26년 전의 전입자 펠라모리노처럼 시베라스 언덕에 새로운 요새를 세우고 이곳을 수도로 삼아야 한다고 주장하였다. 발레트는 이 주장을 받아들였다. 첫 번째로 들어설 건물은 이 승리를 기념하는 승리의 성모 마리아 성당이었고, 3월 28일, 발레트가 직접 기초가 될 돌을 깔면서 공사가 시작되었다. 하지만 발레트는 완성을 볼 정도의 수명은 허락받지 못했다. 기사단은 이 승리를 기념하여 비르구를 빅토리아사Victoriasa로 개명하였다.

공교롭게도 라파렐리가 몰타에 도착할 무렵, 피우스 4세가 세상을 떠났다. 1566년 1월, 새롭게 교황에 선출된 피우스 5세는 몰타에 대한 지원을 계속하는 한편 발레트를 추기경으로 임명하고 그 상징인 빨간 모자까지 보내주었지만 노총장은 정중하게 거절하였다. 어쨌든 이런 다각적인 지원 덕분에 몰타의 인심은 빠르게 안정되었다.

8장. 전란의 지중해, 그 한복판에서

새 술탄 셀림 2세와 발레트의 죽음, 키프로스 풍운

술레이만은 동서양의 다른 명군들처럼 후계자 문제에는 완전히 실패하였다. 아들을 둘이나 죽였고, 결국 가장 시원치 않은 셀림이 셀림 2세로 다음 술탄이 되고 만 것이다. 셀림은 게으른데다가 여색을 밝히고 무엇보다 술고래로 악명이 높았다. 다행히 재상인 소콜루Sokollu가 유능했다는 것이 오스만 제국에게는 다행이었다. 정복사업은 술탄 개인의 자질과는 상관없이 오스만 제국의 본능 같은 것이었지만, 묘하게도 몇 년 동안은 해상 무력시위만 있었을 뿐 이렇다 할 움직임이 없었다.

베네치아와는 1567년 평화협정을 맺기까지 하였다. 하지만 그들의 첫 번째 목표는 키프로스 섬이었다. 동지중해에 있는 유일한 그리스도교 국가의 거점을 더 이상 허용하기 힘들었고, 셀림 2세는 그 섬에서 나오는 질 좋은 포도주를 마음껏 마시고 싶어 했기 때문이라는 이야기도 많다.* 누구보다도 지중해 정세에 밝은 발레트는 1570년에 콜로시 성을 비롯한 키프로스에 있는 기사단 소유의 부동산을 모두 팔아치웠다. 앞서 여러 번 언급했지만, 키프로스는 기사단과 400년 가까이 깊은 인연을 지닌 땅이었음에도 말이다.

발레트는 다음 해인 1568년 7월 숲에서 매사냥을 하고 돌아가다가 뇌졸중을 일으키면서 쓰러지고 말았다. 몇 주간 사경을 헤매다가 8월 21일에 종부성사를 마친 그는 집안 노예들을 해방시킨 후 세상을 떠났다. 그의 시신은 갤리선에 실려 그랜드 하버를 건너는 마지막 항해를 한 다음 시베라스 언덕에 건설 중인 승리의 성모 마리아 성당에 안장되었다. 영국인 비서인 스타키가 그의 비석에 비명을 새겼다. 그 내용은 "여기 영원한 명예를 얻어 마땅한 라 발레트가 잠들어 있노라. 그는 성스러운 무기로 이교도를 몰아낸 아프리카와 아시아의 채찍이자 유럽의 방패였다. 그가 스스로 세운 이 소중한 도시에 묻혀 있노라"였다. 이 도시의 이름은 너무나 당연하게도 그의 이름을 따 발레타Valletta로 명명된다.

후계자로 선출된 인물은 이탈리아 출신의 피에르 데 몽테Pierre de Monte였다. 그는 생 리아 반도의 지휘관으로서 공방전을 승리로 이끄는 데 큰 공헌을 한 노련한 인물이었다. 그는 4년 후인 1572년에 세상을 떠나 재임기간은 4년에 불과했지만, 그 사이에는 큰 사건이 많이 벌어진다.

---

* 키프로스는 크기가 커서 상당 부분 자급자족이 가능한 섬이었고, 이집트·소아시아·시리아와 모두 가까워 오스만 제국 입장에서는 장악해야만 하는 섬일 수밖에 없었다.

우선 키프로스의 정세가 급박하게 돌아가기 시작하였다. 몽테가 총장에 오른 해인 1568년, 오스만 함대는 키프로스 구석구석을 살펴보았고, 1570년 3월, 키프로스섬을 넘기라는 국서를 베네치아에 보냈다. 하지만 베네치아의 원로원은 195 대 5라는 압도적인 표차로 전쟁을 택하였다. 물론 소콜루를 비롯한 오스만 제국의 수뇌부도 종이 한 장만으로 키프로스를 차지할 수 있다고 생각하지는 않았다. 그들은 대군을 준비하고 있었고, 여름에 바다를 건널 예정이었던 것이다. 소콜루는 키프로스가 베네치아 본토에서 너무 멀어 효율적인 지원이 어려울 것이고, 유일하게 지중해에서 자신들과 맞설 병력을 동원할 수 있는 스페인이 약삭빠른 장사꾼의 나라 베네치아를 위해 나설 것이라고는 생각하지 않았다. 이는 분명히 합리적인 판단이었다. 하지만 역사의 흐름은 그렇게 흘러가지 않았다. 4년 전 바티칸의 주인이 된 피우스 5세라는 인물 때문이었다.

62세에 교황에 자리에 오른 피우스 5세는, 메디치 가문 출신답게 도회적이고 르네상스의 물이 깊게 든 전임자 피우스 4세와는 정반대의 품성을 지닌 인물이었다. 피에몬테의 목동 출신으로 교황까지 오른 입지전적 인물로, 고위 성직자이면서도 로마나 피렌체의 귀족들과는 거의 어울리지 않았다. 완고하고 금욕적이며 끈질긴 성격은 구약시대의 예언자에 가까웠다는 것이 중평이다. 그의 목표는 오스만 제국에 대항하기 위하여 스페인과 베네치아를 포함한 신성동맹을 결성하는 것이었다.

물론 이는 아주 어려운 일이었고 1570년까지 별다른 진전을 이루지 못했다. 그런데 1570년에 벌어진 오스만의 키프로스 침공은 이를 가능하게 해주는 듯했다. 피우스 5세는 정열적으로 움직여 신성동맹 구성에 성공하였다. 8월 30일, 크레테섬의 수다Souda 만에 베네치아와 스페인, 교황령의 함대가 집결했는데, 그 규모가 205척에 달했다. 물론 기사단도 빠질 수 없었지만, 보낼 수 있는 배는 3척의 갤리선에 불과하였다.

그 이유는 바로 직전인 7월, 기사단의 함대 사령관 프란시스코 드 산 클레망Francisco de Sant Clement이 이끄는 4척의 갤리함대가 막 알제리 총독에 임명된 울리치 알리의 함대와 시칠리아 근해에서 충돌하여 참패를 당했기 때문이다. 전투 중 풍향이 바뀌는 불운이 있기는 했지만 클레망은 전투를 포기하고 도망치는 추태를 보였고, 3척이 울리치 알리의 전리품이 되고 기사만도 62명이나 포로가 되는 참담한 결과를 낳았다. 남은 갤리선은 4척뿐이었다. 분노한 몽테 총장은 클레망을 체포하여 재판에 회부했고, 결국 교수대에 목을 달아버리기에 이르렀다. 클레망의 시신은 부대자루에 담겨 바다에 던져졌다.

어쨌든 기사단 입장에서는 키프로스 십자군 이후 200여 년 만에 베네치아와 연합하여 작전을 펼치는 역사적인 순간이었다. 하지만 오스만 쪽에서 예측한 대로 신성동맹은 콩가루 집안이었다. 지휘권 문제와 전술을 두고 두 주나 되는 시간을 낭비하였고, 뒤늦게 키프로스의 배후인 로도스 섬을 목표로 출항하였다. 아마 기사단은 로도스를 되찾을 수도 있다는 희망을 품었겠지만, 부근에 도착하자 그 사이에 키프로스의 수도 니코시아가 함락되었다는 비보가 전해졌다.

연합함대는 회항을 결정했고, 이렇게 신성동맹은 다시 수치스러운 실패로 막을 내리고 말았다. 물론 3척에 불과한 전력을 지닌 기사단은 이에 따를 수밖에 없었다. 기사단에게 1570년은 액운이 겹친 해가 아닐 수 없었다. 하지만 아직 키프로스에는 항구도시 파마구스타가 마르칸토니오 브라가딘Marc'Antonio Bragadin의 지휘 하에 완강하게 버티고 있었으며, 피우스 5세도 신성동맹을 포기하고 있지 않았다.

우여곡절 끝에 구성된 신성동맹

신성동맹을 구성할 주요 멤버, 즉 스페인과 베네치아, 교황청 삼자는 말 그대로 동상이몽이었다. 키프로스의 상실은 당연히 베네치아의 힘을 약화시킬 것이므로 이를 바라고 있던 스페인은 신성동맹의 목적에 네덜란드 반란 진압과 튀니스 탈환을 집어넣고자 하였다. 물론 베네치아는 여기에 관심이 전혀 없었다. 그들에게는 당연히 키프로스 수복이 목적이었지만 파마구스타만이라도 확보하기 위해 오스만과 비밀협상을 하면서 신성동맹을 카드로 활용하는 음흉함을 보이고 있었던 것이다. 반면 교황청은 성지회복을 목표로 넣으려 했는데, 여기에는 양자 모두 질색을 하였다. 그 사이 파마구스타는 절대적인 열세에도 불구하고 잘 만든 방어시설과 브라가딘의 훌륭한 지휘 덕분에 잘 버텨내고 있었다.

그사이 즉 1571년 3월 18일에 기사단은 본부를 발레타로 이전하였다. 30년 만에 숙원이 이루어진 셈이었지만 기뻐할 여유는 없었다. 피우스 5세의 노력으로 신성동맹을 위한 협상이 다시 진행되고 있었고, 5월 25일, 바티칸에서 신성동맹은 결성되었기 때문이다. 비용의 절반은 스페인이, 3분의 1은 베네치아가, 6분의 1은 교황청이 부담하였고, 사령관은 돈 후안이 맡는 조건이었다.* 단기적 목표는 키프로스와 성지이지만, 장기적 목표에는 알제르, 튀니스, 트리폴리도 포함되었다. 피우스 5세의 집념 덕분이었다. 하지만 실제로 잘 돌아갈지는 아무도 장담할 수 없었고, 프랑스 추기경들은 빛 좋은 개살구에 지나지 않는다고 혹평했을 정도였다.

어쨌든 200척이 넘는 함대와 8만에 가까운 병력이 메시나에 집결했는데, 물론 구호기사단도 빠질 수 없었다. 전년과 마찬가지로 3척의 갤리선이 참가했는데, 로메가스는 돈 후안의 참모로 임명되어 기함에 올랐기에 동료들과 함께할 수 없었다.

당시 돈 후안 주위에 모인 장군들은 그야말로 화려함 그 자체였다. 로메가스는 물론 몰타 방어전 구원부대의 지휘관이었던 아스카니오, 지안 안드레아 도리아, 교황령 함대 사령관 마칸토니오 콜론나Marcantonio Colonna, 노련한 명장으로 500여 년 후 스페인 해군 주력함의 이름이 될 스페인의 알바로 데 바산Albaro de Vasan, 베네치아의 노장 세바스티아노 베니에르Sebastiano Venier 등 그리스도교 세계의 올스타들이 모였다고 할 수 있을 정도였다. 물론 이들이 모였다고 반드시 좋은 결과가 나온다는 보장은 없었지만, 이렇게

---

* 돈 후안은 6년 전 몰타 구원을 위해 시칠리아에 왔지만 후발대 4천 명에 속해 전투에는 참가하지 못했다. 이번에는 아예 구호기사단을 휘하에 두고 역사상 유례없는 규모의 대해전을 지휘하게 된 것이다.

모였다는 것 자체만으로도 피우스 5세의 공적인 것만은 틀림없는 사실이었다.

여기서 눈을 파마구스타와 콘스탄티노플로 돌려보자. 브라가딘과 베네치아 병사들은 그야말로 죽을힘을 다해 싸웠지만 오스만군의 물량공세를 당해내지 못하고 방어전이 시작된 지 거의 1년 만인 8월 1일에 항복하고 말았다. 조건은 로도스 때와 비슷하였다. 오스만군의 전사자와 병사자는 최소 2만 최대 5만에 달했다고 한다. 오스만군의 총사령관은 랄라 무스타파Lala Mustafa 파샤였는데, 그의 장남도 희생자 중에 하나였다.

하지만 그는 약속을 지킬 생각이 없었다. 브라가딘의 귀와 코를 베서 끌고 다니다가 살가죽을 벗기고 그 안에 짚을 넣어 허수아비를 만들었다. 다른 설에 의하면 브라가딘은 살가죽이 벗겨진 상태에서 흙바닥에 끌려다녔고 바닷물에 여러 차례 담가지기를 당했다고도 한다. 물론 살아 있는 상태에서였다. 랄라 무스타파는 브라가딘의 참모들도 모두 참수하여 그 수급들을 브라가딘의 가죽으로 만든 허수아비와 함께 콘스탄티노플에 전리품으로 보냈다. 소콜루조차 이것들을 보고 기겁을 했다고 한다.

오스만 제국은 파마구스타 공략과 별도로 200척 규모의 거대한 함대를 동원하였다. 이 함대는 베네치아의 앞마당인 아드리아 해안의 요새들까지 공격하다가 크레테섬을 침공할 준비를 하고 있었다. 사령관은 평민 출신으로 출세한 알리 파샤였고, 부사령관은 울리치 알리였으며, 투르굿의 아들과 거물 해적으로 무려 알렉산드리아 총독인 시로코Sirocco도 일익을 맡고 있었다. 그런데 돈 후안과 알리 파샤는 육상전 경험은 있었지만 해전은 처음이었다. 그리고 공교롭게도 이 공통점이 대해전이 이루어지는 중요한 원인이 된다.

돈 후안은 바르셀로나에서 니스, 제노바, 치비타케비아를 거쳐 8월 9일 나폴리에 도착하였다. 가는 곳마다 엄청난 환대를 받았다. 사람들은 모두 미남인 데다가 카리스마 넘치는 24세의 젊은 왕자에게 매료되었기 때문이다. 이런 환대는 돈 후안에게 전투를 하지 않을 수 없는 상황으로 몰고 갔다. 나폴리에는 교황의 대리인인 그랑벨Granvelle 추기경이 기다리고 있었다. 14일 산타클라라Santa Clara 성당에서 신성동맹의 사령관기를 수여하는 거창한 의식을 치렀다. 그 깃발은 기함 레알 호에 걸릴 것이었는데, 무려 6미터나 되는 크기로 푸른색 바탕에 십자가에 못 박힌 예수 그리스도와 신성동맹 참가국들의 손이 수놓아져 있었다. 돈 후안은 8월 22일에 메시나에 도착하였다. 그 항구에는 이미 스페인과 베네치아, 교황청, 사보이 공국과 제노바 공화국에서 온 군함들이 대부분 집결해 있었다.

하지만 불안한 연합이었다. 대표적인 것이 이 글의 주인공 구호기사단과 베네치아의 관계였다. 둘의 관계는 우투르메르 시절부터 좋지 않았지만, 얼마 전 구호기사단의 한 기사가 베네치아 두카토 금화를 위조하다 발각되어 처형당한 불상사까지 있었기 때문이다. 하지만 이것은 지엽적인 문제에 불과했고 가장 중요한 것은 바산을 제외한 스페인 지휘관들은 전투를 원하지 않았고, 베네치아 지휘관들은 전투를 열망했다는 사실이다. 결정권은 물론 돈 후안에게 있었다.

대해전 전야

펠리페 2세의 속마음은 아예 싸우지 않거나 최소한의 전투만 하는 것이었다. 물론 도리아와 스페인 장군들은 이를 표면화할 수는 없었기에 신성동맹의 함대가 적을 찾아나서면 안 되며 유인해야 한다고 주장하였다. 하지만 펠리페 2세의 동생이면서도 사령관인 돈 후안의 생각은 달랐다. 교황의 압력과 대중들의 기대도 그렇지만 이런 대함대와 대군을 다시 지휘할 기회는 없을 것이기 때문이었다. 젊은 혈기도 혈기지만 자신의 미래를 위해서라도 전투를 하고 이겨야만 했다. 9월 10일, 지휘관 70명이 모인 회의에서 돈 후안은 선제공격을 선택했고, 준비를 마친 신성동맹 함대는 9월 16일, 힘차게 그리스 쪽으로 나아갔다. 신성동맹 함대와 병력은 다음과 같았다.

함선: 갤리선 204척, 갈레아차 6척, 소형 쾌속선 50척, 대형 수송범선 30척

병력: 전투병 2만 8천500명(베네치아인 5천, 스페인인 8천, 독일인 7천, 이탈리아인 5천, 기타 3천500), 선원 1만 3천 명, 노잡이 4만 3천500명

대포: 1,815문

여기서 갈레아차라는 함선에 대해 알아볼 필요가 있다. 이 신형 군함은 16세기 베네치아의 조선기술자들이 범선과 갤리선을 합치

자는 아이디어로 만들어졌다. 폭이 상당히 좁은 편이었으며 사각 돛을 달았다. 당시 해전에서 함포가 점점 더 각광받고 있었기에 갈레아차의 주 무장은 함포였고, 뱃머리에 설치된 원형포탑 덕분에 다각도로 포격할 수 있었다. 또한 노잡이들이 선체 안으로 완전히 들어가 있어 총탄이나 화살로부터 보호를 받았다. 다만 기동력은 갤리선보다 떨어졌다.

워낙 규모가 큰 함대였기에 진형을 중앙과 좌우익 그리고 후방 예비대로 나누었다. 돈 후안은 갤리선 62척을 거느리고 중앙에 위치하고, 콜론나와 베니에르 그리고 로메가스가 그를 보좌하였다. 도리아는 갤리선 53척을 거느리고 우익을 맡았는데, 기사단은 이 우익의 일원이 되었다. 바르바리고는 좌익을 맡고 갤리선 57척을 지휘하였다. 바산은 예비대로 중앙 함대 뒤에서 갤리선 30여 척을 거느리고 후방을 지켰다. 만약 전열이 붕괴되면 이를 메우는 역할을 맡았다. 돈 후안은 프레베자 해전의 교훈을 잊지 않고 거의 베네치아인들로만 구성된 좌익을 제외한 다른 함대는 혼성으로 편성하였다.*

기사단의 지휘관은 부총장인 피에트로 주스티아니Pietro Giustiani였다. 기사단은 가장 전투에 익숙한 부대였으므로 '당연히' 선봉을 맡았다. 하지만 사보이 공국의 갤리선 3척이 자신들이 선봉에 서야 한다고 주장해서 돈 후안이 조정에 나서야 했다. 돈 후안은 구호기

* 베네치아가 배는 많았지만 인력이 부족했기 때문에 스페인 병사들을 태울 수밖에 없었던 것도 중요한 이유였다.

사단 소속 기사 길 데 안드라다Gil de Andrada에게 쾌속 갤리선 4척을 주어 오스만 해군의 움직임을 살펴보도록 하였다. 나흘 동안 정찰을 한 안드라다는 오스만 함대가 코르푸 섬을 공격한 다음 프레베자에 머물고 있다는 정보를 전달하였다. 돈 후안은 그들이 월동을 위해 분산하면 어떡하나 라는 걱정을 하였다. 며칠 동안 폭풍우에 시달린 신성동맹 함대는 9월 27일, 오스만 함대가 남긴 상처가 그대로 남아 있는 코르푸에 입항하였다.

여기서 오스만 함대 쪽으로 시선을 돌려보자. 결전은 당연히 상대가 응해야 이루어지는 것이다. 그리고 알리 파샤 역시 결전을 선택하였다. 하지만 오스만 쪽에서도 가장 바다를 잘 아는 울리치 알리나 시로코는 정면 대결을 반대하였다. 함대 건설이 얼마나 힘들고 돈이 많이 드는 것이며, 숙련된 해군 육성이 얼마나 어려운 것인지를 잘 알고 있었기 때문이다. 또한 언제 어떻게 변할지 모르는 기상과 한 순간의 방심이 엄청난 재앙으로 이어질 수 있었다. 만약 함대를 한 번에 잃는다면 재건에는 엄청난 돈과 시간, 노력을 쏟아 부을 수밖에 없다. 하지만 이런 사실을 잘 모르고 지상전의 경험만 지닌 양쪽의 사령관들은 결전을 선택했는데, 운명이라고밖에 말할 수 없을 것이다. 더구나 스페인 왕의 동생이 출전했다는데 피할 수는 없다는 오스만 제국의 자존심도 결전을 선책하게 된 중요한 이유였다. 오스만 함대의 규모는 다음과 같았다.

함선: 갤리선 220척, 소형 갤리선 60척, 소형 범선 64척

병력: 전투병 2만 7천 명, 선원과 노잡이 5만 명

전반적으로 함선의 숫자는 많지만 병력은 거의 같았다고 볼 수 있는데, 오스만 함선의 크기가 조금 작았기 때문이었다. 갈레아차는 아예 알고 있지도 못했다. 문제는 대포의 숫자가 신성동맹 함대의 절반에도 미치지 못하는 750문에 불과했고, 화승총도 훨씬 적었다는 사실이다. 대신 이미 수명을 다해가는 복합궁으로 무장하고 있었는데, 오스만군이 장비의 '근대화'에서는 상당히 뒤졌다고 말할 수밖에 없을 것이다. 물론 철제 갑옷과 투구를 장비한 자들도 드물었다. 다만 전투병 중 약 1만 명이 예니체리 군단이라는 것이 자랑거리였지만, 사실 이 시기부터 이 명성 높은 군대의 전투력도 하강곡선을 그리고 있었다.

물론 이런 전력 비교는 전투 이후에 알게 된 것이고, 당시에는 서로의 함대 규모를 정확하게 알 수 없었다. 알리 파샤는 이탈리아 도미니코회 소속 탁발 수도사였다가 파계하고 이슬람 해적이 된 카라 호자Kara Hodja에게 정찰을 명했는데, 신성동맹의 함대 규모가 140척이라는 잘못된 정보를 전달하고 말았다.

그렇지 않아도 오스만 해군은 신성동맹은 늘 내분으로 망한다는 학습효과로 다소 방심하고 있었기에 카라 호자의 오보는 더 큰 독이 되고 말았다. 그런데 거의 같은 시기에 바로 파마구스타에서 벌어진 참사가 뒤늦게 신성동맹 함대에 전해졌다.

이 비보가 전해진 날은 정확하게 10월 4일이었다. 이렇게 소식이 늦게 전해진 이유는, 수비대가 거의 전멸하여 그리스인으로 변장한 크레테 거주 베네치아인들이 이 정보를 간신히 입수하여 전달이 늦어졌기 때문이다.

극히 일부를 제외한 신성동맹의 모든 장병들은 오스만에 대한 분노에 떨며 복수를 다짐하였다. 극히 일부란 도리아와 펠리페 2세의 측근들이었다. 그들은 파마구스타가 함락된 이상 원정의 일차 목표가 사라졌으니 철수하자는 것이었다. 하지만 그럴 분위기가 아니었다. 신성동맹 함대는 오스만 함대가 도사리고 있는 레판토를 향해 힘차게 전진하기 시작하였다. 사실 이틀 전인 10월 2일, 베네치아 갤리선에 타고 있던 스페인 병사들과 베네치아 병사들 간에 충돌이 일어났고, 베니에르가 헌병을 보내자 스페인 병사들은 그들에게 총질까지 하였다. 베니에르는 주동자 넷을 교수형에 처했고, 당연히 스페인 쪽에서는 반발하여 신성동맹은 깨지기 일보 직전의 상황에 몰려 있었다. 이런 상황에서 오스만에서 성능 좋은 접착제를 제공해 준 셈이었다.

이런 사정을 알 리 없는 오스만 함대도 진형을 짰다. 중앙 함대는 당연히 알리 파샤가 맡았는데, 무려 94척의 갤리선이 집중되었다. 기함 술타나 호에는 엄선된 400명의 예니체리 병사들이 승선하였다. 50척의 갤리선이 배속된 우익은 시로코가 지휘봉을 잡았다. 좌익은 울리치 알리가 맡았는데, 소형선을 포함해 94척이 배치되었다. 아무래도 외해 쪽이라 많은 배가 할당된 것이다. 오스만 함대의 좌익은 신성동맹 함대의 우익과 맞붙을 수밖에 없으니, 기사단은 한 해 만에 다시 울리치 알리와 대결할 수밖에 없는 운명이었던 것이다. 물론 알리 파샤 역시 자신의 후방에는 대해적 투르굿의 아들이고 같은 이름은 가진 투르굿 휘하의 갤리선 30여 척을 배치하였다.

알리 파샤는 10월 7일 아침에 출진하겠다고 선언하였다. 이제 거의 15만의 인간과 700척 가까운 배가 정면 대결하는 사상 최대의 해전이 벌어지게 된 것이다. 특히 당시 지중해 갤리선의 70%가 이 좁은 해역에서 벌어질 해전을 위해 집결했다는 사실은 놀라운 일이 아닐 수 없다.

레판토 대해전

10월 7일, 신성동맹의 대함대가 레판토 만의 입구에 그 위용을 드러냈다. 오스만 함대 역시 맞서 나왔다. 양쪽 모두 예상을 뛰어넘는 상대 함대의 규모에 놀라지 않을 수 없었다. 돈 후안은 기함 레알 호에서 회의를 열었다. 로메가스에게 의견을 묻자 산전수전을 다 겪은 이 구호기사단의 맹장은 주위를 둘러싼 대함대를 가리키며 이렇게 대답하였다.

"합하, 만약 선친 칼 5세께서 이만한 규모의 함대를 가지고 있었다면, 콘스탄티노플의 황제가 될 때까지 원정을 계속하셨을 겁니다. 또 수월하게 그 위업을 이루어 내셨을 것입니다."

그러자 돈 후안은 이렇게 되물었다. "그러니까 귀관은 우리가 싸워야 한다는 것입니까?"

"그렇습니다." "좋습니다. 싸웁시다!"

신성동맹 함대는 예정된 대로 진형을 짰는데, 그 길이가 6.5킬로미터에 이르렀다. 마지막 보급과 미사 그리고 고해성사를 치르며 물리적·정신적 전투 준비를 마쳤다. 같은 시간 로마에서는 피우스 5세가 혼신의 힘을 다해 미사를 올리고 있었다. 6척의 갈레아차는 중앙과 좌우익에 각 2척씩 배치되었는데, 중앙과 좌익은 선봉에 섰지만 우익은 그렇지 않았다. 문제는 구호기사단이 배속된 우익은 갤리선이 57척뿐인데, 울리치 알리의 함대는 갤리선 67척, 소형 갤리선 27척으로 구성되어 훨씬 우세했다는 점이다. 이 격차는 구호기사단에게 재앙이 되고 만다.

기함 레알 호의 돛대에 교황이 하사한 깃발이 걸렸다. 돈 후안을 시작으로 전 장병이 무릎을 꿇고 승리를 기원하였다. 사제들이 성수를 뿌리며 그들의 죄를 사해주었다. 그리고 스페인어와 이탈리아어로 수호성인들의 이름을 소리쳐 불렀다. "성 마르코! 성 스테파노! 성 디에고! 성 요한! 빅토리아!"* 트럼펫이 우렁차게 울리고 북소리가 공기를 뒤흔들었다. 화려한 갑옷을 입은 돈 후안은 경쾌한 춤을 추며 사기를 드높였다.

오스만의 기함 술타나 호에도 성지 메카에서 만들어 가져온 거대한 깃발이 걸렸다. 이 깃발에는 "신의 예언자 무함마드에게 바치는 이 위업에 참가한 신자들에게 신의 길조와 긍지를 바친다." 꾸란의 구절이 금색 실로 새겨져 있었다. 오스만 함대에도 비슷한 종교 의식이 거행되었고, 나름대로의 전투 준비를 마쳤다.

---

* 성 마르코는 앞서 이야기했듯이 베네치아의 수호성인, 성 디에고는 성 야고보의 스페인어 표기로 스페인의 수호성인, 성 스테파노는 앞서 다룬 토스카나의 성 스테파노 기사단이 참가했기 때문이다.

정오가 되자 두 함대는 약 130미터 가까이까지 접근했고, 신성동맹 함대 본대 600~700미터 앞에 배치된 좌익과 중앙의 갈레아차가 함포를 쏘면서 해전이 시작되었다. 이때부터 네 시간 동안 피와 불꽃의 대서사시, 아니 대살육이 벌어진다.

갈레아차의 포화는 여러 척의 오스만 갤리선을 격침시키고 다른 많은 함선들에 타격을 주었다. 그보다도, 이 공격은 오스만 함대의 전열을 흩뜨려 놓았다는 데 더 큰 의미가 있었다. 오스만 해군은 반격을 준비했지만 갑자기 서풍이 불면서 검은 연기가 시야를 가려 반격을 할 수 없었다. 돈 후안은 그 순간을 놓치지 않고 갈레아차뿐 아니라 본대의 함포도 포문을 열었다. 순식간에 오스만 중앙 함대는 거의 3분의 1이 격침당하거나 손상을 입은 큰 손실을 입었다. 물론 함포 숫자 자체가 반도 되지 않은 것도 이런 참사를 낳은 중요한 원인이었다.

북쪽의 시로코는 신성동맹 함대 좌익, 즉 베네치아 함대를 해안가로 몰아가려고 측면을 공격하였다. 이 공격은 먹혀들어갔고 사령관 바르바리고까지 오른쪽 눈에 화살을 맞아 중상을 입었다.* 하지만 복수심에 불타는 베네치아인들은 갈레아차의 화력을 앞세워 반격에 나섰고, 점차 전세는 역전되었다. 베네치아 갤리선의 노잡이들은 자유인이었는데, 이들도 흉갑을 입고 못이 박힌 몽둥이를 들고 전투에 참가하였다. 결국 시로코의 기함이 충각 공격으로 박

* 시오노 나나미의 『레판토 해전』에서는 총탄을 맞았다고 했는데, 필자로서는 어느 쪽이 맞는지는 알 수 없다. 다만 당시 오스만군의 화살에는 대부분 독이 묻어 있었다고 한다.

바티칸에 그려져 있는 레판토 해전 프레스코화. 셋으로 나누어진 진형은 잘 나타나지만 우익 앞의 갈레아차 2척은 잘못된 묘사이다.

살나면서 전세는 완전히 뒤집혔다. 시로코는 중상을 입고 포로가 되었다. 족쇄에서 풀려난 그리스도교인 출신 노잡이 노예들까지 가세하자 오스만 함대의 우익은 완전히 붕괴되었고, 병사들은 해안가로 배를 대서 도망치려고 아귀다툼을 벌였다. 키프로스뿐 아니라 베네치아령의 섬들은 오랫동안 오스만군의 공격과 약탈에 시달려왔기에 베네치아 병사들은 악에 받쳐 있었다. 보트를 띄워 육지로 추격하면서 보이는 족족 잡아 죽였다. 무기가 없자 막대기로 오스만 병사의 입을 찔러 그대로 땅바닥에 박아버리는 짓까지 저질렀다고 한다. 바르바르고는 승리했다는 소식을 듣고 나서 숨을 거두었다.

중앙함대 간의 격전도 본격적으로 불이 붙었다. 화려한 제복을 입은 돈 후안과 알리 파샤는 보라는 듯이 기함에 서서 지휘를 했고, 두 기함은 포화를 주고받은 다음 정면으로 충돌하였다. 술타나 호의 예니체리 병사들이 레알 호에 뛰어들면서 처절한 백병전이 시작되었다. 워낙 좁은 공간에서 벌어진 전투여서 사격이건 냉병기 공격이건 타격을 줄 수밖에 없었고, 수많은 병사들이 죽거나 부상을 입었다. 양군은 기함 뒤에 사다리를 걸고 부상병을 빼내고 증원병을 계속 투입하였다. 화승총과 복합궁, 석궁 등 발사무기는 물론 검, 언월도, 반월도, 철퇴, 도끼, 단검 등 온갖 냉병기로 수없는 병사들이 죽어나갔고, 바다는 그들이 흘린 피로 빨갛게 물들어갔다. 돈 후안도 직접 검을 들고 전투에 뛰어들었고, 알리 파샤도 직접 활을 쏘며 독전에 나섰다. 하지만 전투는 신성동맹 쪽으로 기울기 시작하였다. 이미 갈레아차의 포격으로 많은 손실을 입은 데다가 나포된 배들에서 해방된 노잡이 노예들이 가세했기 때문이다. 레알 호에서 예니체리를 몰아낸 신성동맹의 전사들이 거꾸로 술타나 호로 뛰어들었지만 술타나 호에 대한 신성동맹군의 공격은 실패했고, 두 번째 역시 마찬가지였다.

하지만 오스만군은 힘이 떨어지는 모습을 숨길 수 없었다. 이런 전세 역전에는 후방을 맡은 바산의 갤리선 30척에서 투입된 병사들이 큰 역할을 하였다. 다른 갤리선에 몸을 옮겼던 로메가스도 술타나 호의 오른쪽으로 이동하여 공격에 가세하였다. 포위된 술타나 호에 신성동맹군은 세 번째 공격을 감행하였다. 궁지에 몰린 알리 파샤는 배 뒤편에 바리게이트를 치고 최후의 항전에 나섰지만 결국 무너지고 말았으며, 자신도 총탄에 맞아 쓰러지고 말았다. 술타나 호의 갑판 위에는 터번을 쓴 오스만군의 머리들이 수없이 굴러다녔다.

한 스페인 병사가 그의 목을 잘라 창끝에 꿰어 높이 들어올렸다. 신성동맹의 병사들은 '승리'를 연호하며 환호하였다. 당연히 오스만 중앙함대는 붕괴되었고, 오스만의 군함들은 항복하거나 도주 중 하나를 선택할 수밖에 없었다. 이제 전세는 완전히 신성동맹 쪽으로 넘어갔지만, 구호기사단이 소속된 우익은 완전히 상황이 달랐다.

우익이 울리치 알리와 맞붙은 해역은 외해였기 때문에 기동할 수 있는 공간이 넓었다. 이 때문에 중앙과 좌익과는 완전히 다른 결과가 나오고 말았다. 도리아는 전력상 우위에 있었던 울리치 알리의 기동을 봉쇄하기 위해 오른쪽으로 선회하였다. 하지만 둔한 갈레아차는 이런 기동을 따를 수 없어 후방에 머물렀고, 신성동맹의 우익은 좌익과 중앙함대가 누린 갈레아차의 화력 효과를 볼 수 없었다.

울리치 알리는 그 틈을 이용하여 돈 후안의 본대를 공격하기 위해 기민하게 움직였다. 그러자 구호기사단과 베네치아 갤리선 18척이 이 공세를 가로막기 위해 나섰다. 이어서 구호기사단과 선두를 다투었던 사보이의 함대도 가세하였다. 이는 도리아의 명령과는 상관없는 본능적인 행동에 가까웠다. 그렇게 앙숙이었던 구호 기사단과 베네치아 세력이 적어도 몇 시간 동안은 생지옥 같은 전장에서 싸우는 전우가 되었던 것이다. 물론 오스만군에게 더 증오스러운 상대는 구호기사단이었음은 물론이었고, 그에 걸맞은 '대우'를 받았다.

기사단 갤리선 3척은 5, 6배에 달하는 적 함대의 집중적인 공격을 받았다. 사령관 주스티아니조차 화살을 다섯 발이나 맞았을 정도였다. 스페인 출신 기사 헤로니모 라미레스Jeronimo Ramírez는 화살을 워낙 많이 맞아 벌집 같은 모습이었음에도 오스만 병사를 넷이나 쓰러뜨리고 나서야 숨을 거두었다. 결국 기함 카피탄Capitan 호는 울리치 알리 함대에게 포획되었는데, 주스티아니 외에 살아남은 기사는 둘밖에 없었다. 그들도 중상을 입은 상태였다. 그중 아라곤의 기사 돈 마르틴Don Martin은 폭발에 휘말려 왼쪽 팔과 어깨를 잃었지만 기적적으로 살아남았다. 물론 오스만군의 손실도 커서 300명의 병사를 기함 포획의 대가로 치러야 하였다. 성 요한 호는 전원이 전사하였다. 울리치 알리는 카피탄 호에 밧줄을 연결하여 끌고 갔다. 술탄에게 진상품으로 바치기 위해서였다.

사보이 함대의 기함도 전원이 전사해서, 아무도 전말을 전달해 줄 수 없었다. 베네치아 소속 '부활하는 예수 그리스도' 호의 함장 베네데토 소란초Benedetto Soranzo는 부하들이 거의 전사하자 남은 노잡이들에게 바다로 뛰어들라고 한 다음 선창에 내려가 화약에 불을 붙여 적선들과 함께 자폭하기까지 하였다.

하지만 울리치 알리는 알리 파샤의 중앙함대와 시로코의 우익

작가 미상의 레판토 해전도, 가장 크게 보이는 배가 구호기사단 소속이다.

이 모두 궤멸되었다는 사실을 깨닫고 더 이상의 전투를 하지 않고 후퇴하기 시작하였다. 더 늦으면 도리아의 함대에게 퇴로마저 끊길 수 있었기 때문이다. 카피탄 호에 연결된 밧줄도 끊을 수밖에 없었는데, 이 덕분에 주스티아니와 돈 마르틴은 살아남아 복귀할 수 있었다. 그래도 울리치 알리는 기사단의 군기만은 전리품으로 챙겼다.

이제 본격적인 전투는 끝나고 소탕과 약탈이 이어졌다. 살려달라고 애원하는 오스만 병사들은 대부분 죽음을 당했다. 신성동맹군은 보트를 타고 떠다니는 오스만 장교들의 시신에서 귀금속과 무기를 신나게 약탈했는데, 노획물이 차고 넘칠 지경이었다. 버려진 시신이 물고기 밥이 되었음은 물론이다. 네 시간에 걸친 대격전은 이렇게 대단원의 막을 내렸다.

대해전의 결과와 영향

신성동맹군이 격침시킨 투르크 함선은 100여 척이었고, 130여 척을 나포하였다. 전사한 오스만군은 2만 5천 명에 달했으며, 포로는 약 3천500명이었데, 그중에는 시로코와 알리 파샤의 두 아들도 있었다. 다만 시로코는 이틀 후 부상이 악화되면서 죽고 말았다. 예니체리 군단장과 레스보스, 키오스, 네그로폰테, 로도스 섬의 총독들도 전사자 명부에 들었다. 특히 예니체리 군단병들은 거의 다 전사하였다. 무엇보다 최고 1만 2천 명, 최대 1만 5천 명에 달하는 그리스도교인 노예들이 석방되었다는 사실이 가장 큰 전과였다.

신성동맹 함대는 축제 분위기였지만 손실도 적지 않았다. 약 7천500명이 전사했고, 약 8천 명이 부상당했다.* 다만 완전히 박살난 갤리선은 20척 정도에 불과하였다. 갤리선을 비롯한 막대한 전리품은 참가국가 별로 나누어가졌다. 엄청난 손실을 입은 구호기사단도 몫을 받았는데, 정확한 양은 알 수 없다.

대승리임은 분명했지만 울리치 알리를 놓친 것은 옥에 티였다. 당연히 도리아는 눈총을 받을 수밖에 없는 처지였는데, 그가 레알호의 사령관실에 도착하자 환호하는 분위기는 차갑게 식었다. 깨끗한 군복 차림의 도리아가 돈 후안에게 무미건조한 어조로 축하를 전하자, 피가 튄 군복을 입은 젊은 사령관은 싸늘한 목소리로 짧

---

* 부상자 중 하나가 훗날 『돈키호테』를 쓸 미겔 데 세르반테스Miguel de Cervantes이다. 이 사실은 워낙 유명하지만, 그의 이야기는 구호기사단 중심인 이 책에서 적당하지 않아 싣지 않았다.

게 대답했을 뿐이었다. 중앙함대에 배속된 덕분에 무사했지만 무수한 동료를 잃은 로메가스의 반응이 어땠을까 궁금했지만 자료를 입수하지 못했다. 나중에 모든 사정을 알게 된 피우스 5세의 말이 당시 그 자리에 있었던 이들의 심정을 대변한다.

"주님께서는 전사가 아니라 해적으로 일관한 저 자를 불쌍히 여기소서."

레판토의 승리는 베네치아와 스페인은 물론 모든 유럽을 열광시켰다. 몰타 공방전 때보다 더 많은 책들과 그림이 쏟아져 나왔다. 교황청은 이 해전 승전 기념일인 10월 7일을 '묵주 기도의 복되신 동정 마리아 기념일'로 지정하고 기리며, 이 날이 속한 10월을 '로사리오 성월'로 정하였다. 세속적인 베네치아 공화국도 이 날을 국경일로 지정하였다.

울리치 알리는 그리스 연안에 활동하던 오스만 군함들을 모아 87척의 함대를 급조하고 구호기사단의 군기를 기함의 선미에 붙여 끌면서 콘스탄티노플로 귀환하였다. 당연히 오스만의 반응은 침통할 수밖에 없었지만 대제국다운 여유도 부렸다. 마치 승리한 듯이 기사단의 군기를 모스크로 바뀐 성 소피아 사원에 걸어놓았다. 그리고 소콜루는 베네치아 대사를 불러 이렇게 말했다.

"당신들에게 키프로스를 탈취한 것은 우리가 당신의 팔을 뽑아버린 것과 같고 우리 함대의 패전은 단지 우리의 수염을 깎은 것이나 다름없소. 팔은 뽑히면 다시는 자라지 않으나, 면도칼에 잘 린 수염은 더욱 풍성하게 자라는 법이라오."

실제로 오스만은 단기간 내에 해군을 재건하였고, 심지어 베네치아의 갈레아차를 복제하기까지 하였다. 레판토 해전 바로 다음 해인 1572년에 150척의 갤리선과 8척의 갈레아차가 만들어졌고, 기존의 함대를 합쳐 250척에 달하는 대함대가 위용을 과시하기에 이른다. 그러나 이런 놀라운 성과에도 불구하고 오스만이 큰 손실을 입은 사실을 완전히 숨길 수는 없었다. 함선들은 쉽게 복구되었다지만, 숙련된 선원과 노잡이, 병사들의 손실은 대체하기 힘들었기 때문이다. 특히 오스만 함대의 주 무기인 복합궁을 잘 다루는 대부분의 궁수들을 잃었다는 사실은 뼈아팠다.*

유명한 역사가 존 키건John Keegan은 고도로 숙련된 전사들의 손실은 쉽게 대체될 수 없으며, 사실상 오스만군의 "살아 있는 전통들이 죽었다는 것"을 상징한다고 말했다. 또한 많은 수의 범죄자들이 해방된 노예들을 대체하기 위해 노잡이로 동원되었다는 것도 약점이 될 수밖에 없었다.

하드웨어 면에서도 급조된 군함들은 질 낮은 목재 또는 바싹 마른 목재를 사용하지 않아 항해 성능이 좋지 않다는 사실이 밝혀졌다. 잃어버린 대포와 화승총의 보충도 쉽지 않았다. 무엇보다 오스

---

* 활은 화승총에 비해 훨씬 많은 훈련이 필요하기에, 숙련된 궁수의 보충은 그만큼 힘들 수밖에 없다.

만은 갈레아차 도입 정도를 제외하면 패배의 원인을 분석하고 새로운 무기와 체제를 도입하는 데 관심을 두지 않았다. 사실 레판토 해전에서 신성동맹이 노획한 오스만 대포들은 질이 낮아 사용할 수 없었고, 기념품이 되거나 녹여서 다른 무기를 만드는 데 사용되었을 정도였다. 콘스탄티노플을 함락시켰던 거포의 제국 오스만은 한 세기 이상 지난 1570년대에는 기술적으로 퇴화하고 있음이 명백하게 밝혀진 것이다. 종합하면 팔은 아니지만 오스만 제국은 손가락 두세 개는 잃은 셈이었고, 수염 운운은 허장성세라고 보아야 할 것이다. 더구나 몰타와 키프로스 공방전까지 포함하면 최소 7만 최대 10만의 병사들을 잃었으니 아무리 대제국 오스만이라지만 출혈이 너무 컸다.

무엇보다 레판토 해전은 서유럽에게 굉장히 중요한 심리적 승리를 안겨 주었다는 것에 역사적 의미가 있다, 몰타 공방전의 승리에 이어 오스만이 결코 무적이 아니라는 사실이 확실하게 증명되었기 때문이다.

이런 내막이야 어쨌든 오스만 함대가 급속하게 재건된 것은 사실이었고, 그 지휘관은 너무나 당연하지만 유일하게 살아남은 울리치 알리가 맡을 수밖에 없었다. 그는 검을 뜻하는 카르라는 칭호를 수여받았고, 클르츠 알리 파샤Kılıç Ali Paşa로 불렸는데, 바르바로사부터 이어지는 '위대한 해적'의 마지막을 장식하는 인물이 된다. 울리치 알리의 함대는 봄이 되면 다시 서지중해에 나타날 것이었다.

그사이 기사단은 잃어버린 갤리선 대신 분배받은 오스만 갤리선들을 개조하고 새로운 단원들을 훈련시키면서 겨울을 보냈다. 새해에도 다시 한 번 신성동맹 함대가 편성될 확률이 높았기 때문이다. 아무리 레판토에서 큰 손실을 입었다지만 신성동맹에 구호기사단이 빠진다는 것은 있을 수 없는 일이었다. 적어도 2척의 갤리선은 보내야 했다.

신성동맹의 붕괴와 지중해 시대의 폐막

동서고금을 막론하고, 인간은 일단 성공하면 다시 한 번 그 방법을 사용했고, 신성동맹 역시 마찬가지였다. 더구나 사령관에 다시 돈 후안을 추대하자는 데 이론이 없었고, 경비 문제도 노획품으로 상당 부분 충당이 가능했기에 저번보다 훨씬 쉬울 듯 보였다. 더구나 레판토의 대승리로 지원자들도 몰려들어 인력도 충분하였다.

하지만 1572년 5월 1일, 신성동맹의 핵심 피우스 5세가 세상을 떠났다는 비보가 신성동맹에 그림자를 드리웠다. 후계자로 그레고리우스 13세가 즉위했는데, 새 교황은 싸움은 무조건 피하자는 생각을 가진 온화한 인물이었기 때문이다.

어쨌든 6월까지 메시나에 기사단의 갤리선 2척을 포함한 약 150척의 함대가 모였다. 전년보다는 적지만 질적으로 큰 타격을 입은 오스만 함대와 충분히 싸워 이길 수 있는 규모였다. 그런데 지상 목표가 문제였다. 베네치아는 오스만 제국의 수도 콘스탄티노플을 공격하자고 주장하였다. 물론 함락시키자는 것이 아니라 다르다넬스 해협을 공격하여 봉쇄하거나 금각 만의 조선소를 불태워버리자는 것이었다. 하지만 스페인은 알제리의 해적기지를 치자고 주장하면서 불협화음이 일어났고, 귀한 시간이 흘러갔다. 어찌어찌 동지중해로 가기로 결정되었지만 스페인 함대의 움직임은 소극적이었다.

울리치 알리의 함대는 거의 하루거리까지 접근했고, 소규모 충돌이 벌어졌다. 신성동맹은 몇 척의 오스만 갤리선을 격침시켰지만 울리치 알리는 전투를 원하지는 않았다. 이런 식으로 시간이 흘러가다가 신성동맹 함대는 10월 20일 해산하고 말았다.* 기사단은 마침 그 시기에 몽테 총장이 세상을 떠나고 장 드 라 카시에Jean de la Cassiere가 새 총장에 올랐다. 카시에는 노련하고 경험이 풍부했지만 완고하고 보수적인 성격을 지닌 인물이었다.

다음 해인 1573년 5월 7일 베네치아는 키프로스에 대한 오스만의 점유를 인정하는 내용의 조약을 맺었고, 이 섬은 3세기 동안 오스만의 영토로 남았다. 그리고 30만 두카토를 통행료라는 명목으로 오스만 제국에게 제공하고, 대신 제국 내에서 완전한 경제적 자유를 얻었다. 이 평화는 72년간 계속되었다. 하지만 구호기사단은 당연히 이를 인정할 수 없었기에, 두 나라의 충돌은 다시 시작되었는데, 자세한 내용은 뒤에서 다룰 것이다.

그해 여름에 오스만 해군은 시칠리아와 이탈리아 남부 해안을 약탈하여 상당한 피해를 입혔다. 돈 후안은 바로 튀니스를 점령하

---

* 결과론이지만 이때 신성동맹은 로도스건 키프로스건 동지중해에 거점을 마련했어야 했다. 결국 크레테까지 빼앗기기 때문이다.

면서 반격했지만, 다음 해인 1574년 울리치 알리가 지휘하는 대함대가 튀니스를 탈환하여 이 성과는 물거품이 되었다. 그러나 레판토에서의 손실이 오스만 해군의 전력을 크게 약화시켰음은 명확하였다. 오스만 함대가 스페인 함대와의 교전을 최대한 피했다는 사실이 이를 증명하고 있다. 사실 오스만 제국은 사파비조 페르시아와의 전쟁과 기근 그리고 함대의 재건으로 인한 증세, 신대륙에서 흘러나온 금과 은에 의한 인플레와 토착산업의 붕괴로 내부가 곪아가고 있었다. 스페인 역시 1575년 채무불이행을 선언할 정도로 재정상태가 엉망이었다.

결국 두 제국은 타협을 모색하지 않을 수 없었다. 1580년 3월 21일에 10개월간의 정전협정이 맺어졌고, 다시 1581년 1월에는 3년으로 연장되었다. 이후에도 두 제국은 거의 충돌하지 않았다. 북아프리카의 해적들도 콘스탄티노플의 통제에서 벗어나 다시 인간사냥이라는 자신의 본업으로 돌아갔다. 놀랍게도 교황청도 별다른 이의제기를 하지 않았기에 구호기사단도 침묵할 수밖에 없었다.

펠리페 2세는 정전협정이 맺어진 1580년, 포르투갈을 병합했고, 대서양 쪽으로 관심을 옮겼다. 구호기사단과 베네치아, 오스만 제국은 이후에도 서로 얽히고설키며 한 세기 반 동안이나 더 싸우지만 중요한 의미를 갖지는 못한다. 1580년부터 지중해는 변방으로 전락하고, 대서양이 세계사의 중심으로 올라섰기 때문이다. 1522년 로도스 섬 공방전부터 시작된 60년간의 지중해 쟁탈전이 이렇게 '시시하게' 막을 내린 것이다. 여기서 눈을 기사단 내부로 돌려보자.

카시에 총장의 실정과 기사단의 세속화

52대 카시에 총장의 가장 큰 업적은 바로크 양식의 대표작인 성 요한 성당을 1577년에 완공시켰다는 것이다. 이 성당은 부주교가 착좌하고, 릴라당을 비롯한 역대 총장들의 시신이 묻히는 몰타의 중심이 된다. 발레트의 무덤도 이곳으로 옮겨졌다. 대주교가 아니라 부주교가 자리 잡은 이유는 주교는 여전히 옛 수도인 음디나에 있었기 때문이다. 우트르메르 시절부터 구호기사단의 총장은, 주교임명권을 행사했는데, 이번에는 몰타 대주교가 이에 반발하면서 그레고리우스 13세가 중재에 나서지 않을 수 없는 상황이 발생하고 말았다. 교황은 종교대법관을 특사로 보내 중재에 나섰는데, 이 자체도 수치스러운 일이었지만, 특사는 신교의 침투를 방지한다는 명분으로 이런저런 간섭을 하였다. 당연히 기사들은 불만을 가졌고, 카시에 총장의 권위는 땅에 떨어졌다. 그러나 이 사건은 시작에 불과하였다.

앞서 베네치아가 오스만과 타협을 하면서 기사단과 무력충돌까지 벌어졌다고 했는데, 이는 1575년 기사단이 유대인의 화물을 실은 베네치아의 상선을 나포한 사건이었다. 베네치아 정부는 대노하여 공화국 내에 있는 기사단의 자산을 모두 몰수하겠다고 위협하였다. 카시에는 교황에게 중재를 요청할 수밖에 없었는데, 결과는 베네치아의 승리로 끝났다. 카시에는 그리스도교 국가들의 배들은 공격하지 말라고 명령했지만 기사들은 겉으로만 복종했을 뿐이었다. 그들은 베네치아 배를 만나면 다른 나라의 깃발을 달고 습격하는 꼼수를 부렸다.

얼마 후, 카시에 총장은 펠리페 2세가 열일곱 살밖에 안 된 자신의 조카 벤첼Wenzel을 카탈로니아와 레온Leon의 지부장으로 추천하자 그것도 받아들이고 말았다. 격분한 카탈로니아 기사들이 반란까지 일으켰지만 진압되었다. 이번에도 교황이 나서 그들에게 사죄를 하라고 하면서 사태는 일단락되었지만 기사들의 마음은 완전히 총장에게서 떠나버리고 말았다.

이런 상황에서도 카시에 총장은 정신을 차리지 못했다. 권위를 세운답시고 총장궁을 확장했는데, 이 과정에서 이탈리아 기사관을 허물고 만 것이다. 이탈리아 기사들의 분노는 당연한 결과였다. 거기다가 총장궁으로 자신의 정부를 출입시키기까지 하였다. 1577년 로메가스가 부총장에 오르자, 그는 소장파의 리더가 된다. 4년 후 로메가스는 무혈쿠데타를 성공시키고 카시에를 연금하였다.

기사단으로서는 1317년 독재자 빌라레 총장을 타도한 쿠데타 이후 처음 일어난 쿠데타이고, 16년 전 공방전 이후 최대의 위기를 맞게 되었다. 이때 다시 교황청이 해결사로 나설 수밖에 없었다. 결과는 264년 전과 비슷하였다. 카시에 총장은 퇴진하고, 로메가스도 총장직에 오르지 못했던 것이다. 대신 총장직에 오른 인물은 위그 로본 드 베르달Hugues Loubenx de Verdalle이었다. 카시에는 충격 때문인지 그 해를 넘기지 못하고 12월에 로마에서 죽었는데, 다행히 시신은 성 요한에 성당에 안치되었다.

베르달 총장은 누가 보아도 권력기반이 약했기에 별다른 역할을 하지 못했다. 그레고리우스 13세의 후임인 식스투스 5세Sixtus V는

베르다나 궁전(ⓒERWEH: wiki)

그래서인지 1587년 이례적으로 그에게 추기경의 빨간 모자를 씌워주었다. 하지만 그는 이후에도 기사단을 강력하게 장악하지 못했다. 오히려 추기경 회의를 핑계로 로마에 자주 갔고, 1595년 세상을 떠날 때까지 로마에 있던 시간이 더 길 정도였다. 꽤 긴 그의 재임기간 동안 눈에 띄는 것이라고는 자신의 이름을 딴 관저인 베르다나Verdana 궁전 건설뿐이었다. 이 궁전은 지금 몰타 공화국 대통령의 여름관저로 쓰이고 있다.

카시에와 베르달 총장 시기부터 기사단은 빠른 속도로 세속화되었다. 성격이 무른 두 총장 때문이기도 했지만, 1565년 이후 가입한 남부 유럽 귀족 출신 신참들이 다수를 차지하면서 세속화가 시작되었다고 보아야 할 것이다. 이들은 군사영웅으로 이름을 떨치기 바랐고, 결투를 좋아해서 발레타의 거리에서는 폭력이 난무하였다. 이뿐만 아니라 그들은 술과 여자, 도박도 좋아하였다. 예외가 없었던 것은 아니지만 기사단은 수도회였고, 이에 걸맞은 검소한 전통을 500년 가까이 유지해왔지만, 이제는 바뀔 수밖에 없었던 것이다. 우투르메르 시절의 뜨내기 십자군을 연상케 하는데, 규모는 작지만 이들은 상비군이란 사실이 차이점이었다. 다행히 전투력만은 여전해서, 한 세기 반 이상 더 오스만 제국과 싸우면서도 승리가 훨씬 많았다. 이 시기에 주목할 만한 사건은 40년간 소원했던 영국과의 관계가 비록 무역 차원이긴 하지만 회복되었다는 것이다. 기사단은 영국 상선에게 밀수를 하지 않는다는 조건으로 몰타에서의 자유 항해를 허락하고, 필요한 물건들을 구입하기도 했다. 그중에는 놀랍게도 석탄도 있었다.

베르달 총장의 후임인 마르틴 가르제즈Martin Garzez, 1595~1601년 재임와 알로프 드 비냐코Alof de Wignacourt, 1601~1622년 재임는 세속화를 어느 정도 인정하고, 대신 문화와 경제에 많은 신경을 쓰면서 이를 중화시키려 하였다. 두 총장의 정책은 상당한 성공을 거두었는데, 이때 영입된 대표적인 인물이 카라바조와 프레티이다.

문제아 카라바조

카라바조는 아마 기사단에 몸담은 인물들 중에서 가장 유명할 것이다. 그의 본명은 미켈란젤로 메르시Michelangelo Merisi지만 밀라노 근교의 소도시 카라바조 출신이어서 그 이름으로 불렸다. 1571년생인 그는 1600년 로마 미술계에 갑자기 등장했는데, 천재성을 인정받아 한순간에 이탈리아 최고의 화가로 올라섰다. 하지만 폭력적이고 제어 불가능한 사생활로 이런저런 사건사고에 계속 휘말렸다. 결국 1606년 5월 29일, 로마에서 테니스 경기를 하다가 말다

툼 끝에 상대 청년을 살해하고 사형을 선고받기에 이른다.

비냐코 총장은 왼쪽 뺨에 큰 사마귀가 있었는데, 이 초상화에서는 절묘하게 가려져 있다. 이 작품은 카라바조가 그린 유일한 전신화이기도 하다.

그는 일단 나폴리로 도주한 다음, 1607년 7월 초, 몰타로 건너갔다. 교황에게 사면을 받기 위해 기사단의 명성을 이용하려는 의도였다. 어쩌면 결투가 난무할 정도로 폭력적인 마초의 땅 몰타가 그에게는 가장 어울리는 땅일지도 몰랐다. 여기서 그는 비냐코 총장의 전신 초상화를 멋지게 그려냈다.

이 덕분에 기사단에게 인정받고 '순종의 기사Knight of Ubidienza'라는 작위를 받아냈다. 순종의 기사는 전투에는 참가하지 않아도 되는 신분이었지만, 대신 거액의 헌금을 내야만 하였다. 그는 돈 대신에 기사단의 수호성인 세례자 요한의 순교를 묘사한 성화 〈세례자 요한의 참수〉를 그렸다. 지금도 발레타의 성 요한 성당에 걸려 있는 이 그림은 1565년 장렬하게 전사한 기사들을 추모하기 위함이었는데, 유일하게 그의 사인이 들어간 작품이며, 그의 작품 중 가장 큰 것이기도 하다. 또한 비냐코 총장의 얼굴을 넣은 〈성 히오로니무스St. Hieronymus〉를 그렸다.

이 대작은 카라바조의 사고 이후 한동안 성 요한 성당에서 철거되는 수모를 겪는다. 많은 전문가들은 이 그림에 당시 몰타의 폭력적 분위기가 담겨 있다고 평하고 있다.

하지만 그는 몰타에서도 본성을 버리지 못하고 기사단원과 싸움을 벌여서 중상을 입히는 사고를 또 저지르고 만다. 1608년 10월, 카라바조는 시칠리아의 도시 시라쿠사로 도주했고, 12월 1일, 그의 기사 작위는 취소되었다.

결국 그는 1610년 나폴리를 떠나 로마로 가려다가 스트레스와 열병으로 38세의 젊은 나이로 세상을 떠난다. 기사단이 보낸 자객에게 당한 부상으로 죽었다는 설도 있지만, 필자가 보기엔 그런 것 같지는 않다. 만약 기사단이 그를 죽이려 했다면 가까운 시칠리아에 있었을 때 얼마든지 가능했기 때문이다.* 만약 자객에게 당했다

---

* 카라바조는 기사단의 메시나 지부장인 안토니오 마르텔리Antonio Martelli

면 기사단 수뇌부가 아니라 그에게 당한 기사의 친지들이 보낸 '사적 자객'의 소행이었을 것이다. 어쨌든 카라바조의 몰타 체재는 15개월 정도에 불과했지만, 이 대가의 작품을 보기 위해 지금도 관광객들이 몰타에 몰려들고 있다.

하지만 카라바조가 당시 몰타에서 예외적인 존재는 아니었다. 몰타에는 좋게 말하면 모험가, 나쁘게 말하면 무법자와 무뢰한들 그리고 한몫 잡은 그들의 주머니를 노리는 창녀들과 사기꾼들도 몰려들었는데, 이런 분위기를 잘 알려주는 책이 우리나라에서도 번역된 『콘트레라스 선장의 모험』이다. 이 책의 주인공 알론조 데 콘트레라스Alonso de Contreras는 카라바조보다 더 어릴 때 살인을 저지른 문제아였다. 그는 기사단과 스페인군 소속으로 전 지중해와 카리브해를 누볐고, 베가의 권유로 회고록을 썼다. 그 회고록이 바로 『콘트레라스 선장의 모험』인 것이다. 그는 카라바조보다 열한 살 아래인 거의 동시대 인물이었다. 그는 기사단의 주업인 코르소corso에 열심히 참가하여 맹활약하였다. 여기서 독자들은 코르소가 좋게 말하면 해상게릴라전이고, 나쁘게 말하면 해적질이라는 것을 눈치챘을 터인데, 로도스에서 했던 '해상에서의 영웅적 행위'와는 간판만 바꿔 단 것이었다. 공간이 육지이기는 하지만 「왕좌의 게임」에 나오는 나이트 워치의 대원들 중 상당수도 비슷한 입장이었다. 장벽을 지키는 데 일생을 바치겠다고 맹세하는 대신 과거 행적을 말소처리 받았기 때문이다. 이들은 단순 절도범에서 살인범

의 초상화도 그렸다.

까지 다양하며, 고아 및 부랑자들, 권력 투쟁에서 밀려나거나 큰 죄를 지어 죽음의 위기에 처한 귀족들까지 다양하였다.

코르소

코르소는 원양항해를 의미하는 이탈리아어인데, 기사단은 해상게릴라전의 완곡한 표현으로 이 단어를 사용하였다. 몰타가 이탈리아에 가깝다보니 생겨난 단어인데, 사략선私掠船과 그 선원을 의미하는 코르세어corsair와도 어원이 같다. 로도스 시절과의 가장 큰 차이점은 말 뜻 그대로 원양항해라는 사실이다. 로도스는 위치 자체가 콘스탄티노플과 이집트, 시리아 중간에 있어 멀리 가지 않아도 되었지만, 몰타는 오스만 제국의 중심부와는 거리가 멀어 장거리 항해를 해야 했다, 따라서 레반트 등 상당히 먼 지역까지 코르소의 희생물이 되었다. 또 하나의 차이점은 기사단이 보유한 배는 많지 않았지만, '사략 허가증'을 로도스 시절보다 훨씬 많이 발급했다는 점이다.* 사략선들이 그랜드 하버에 몰려들었음은 당연한 결과였다.

코르소는 오스만 제국 입장에서는 노골적인 해적 행위였다. 물론 그들의 해적들이 유럽의 지중해안에서 한 짓은 더하면 더했지 결코 덜하지는 않았다. 문제는, 기사단은 오스만 제국의 배뿐 아니라 그들과 무역을 하는 그리스도교 국가들의 배도 공격 대상으

* 로도스 시절에는 정식으로 발급하지는 않았다.

로 삼았다는 점이다. 아무래도 베네치아의 배들이 많이 당할 수밖에 없었고, 베네치아와 오스만 제국과의 평화협정 체결도 그들의 행동에 어느 정도 명분을 준 셈이었다. 베네치아인들은 기사단을 '십자가를 단 해적'이라고 불렀고, 교황청에 사략행위를 중단하도록 압력을 넣었다. 결국 카시에 총장은 베네치아 배에 대한 공격을 중단해야 했지만, 사략선 면허를 취소하지는 않았다. 1654년부터 1694년까지 사략증 면허를 받은 배가 497척에 달했고, 그들이 올리는 수입의 1할을 대가로 받았다.

동방정교를 믿는 그리스인들의 배들은 기사단의 공격 대상에서 면제되지 않았다. 약탈당한 그리스인 선주와 화주들이 정교회의 주교를 통해 기사단에 소송을 한 기록이 몇 건 남아 있는데, 기록이 남지 않은 경우가 아마 100배는 될 것이다. 이런저런 문제가 생기자 1605년 몰타에 해사법원까지 생겨났다.

오스만의 마지막 침공과 몰타의 요새화

비냐코 총장은 초상화에만 관심을 둔 것이 아니라 싸움도, 일도 할 줄 아는 인물이었다. 17세였던 1564년에 기사단에 입단한 후 바로 다음 해에 벌어진 대공방전에서 두각을 나타낸 후 거의 40년 만에 총장에 올랐다. 그는 1603년, 5척의 갤리선과 9척의 수송선을 동원하여 레판토를 기습하여 점령하고 400여 명의 포로를 얻는 승리를 거두었다. 하지만 병력이 부족하여 계속 유지할 수는 없었다. 1606년에는 튀니스를 기습했지만 별다른 성과를 거두지 못하고 손실이

적지 않았다. 1611년에는 코린트 지협을 기습하여 상당한 전과를 거두었다.

비냐코는 단순히 그랜드 하버 일대만 지키는 것이 아니라, 몰타 전체는 아니더라도 상당 부분을 지킬 수 있는 방어망을 구상하고 이를 실천에 옮겼다. 물론 섬 전체를 둘러싸는 성벽은 불가능했으므로 요충지에 요새화된 망루를 쌓는 방식으로 추진하였다. 첫 번째 망루가 들어선 곳은 1565년 구원부대와 오스만군이 마지막 전투를 치른 성 바오로 만이었다. 비냐코 총장은 바오로 사도의 몰타 표착일을 자신의 취임일인 2월 10일로 정할 정도로 쇼맨십이 강한 인물이었는데, 자신의 이름이 붙은 저수지와 관개시설을 완공하여 몰타 농업에 획기적인 계기를 만들 정도로 유능해서 몰타 주민들에게도 인기가 높았다. 참고로 2월 10일은 지금 몰타 공화국의 공휴일이다. 1610년에 완성된 이 망루는 그의 이름을 따서 비냐코 탑으로 불린다.

2층으로 만들어진 이 탑은 2층으로 통하는 계단이 유일한 외부에서의 출입구이고, 내부에서는 사다리로 이동할 수 있었다. 평소에는 6명이 지키고, 2문의 6파운드 포가 계단 위에 솟은 포대에 배치되었다.

두 번째 망루가 건설된 곳은 1565년 오스만의 대함대가 상륙했던 마르사시로코 만이었고, 이름은 성 루시앙 탑St. Lucian Tower으로 명명되었다. 완공된 해는 비냐토 탑이 완성된 다음 해인 1611년이었다. 이어서 섬의 남서쪽에 성 토마스 탑St. Thomas Tower을 세우기 시작하였다. 그런데 성 토마스 탑이 거의 완공되어 가던 1614

년에 사달이 난다.

7월 6일에 성 루시앙 탑이 세워진 마르사시르모 만에 칼릴Khalil 파샤가 지휘하는 60척의 오스만 함대가 상륙했던 것이다. 성 루시앙 탑에서 대포가 맹렬하게 불을 뿜었지만 역부족이었기에 바로 철수하였다. 약 6천 명의 병사들이 별 사고 없이 상륙했고, 빠른 속도로 북진하여 제춘Zejtun 마을을 약탈하고 두 성당에 불을 지르고 밭을 망쳐놓았다. 하지만 주민들은 성 루시앙 탑의 경보 덕분에 미리 피난했기에 인명 피해는 거의 입지 않았다.

기사단은 최대 8천 명으로 추정되는 민병대를 소집하고, 기병대를 보내 탐색전을 벌였다. 며칠 동안 교전이 벌어졌지만, 오스만군에게 이렇다 할 기회를 허용하지 않았다. 마침 트리폴리에 반란이 일어났다는 소식을 들은 칼릴 파샤는 7월 중순에 몰타를 떠났다. 그는 몰타에서는 실패했지만 트리폴리에 이어 모데아에서 일어난 반란까지 진압하는 데 성공했고, 1616년에는 대외지르까지 오른다. 기사단은 기사 20여 명이 부상당했지만 전사자는 하나도 없었으므로 깔끔한 승리를 거둔 셈이었다.

1614년 오스만의 공격은 정찰이라고 보기에는 너무 규모가 컸고, 본격적인 공격이라고 보기에는 너무 병력이 작았다. 아마도 1603년과 1611년에 있었던 기습의 보복 차원이 아닐까 짐작할 뿐이다. 물론 기사단은 오스만의 의도와는 상관없이 몰타 전체의 요새화에 심혈을 기울일 수밖에 없었다.

비냐토 총장은 성 토마스 탑에 이어, 1616년에는 고초섬 에 마르사폰Marsaporn 탑을, 1618년에는 몰타 섬과 고초 섬 사이에 떠 있는

성 마리아 탑. 코미노 섬은 사실상 무인도이다. (©Kenazz: wiki)

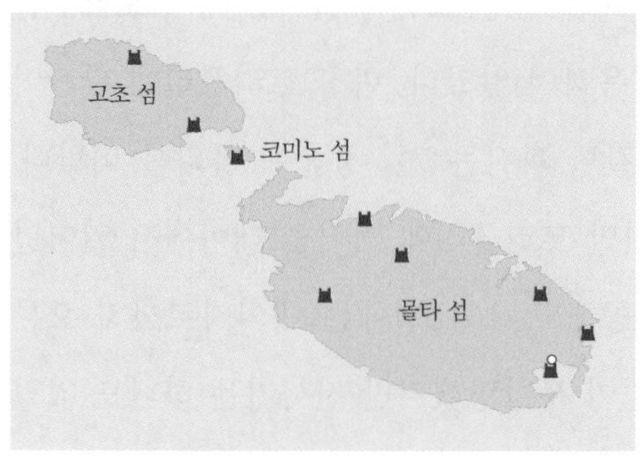

1565년 공방전 이후 1620년 까지의 몰타 방어 시스템

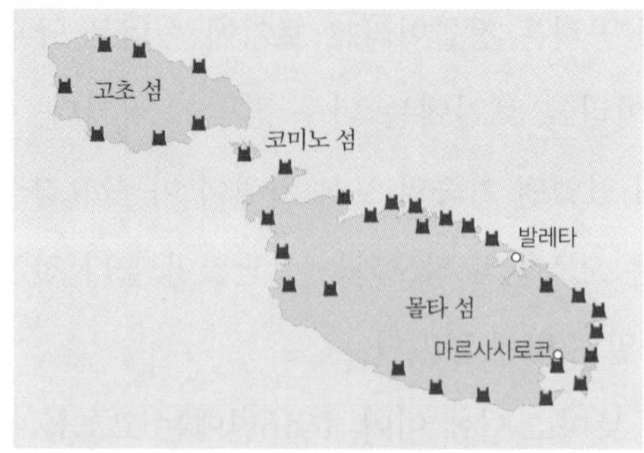

1620년 이후 훨씬 촘촘해진 몰타 방어 시스템

(『로마멸망 이후의 지중해 세계』 하권, 430쪽)

3.5제곱킬로미터 규모의 작은 섬 코미노Kemmuna에 성 마리아St. Maria 탑을 세웠다. 성 마리아 탑은 유사시 60명까지 수용할 수 있어서 규모로만 본다면 보루가 아니라 작은 요새에 가까웠고, 그 위치상 두 섬을 연결하는 통신 중계소의 역할도 겸하였다. 1619년 튀니스에 대한 기습을 다시 시도했지만, 이번에도 실패하였다.

1620년에는 몰타 섬 남서쪽에 성 마리아 델레 그라치에St. Maria delle Grazie 탑이 완성되었다. 2년 후 비냐토 총장은 세상을 떠난다. 이후 당분간 망루 건설은 뜸했지만, 1636년 취임한 지오반니 파올로 라스카리스Giovanni Paolo Lascris 총장은 1649년에 섬 서북쪽에 성 아가타St. Agatha 탑을 세웠다. 이 탑도 30명의 수비대가 40일을 버틸 수 있는 구조로 설계되어 작은 요새에 가까웠다. 1657년 취임한 후임자 마르틴 데 레딘Martin de Redin은 1660년에 세상을 떠나 그리 길게 통치하지는 못했지만, 불과 2년 사이에 13개의 보루를 세워 레딘식 보루라는 단어까지 남겼다. 이로써 몰타와 고초 해안 전체를 감시할 수 있는 시스템이 완비되었다.

18세기에 들어서 포대들이 대거 건설되었다. 이 사업을 시작한 인물은 스페인 출신의 라몬 페렐로스Ramon Perellos 총장이다. 시작은 1716년에 완공된 반원형의 페레티Ferreti 포대인데, 마르사시로코 만에 설치되었다. 8개의 포구를 가진 이 포대는 전방 180도 안에는 사각이 없고 해자까지 둘러싼 작은 요새였다. 이후에도 많은 포대가 건설되었고, 기존의 탑에 결합되어 설치되는 경우도 있었다. 물론 기존의 포들은 모두 신형 대포로 교체되었다.

이 시기에 베네치아와 오스만 제국 사이에 마지막 전쟁이 벌어졌기 때문이다. 하지만 이 포대들이 대규모 적을 상대로 불을 토하는 기회는 오지 않았다. 이런 군사시설들은 1815년 이후 한 세기 반 이상 이 섬을 지배한 영국의 손에 넘어갔다. 그들은 일부는 재활용하고 일부는 헐어버렸는데, 새 시대에 맞는 군사시설도 많이 설치해 지금의 몰타는 세계에서 가장 군사유적이 밀집된 지역이 되었다.

장수 총장 두 명이 맡은 기사단의 40년

비냐코의 후계자는 프랑스 출신의 안토니오 드 파울레Antonio de Paule였다. 1623년, 일흔이 넘은 나이에 총장에 오른 그는 나이 때문인지 내정에 집중하였다. 그는 유명무실해진 잉글랜드를 제외한 7개 언어구에 속한 기사들의 숫자를 정확하게 조사하였다. 결과는 이탈리아 584명, 일 드 프랑스 361명, 프로방스 272명, 오베르뉴 143명, 독일 46명, 아라곤 146명, 카스티야 110명으로 프랑스 기사들이 다시 수적 우세를 차지하기에 이르렀다.

1627년에는 교황 우르바누스 8세가 스페인의 작가 로페 데 베가를 기사로 추천하여 입단시켰다. 평생 동안 3부의 소설과 3천여 편의 시, 500부가 넘는 희곡을 남긴 베가는 카라바조에 이어 기사단의 명성을 다시 한 번 높여주었다.

파울레는 85세의 장수를 누리고 1636년에 세상을 떠났다. 그의 후계자는 앞서 소개한 라스카리스였다. 독자들은 몰타 공방전 당시 중요한 정보를 제공했던 필립 라스카리스를 기억할 것이다. 라스카리스 총장은 바로 그와 같은 니케아 제국 황실 출신이다. 다만 그의 선조는 필립의 선조와는 다르게 니케아 제국 멸망 후 이탈리아로 망명하여 자리 잡았던 것이다. 1560년생인 라스카리스는 1584년에 기사단에 입단하여, 식량담당 장관을 맡으면서 저수지와 관개시설 관리에서 업적을 인정받았다. 1632년에는 스페인 대사직을 수행하면서 외교경험도 쌓았는데, 4년 후 총장 선거에서는 다른 2명의 후보와 치열한 경쟁을 치러야 했다. 그 역시 전임자처럼 장수를 누려 20년이 넘는 재임기간을 자랑했는데, 놀라운 줄타기 외교 능력을 보여주어 명총장으로 역사에 남는다.

이미 1618년부터 유럽은 신구교로 나누어져 30년 전쟁을 치르고 있었지만 확실한 가톨릭인 데다가 멀리 떨어져 있는 기사단에게 주는 영향은 제한적이었다. 그러나 1635년 프랑스가 신교 편에 서면서 이야기는 달라졌다. 당시 기사단은 1565년과 1571년의 경험으로 스페인과 친밀할 수밖에 없었는데, 라스카리스는 스페인 대사를 맡았음에도 프랑스에 접근하였다. 아마 대사 시절 스페인의 쇠퇴를 확실하게 인식한 듯싶은데, 프랑스의 재상 리셜리외Richelieu가 프랑스 해군의 훈련을 의뢰하자 이를 수락하였다. 덕분에 프랑스 해군은 1638년 스페인 해군에 승리를 거두어 유럽을 놀라게 하였다. 이후 기사단은 프랑스 해군과 깊은 관계를 맺는다.

다음 해인 1639년에는 이탈리아에서 카스트로 전쟁이 발발한다. 교황청이 카스트로와 파르마Parma 공작 파르네세Farnese를 상대로 벌인 전쟁인데, 두 차례에 걸쳐 10년 넘게 계속되었다. 기사단은 당연히 교황청을 지지해야 했지만 파르네세를 지원하는 베네치아와 피렌체가 기사단에게 중립을 요구하면서 문제가 복잡해졌다.

여기서 라스카리스 총장은 절묘한 줄타기를 보여준다. 함대를 보내긴 했지만 상륙은 물론 발포도 하지 않았다. 즉 철저히 무력시위로만 일관했던 것인데, 다행히 전쟁은 교황청의 승리로 돌아가 기사단은 어느 정도 명분도 챙길 수 있었다. 추기경이 재상을 맡은 가톨릭 국가 프랑스가 오스만과 신교 진영을 지지한 것에서 보듯이, 17세기에 들어서면 종교보다도 국익이 훨씬 중요한 시대로 접어드는데, 기사단조차 예외가 아니었던 셈이다. 기사단은 1639년에는 트리폴리를, 1640년에는 튀니스를 공격하여 상당한 전과를 올렸는데, 이때쯤에는 이슬람 해적들은 감히 기사단과 싸울 엄두를 내지 못했다.

라스카리스 총장 시기에 주목할 만한 사건으로 카리브해 진출을 빼놓을 수 없다. 안목이 탁월했던 라스카리스는 지중해 시대가 가고 대서양 시대가 왔다는 현실을 깨닫고 기사단의 활로를 열기 위해 카리브해Caribbean Sea로 진출한다. 다리를 놓아준 나라는 역시 프랑스였다. 1651년, 라스카시스는 주프랑스대사 쟈크 드 소브레Jacque de Souvre를 대리로 내세워 루이 14세로부터 생 크리스토프St. Christophe를 비롯한 생 바르텔레미St. Barthellemy, 생 크루와St. Croix, 생 마르텡St. Martin 등 4개의 섬을 넘겨받았다. 형식상의 주권은 프랑스 국왕이 가지지만, 기사단이 경제·행정·종교상의 권리를 행사하는 것이었다. 단 총독은 프랑스 기사가 맡아야 하며, 프랑스에 새 국왕이 즉위하면 1천 에퀴Equ를 축하금으로 바쳐야 한다는 조건이 붙었다.

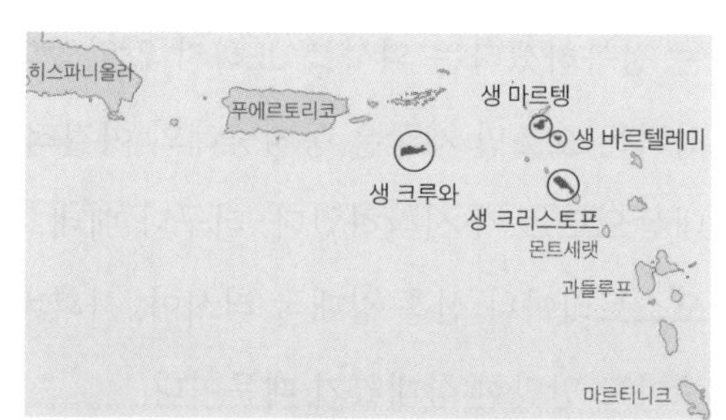

구호기사단의 카리브해 식민지(1651-1665) (ⓒFishal: wiki)

초대 총독으로는 필립 드 프앙시Phillipe de Poincy가 임명되었다. 그는 이미 카리브 지역에서 프랑스 정부와 협력을 한 경력이 있어 현지 사정을 잘 알고 있었다. 그는 의욕적으로 식민지를 경영했지만 1660년에 세상을 떠난다. 이후 라스카리스 후임으로 스페인 출신들이 선출되면서 관심이 옅어진 데다가 크레테에서 벌어진 전쟁이 길어지고 식민지 경영도 수지가 악화되는 등 여러모로 여건이 악화되었다. 더구나 프랑스의 명재상 장 뱁티스트 콜베르Jean Baptiste Colbert가 이 섬들에 관심을 가지면서 1665년 프랑스에 다시 반환하였고, 이렇게 기사단의 식민지 경영은 비교적 짧게 끝났다. 여기서 25년 동안이나 계속되는 크레테 전쟁을 다룰 것인데, 기사단이 이 대전쟁의 발단을 만들었다.

기사단이 일으킨 25년간의 크레테 전쟁

동지중해에서 키프로스 다음으로 큰 섬인 크레테는 이미 쇠퇴기에 접어든 지 오래인 해양국가 베네치아 공화국의 마지막 보루이자 자존심이었다. 오스만 제국은 키프로스와는 달리 이 섬에 대해서는 정복하겠다는 의사를 표하지 않았었다. 하지만 역시 쇠퇴기에 접어든 오스만 제국은 동지중해의 이질적 존재인 크레테를 정복의 대상으로 보기 시작하였다. 더구나 베네치아는 합스부르크 가문의 오스트리아나 신흥 강대국 러시아, 사파비조 페르시아보다는 누가 보아도 만만한 상대였기 때문이다.

그런데 1644년 9월 28일, 6척의 갤리선으로 구성된 구호기사단의 함대가 제독 가브리엘 드 보이스바우드란Gabrielle de Boisbaudran의 지휘를 받으며 로도스 섬 부근 해상에서 메카 순례를 마치고 알렉산드리아에서 콘스탄티노플로 돌아오는 중인 10척의 오스만 선단을 덮쳤다. 기사단 함대는 7시간 동안의 격전 끝에 술타나 호라는 대형 갈레온을 포함한 여러 척의 배를 포획하였다. 오스만 쪽의 전사자는 220여 명, 기사단은 125명을 잃었는데, 그중에는 보이스바우드란 본인을 비롯한 9명의 기사도 포함되어 있었다.

그런데 한 배에는 술탄의 흑인 환관장이 인솔하는 하렘의 여자들이 타고 있었다. 그 여인 중 하나는 술탄 이브라힘 1세Ibrahim I의 아이도 데리고 있었다. 엄청난 '보물'을 얻은 기사들은 크레테 남쪽의 작은 포구에 닻을 내렸다. 크레테의 큰 항구는 모두 북쪽 해안에 있었는데, 당시 지휘관이 오스만 제국의 눈치를 볼 수밖에 없는 베네치아의 입장, 그리고 자신들과는 일시적인 협력은 있었지만 거의 앙숙이었던 역사를 잘 알고 있었기에 이런 선택을 한 것이다. 기사단 함대는 식수를 보급 받고, 48명의 그리스인 노예를 풀어주었는데, 무슨 일인지 20일이나 머물다가 몰타로 떠났다.

문제는 베네치아의 수비대장이 하렘 여자들의 존재를 모르고 있었다는 것이다. 뒤늦게 이 소식을 알게 된 술탄 이브라힘 1세는 분노하지 않을 수 없었다. 자신의 여자들이 성지순례를 하고 돌아오는 길에 적의 포로가 되었다는 사실은 남자로서, 제왕으로서, 그리고 무슬림으로서 큰 상처를 받기 충분했다. 당연히 몰타가 그 표적이 되어야 했지만 불똥은 베네치아에게 튀었다. 20일간이나 크레테에 머물렀다는 것은 기사단을 사실상 도와준 것이 아니냐는 이유였다. 베네치아는 당연히 부인했고, 직무태만을 이유로 수비대장을 사형에 처하기까지 했지만 먹혀들지 않았다.

오스만 제국은 기사단에 선전포고를 하고, 대군을 집결시켰다. 하지만 베네치아를 포함한 모든 나라는 진짜 목표는 크레테라고 생각하였다. 그리고 그 예상은 정확하게 맞아떨어졌다. 1645년 80척의 갤리선과 250척의 수송선, 그리고 5만 병력으로 구성된 오스만 대함대가 '몰타 원정'을 위해 콘스탄티노플을 떠났다. 사령관은 유수프Yussuf 파샤였다. 하지만 여기저기서 늑장을 부리던 이 함대가 6월 23일에 상륙한 곳은 크레테였다.

오스만의 대군은 맨 먼저 카네아Canea를 2개월에 걸친 공방전 끝에 함락시키고, 크레테 섬에 발판을 마련하였다. 이어서 수다Souda와 스비나롱가Spinalonga, 칸디아Candia, 레티모Rettimo 등을 포위하였다. 베네치아는 서구 국가들에게 지원을 요청했지만, 이미 변방이 되어 버린 동지중해에 관심을 가진 열강은 없었다. 더구나 당시는 30년 전쟁이 절정에 달했을 때였다.

나 몰라라 할 수 없는 교황청과 나폴리, 토스카나 대공, 그리고 이번 전쟁의 원인을 제공한 구호기사단이 이에 응했고, 영국과 네덜란드 해적들이 지원한 정도였다. 베네치아는 요새 방어에 머물지 않고, 1646년부터는 오스만의 해상보급로를 차단하는 쪽으로 방향을 전환하는데, 그렇게 성공적이지는 못했다. 그사이 레티모가 함락되는 등 섬의 대부분은 오스만 손에 넘어갔다.

하지만 여전히 제해권은 베네치아 쪽이 잡고 있었고, 기사단 해군도 상당한 몫을 해낸다. 그리고 1650년대로 넘어가면서 분위기가 바뀐다. 1652년, 발다자르Baldassar가 지휘하는 기사단의 갤리선 7척은 베네치아 함대와 연합하여 25척 규모의 오스만 함대의 진격을 막아섰다. 연합함대는 적의 제독 말바시아Malvasia 베이의 기함을 포획할 정도로 대승을 거두었다.

1656년에는 그레고리오 가라파Gregorio Garafa가 지휘하는 기사단의 갤리선 6척이 역시 베네치아의 갤리선과 갈레아차 59척과 연합하여 다르다넬즈 해협까지 진격하였다. 여기서 6월 26일, 107척 규모의 오스만 함대와 맞붙었는데, 결과는 놀라울 정도의 대승이었다. 살아 돌아간 오스만의 배는 15척에 불과했고, 연합함대의 피해는 거의 없었는데, 7천 명이나 되는 그리스도교인 노예들이 해방되었다는 것도 큰 성과였다. 기사단은 8척의 갤리선과 3척의 갈레아차를 전리품으로 획득했고, 가라파는 24년 후 62대 총장에 선출된다. 이런 놀라운 승리를 계속 거둘 수 있었던 이유는, 이미 레판토 해전에서 드러난 유럽의 기술적 우위가 점점 더 벌어졌기 때문이었을 것이다.

오스만 제국은 이 참패에 큰 충격을 받았고, 콘스탄티노플은 해로가 차단되어 식량부족 현상이 일어났다. 이렇게 되면서 크레테 전쟁의 상황은 일시적으로나마 베네치아 쪽으로 유리하게 돌아가는 듯하였다. 9월 14일, 술탄 메메드 4세는 민심 수습을 위해 쾨프륄뤼Köprülü를 대외지르로 임명하면서, 이후 약 30년간 이 가문이 대외지르를 독점하는 쾨프륄뤼 시대가 열린다. 쾨프륄뤼는 조정을 혁신하면서 전세를 다시 오스만 쪽으로 가져오는 데 성공한다.

쾨프륄뤼 시대와 거의 같은 시기, 즉 1657년부터 40년간 기사단은 '스페인 시대'를 보내는데, 이 시기를 지낸 7명의 총장 중 5명이 이베리아반도 출신이었기 때문이다. 앞서 이야기한 레딘 총장은 방어시설을 보강하는 한편, 4천 명의 화승총병을 주축으로 한 신식 군대를 편성하였다. 1660년에 총장에 오른 라파엘 코토네르Raphael Cotoner와 1663년부터 1680년까지 총장을 지낸 니콜라스 코토네르는Nicolas Cotoner는 기사단 역사상 유일하게 형제가 총장에 오른 경우였다. 라파엘 코토네르는 칸디아에 많은 지원병을 보냈다. 칸디아 공방전은 무려 22년간이나 이어졌는데, 기사단은 1668년까지 베네치아군과 어깨를 나란히 하며 싸웠다.

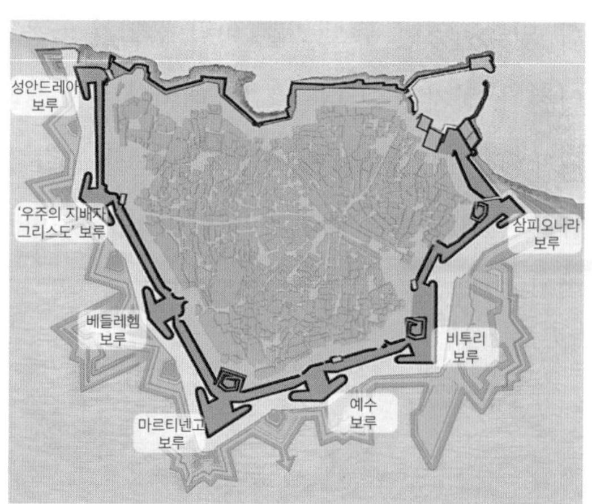

칸디아 성

1648년, 30년 전쟁이 끝나자 유럽 열강들은 그제야 크레테에 관심을 보이기 시작했는데, 심지어 스웨덴에서도 올 정도로 많은 귀족 가문의 자제들이 지원병으로 크레테에 종군하는 것이 유행이 되었다. 하지만 이런 지원병들은 기사단이 500년 전부터 골머리를 앓았던 '뜨내기 십자군'처럼 별다른 도움이 되지 않았다. 1667년부터 역시 지칠 대로 지친 오스만군은 끝장을 내기 위해 쾨프륄뤼가 직접 지휘봉을 잡고 마지막 대공세를 가하였다. 1668년, 칸디아의 북서쪽에 위치한 보루를 지키던 구호기사단은 오스만의 대군을 상대로 한 발도 물러서지 않고 싸워 막아냈다. 3개월간의 방어전에서 살아남은 병사는 29명에 불과했을 정도였다. 이들은 명령을 받고 몰타로 돌아갔다.

베네치아의 지휘관들은 본국의 원로원에서 "이 용사들의 가치는 남아 있는 우리 모두를 합친 것보다 더 클 것입니다"라고 말했을 정도였다. 감동한 베네치아 원로원은 의사당 내에 기사들이 무기를 가지고 들어올 수 있는 특권을 부었는데, 사상 유례없는 조치였다. 앙숙이었던 두 나라는 이렇게 역사상 유례없는 밀월관계에 접어든다. 하지만 그 다음 해 베네치아는 오스만 제국과 강화를 맺고 크레테를 포기하였다. 이렇게 25년간에 걸쳐 벌어진 처절한 크레테 공방전은 막을 내렸지만, 이미 대서양이 중심이 된 시대였기에 역사에서는 그리 주목받지 못한다.

기사단의 두 번째 황금시대

16세기 후반부터 18세기 중반까지 약 200년은 로도스 이후 기사단의 황금시대라고 할 수 있다. 우선 1565년 방어전에 성공한 이후, 기사단은 토착 귀족과 주민들로부터 완전히 지배자로 인정받았다. 이후 주민들은 기사단의 군사력과 의료시스템의 혜택, 그리고 '코르소'에서 나오는 떡고물을 누릴 수 있었고, 인구도 크게 늘어났다.

코르소는 1580년 스페인과 오스만 두 제국 간의 평화가 이루어진 후에 오히려 전성기를 맞았다. 물론 그전에도 기사단과 북아프리카의 이슬람 해적은 활동했지만, 스페인과 오스만 두 제국의 대함대가 주역인 '정규전쟁'에서 보조적인 역할에 머물렀다고 보아야 할 것이다. 하지만 두 제국이 각기 대서양과 내륙에 주력하면서 지중해는 권력 진공 상태가 되어 버렸다. 기사단은 동지중해를 주무대로 삼았다. 특히 300년 전 그들의 본부가 있었던 아크레와 하이파를 출발하는 선박들이 먹잇감이 되었다. 견디다 못한 티레 총독은 오스만 중앙정부의 압력에도 불구하고, 아예 기사단과 협약을 맺고 티레와 베이루트 그리고 하이파 항의 사용권을 내주었다. 이 항구들에 펄럭이는 기사단의 군기는 기묘한 볼거리였다고 하는데, 기사단은 이곳에서 식수와 신선한 먹거리를 공급받았다. 티레 총독의 동생이 몰타에 오자 기사단은 선물을 듬뿍 주며 환대했고, 유럽 군주들이 성지순례차 세 항구에 들리면 총독은 3천 명의 기병을 내어 호위를 해주었다.

이 과정에서 유대인들이 좋은 표적이 되었다. 이교도였기에 그들을 공격한다고 교리상의 문제가 있는 것도 아니었다. 더구나 본인이 부유한 경우가 많았고, 그렇지 않더라도 유대인 공동체에서 몸값을 내주었기 때문이다. 기사단은 오스만 제국 국적을 가진 유대인들은 물론이고, 그리스도교 국가 선박에 탄 유대인들조차 억류하고 몸값을 내야 석방하는 경우가 많았다.* 베네치아의 유대인 공동체는 아예 몰타 섬에 대리인들을 상주시켜 이 업무를 맡길 정도였다. 1663년 올리버 크롬웰Oliver Cromwell의 지지자였던 필립 스키폰Philip Skippon은 몰타를 방문하여 다음과 같은 글을 남겼다.

> "유대인들과 무어인들, 그리고 투르크인들이 여기서 노예가 되어 공공연히 시장으로 팔려가고 있다. … 그들 모자에 붙은 노란색 천으로 인해 유대인들은 다른 이들과 구별된다. 약 1년 전에 붙잡혔다가 우리가 감옥을 방문했던 날 아침에 은화 400스쿠도scudo(밀라노의 금화)에 팔려가는 한 부유한 유대인을 보았다. 그의 수염과 머리털은 한 가닥도 남김없이 깎였으며 다리에는 커다란 사슬이 묶여졌고 50대의 매를 맞았다."**

놀랍게도 100여 년 후인 1768년에도 런던의 유대인 공동체가 몰

---

* 이런 납치에 학을 뗀 유대인들은 가짜로 그리스도교인의 이름을 사용하기도 했으며. 점차 무기명 수표 같은 비인격적 유가증권을 개발하기 시작하였다. 결과적으로 기사단의 해적질이 자본주의의 고도화에 기여한 셈이 된 것이다.

** 『유대인의 역사』 2권, 169~171쪽.

타 섬에 잡혀 있는 유대인들의 해방을 위해 80파운드를 보냈다는 기록이 있다.

1661년, 기사단 함대는 오스만의 귀족들이 탄 배를 나포했는데, 몸값으로 20만 쿠스토를 받아낼 정도로 대박을 쳤다. 1654년부터 1694년 동안 사략증 면허를 받은 배가 497척에 달했다고 한다. 기사단은 그들이 올리는 수입의 1할을 대가로 받았다. 약탈한 상품은 염료, 소금, 직물, 커피, 식량 등 필수품에서 금과 은, 비단 등 귀금속과 귀중품까지 정말 다양하였다.

기사단의 세속화는 이미 이야기했지만, 시간이 흐르면서 일반 기사들뿐 아니라 코토네르 형제 총장을 비롯한 상층부도 이 풍조에 빠져들었다. 이 형제 총장은 유럽 각국의 예술가들을 데려와 발레타를 장식했는데, 대표적인 인물이 마티아 프레티다. 1660년에 기사단에 정식으로 입단한 프레티는 성 요한 성당에 화려한 천정화와 벽화를 그렸을 뿐 아니라 바닥은 모자이크로 장식했고, 제단도 아름답게 바꾸었다. 총장들의 무덤도 정교한 예술품이나 마찬가지였다.

성 요한 성당 외부(ⓒMatthew Axiak: wiki) 성 요한 성당 중앙 신도석(ⓒBoguslaw Garbacz: wiki)

후임 총장들도 마찬가지였는데, 페렐로스 총장은 성 요한 성당을 위해 브뤼셀 Brussel에서 28장의 태피스트리를 주문했는데, 이 융단의 밑그림을 그린 이가 바로 바로크 미술 최고의 거장 페테르 루벤스Peter Rubens였다. 성당 내부에는 7개 언어구마다 별도의 미사 공간이 있었는데, 서로 경쟁하듯 화려하게 치장을 하였다. 심지어 1752년에는 내부의 성묘성당에다가 순은으로 만든 대문까지 달았을 정도였다. 그런데 성당 외부는 여전히 기사단답게 소박한 디자인이어서 부조화를 느낄 수밖에 없었다고 한다.

이 성당에서 매년 9월 8일, 즉 방어전이 끝난 날에 희생자들을 위한 위령미사가 봉헌된다. 점차 총장들도 수도회의 수장보다는 군주에 가까운 모습을 보였는데, 1722년에 취임하여 1736년에 세상을 떠난 포르투갈 출신 안토니오 데 빌레나Antonio de Vilhena 총장은 자신의 얼굴이 새겨진 금화를 발행하고, 므디나에 별궁을 짓기까지 하였다. 유럽 최고 수준의 극장도 여럿 지어졌고, 훌륭한 공연이 열렸다.

당연히 이런 사업에는 큰돈이 들기 마련인데, 기사단은 유럽에 있는 재산 운영, 해적질과 노예매매로만 이런 부를 쌓은 것은 아니었다. 몰타가 17세기 말부터 시칠리아를 제치고 중계무역지로 엄청난 번영을 누렸던 것이다. 그래서 그 작은 몰타가 제치노Zecchino라고 불리는 자체 금화를 주조할 수 있었던 것이다. 기사단이 오기 전에는 아무도 돌아보지 않던 변방의 섬에 살던 주민들도 낙수효과를 누릴 수 있었다.

이렇게 기사단은 넘쳐나는 돈에 흥청거리고 살았지만, 그래도 자신들의 본분을 완전히 잊지는 않았다. 1674년, 니콜라스 코토네르 총장은 최고 수준의 의과대학을 설립하여 우수한 의사들을 계속 배출했으며, 1683년 빈 포위전에서 시작된 대 오스만 전쟁에서 한몫을 해내면서 전장에서도 부끄럽지 않은 모습을 보였다.

마지막 신성동맹: 대 오스만 전쟁

1683년, 쇠퇴기에 접어들었음을 깨닫지 못한 오스만 제국은 빈 포위전을 감행했지만 대패하였다. 오히려 교황 인노첸시오 11세가 주창하여 신성로마제국, 베네치아 공화국, 폴란드-리투아니아 왕국, 러시아 제국이 참여한 신성동맹이 결성되어 그리스도교 세계의 대반격이 시작된다. 이런 강대국들과는 비교할 수 없지만 구호기사단도 신성동맹의 일원으로서 동지중해에서 활약하였다.

1684년 기사단은 처음으로 갤리선이 아닌 8척의 전장범선으로 구성된 함대를 이끌고 베네치아와 연합하여 거의 400년 만에 레프카다 섬을 공격해서 함락시켰다. 1,300여 명이 포로로 잡혔는데, 그중 4분의 1이 기사단의 몫이 되었다.

1686년 기사단 함대는 베네치아와 연합하여 달마티아와 그리스 연안을 공격하였고, 나바리노Navarino와 모데아 등을 빼앗았다. 이 과정에서 기사단은 약 600명의 병력을 잃었는데, 그중에 기사는 33명이었다.

이 전쟁은 1699년 1월, 패배한 오스만 제국이 신성로마제국과 베네치아, 러시아, 폴란드-리투아니아에게 많은 영토를 떼어주는 내용의 카를로비츠Karlowitz 조약을 맺으면서 막을 내렸다. 거의 300년 가까이 이어졌던 오스만 제국의 팽창은 이 조약으로 완전히 끝이 나고, 서서히 '유럽의 병자'로 전락하고 만다. 가라파 총장은 1680년대에 비르구의 조선소를 증설하면서 미래에 대비하였다.*

18세기가 시작되면서 기사단은 해적들의 이탈리아 약탈을 방어하는 데 많은 노력을 기울였다. 군함도 1705년부터 등장한 전열함 성 요한과 4급 전열함 성 야고보, 성 카타리나, 성 레이몽St. Raymond, 호위함 성 요셉St. Joshep 등이 기사단 함대의 주력이 되었다. 기함인 성 요한 호는 64문의 함포를 갖추고, 14명의 장교와 440명의 수병이 탔다. 3척의 3급 전열함은 12명의 장교와 380명의 수병이 탔고, 호위함 성 요셉 호는 12명의 장교와 186명의 수병이 탑승하였다. 이 군함들은 겨울에도 작전이 가능하였다. 따라서 기존의 범선들과 갤리선은 점차 비중이 줄어들 수밖에 없었다. 이 함대는 바로 바다로 나가 48척의 함포를 단 오스만 전열함 한 척을 포획하는 전과를 거두었다. 1707년에는 오랑을 수비하는 스페인군을 지원하여 오스만군을 저지하는 데 한몫을 해냈다. 1709년에는 고초 섬에 침입하려는 이슬람 선단을 막아내기도 하였다.

그렇다고 이것으로 오스만과의 전쟁이 완전히 끝난 것은 아니었다. 1714년, 그전에 러시아와의 전쟁에서 승리한 오스만 제국이 모

---

* 이제까지 보았듯이, 그전까지 기사단은 베네치아와 사이가 나빴고, 군함은 자체 건조하거나 제노바·프랑스·나폴리·리보르노 등에 발주했지만, 베네치아에 주문한 적은 없었다. 크레테 전쟁 이후로는 사정이 바뀌었을 듯하지만, 이에 대한 자료는 찾지 못했다.

레아를 침공하면서 다시 전쟁이 시작되었기 때문이다. 베네치아는 바로 몰타에 구원요청을 하였고, 페렐로스 총장은 이를 받아들였다. 하지만 베네치아는 해적질에 열심인 기사단을 좋게 보지 않았다.

1717년, 교황청의 주도로 신성로마제국과 베네치아, 기사단의 신성동맹이 다시 결성되었다. 기사단의 함대는 이 전쟁 기간 동안 지중해안을 순찰하면서 다양한 임무를 수행하였다. 신성로마제국군이 지상전에서 승리하면서 전쟁은 신성동맹군이 승리했지만, 모레아는 되찾지 못했다. 파사로비츠Passarowitz 조약으로 종결된 이 전쟁은 실질적으로 신성동맹이라는 이름으로 치러진 마지막 전쟁이었다. 1815년 러시아의 주도로 결성된 신성동맹은 교황이 참가하지 않았고, 무엇보다 이교도를 대상으로 한 전쟁이 아니었기 때문이다.

이렇게 기사단이 무려 300년 동안 오스만 제국, 아니 600년간 이슬람과 제국과 벌인 전쟁은 이렇게 막을 내렸다. 물론 이후에도 해적들과의 싸움은 있었지만, 오스만 제국은 바다에 신경을 쓸 여력이 없었고, 1740년에는 국가적으로 해적 행위를 금지한다는 조약에 서명했기에 이후 이슬람 해적은 완전히 사적인 범죄조직으로 전락해 버렸다. 더구나 오스만 제국과의 관계를 회복한 베네치아가 기사단과 다시 거리를 두었던 것도 해적의 쇠퇴에 큰 역할을 하였다. 기사단 같은 조직은 적이 없어지면 같이 약해지기 마련이다. 이제 적이 사라진 기사단에게 전투조직으로서의 수명은 거의 다해갈 수밖에 없었다.

프랑스와 러시아 해군의 교사

투르빌 원수

앞서 기사단은 리셜리외 추기경 시절부터 프랑스 해군의 훈련을 맡았다고 했는데, 17, 18세기 프랑스 해군의 명장들은 대부분 소년 또는 청년 시절을 몰타에서 보냈다. 프랑스 해군의 제독 중 가장 유명한 앤 힐라리온 드 투르빌Anne Hilarion de Tourville은 기사단에 입단한 후 17세 때 첫 해전을 치렀고, 칸디아 공방전에도 참가하였다. 크레테 전쟁 막바지인 1667년, 25세가 된 투르빌은 프랑스 해군으로 이적하여 네덜란드와 영국 해군을 상대로 여러 차례 승리를 거두어 1693년에는 루이 14세에 의해 해군 원수로 임명되기에 이르렀다. 그의 이름이 붙은 프랑스 군함은 현재까지 8척에 이른다.

1729년생인 피에르 안드레 드 슈프란Pierre André de Suffren은 14세 때 프랑스 해군에 입대했다가 오스트리아 왕위 계승 전쟁에서 영국 해군과 싸웠다. 그러다가 기사단에 입단하여 이슬람 해적으로부터 상선들을 보호하는 임무를 수행하였다. 1756년 프랑스 해군으로 돌아와 7년전쟁과 미국독립전쟁에서 맹활약하였다. 특히 인도양에서 영국 함대를 격파하여 해군 대장까지 오른다. 그의 이름을 딴 프랑스 군함도 투르빌과 마찬가지로 8척이나 된다.

프랑수아 조제프 폴 드 그라스François Joseph Paul de Grass는 11세

때인 1734년 기사단에 입대하여 갤리선의 소위로 근무하다가 17세 때 프랑스 해군으로 이적하였다. 7년전쟁 때 인도양에서 싸웠고, 미국독립전쟁에도 참전하였다. 그는 체사피크Chesapeake 만 해전에서 영국군의 증원을 저지하여 미국, 프랑스 연합군이 요크타운Yorktown 전투에서 승리할 수 있게 결정적인 공헌을 하였다. 그 결과가 미국의 독립이었다. 그의 이름을 딴 프랑스 군함은 2척밖에 없었지만, 미국 해군에는 3척이나 있었다.

슈프란 제독

샤를 앙리 루이 다르삭 드 테르네Charles-henri-louis d'arsac de Ternay는 위 세 제독보다는 지명도가 떨어지지만 역시 미국독립전쟁에서 공헌을 하여 미국에 묻힌 인물이다. 그가 묻힌 곳은 묘하게도 기사단의 옛 본거지인 로도스 섬과 같은 로드아일랜드Rhode Island이다. 1723년생인 그는 1737년 기사단에 입단했다가 다음 해 프랑스 해군으로 이적했는데, 이때 독신서약을 했기 때문에 결혼하지도 자녀를 낳지도 않은 특이한 인물이다. 아쉽게도 그의 이름을 딴 군함은 없다.

이렇게 기사단은 수많은 프랑스 해군 제독을 길러냈는데, 대신 그들의 전열함은 기본적으로 프랑스 해군의 군항 툴롱Toulon에서 건조한 다음 몰타, 정확히 말하면 비르구에 가져와서 완성시켰다. 즉 소프트웨어는 기사단이, 하드웨어는 프랑스 해군이 맡는 시스템이었던 것이다.

러시아의 여황제 예카테리나 2세Yekaterina II는 스웨덴과 전쟁을 하면서, 발틱 함대의 재조직을 위해 기사단의 젊은 장교 쥴리오 리타Giulio Litta를 초빙하였다. 1790년 스웨덴 해군과 핀란드 만에서 벌어진 해전에서 러시아 해군은 패했지만, 리타는 러시아 함대의 상당 부분을 구출하여 손실을 최소화하는 데 큰 공헌을 하였다. 훗날 그는 러시아 해군 소장에 오른다. 기사단과 러시아와의 인연은 다시 이어지는데, 그 이야기는 뒤에 다루도록 하겠다.

최첨단을 자랑했던 기사단의 병원과 의술

기사단의 본업이라고 할 수 있는 의학은 1674년 의학교 설립 이후 계속 발전하여 하드웨어와 소프트웨어 모두 가히 유럽 최고라고 할 수 있는 수준으로 올라섰다. 기사단이 자리 잡기 전 음디나에 작은 병원이 있었는데, 이를 제1병원이라고 하였다. 기사단 본부가 있었던 비르구에 제2병원이 생겼지만 여성들은 들어갈 수 없었고, 기사와 병사, 선원들만 사용가능한 공간이었다. 기사단은 1575년 발레타에 제3병원을 완공하면서 로도스 시절과 맞먹는 시설을 확보하기에 이르렀다. 제3병원은 길이가 155미터에 이르는데, 놀랍게도 중간에 기둥이 하나도 없었다. 따라서 채광과 통풍이 모두 우수하였다. 이 병원은 몰타 주민은 물론이고 누구나 이용할 수 있었다.

수용환자가 천 단위에 이르렀던 1700년경, 겨울에는 벽에 화려한 모직 태피스트리가, 여름에는 프레티의 유화가 걸렸다. 위생에 좋은 은식기 사용도 그전과 같았음은 물론이다. 기사들의 의료봉사도 여전히 계속되었다. 다만 영국 언어구의 붕괴로 7개가 되는 바람에 일주일에 한 번씩이므로 순번 인식이 편해졌다는 것이 변화라면 변화였다.

이 병원에는 최소한 외과의 5명과 내과의 5명이 근무했고, 외과의 1명을 포함해서 최소한 3명이 밤에도 당직을 섰다. 이미 1595년에 예수회가 의학교를 하나 세웠었는데, 기사단의 의학교와 시너지 효과를 내며 발전해 나갔다. 기사단은 정기적으로 학생과 의사들을 유럽으로 보내 공부를 시켰다. 이 결과 몰타의 의술은 해적질과는 달리 17세 후반 장족의 발전을 이룬다. 대표적인 분야가 안과인데, 몰타 태생의 명의 요셉 바르트Joseph Barth 덕분이었다. 1746년에 태어난 그는 최초의 백내장 수술을 몰타에서 성공하여 전 유럽에 이름을 떨쳤고, 기사단의 자랑이 되었다. 그는 오스트리아에서 명의로 활동하다가 1818년 세상을 떠난다.

요셉 바르트의 초상

외과의사인 미켈란젤로 그리마Michel'Angaelo Grima도 몰타의 의료 수준을 크게 높여준 인물이다. 1729년생으로 12세 때 기사단 의학교에 입학하고 졸업한 다음, 피사와 피렌체 대학에서 강의하다가 1763년에 몰타로 돌아왔다. 그는 2분 30초 만에 환자의 요로결석을 적출해 내 온 유럽을 놀라게 하였다.

그는 기사단 병원의 수석 외과의사로서 학교에서는 해부학과 외과에 대한 강의를 시작했고 해부학 및 외과의 의장이 되었다. 유럽 전역에서 의대생들이 그의 지도를 받기 위해 몰타로 몰려들었을 정도로 그의 명성은 대단하였다. 명장 대신 이런 명의들이 등장했다는 사실은 물론 반가운 일이었지만, 한편으로는 기사단의 미래가 어떻게 될 것인가를 보여주는 징조가 아닐 수 없다.

기사단의 마지막 불꽃

묘하게도 1580년에서 약 200년 동안의 지중해 세계는 군웅이 할거하고 어제의 원수들끼리 손을 잡는, 13세기 우트르메르의 상황과 비슷한 면이 많았다. 17세기 티레 총독은 오스만 중앙정부의 제지에도 불구하고 구호기사단과 협정을 맺어 기사단 군함의 입항을 허용하였다. 티레항에 펄럭이는 기사단의 깃발은, 규모는 큰 차이가 나지만 1543년 바르바로사가 이끄는 오스만 대함대가 마르세이유에 기항했던 것과 같은 모습이었다. 1730년대, 기사단은 폐출된 튀니스의 베이를 돕기 위해 출병했고, 복위에 큰 도움을 주었다. 10년 후에는 튀니스의 왕자가 몰타를 공식 방문하기도 했을 정도였다. 18세기 후반에는 모로코의 술탄이 귀빈으로서 몰타를 방문하여 융숭한 대접을 받기도 하였다. 이런 놀라운 일이 가능했던 이유는 두 가지였다.

첫 번째 이유는, 대서양으로 상선들이 몰리자 북아프리카의 이슬람 해적들이 거의 알제르로 모였고 튀니스와 트리폴리의 해적들은 거의 사라졌기 때문이다.* 그러면서 지리적으로 중간지대에 위치한 몰타의 기사단이 유럽과 북아프리카와의 교량 역할을 했던 것이다. 두 번째 이유는, 앞에서도 잠시 다루었지만, 구호기사단은 물론이고 성 스테파노 기사단과 몰타의 면허를 받은 가톨릭 해적들이 먹잇감이 많은 동지중해 특히 레반트 지역으로 몰려서, 오스만 제국의 종주권은 인정했지만 사실상 자치적 왕국인 북아프리카의 나라들이 기사단의 공격을 거의 받지 않고 있었기 때문이었다. 참고로 동지중해 항로에서 중요한 화물은 향신료와 고급 목재, 쌀과 밀, 견직물, 설탕 등이었는데, 물론 가장 중요한 먹이는 메카와 메디나 순례를 가는 귀족들이었다.**

여기서 당시 지중해 정세가 얼마나 복잡했는지 알 수 있는 일화를 소개하고자 한다. 1748년, 오스만 제국의 로도스 총독 무스타파가 기사단의 포로가 되었다. 무스타파는 몰타 내의 반역자들의 도움을 받아 알제르의 해적과 힘을 합쳐 몰타를 공격하고 탈출할 계획을 꾸몄다. 그러나 이를 알게 된 한 유대인이 마누엘 핀토 데 폰

---

* 이슬람 해적들은 마데이라Madeira와 아이슬란드Island까지 약탈할 정도로 극성을 부렸다.

** 예루살렘 같은 그리스도교 성지를 가는 순례자들은 현지에 돈을 뿌리기 때문에 앞서 말했듯이 이슬람의 권력자들에게 이익이 되었기 때문에 보호하려 했다. 하지만 메카로 가는 무슬림들은 그렇지 않았기에 기사단의 표적이 된 것이다.

세카Manuel Pinto de Fonseca 총장에 고해바쳤고, 관련자들은 모조리 처형되었다. 하지만 주모자인 무스타파는 무사했고, 얼마 후 멀쩡한 몸으로 귀국할 수 있었는데, 오스만 제국과 특별한 관계를 유지하고 있는 프랑스가 힘을 써준 덕분이었다.

파사로비츠 조약 이후, 기사단의 군사활동이 크게 위축되었다고 하지만 물론 완전히 없어진 것은 아니었다. 이 시기에 기사단의 마지막 명장이 등장하는데, 바로 자크 프랑수아 드 샹브레Jacques-François de Chambray였다. 그는 1723년부터 1749년까지 31차례나 출전했는데, 그중 1732년 9월, 우투르메르 시절 여러 번 격전지가 되었던 다미에타에서 벌어진 해전이 가장 컸다.

이 해전에서 샹브레는 오스만 해군의 제독을 포로로 잡고, 많은 전리품과 노예를 얻었다. 하지만 이 승리는 서유럽에 아무런 반향을 일으키지 못하는 찰나의 승리에 불과하였다. 지중해는 이미 유럽인들의 관심 밖이었던 것이다. 어쨌든 샹브레가 31차례의 출전에서 얻은 전리품의 가치는 40만 리브르에 달했다고 한다.

시대에 적응하려는 노력 그러나…

1741년에 취임하여 무려 32년을 재임하는 폰세카 총장은 코르시카를 기사단의 영토로 만들겠다는 야심을 품었다. 당시 코르시카의 주인 제노바가 쇠퇴일로에 있었기 때문이었는데. 이 시도는 프랑스에 의해 저지되었고, 결국 1768년 프랑스가 이 섬을 매입하면서 완전히 물거품으로 돌아간다. 그 다음 해인 1769년 나폴레옹이 이 섬에서 태어난다.

반대로 나라를 빼앗길 뻔한 일도 벌어진다. 기사단의 몰타 지배는 칼 5세와의 협정으로 법적 효력을 갖는 것인데, 형식상으로는 1년에 매 한 마리를 바치는 임대였지 완전한 할양은 아니었다. 이를 근거로 시칠리아와 나폴리의 왕 카를로스 7세가 몰타를 회수하겠다고 나선 것인데, 최소한 칭신이라도 받겠다는 의도였다. 물론 폰세카 총장은 이를 거부했는데, 카를로스 7세는 기사단의 굴복을 받아내기 위해 11개월 동안이나 무역금지 조치를 내렸다. 폰세카 총장은 프랑스와 사르디니아 왕국의 지원과 몰타 주민의 단결 덕분에 위기를 넘길 수 있었다. 사실 기사단의 대사에게 교황청과 스페인, 프랑스 궁전에 마차를 타고 들어갈 수 있는 특권이 있을 정도로 소국임에도 위상은 상당히 높았다.

18세기 후반에 들어서면, 오스만 제국은 이빨 빠진 호랑이 신세가 되어 유럽 제국들이 별다른 위협을 느끼지 않았기에 몰타의 전략적 가치도 예전보다는 훨씬 떨어질 수밖에 없었다. 더구나 계몽사상이 풍미하면서, 가뜩이나 낡은 십자군 정신을 기반으로 하는 기사단은 더더욱 시대착오적 존재로 보였다.

물론 기사단도 이를 모르지는 않았다. 1761년에 공립 도서관을, 7년 후 대학교를 설립하였고, 1786년에는 수학 및 해양 과학 학교도 설립하는 등 사회적 진보에 대응하였다. 좁은 몰타에서 벗어나려는 시도도 병행하였다. 1735년에는 프란체스코 수도회가 아비시니아Abissina 공사를 설립하여 이슬람 도적들에게 시달리는 주민들도 구하고 식민사업도 하자는 제안을 하였다. 가톨릭 수도회 판 동인도회사인 셈인데, 라몬 데스푸이그Ramon Despuig 총장이 영국과 프랑스와의 충돌을 두려워하여 성사되지 못했다.

이미 인연이 있고 폴란드 분할에 열심인 러시아의 예카테리나 여제에게 접근하여, 폴란드 진출을 시도하기도 하였다. 하지만 기사단 지도부와 동방정교도인 러시아 대사와의 사이가 좋지 않아 별다른 진척을 보지 못했다. 그래도 러시아 지부를 설치하는 성과는 거두었다. 프랑스와 러시아의 해군 장교 후보들을 교육시키는 일은 여전히 계속하였다.

막 독립한 미국과도 무언가를 해보려 하였다. 1793년에는 에마누엘 드 로앙Emmanuel de Rohan 총장이 미국 땅의 일부를 조차하고, 대신 몰타의 항구를 미국에 개방하는 방식으로 기사단의 미래를 열어 보려 했지만, 이 역시 실패로 돌아갔다. 심지어 3년 후에는 아예 오스만 제국과 통상조약을 맺으려는 시도까지 했지만 정체성 자체를 부정하는 일이었기에 결국 성사되지 못했다. 로앙 총장은 교황청과의 종속관계를 종식하고 몰타기사단국을 근대화하려는 시도를 했지만 교황 피우스 6세의 결사반대로 성공하지 못했다. 로앙 총장은 행정 효율화와 적자재정에서의 탈출과 유명무실한 영어 언어구를 폐지하고 앵글로-바이에른 언어구를 신설

루앙 총장의 초상(사진: PHGCOM: wiki)

하는 개혁에는 성공하였다. 하지만 이 정도로는 거대한 시대의 변화를 이겨낼 수 없었다.

프랑스 혁명이라는 태풍

1789년 일어난 프랑스 대혁명은, 물론 세계사적 사건이었지만 기사단의 운명도 완전히 바꾸어 놓았다. 프랑스의 권력을 장악한 국민의회는 주교의 권력을 제한하고, 교회의 재산을 국유화하는 등 강력하게 교회의 세속화와 국가화를 추진하였다. 가톨릭교회는 큰 충격을 받을 수밖에 없었는데, 다행히 기사단은 이런 조치에서 빠졌고, 면세 등 기존의 혜택을 유지할 수 있었다.

하지만 이런 상황도 오래가지 못했다. 1791년, 국민의회는 면세 특권을 없애고, 프랑스 출신 기사단원에 부여된 프랑스 국민으로서의 권리를 박탈하는 법안을 통과시켰다. 여기서 루앙 총장은 치명적인 잘못을 저지른다. 바로 루이 16세의 탈출을 위해 50만 리브르의 거금을 지원한 것이다. 잘 알려진 바대로 루이 16세의 탈출은 실패하고, 연금되는 신세가 되었다. 당연히 혁명정부와 기사단의 관계는 최악으로 치달았다. 설상가상으로 루앙 총장이 중풍으로 쓰러져 반신불수가 되고 말았다. 그는 6년간 더 살면서 총장직을 수행하지만 지도력의 약화는 불가피했다. 사실 루앙 총장은 재정개혁 등 적잖은 업적을 남겼지만 이런 대변혁의 시대를 헤쳐 나갈 역량은 없었던 것이다.

1792년 9월 12일, 결국 올 것이 오고 말았다. 혁명정부에 의해

11억 2천만 리브르에 달하는 기사단의 재산이 모두 몰수되었고, 파리 르 탕플에 있는 기사단 지부 건물은 루이 16세와 왕비 마리 앙투아네트를 비롯한 왕족들을 가둔 감옥으로 바뀌었다. 지금은 흔적도 없지만 지부 건물 즉 성에는 지붕이 뾰족한 2개의 요새 탑이 있었다. 탑 내부는 육중한 철문, 낮은 창틀, 컴컴한 벽으로 둘러싸여 있었는데, 적어도 탑 부분은 당시에는 거의 제 기능을 하지 못하고 있었다. 스테판 츠바이크Stefan Zweig의 표현대로 폐허가 된 이 성이 사실상 폐위된 왕과 왕비의 감옥이 된 것은 의미심장한 일이었는데, 문제는 주인인 기사단도 비슷한 신세가 될 운명이었다는 것이다.

화불단행禍不單行, 즉 불행은 혼자 오지 않는다는 말처럼, 기사단에 미친 재앙은 여기서 끝나지 않았다. 몇 년 후에 프랑스 혁명군이 국경 밖, 즉 이탈리아와 독일로 진격하면서 그곳에 있던 기사단의 재산들도 몰수되거나 세금이 부과되었던 것이다. 피해는 충격적인 숫자로 나타났다. 대혁명 직전인 1788년 기사단의 수입은 3,156,719리브르였고 지출은 2,967,503리브르였지만, 1792년에는 수입이 100만 리브르까지 급전직하한 것이다. 당연하지만 최고 수준을 자랑하던 병원도 모든 면에서 엉망이 되고 말았다. 한 방문자는, 약간 과장을 보탠 것이긴 하겠지만, 병원의 위생상태가 총장의 마구간보다 나을 게 없다고 표현했을 정도였다.

거기에다 혁명을 피해 몰타로 많은 프랑스 귀족들이 피난을 왔는데, 상당수는 궐석재판에서 사형을 선고받은 이들이었다. 이런 '군식구'들도 몰타의 상황을 더 악화시켰다. 반신불수의 루앙 총장은 자신이 가진 보석을 전부 기사단에 내놓고, 식단을 간소화하는 등 많은 노력을 기울였지만 말 그대로 새발의 피였다. 그럼에도 기사단에는 루앙 총장만한 인물도 없었다.

하틴의 참패, 예루살렘 상실, 아크레 함락, 두 차례의 방랑, 종교개혁, 오스만 제국과 치른 세 차례의 방어전, 수없이 치른 이슬람 세력과의 전투… 수많은 어려움을 겪고 변신을 거듭하여 지금까지 살아남은 기사단이 이번에도 살아남을 수 있을까?

프랑스 혁명정부는 1793년, 새 대사를 몰타에 보냈다. 그들이 보기에 기사단이 지배하는 몰타는 시대착오적 신정국가에 불과했지만, 지중해 무역에서 중요한 위치를 점하고 있다는 현실은 인정하지 않을 수 없었다. 만약 영국이나 러시아가 이곳을 차지한다면 적지 않은 골칫거리가 될 것이었다. 따라서 관계개선을 모색해보고자 했는데, 타이밍이 나빴다. 그해 1월 21일, 루이 16세가 단두대에서 목이 잘리고 말았다. 프랑스 대귀족 가문 출신인 루앙 총장은 이 비보에 분노하여 프랑스 혁명정부에 선전포고를 하였다.

툴롱에서 왕당파가 반란을 일으키고 영국과 스페인 함대가 지원에 나섰는데, 기사단도 600명의 지원부대를 그곳에 보냈다. 이 반란은 나폴레옹이라는 젊은 장군에 의해 진압되었다. 이어서 프랑스 배들의 발레타 입항을 불허하였다. 당시 프랑스는 영국과 오스트리아를 중심으로 한 반프랑스연합에 포위되어 있어 몰타를 공격할 여력은 없었다. 하지만 기사단 입장에서 배후를 든든히 할 필요가 있었다. 마침 러시아 황제 파벨 1세Pavel I는 구호기사단의 숭배자였고, 리타 제독의 보좌를 받은 적도 있었다. 뿐만 아니라 파벨 1

세는 5만 3천 플로린을 빌려주고, 기사단의 든든한 후방을 맡겠다고 나섰다. 러시아와의 동맹은 연속된 재앙으로 기진맥진한 기사단에 가뭄 끝에 단비 같은 역할을 하였다.

그러나 나폴레옹이 1797년 북이탈리아를 휩쓸고, 5월에는 천 년이 넘는 역사를 자랑하는 베네치아 공화국을 공식적으로 멸망시켰고 로마를 점령한 후 로마공화국을 선포하여 교황령도 사실상 사라지게 만들었다. 여든 고령의 교황 피우스 6세는 시에나, 피렌체 등을 전전하는 신세로 전락했다. 이 소식은, 중세의 유물이라는 관점에서는 베네치아나 교황령과 마찬가지인 기사단에게 큰 충격을 주었다. 꼭 이 때문은 아니겠지만, 7월 루앙 총장이 세상을 떠났다. 이 역시 기사단에게 큰 타격을 주었다. 이미 프랑스 본국과는 척을 진 데다가 스페인이 프랑스와 동맹을 맺었기에, 이 두 나라 출신에서는 총장이 나올 수 없었다. 그래서 선택된 인물이 페르디난드 폰 홈페쉬Ferdinand von Hompesch였다. 독일 출신으로는 첫 번째 총장이었다.

나폴레옹의 상륙과 몰타시대의 종말

홈페쉬는 1744년에 바이에른에서 태어났는데, 14세에 기사단에 입단하여 폰세카 총장의 시종을 하다가 주오스트리아 대사, 독일 언어구장 등을 거친 노련한 외교관이었다. 하지만 군사경험이 거의 없었고, 전략적인 사고가 결여된 인물로, 이런 시대에는 전혀 맞지 않았다. 더구나 루앙 총장과는 달리 총장으로의 특권만 탐하는 소인배이기까지 하였다. 물론 그도 프랑스의 위협을 모르지는 않았지만 대책이라고는 겨우 파벨 1세에게 기사단의 보호자라는 칭호만 수여했을 뿐이었고, 방어태세 강화나 주민 동원 등 실제적인 방어조치는 거의 취하지 않았다. 그나마 주민들의 민생에는 신경을 썼기에 인기는 괜찮았지만, 그에게 주어진 시간은 너무 짧았다.

홈페쉬가 '총장 놀이'에 빠져 있는 동안 이탈리아 전역의 대승리로 프랑스의 국민적 영웅이 된 나폴레옹은 베네치아를 멸망시킨 직후부터 몰타 점령을 구상하고 있었다. '알렉산더 증후군' 환자였던 나폴레옹은 이집트와 오리엔트는 물론 영국령 인도까지 정복할 야망을 품고 있었던 것이다. 혁명정부를 이끄는 통령들은 그의 인기를 부담스러워했기에 이에 찬성하였다. 작전계획을 짜기 시작한 나폴레옹은 중간기착지이자 교두보로 몰타 점령을 원하였다. 통령정부는 몰타 점령에 아주 소극적이었지만 외무장관 샤를 모리스 드 탈레랑Charles Maurice de Talleyrand-Périgord이 분위기를 완전히 바꾸어 버렸다.

"몰타를 점령하면 왜 안 됩니까? 발레타의 기사는 400명밖에 안 되고, 병사는 500명에 불과합니다. 10만의 주민들은 가난에 시달리고 있고 기사단의 통치를 혐오하고 있습니다. 기사단의 재산을 모두 차지할 수 있을 뿐 아니라 이 섬을 차지하면 사르디니아와 코르푸가 넘어오고 우리들은 지중해의 주인이 될 것입니다."

통령들은 나폴레옹의 계획을 승인하였다. 11월, 나폴레옹은 에티엔 프시에르그Etienne Poussielgue를 몰타에 파견하였다. 그의 손에는 혁명정부를 지지하는 약 80명의 기사단원들의 명단이 쥐어져 있었다. 그를 도와준 인물 중 한 사람은 유명한 지질학자 데오다트 드 돌로미외Deodat de Dolomieu였다. 1768년, 18세 때 기사단에 입단하였고, 항해 도중 이탈리아에서 동료와 결투를 하다가 살인을 저질렀는데 교황청과 프랑스 왕실의 도움으로 사면되었다. 1778년엔 정식 기사가, 그리고 지질학을 배워 같은 해 과학아카데미 회원이 되기에 이른다. 하지만 수뇌부와 계속 갈등을 빚어 몰타를 떠나야 했다.* 기사단 입장에서는 과학계의 '카라바조'라 할 만했다.

아이러니한 사실은 협조자 중 프랑스 출신은 거의 없었다는 점이다. 200여 명의 프랑스 기사 중 대부분은 고향과 재산을 잃은 분노에 찬 주전파였고, 협조자는 15명 정도에 지나지 않았다.

1798년 4월에 2만 9천 명으로 구성된 동방군단이 창설되었다. 5월에 나폴레옹이 툴롱에 도착했는데, 그곳에는 14척의 전열함과 30척의 프리게이트, 300척의 수송선이 그를 기다리고 있었다. 수병들까지 합치면 거의 4만의 대군이었다. 여기에 소요된 자금은 스위스와 네덜란드, 이탈리아에서 무자비한 약탈로 마련하였다. 이 대함대는 5월 19일, 툴롱을 떠났다.

이때 몰타의 전력은 다음과 같았다. 332명의 기사가 있었는데, 이중 282명이 전투가 가능했고, 병사는 약 6천 명이었다. 탈레랑이 말한 숫자의 10배가 넘었다. 그 외에도 4천 명의 민병을 동원할 수 있었는데, 당시 몰타의 인구는 10만 5천 명이었다. 하지만 주민들

* 돌로미외가 입단했을 당시 총장이었던 폰세카는 어이없게도 고색창연한 연금술에 빠져 있었다.

은 233년 전의 그들이 아니었다. 주민들은 한물간 기사단의 통치에 지쳐 있었고, 프랑스의 침공 가능성이 높다는 사실도 알고 있었다. 하지만 그들 입장에서는 같은 프랑스인들일 뿐이었다.

물자는 4개월분의 식량과 750톤의 화약이 비축되어 있었다. 요새에 배치된 크고 작은 화포는 거의 900문에 달했지만 몇 문이나 포탄을 쏠 수 있을지, 쏜다 해도 얼마나 나갈지는 아무도 알 수 없는 형편이었다. 당시 64문의 함포를 갖춘 전열함 성 요한 호가 막 진수되었지만 전투에 투입할 수 있는 상태는 아니었다. 설사 성 요한 호가 가세한다 해도 해군은 프랑스 함대에 맞설 수 없는 규모였다.

그러나 제아무리 명장이라도 요새 공략은 어렵기 마련이니 강력한 요새를 감안하면 프랑스군과 일전을 겨룰 만한 전력이었다. 홈페쉬는 233년 전 발레트의 발끝에도 미치지 못하는 인물이었다. 영국과 러시아의 지원만 기대하면서 총동원을 계속 늦추었던 것이다. 사실 영국의 지원은 가능했고, 그 함대의 지휘관은 바로 그 유명한 호레이쇼 넬슨Horatio Nelson이었다. 물론 그는 몰타에 도착하기 전에 프랑스 함대를 격파하고자 했지만 사르디니아 서쪽 해안에서 강풍을 만나는 바람에 그들을 따라잡지 못했다. 이렇게 외부에서 몰타를 구할 마지막 기회는 사라진 것이다.

6월 4일, 독일 지부장의 서신이 발레타에 도착하였다. 프랑스 함대의 목적지가 이집트인지는 확실하지 않지만 몰타는 포함되어 있다는 내용이었다. 하지만 홈페쉬 총장은 몰타가 공격받지 않도록 신께 기도했을 뿐이었다. 하지만 신의 응답은 사르디니아의 강풍이었던 것이다. 하늘도 스스로 돕는 자를 돕는다는 것처럼 아무것도 하고 있지 않는 자를 신이 도울 리 없다. 이틀 후, 프랑스 함대의 선봉이 외해에 나타났다는 급보가 들어왔다. 홈페쉬는 허겁지겁 군사회의를 소집했지만 참석자 11명 중 4명이 나폴레옹과 내통하고 있었고, 그렇지 않은 7명도 바다 위에 뜬 거대한 숲 같은 프랑스 함대를 보고 전의를 상실한 상태였다.

묘하게도 그 전해 베네치아 공화국도 똑같이 총동원을 늦추었다가 최후의 순간에야 실행했지만 싸워보지도 못하고 망하고 말았다. 그럼에도 홈페쉬는 이를 전혀 교훈으로 삼지 못했던 것이다.

6월 9일, 프랑스 함대는 그랜드 하버 부근에 도착했고, 나폴레옹은 급수와 휴식을 위해 기항하겠다는 내용의 서신을 보냈다. 홈페쉬 총장은 30년 전 프랑스 정부와 맺은 협정을 근거로 4척의 기항만 허용하겠지만 병원은 프랑스 육해군을 위해 개방하겠다고 응답하였다. 하지만 나폴레옹은 "그러면 보급이 너무 늦어지고, 영국 해군에 붙잡힐 수 있다"라고 반발하였다. 다음 날 정오, 나폴레옹은 1만 5천 병력을 성 바오로 만 등 11개 지점에 동시에 상륙시켰다.

스페인은 1796년까지는 적국이었지만 그때 이후에는 프랑스의 동맹국으로 돌아섰기에 해안을 지키던 스페인 기사들과 군인들은 전혀 저지하지 않았다. 또한 내통하고 있던 중진들은 같은 그리스도교도라는 이유로 저항하지 말라고 지시하였다. 군사경력이 거의 없었던 데다가 취임한 지 1년밖에 안 된 홈페쉬는 이런 상황을 저지할 힘이 없었다.

만약 이때 몇 개 요새라도 저항했다면 나폴레옹은 지구전을 피하기 힘들었을 것이고, 이집트 원정에 방해가 되었을 것이다. 자칫하면 넬슨의 함대에게 배후를 찔려 모든 계획이 망가지고, 나폴레옹의 전설은 싹만 틔우고 사그라질 수도 있었다. 의외로 지오반니 토마시Giovanni Tommasi 기사가 지휘하는 민병 400명이 프랑스군을 막아서는 사건도 벌어졌다. 하지만 이런 돌출 상황이 대세를 뒤집을 수는 없었다. 10일 저녁에는 생 리아 반도가 프랑스군의 손에 넘어갔다.

11일 새벽, 몰타의 토착 귀족들이 홈페쉬 총장을 만나 나폴레옹과 협상을 하라고 강권하였다. 반대로 군사령관은 홈페쉬 총장 앞에 무릎을 꿇고 영국 함대가 올 때까지만 버틴 다음에 나폴레옹과 회담을 해도 늦지 않다고 호소하였다. 6월 11일, 저녁 6시 돌로미외의 중재로 일시적으로 정전을 하고 총장의 사절단이 나폴레옹의 기함에 도착하였다. 그들의 임무는 물론 최대한 유리한 조건을 이끌어내는 것이었다. 나라가 멸망하는 이유는 마지막 지도자의 무능함 때문만은 아니다. 하지만 마지막 지도자는 대부분 무능하기 마련이다. 구호기사단 역시 예외가 아니었는데, 홈페쉬는 사절단조차 잘못 선정하고 말았다.

스페인 언어구장인 펠리페 데 아마트Felipe de Amat, 재무부장 보스레돈 란지자Bosredon Ransijat가 사절단을 이끌고 있었는데, 둘 다 투항파였다. 결국 이들은 사실상 무조건 항복이나 다름없는 협정을 맺고 발레타로 돌아왔다. 홈페쉬 총장은 멍하니 이를 받아들일 수밖에 없었다.

나폴레옹은 다음 날인 6월 13일 발레타에 상륙하고, 6일 동안 섬에 머물렀다. 그 사이 프랑스군은 섬 전체와 요새를 장악하였다. 겨우 3명의 전사자만 대가로 치른 그들의 전리품은 엄청났다. 무기만 쳐도 창고에 있는 것들까지 합쳐 1천200문의 포, 4만 정의 화승총, 2척의 전열함, 1척의 프리게이트 및 4척의 갤리선이었다. 기사단이 소유한 병원의 은식기, 제단을 덮은 중국제 비단, 청동과 상아조각, 보석이 달린 성물상자 등 엄청난 보물들이 모조리 프랑스군의 차지가 되어 이집트원정의 군자금이 되었다. 공식적으로 계산된 가치만도 700만 프랑에 달했는데, 아마 비공식적으로 챙긴 것이 그 절반은 되었을 것이다. 펠리페 2세가 발레트에게 보낸 단검이 프랑스 차지가 된 것도 이때의 약탈 때문이었다. 많은 역사가들이 나폴레옹의 몰타 공격은 배후의 안전을 확보하는 것보다 약탈에 있었다고 보고 있을 정도였다.

6월 17일, 홈페쉬 총장과 대부분의 기사들은 세례자 요한의 오른팔과 진짜 십자가의 파편 등 성물과 일부 소유물만 가지고 섬을 떠나야 했다. 이렇게 로도스보다 더 길었던 268년에 걸친, 기사단의 몰타시대는 허망하게 막을 내렸다. 그럼에도 기사단의 몰타 통치는 성공적이었다는 것이 중평이다. 268년 전 그들이 이 섬에 도착했을 때에는 1만 5천 명의 헐벗은 주민들이 이슬람 해적에게 거의 무방비 상태로 노출된 채 힘겹게 살았지만, 훌륭한 방어시설과 항구, 병원, 관개시설 등 인프라를 남겨두었고, 인구가 무려 7배인 10만 명으로 늘었다는 것이 좋은 증거다. 기사단이 없었다면 몰타로 그렇게 많은 관광객들이 올 리도 없었으니 남들이 해적이라 욕을 해도 몰타인들에게 기사단 지배 268년은 황금기였던 것이다.

약 50명의 기사들은 나폴레옹을 따라 이집트 원정에 나섰는데, 돌로미외는 그 유명한 학술단의 일원이었다. 나폴레옹은 보부아 Vaubois 장군과 3천 명의 수비대를 섬에 남겼다. 일주일도 안 되는 체류기간 동안 나폴레옹은 2천 명의 이슬람 노예를 해방하고,* 유대인과 무슬림에 대한 차별과 주민들에 부과된 봉건적 의무를 철폐하는 등 프랑스 공화정의 이상을 표면적으로나마 관철시켰다.

명의 그리마는 1797년에 은퇴하여 1798년 8월 25일에 사망하였다. 그의 운명과 기사단의 운명은 하나였던 셈이다. 그는 발레타에 있는 성 프란치스코의 작은 관찰자 교회에 묻혔다.

대부분의 몰타인들은 기사단의 추방을 기뻐했고 새로운 정책을 펴는 프랑스군에게 동조하였지만 그리 오래가지 못했다. 기본적으로 나폴레옹의 정책은 봉건제도의 철폐라는 진보적인 면모와 무자비한 약탈이라는 야만성의 두 얼굴을 가지고 있었기 때문이다. 프랑스군은 그토록 많은 보물을 챙겼음에도 기사단의 부채 지불을 거부하고, 새로운 세금을 물렸다. 더구나 유공자에 대한 연금지불도 거부했으며, 교회와 수도원·수녀원까지 약탈하면서 기사단 시절보다 더 나쁜 일만 일어났다. 창녀들의 상대가 기사단원과 사략선원들이 아니라 프랑스 군인으로 바뀐 것도 변화라면 변화였다. 결국 몰타 주민은 점령군에 대항하여 봉기했고, 영국·나폴리·포르투갈의 도움까지 받아 섬의 대부분을 장악하고, 점령군은 발레

* 이슬람 노예의 해방은 이집트 침공 전 현지인들의 환심을 사기 위한 조치이기도 했다

타 등 몇 요새에 고립되고 말았다. 그래도 프랑스군은 요새에서 2년을 버텨냈는데, 이를 보면 만약 기사단이 항전 태세를 제대로 갖추었다면 넬슨이 구원하러 올 시간은 충분했을 것이다. 실제로 기사단이 항복한 지 한 달 반 후인 8월 1일에 이집트의 아부키르만 Aboukir Bay에서 프랑스 함대는 전멸당했는데, 그때까지 배에 실려 있던 기사단의 보물이 모두 바다 속에 가라앉고 말았다.

이 해전 열흘 전, 나폴레옹은 그 유명한 피라미드 전투에서 승리하여 여전히 이집트의 실권을 장악하고 있던 맘루크군을 박살내 버렸다. 놀랍게도 나폴레옹은 불과 1년 남짓 만에 천 년이 넘는 역사를 자랑하는 베네치아 공화국, 700년 역사를 자랑하는 구호기사단국, 그리고 500년이 넘게 존속했던 맘루크라는 중세의 유물 셋을 한꺼번에 멸망시켜 버린 것이다.* 그리고 8년 후에는 실속은 없었고는 하지만 무려 천 년간 유지되었던 신성로마제국까지 문을 닫게 만들었다. 베네치아 공화국을 멸망시킬 때 나폴레옹은 이런 말을 했다고 한다.

"나는 베네치아 공화국의 아틸라가 되어 주겠다. 이 나라는 너무 낡았어. 더 이상 그 존재를 허락해서는 안 돼!"

---

* 교황령은 나폴레옹의 몰락 후 축소된 형태로 부활했지만 1870년에 이탈리아 왕국에 병합되면서 다시 사라지고 만다. 현재의 바티칸 시국은 1929년 라테란 협약으로 탄생했지만 영토의 크기는 과거와 비교할 수 없을 정도로 작아졌다.)

이런 의미에서 나폴레옹은 진정한 근대를 시작한 위인이 맞다. 하지만 '아틸라'답게, 몰타의 예에서 보았듯이 약탈로 전쟁을 계속할 수밖에 없는 중세적 인물이기도 하였다. 그가 유럽을 제패했음에도 결국 산업혁명 중인 섬나라 영국에 패할 수밖에 없었던 이유도 여기에 있었다. 어쨌든 그 거대한 오스만 제국을 상대로 몇 백 년 동안이나 잘 싸웠던 두 나라가 너무도 허망하게, 그것도 한 인물에게 한 해 차이로 멸망당한 것은 아쉽기 그지없는 일이다. 이렇게 기사단은 정든 몰타를 잃고 세 번째 방랑을 할 수밖에 없었다. 이제 '영토 없는 국가'가 된 그들의 세 번째 방랑 이야기가 이어진다.

9장. 근현대의 기사단

세 번째 방랑, 새 총장 '파벨 1세', 두 번의 기회를 날리다

홈페쉬 총장은 12명의 기사와 2명의 부사관을 데리고 트리에스테Trieste에 상륙하였다. 그는 신성로마제국의 황제 프란츠 1세Franz I에게 의지하여 재기를 노렸다.* 그런데 이때 머나먼 러시아에서 한 편의 희극이 벌어진다. 러시아 지부는 어처구니없는 몰타 상실 소식을 전달받자 '홈페쉬는 매국노에 불과하며, 나폴레옹과의 협정은 무효'라고 선언하면서 파벨 1세를 새로운 총장으로 추대하였다. 앞서 이야기했듯이 파벨 1세가 구호기사단 숭배자였기 때문인데, 누가 보아도 700년 가까운 구호기사단 역사에서 전례가 없는 사건이었다. 독일과 스페인 언어구의 기사들은 홈페쉬에게 충성을 맹세했고, 상트페테르부르크St. Petersburg에서 온 사자들은 추방되

* 8년 후에는 신성로마제국마저 나폴레옹에게 멸망당한다.

었다.

그러자 파벨 1세는 총장이 되기 위해 기사단에게 영지를 내리고, 돈을 뿌리는 물량공세를 서슴지 않았다. 마침 기사단의 뒷배인 바이에른 공 칼 테오도르Karl Theodor가 1799년 세상을 떠나고, 막시밀리안 1세Maximilian I가 즉위했는데, 그는 국내의 기사단 재산을 몰수하는 조치를 취했다. 그러자 파벨 1세는 5만 대군을 동원해가며 바이에른에 압력을 넣어 이 조치를 취소시켰다. 또한 합스부르크 왕조의 방어를 약속하는 대신 프란츠 1세에게 자신의 총장 취임을 추인해 주도록 요구하였다. 상황이 이렇게 돌아가자 프란츠 1세도 홈페쉬의 사퇴를 지지할 수밖에 없었다.

당연히 교황 피우스 6세는 홈페쉬를 지지했지만 떠돌이도 아니고 아예 나폴레옹의 포로가 되어 프랑스로 끌려간 신세였기에 아무런 힘을 쓸 수 없었다. 스페인 언어구는 흔들림이 없었지만 독일 언어구가 신성로마 황제의 변심으로 지지를 철회하면서 홈페쉬는 더 이상 버틸 수 없게 되었다. 1799년 7월 6일, 홈페쉬는 공식으로 퇴임하고 파벨 1세가 진짜로 총장 자리에 올랐다. 비상 상황이 아니면 도저히 있을 수 없는 기현상이 아닐 수 없었다. 피우스 6세는 분노하지 않을 수 없었지만 어떠한 조치도 취할 수 없었고, 한 달 후인 8월 29일 감금당한 발랑스Valence에서 숨을 거두고 말았다. 피우스 6세는 분노하지 않을 수 없었지만 막을 힘이 없었다. 기사단 본부는 상트페테르부르크로 옮겨졌고, 세례자 요한의 오른팔도 물론 따라갈 수밖에 없었다. 이 북국의 수도에 모인 기사들은 249명이었지만 상당수는 동방정교도였다. 파벨 1세가 동방정교지부를 설립해 놓았기 때문이었다. 하지만 홈페쉬는 트리에스테에 머물며 재기의 기회를 노렸다.

일단 든든한 '총장'을 모신 기사단은 한숨 놓았지만 잃은 것이 너무 많았다. 우선 러시아의 황제가 총장이 됨으로서 가톨릭 세계를 지키는 방패라는 존재의의가 크게 퇴색되었고, 파벨 1세가 취임 직후 프랑스에 대항하기 위해 오스만 제국과 동맹을 맺으면서 이슬람과의 싸움이라는 명분도 우스운 것이 되고 말았다. 그사이 기사단에게 몰타를 회복할 수 있는 기회가 찾아왔다.

아부키르 해전에서 프랑스 함대가 전멸하면서 지중해는 사실상 영국의 호수가 되었다. 몰타의 프랑스 수비대는 앞서 이야기한 대로 영국 해군과 몰타 봉기군에 봉쇄되어 발레타에서 꼼짝도 못하고 있었다. 홈페쉬는 이를 기회로 보고 1799년 6월, 3명의 기사를 몰타로 보내 복귀를 모색하였다. 또한 나폴리 왕의 종주권을 인정하는 조건으로 지원을 얻는 시도도 하였다. 하지만 운이 따르지 않았다. 세 기사가 영국군에게 발각되어 트리에스테로 송환된 것이다. 더 버티지 못한 홈페쉬는 한 달 후 사퇴하였다.

사실 예카테리나 여제 시절부터 러시아가 기사단에 관심을 가진 이유는 그들의 해양 노하우 외에도 지중해 진출을 위한 기반을 확보하려는 목적도 있었다. 이제 홈페쉬의 완전한 퇴진으로 총장으로서의 정통성이 완전해진 파벨 1세는 표도르 우샤코프Fyodor Ushakov 해군 대장이 지휘하는 함대를 보냈다. 영국 함대의 도움을 받아 러시아 함대는 코르푸와 이오니아제도를 점령하고, 제노바와 안코나Ancona를 봉쇄하며 기세를 올렸다. 우샤코프는 여세를 몰아

넬슨과 함께 몰타를 공격하려 하였다. 하지만 중장인 넬슨은 대장인 우샤코프를 상대하기 싫어했고, 이미 지중해에 많은 거점을 확보한 상태라 당시 넬슨에게 몰타는 상륙작전까지 펼쳐가며 점령할 가치가 있는 섬은 아니었기에 공격은 연기되었다. 하지만 이는 어디까지나 군사적 관점에서 현장 사령관의 결정이었고, 영국 정부는 몰타를 러시아에 넘겨줄 계획이었다. 이렇게만 되었다면 비록 '러시아화' 되긴 했지만 몰타는 다시 기사단에 손에 돌아왔을 것이다.

그런데 그해 11월, 파벨 1세는 갑자기 제1통령이 된 나폴레옹과 강화를 맺는 놀라운 변덕을 보여주고 말았다.* 1800년, 우샤코프의 함대는 상트페테르부르크로 돌아갔다. 분노한 영국은 기존의 정책을 바꾸었다. 같은 해에 발레타의 프랑스군이 항복하자 이 섬을 영국령으로 삼아버렸고, 발트해의 입구이자 러시아의 동맹인 덴마크의 수도 코펜하겐Copenhagen을 공격해 초토화시키는 나비효과가 일어나고 말았다.

변덕스러운 파벨 1세의 정책은 국내에서도 큰 반발을 일으킬 수밖에 없었고, 결국 1801년 3월 23일, 암살자들에게 죽음을 당하고 말았다. 암살자 중에는 4명의 구호기사단원도 있었다. 후계자인 알렉산드르 1세Alexander I는 기사단에 아무 관심이 없었고, 자신의 스승이기도 한 육군 원수 니콜라이 살티코프Nicolai Salitykov에게 총장

---

* 일부에서는 반대로 영국이 몰타 섬의 러시아 양도를 거절하여 러시아가 동맹에서 이탈했다는 주장을 하고 있다. 어느 쪽이 사실이건 파벨 1세가 정신병을 앓고 있었다는 것은 정설이다.

직을 넘겨버렸다. 이렇게 유일한 상관인 교황의 뜻을 어겨가며 추대한 '파벨 1세 총장' 시대는 기사단에게 악몽으로 남았다.

파벨 1세 초상화. 상당히 미화되었음에도 불구하고 정신이상을 숨길 수 없는 초상화가 아닐 수 없다.

여기서 다시 몰타를 돌려받을 수 있는 기회가 찾아왔다. 러시아에 이어 합스부르크 제국도 1801년 프랑스와 강화를 맺으면서, 사실상 영국만 혼자 프랑스와 전쟁을 하는 형국이 되었다. 결국 양국은 1802년 3월, 아미앵Amiens에서 평화조약을 맺었다. 이 조항 중에 영국군의 몰타 철수와 중립화 그리고 몰타 기사단의 주권 인정이 포함되어 있었다. 기사단은 복귀 준비를 하면서 몰타 주민들의 마음을 돌리기 위해 대대적인 조직 정비를 하였다. 유명무실했던 영국 언어구를 폐지하고, 오베르뉴와 프로방스 언어구를 프랑스 언어구로 합치며, 몰타 언어구를 신설하는 내용이었다. 그리고 지분도 다른 언어구와 몰타 언어구를 1 : 1로 하는 파격적인 조항도 포함되어 있었다.

그러나 총장 선출이 문제였다. 결국 교황청이 나설 수밖에 없었고, 1800년에 즉위한 피우스 7세가 1802년 9월, 로마 출신 기사 바르톨로메오 루스폴리Bartolomeo Ruspoli를 지명했지만 본인이 거절하면서 성사되지 못했다. 웬만한 나라의 군주 못지않을 정도로 대단했던 구호기사단의 총장직이 이렇게 가치가 떨어진 것이다. 결국 다음 해 2월, 5년 전 민병대를 이끌고 방어전을 펼쳤던 토마시가 73대 총장으로 지명되어 재건을 이끌게 된다.

토마시는 나폴리 왕국의 귀족 가문 출신으로 12세 때 기사단에 입단하여 홈페쉬처럼 폰세카의 시종 역할을 하였다. 이후 해군에 복무했고, 1798년 나폴레옹 침공 때 유일하게 활약하여 이름을 날렸다. 하지만 그에게는 몰타 섬도, 세례자 요한의 오른팔도, 병원도 없었다. 몇 안 남은 유럽의 지부들이 남은 것의 전부였다.

그것보다 더 큰 문제는 그의 취임 타이밍이 아주 안 좋았다는 것이다. 아미앵 조약은 시작부터 프랑스와 영국 두 나라의 시간벌기용이어서 오래 갈 수가 없었지만, 나폴레옹은 이 조약을 비웃기라도 하듯이 스위스, 이탈리아, 범독일권, 네덜란드 등 유럽 여러 곳에 영향력을 행사하였다. 특히 독일권에 대한 간섭은 영국 국왕이 신성로마제국의 선제후選帝侯, 즉 하노버Hanover 국왕을 겸하고 있는 영국으로서는 도저히 참을 수 없는 행태였다. 결국 한 해 만인 1803년 5월 영국은 몰타를 재점령하고 조약의 파기를 선언하면서 프랑스와의 전쟁을 재개하였다.

즉 한 해 전 총장을 선출했다면 몰타를 돌려받을 수 있었겠지만 완전히 물 건너가 버린 것이다. 이렇게 두 번째 온 몰타 복귀 기회도 사라졌고, 다시는 돌아오지 않았다. 불운한 토마시는 메시나에서 이사회를 열어 정식으로 총장직에 올랐지만 불과 2년 남짓 만인 1805년에 세상을 떠났다. 그의 짧은 재임기간 중 기록할 만한 사건은 두 가지였다. 하나는 나폴레옹이 그를 회유하기 위해 30만 프랑의 뇌물을 주려고 했지만 거절하여 기사단의 마지막 자존심을 지켰다는 것이었다. 두 번째는 기사단의 본부를 시칠리아의 카타니아Catania로 옮기고 그곳의 아우구스티누스Augustinus 수도원을 본부 건물로, 그 지역의 공작이 제공한 저택을 총장궁으로 삼아 프랑스군의 공격에 대비했다는 점이었다.

재기에 실패한 기사단

남은 기사 36명이 후임자로 나폴리 왕국 출신의 주세페 카라치오로Giuseppe Caracciolo를 선출하였다. 하지만 피우스 7세는 나폴레옹의 눈치를 보며 승인을 하지 않았는데, 그것도 네 차례나 거부했다. 여기서 알렉산드르 1세가 그의 처지를 동정하여 1만 2천 루블을 보내주는 의외의 일이 일어나기는 했지만 대세를 돌릴 수는 없었다. 할 수 없이 기사단은 그다음 대리로 역시 나폴리 출신인 게바라 수아르도Guevara Suardo를 선출하였다. 이런 대리총장 체제는 놀랍게도 1879년까지 이어진다. 또한 카라치오로와 수아르도의 선출은 나폴리에 의지할 수밖에 없는 당시 기사단의 실정도 보여준다.

하지만 당시 기사단 최대의 적은 역시 나폴레옹이었다. 1806년 나폴레옹이 나폴리를 침공하면서 왕국 정부가 시칠리아로 피난하는 사태가 벌어진 것이다.

기사단은 그래도 교황청이 있어 비교적 안전한 로마로 피난하려 했지만, 나폴리 정부가 거부하였다. 다행히 제해권이 없는 나폴레옹은 시칠리아까지 건너가지는 않았지만 대신 영국과 밀약을 맺어 몰타를 영구히 영국에 넘겨버리는 데 동의하였다.

1800년 초반기는 잘 알려진 바대로 나폴레옹의 유럽 정복 시기였는데, 이때 유럽 지부는 거의 궤멸되었다. 스페인에 있는 기사단의 재산은 1802년 몰수되었고, 포르투갈 지부도 프랑스군의 침입으로 큰 타격을 입었다. 독일과 이탈리아도 마찬가지였다. 특히 브란덴부르크Brandenburg 지회는 1811년 6월 23일, 프로이센의 프리드리히 빌헬름 3세Friedrich Wilhelm III가 운영하는 신교 구호기사단에게 넘어갔다. 이제는 신교화된 기사단까지 나타난 것인데, 이미 동방정교도 총장을 받아들인 업보가 아닐 수 없었다. 이후 기사단은 원심력이 점점 강해지고 본부의 장악력은 급속하게 떨어지는 양상으로 바뀌어간다. 한마디로 간신히 숨만 붙어 있는 상황인 셈이었다. 이 시기에 수아르도는 몰타 반환을 포기하지 않고 영국 정부와 열심히 교섭했지만 결국 실패하고 말았다.

같은 해, 의외의 일이 벌어졌다. 스웨덴의 구스타프 아돌프 4세Gustav Adolf IV가 스웨덴 땅에 기사단의 긴 역사를 이식하기 위해 본부를 발트해의 고틀란드Gotland 섬으로 옮기라는 제안을 했던 것이다. 수아르도는 이 제안에 감사하다고 했지만 거절하였다. 이를 받아들이면 기사단이 몰타에 대한 권리를 포기하는 것처럼 보일 것이기 때문이었다. 하지만 고틀란드 섬으로 옮겼다고 해도 당시 기사단의 역량으로는 몰타 면적의 10배에 달하는 그 섬을 관리하기 어려웠을 뿐만 아니라, 더구나 동방정교회와 개신교의 바다인 발트해에서 장기간 버티기는 어려웠을 것이다. 그래도 기사단에게 이런 제의가 왔다는 것은 아직 '썩어도 준치' 정도의 평가는 받았다는 의미는 부여할 수 있지 않을까 싶다.

1814년 수아르도는 세상을 떠났는데, 임종 순간 카라치오로가 옆자리를 지켰지만 대리총장직을 수락하지 않았다. 별 수 없이 일흔이 넘은 시칠리아 출신의 기사 안드레아 디 센텔레스Andrea Di Centellés가 새로운 대리총장이 되었다. 당시 카라치오로는 겨우 52세였다.

다행히도 같은 해 숙적 나폴레옹은 러시아와 라이프치히Leipzig에서의 연패로 이미 퇴위했고, 빈에서 전후 처리를 위한 회의가 열렸다. 기사단도 대표를 보냈지만, 상황은 여의치 않았다.

강대국들은 영국의 몰타 영유를 인정했고, 기사단은 이제 교황청 휘하의 수도단체일 뿐 독립국가로 보지 않는다는 입장이 대세였다. 피우스 7세의 의도 역시 기사단을 수도단체화하여 자기 손에 넣겠다는 것이었다. 결국 기사단은 빈손으로 물러나야 했다. 대리총장은 이탈리아 내에서조차 권위가 서지 않을 정도로 입지가 좁았다. 불행 중 다행이었던 것은 부르봉 왕가의 복위로 프랑스의 재산 중 상당 부분을 되찾을 수 있었다는 것이었지만, 이조차도 국왕의 통제를 받아야 했다. 그사이 유럽 각국의 군주들과 기사단 지부들은 점점 자기들 뜻대로 행동하였다. 1813년, 합스부르크 제국은 보헤미아 지부를 자신들이 운영하는 마리아 테레지아Maria Theresia 기사단에 합병하려 했지만 기사단의 결사반대로 실현되지는 않았다. 프랑스 지부는 왕정복고로 어느 정도 힘을 회복하여 예전의 일드 프랑스, 오베르뉴, 프로방스 세 언어구 체제를 부활시키기도 하였다.

이제 기사단의 몰타 복귀는 물 건너갔지만, 1818년에 기회가 찾아왔다. 이제는 신성로마제국의 황제가 아니라 오스트리아의 황제가 된 합스부르크 가문의 프란츠 2세는 기사단에 호의를 가지고 있었다. 그는 외상 클레멘스 폰 메테르니히Klemens von Metternich를 통해 엘바Elba 섬이나 아드리아해의 몇몇 도서들을 기사단이 맡아 경영해 볼 것을 제의했던 것이다. 하지만 시대가 시대이니만큼 합스부르크 왕조의 지도를 받아야 한다는 조건이 붙었다. 이는 700년을 내려오는 기사단의 원칙과 어긋나기 때문에 결국 성사되지 못했다.

1821년 합스부르크 제국의 신하인 안토니오 부스카Antonio Busca가 대리총장이 되었는데, 당연히 친오스트리아 정책을 펼 수밖에 없었다. 이것이 기사단의 장래에 악영향을 미치고 말았다. 같은 해, 그리스독립전쟁이 시작되었고, 다음 해 그리스인들의 대표가 카타니아에 있는 부스카를 방문하여 지원을 요청하면서, 승리한다면 로도스 섬을 기사단에 돌려주겠고 제안한 것이다. 하지만 합스부르크 제국은 오스만과 마찬가지로 다민족 국가였고, 이런 유의 독립운동에는 민감했기에 들어 줄 수 없었다. 그래서인지 부스카는 그리스인들에게 프랑스 지부에 가보라며 요청을 거부하였는데, 사실 그에게는 이런 원정을 감행할 만한 인력도 재력도 없었다.

실망한 그리스 대표들은 프랑스 지부를 찾아갔는데, 프랑스 기사들은 그들을 실망시키지 않았다. 1823년 6월, 프랑스 구호기사단은 1천만 프랑의 군자금을 지원하고 지원부대를 그리스로 보내는 대신, 그리스인들은 모데아 주변의 몇 개의 작은 섬을 영토로 내주고, 이후 가능하다면 로도스와 도데카니사제도의 통치권을 넘겨준다는 내용의 협약을 맺었다.

하지만 이 협약의 내용이 신문에 실리고 말았다. 영국·프랑스·러시아·오스트리아 등 강대국들이 모두 반대했고, 프랑스 정부의 압력으로 은행은 기사단에 대출을 해주지 않았다. 이렇게 되면서 정확하게 300년 만에 찾아온 로도스 탈환의 꿈도 사라지고 말았다. 대신 영국, 프랑스, 러시아는 정식으로 그리스 독립을 지지하며 전쟁에 참여하였다. 즉 중세의 유물인 기사단이 참여할 자리는 없었던 것이다.

그러면 이때 부스카 대리총장은 무엇을 하고 있었을까? 다 된 밥이라고까지 할 수는 없겠지만 재를 뿌리는 짓을 하였다. 즉 프랑스 정부에 프랑스 지부의 합법성을 부인하고 지부장을 사퇴시키라는 요구를 했던 것이다. 비록 이 요구는 받아들여지지 않았지만 그리스 원정을 저지하는 데에는 한몫을 한 셈이었다.

프랑스 지부는 카로느 드 아벤스네Caionne de Avesnes의 지도하에 영국에서 온 지원자들과 함께 그리스독립전쟁에 참가했지만 비조직적일 수밖에 없었다. 특히 1827년 10월, 기사단의 옛 전장이기도 했던 나바리노에서 벌어진 해전에 참여하지 못한 것은 너무 아쉬운 일이었다. 이 해전에서 영국, 프랑스, 러시아 연합함대는 오스만 함대를 격파하고 그리스 독립을 확정지었다. 만약 기사단이 이 해전에 참여했다면 로도스까지는 아니어도 작은 섬 몇 개는 확보할 수 있었을 것이다.

그런데 3년 후, 다시 영토를 확보할 수 있는 기회가 찾아왔다. 이 시기가 되어서도 이슬람 해적들은 규모는 줄었지만 지중해에서 설치고 있었다. 이들을 완전히 뿌리 뽑고 영토도 넓히기 위해 프랑스 국왕 샤를 10세Charles X는 알제리를 침공하였다. 프랑스 기사들은 알제리에 본부를 두고 싶다고 샤를 10세에게 요청했고, 국왕도 구호기사단이 대혁명 당시 입은 피해에 대해 동정하고 있었다. 마침 교황청의 주프랑스 대사인 루이기 람브루스치니Luigi Lambruschini도 기사단원이어서 이 계획을 적극 지지하였다. 기사단의 알제리 영토 확보는 이렇게 이루어지는 듯싶었지만, 7월에 일어난 혁명으로 샤를 10세가 퇴위하면서 또다시 물거품이 되고 말았다. 그럼에도 알제리는 프랑스령이 되었고, 그 지배는 130년 가까이 이어졌다. 알제리 침공 전쟁에 기사단원들도 참가했을 듯싶지만 자세한 내용은 알 수 없다.

부스카 대리총장은 프랑스뿐 아니라 나폴리 왕국을 계승한 양시칠리아 왕국과도 사이가 좋지 않았다. 당시 양시칠리아 왕국의 국왕 프란체스코 1세Francesco I는 자유주의자였기에 메테르니히의 추종자인 부스카와 사사건건 충돌했기 때문이다. 결국 기사단 본부는 교황령인 페라라Ferrara로 이전할 수밖에 없었고, 왕국 내의 재산은 몰수되었다. 부스카는 75년 동안 이어진 대리총장 시대에서 가장 좋지 않은 이름을 남기고, 1834년 세상을 떠났다.

변신하는 기사단 그리고 로마 정착

교황 그레고리우스 16세는 카를로 칸디다Carlo Candida를 새로운 대

로마의 몰타궁
(ⓒWilltron: wiki)

리총장으로 임명했는데, 기사단 해군 출신인 그는 군사경력을 가진 마지막 총장으로 역사에 남는다. 또한 교황은 기사단 본부를 로마로 옮기도록 명했다. 기사단의 둥지는 그들의 로마대사관으로, 지금은 몰타궁Palazzo Malta이라고 불린다. 또 하나의 근거지는 인접한 아벤티노 언덕에 있는 수도원이었다. 지금 이 수도원은 Villa del Priorato di Malta라고 불리는데, 원래는 성전기사단의 소유였다가 그 참극 이후에 구호기사단 소유로 넘어온 것이었다.

이곳은 로마의 명소인데, 이 건물 자체가 방문 목적이 아니고 청동 대문의 열쇠구멍이 워낙 유명하다. 들여다보면 이 구멍이 프레임이 되어 뜰 너머로 성 베드로 성당의 그 유명한 돔이 아름답게 나타난다. 이를 보려는 관광객들로 이 문 앞에는 언제나 꽤 긴 줄이 이어진다. 이렇게 기사단의 '로마 시대'는 지금까지 이어지고 있다. 이렇게 기사단의 3차 방랑도 끝이 났다.

그레고리우스 16세는 람브루스치니를 로마로 불러 국무장관으로 임명하였다. 그의 수완과 인맥 덕분에 기사단 본부와 프랑스 지부의 관계는 복원되었다. 또한 양시칠리아 왕국과의 관계도 완전히 회복되었다. 프란체스코 1세가 세상을 떠나고, 아들 페르디난도 2세Ferdinando II가 즉위하면서 기사단의 재산을 반환했기 때문이었다. 하지만 오스트리아와의 관계는 부스카 노선과 달라지면서 좋아지지 않았다.

그레고리우스 16세는 기사단의 전통을 존중하고 관심을 가졌는데, 그 전통은 전사로서의 전통이 아니라 인술이었다. 로마의 센토 프레티Cento Preti 병원을 기사단의 새로운 중앙병원으로 내준 다음, 외조카인 지오반니 콜롬바Giovanni Colomba를 1836년에 기사단에 가입시키고 원장으로 임명하여 힘을 실어주었다. 1830년대 이후 기사단은 빠른 속도로 700여 년 전 창설된 원래의 목적, 즉 의료단체로 급속하게 변모하기 시작하였다. 하지만 교황은 정식총장 체제로 돌리지는 못했는데. 아마도 오스트리아의 반대 때문이었을 것이다.

1845년 칸디다가 세상을 떠나고 필리포 디 콜로레도-멜스Filippo di Colloredo-Mels가 대리총장에 올랐다. 성에서 보듯이 그는 이탈리아와 오스트리아의 혼혈 귀족으로 고향도 오스트리아와 인접한 우디네Udine였다. 당연히 오스트리아와의 관계는 좋아졌다. 하지만 바로 다음 해 그레고리우스 16세가 세상을 떠나고 피우스 9세가 즉위했는데, 불행하게도 그는 기사단에 관심이 없었다.

그럼에도 콜로레도-멜스는 우선 독일권 지부와 본부와의 관계 회복에 나서 성과를 거두었다. 독일권 기사들은 성지 재진출을 시도하였다. 오스트리아 출신 기사인 고트프리드 폰 스로터Gottfried von Schroter는 초대 총장 제라르도를 본받기로 하고 1857년, 예루살렘으로 가서 병원 재건을 시도하였다.

그해는 막 크리미아Crimea 전쟁이 끝난 시기였는데, 승전국 프랑스의 황제 나폴레옹 3세는 성지의 보호자로 자처하고 있었다. 그는 프랑스의 통제를 벗어난 시설은 원치 않았기에 스로터의 요청을 거부하였다. 독일권 기사들은 실망했지만 포기하지 않고 끈질기게 노력하여 12년 후, 예루살렘에서 멀지 않은 탄투라Tantura라는 소읍에 근대적 병원을 세우는 데 성공하였다. 기사단 입장에서는 거의 700년 만에 성지에 거점을 세운 감격적인 순간이었다.

세계로 뻗어나가는 기사단

당시 독일 지부는 신구교가 섞여 있었는데, 1811년 신교화된 브란덴부르크 지회는 그 다음 해 나폴레옹에 의해 아예 해산되었었다. 하지만 1852년 프로이센 국왕 프리드리히 빌헬름 4세에 의해 재건되었는데, 당시 기사들 중 생존자는 8명뿐이었다. 지회장으로는 국왕의 동생인 프리드리히 칼 알렉산더가 취임하였다. 브란덴부르크 지회는 로마 본부와 긴밀하게 협력했지만 독자성을 잃지는 않았다. 1871년 독일 통일 후, 브란덴부르크 지회는 독일 황제가 회장을 겸임하면서 해외진출까지 이루어져 더욱 발전하였다. 수많은 병원과 구호소, 양로원을 건립하고 운영하면서 명성이 높아졌다.

영국의 경우는 더 극적이었다. 헨리 8세 이후 기사단의 기반은 궤멸되었지만, 앞서 이야기한 프랑스 기사들의 그리스 원정 시도가 영국 내에서 복고 붐을 일으켰던 것이다. 비록 정식 원정은 이루어지지 않았지만 프랑스 기사들이 발행한 깡통 채권도 잘 팔렸고, 지원한 영국인들이 기사단 입단을 원하면서 1831년 1월, 영국 지부가 재건되기에 이른다.* 물론 대부분 영국 성공회 신도들이었다.

1876년, 덴마크의 공주이자 영국의 왕세자비 알렉산드라가 입단하였고, 부군이자 훗날 에드워드 7세에 오르는 앨버트 에드워드도 단원이 되었다. 1877년에는 성 요한 구급 연맹이 결성되어 철도와 광산사고 구조대를 조직하여 맹활약하였고, 관련된 훈련과 교육도 실시하였다. 1882년에는 예루살렘에 안과의원을 건립하여 700년 만에 기사단의 깃발을 꽂아 스로터가 이루지 못한 유업을 완성하였다. 응급치료는 기사단이 치른 수많은 전쟁에서 야전병원을 운영하며 얻은 노하우에서 나온 장기이고, 안과는 앞서 이야기했듯이 바르트가 개척한 기사단 의료기술의 정화였다.

1888년에는 빅토리아Victoria 여왕이 연맹의 수장을 맡으면서 영국 구호기사단의 명예는 절정에 이르렀다. 국왕이 수장을 맡는 전통은 지금까지 이어지고 있다. 연맹은 영국 본토뿐 아니라 뉴질랜드, 호주, 캐나다, 홍콩, 캐나다, 남아프리카 등 식민지들과 미국에도 퍼져 나갔다. 8개의 꼭짓점이 있는 기사단의 빨간 십자가를 단 앰뷸런스는 지금도 영국권 국가들에게는 익숙한 존재이다.

기사단 본부도 1860년에 이르자 고색창연한 언어구 제도를 폐지

* 대시인 바이런이 그리스독립전쟁에 참전했다가 풍토병으로 세상을 떠난 사실은 아주 유명한데, 당시 영국은 이 정도로 복고 열풍이 휩싸여 있었던 것이다. 기사단 부활과 입단 러시도 이런 분위기에서 이루어진 것이다.

하고 국가나 지역별 지부 체제로 개혁하였으며, 귀족이 아니더라도 입단을 허용하여 문턱을 크게 낮추었다. 이제 기사단은 더 이상 군사조직이라 부를 수 없게 되었고, 시작이었던 의료조직으로 되돌아간 것이다.

이런 변화는 교황청의 마음을 움직였고, 교황 레오 13세Leo XIII는 1879년 당시 대리총장이었던 지오반니 바티스타 세스치Giovanni Battista Ceschi를 정식총장에 임명하였다. 이렇게 74년간 이어진 대리총장의 시대는 막을 내렸다. 세스치는 1871년에 대리단장에 취임했었는데, 바로 그전 해에 교황청도 이탈리아 왕국에게 로마와 중부 이탈리아의 영토를 잃었다. 이렇게 천 년이 넘게 계속된 교황령도 사라지면서 오스트리아-헝가리 이중 제국으로 변신한 합스부르크 제국과 몇몇 미니 공화국을 제외하면 중세가 남긴 정치적 흔적은 유럽 지도에서 사라졌다. 세스치는 합스부르크 제국의 관료이자 베네치아 출신이었는데, 전술한 바 있지만 베네치아 공화국이 있을 때에는 베네치아 출신은 총장은커녕 기사도 될 수 없었다. 베네치아 출신 세스치가 총장에 오른 것도 중세의 흔적 중 하나가 사라졌다는 증거 중 하나가 아닐까 싶다.

세스치는 1901년까지 총장을 지내며 큰 공적을 남겼다. 대영제국과 프랑스, 포르투갈, 스페인에서 평신도로서 종교적 서약을 하지 않는 기사들로 구성된 세계적인 기사단을 만든 이가 그였기 때문이다. 탄투라 병원에 호스피스 조직을 만들었고, 나폴리에 병원을, 밀라노에는 어린이 병원을, 파리에 빈민들을 위한 무료 진료소의 유지와 관리를 맡았다. 그는 이탈리아 정부와 왕실의 지원을 받아 병원열차와 병원선을 보유한 이탈리아 기사단을 새롭게 조직하였다. 로마의 몰타 수도원을 대대적으로 수리한 것도 그의 공적이었다.

세스치의 후임자는 가레아스 폰 툰 운트 호헨슈타인Galeas von Thun und Hohenstein이었는데, 합스부르크 제국의 관료 출신이었다. 1911년 발발한 이탈리아-오스만 제국 전쟁에서 기사단 소속 병원선 레지나 마르게리타Regina Margherita 호는 무려 1만 2천 명의 부상병을 치료하는 맹활약을 보여주었다. 참고로 레지나는 왕비 또는 여왕이라는 의미의 라틴어이고, 마르게리타는 당시 이탈리아의 왕비 이름이었다. 100년 전의 기사단이라면 상상할 수도 없는 이름이지만 세상은 이렇게 바뀐 것이다. 그리고 2년 후 유럽을 통째로 바꿀 대전쟁이 터진다.

양차 대전 시기의 기사단

1914년 1차 세계대전이 터지자, 각국 기사단은 그야말로 종횡무진 맹활약했다. 오스트리아-헝가리의 기사단은 8량의 병원열차와 3곳의 병원과 4곳의 재활센터를 운영했고, 독일의 경우 병원열차는 2량밖에 안 됐지만, 병원은 9군데나 되었고, 많은 임시병원을 운영하였다. 프랑스 기사단은 최전선의 야전병원들을 계속해서 운영하였다. 이탈리아 기사단은 4량의 병원열차와 한 곳의 야전병원, 한 곳의 중상자 응급센터를 운영하며 44만 8천 명이나 되는 부상병을 구해냈다. 이런 활발한 활동이 가능했던 이유는 역설적으로 기사단이 군사적으로 무력화되었기 때문인지도 모른다. 어설픈 군사력 보유는 두 진영 중 어디에도 도움이 되지 않았을 것이고, 둘 중 하나를 편들다 1798년 이상의 참화를 당할 수도 있었기 때문이다.

호헨슈타인 총장

호헨슈타인 총장은 오스트리아인이었기에 이탈리아에서 추방되어 중립국 스위스에서 활동해야 했는데, 여기서 기사단의 돈으로 오스트리아-헝가리 제국의 전쟁 국채를 많이 샀다가 패전으로 큰 재산손실을 입혔다.

전쟁이 끝난 후, 호헨슈타인 총장은 이탈리아 국적을 취득하였다. 그의 고향 트렌토Trento가 이탈리아로 넘어갔기 때문이었는데, 이후의 외교적 성과는 볼 만한 것이었다. 우선 오스트리아 출신임을 이용하여 신생 오스트리아 공화국 그리고 헝가리 왕국과 외교관계를 맺었으며, 이어서 1923년 이탈리아 정부와 정식 협약을 맺어 몰타궁과 수도원에 대해 치외법권을 인정받았던 것이다. 1929년 교황청과 이탈리아 정부 사이에 라테란Lateran 조약이 체결되면서 기사단의 입지는 더욱 단단해졌다.

앞서 다룬 오스만과의 전쟁에서 승리를 거둔 이탈리아는 로도스 섬과 도데카니사 제도를 할양받았다. 베니토 무솔리니Benito Mussolini가 이끄는 이탈리아 정부는 1928년, 로도스성과 기사단이 남긴 건물을 대대적으로 보수하였다. 지금 볼 수 있는 로도스성은 그때의 공사 덕분이다. 무솔리니는 옛 이탈리아 언어구 건물을 기사단에게 사용할 수 있도록 넘겨주었다. 기사단으로서는 무려 400여 년 만의 복귀였다. 지금도 로도스에 가면 무솔리니의 이름이 새겨진 기념명문을 볼 수 있다. 무솔리니가 일으킨 에티오피아 침공 후, 아두와Aduwa에 한센 병원을 세웠는데, 이는 현지인들에게 많은 도움을 주었다고 한다.

비록 잘못된 전쟁 국채 투자로 큰 재산상의 손실을 입히긴 했어도 많은 공적을 남긴 호헨슈타인 총장은 1931년 세상을 떠났다, 후임자는 명문귀족 출신의 루도비코 치기 알비니 델라 로베레Rudobico Chigi Albini della Rovere였다. 그는 이탈리아 정부 고위층과의 넓은 인맥을 활용하여 기사단의 의료사업을 계속 확장해 나갔다. 하지만 2차 세계대전이라는 거대한 태풍을 피할 수는 없었다.

기사단은 2차 세계대전 동안에도 1차 세계대전 때와 비슷한 구호활동을 펼쳤는데, 특히 러시아에 파병된 이탈리아군의 야전병원 여러 개를 운영하였다. 하지만 1차 세계대전 때와 달리 쌍방에서 무차별 폭격을 자행하였고, 기사단의 병원들도 그 피해를 피할 수 없었다. 대전 중 특기할 만한 사건이 있었으니, 바로 1944년 7월 20일에 벌어진 히틀러 암살 미수 사건에 단원들이 대거 참여했다는 사실이다. 대표적인 인물이 에르빈 폰 비츨레벤Job Wilhelm Georg Erdmann Erwin von Witzleben 원수였다. 그는 정식 기사인 '정의의 기사'였다.

1942년에 퇴역하여 별다른 힘은 없었지만, 쿠데타가 성공했다면 독일 국방군 최고사령관으로 추대될 예정이었다. 그는 암살이 실패로 돌아가자 체포되어 군사재판에 회부되었고, 8월 30일에 사형에 처해졌다. 재판에서 그가 한 말은 다음과 같았다. "지금은 우리를 처형시키지만, 3개월 후면 너희들이 성난 독일 국민들 손에 거리를 산 채로 끌려다니게 될 것이다." 이 발언은 「작전명 발키리」 마지막 장면을 장식한다. 비츨레벤을 포함하여 사형에 처해진 단원들은 12명에 달했다. 그 외에도 상당수의 단원들이 나치의 강제수용소에서 목숨을 잃었다.

전쟁이 끝난 후, 기사단은 독일과 이탈리아에서 난민구호활동을 전개하여 호평을 받았다. 하지만 1951년 로베레 총장이 세상을 떠나고 얼마 후, 후원금을 유용했다는 사실이 밝혀져 기사단의 위상과 명예에 큰 상처가 나는 불상사가 일어나고 말았다. 교황 피우스 12세는 자체 정화와 개혁이 필요하다면서 정식총장을 임명하지 않았다. 기사단은 자체 개혁에 나섰고, 전통을 지키면서도 미래를 담보할 수 있게 새로운 헌장을 통과시켰다. 새 헌장의 골자는 어떠한 세속권력에도 복종하지 않으며, 어떠한 국제조직에도 구속되지 않는다는 것이었다. 물론 로마 교황은 예외였다. 그러나 군사조직에 대한 규정은 사문화되긴 했지만 그대로 남았다. 1962년까지 10년 넘게 총장 자리가 비었지만 단원은 1만 명이 넘어섰고, 각국 지부도 28개에서 39개로 늘어났다.

20세기 후반의 기사단

1962년, 안젤로 데 모자나 디 코로냐Angelo de Monjana di Coloogna

가 합법적인 총회를 거쳐 77대 총장으로 선출되었다. 1960년대는 냉전의 절정기였고, 세계 각국에서 내란이 잦았던 시대이기도 했다. 기사단은 1966년에서 1970년까지 베트남에 45명의 의사와 약간 명의 자원봉사자를 보내 활동했는데, 3명의 자원봉사자가 희생되었다. 1968년에는 기아전쟁이라는 별명으로 불리는 비아프라Biafra 내전에 수천 톤의 식량을 긴급 수송하여 많은 난민을 살려내는 활약을 보였다.

1970년 포르투갈의 독재자 안토니우 드 올리베이라 살라자르António de Oliveira Salazar가 죽고, 1975년에는 스페인의 독재자 프란치스코 프랑코Francisco Franco까지 세상을 떠나자 기사단의 이베리아반도 복귀도 이루어졌다. 스페인 지부의 경우 국왕 후안 카를로스 1세Juan Carlos I가 수장을 맡았다. 1972년에는 예루살렘 옛 병원 자리에 기념표지석을 세워 기사단의 뿌리가 어디인지 다시 한번 확실하게 하는 행사가 열렸다.

1988년 4월, 코로나가 세상을 떠나고 영국 귀족으로 엘리자베스 2세Elizabeth II 여왕의 먼 친척인 앤드류 버티Amdrew Bertie가 총장직에 올랐다. 1258년 총장에 오른 레벨 이후 700년 만의 영국인 총장이었는데, 레벨조차도 정체성은 프랑스인에 가까웠다. 그는 옥스퍼드Oxford 대학 출신으로 스코틀랜드 근위대 근무, 유도 교관 등 다양한 경력을 지녔을 뿐 아니라 독일어·네덜란드어·프랑스어·스페인어·티베트어·몰타어에 능통한 다재다능한 인물이었다. 그는 1956년에 기사단에 입단하여 청빈, 복종, 순결의 서원을 하고 평생 독신으로 그리고 검소하게 살았던 진짜 수도사이기도 하였다.

그는 기사단의 현대화를 더 적극적으로 추진하였다. 그는 "옛 기사단은 이슬람이나 이교도들과의 싸움에 열중했었다. … 그러나 지금 우리들의 사명은 1099년에 주어졌던 임무, 즉 환자들을 구하는 것이다. 그리고 단원들은 자신의 정화를 위해 재능을 써야 할 것이다"라고 하였다.

그렇지만 버티 총장은 기사단의 역사와 전통을 지키는 데에도 열심이었다. 1998년 11월, 기사단이 몰타를 떠난 지 정확히 200년 만에, 버티는 몰타 공화국 대통령* 우고 미스프수드 보니치Ugo Misfsud Bonnici와 공동보증인이 되어 기사단의 대서기장 카를로 마룰로 디 코도자니Carlo Marullo di Condojanni와 몰타 공화국 총리 페네치 아다미Fenech Adami가 몰타에서 기사단이 첫 번째로 자리 잡은 성 안젤로 요새에 대한 역사적 의의를 확인하는 협약을 맺었다. 이 협약은 2001년 11월 1일 정식으로 발효되었는데, 주된 내용은 기사단이 99년 동안 성 안젤로 요새의 일부를 조차한다는 것이었다. 기사단은 이 지역 내에서 소형 무기까지 휴대할 수 있는 특권을 가지게 되었고, 요새에는 기사단과 몰타 두 나라의 깃발이 모두 걸려 있다.

이미 1927년 뉴욕New York에 제1지부가, 1953년에는 샌프란시스코San Francisco에 제2지부가, 1974년에는 워싱턴Washington에 제3지부가 설립되어 수천 명의 단원들을 확보한 상황이었지만, 버티

* 몰타는 1964년 영국으로부터 독립하여 공화국이 되었다.

성 안젤로 요새에 걸려 있는 기사단의 깃발(ⓒERWEH: wiki)

총장은 미국뿐 아니라 카리브 지역까지 확장하는 등 북미 지역에 많은 노력을 기울였다. 의료봉사와 빈민구제뿐 아니라 가톨릭 수도회답게 낙태반대운동에도 맹활약하였다. 이 공로로 1989년 1월에 로널드 레이건Ronald Reagan 미국 대통령은 기사단에게 훈장을 수여했고, 버티 총장은 대통령이 주관하는 연회에 초대받아 찬사를 받았다. 이로써 버티 총장은 기사단 역사상 처음으로 미국 대통령을 만난 인물이 되었다.

20세기의 기사단원 중 가장 주목할 만한 인물은 제국을 잃은 합스부르크 가문의 상속자인 오토 폰 합스부르크Otto von Habsburg였다. 오스트리아-헝가리 제국의 마지막 황제인 칼 1세의 황태자인 그는 1918년 패전과 제국 해체 이후, 스위스와 스페인 등에서 망명생활을 보냈다. 히틀러를 매우 싫어했기 때문에 오스트리아가 나치 독일에 병합되자 다시 미국으로 망명하였고, 무국적자로 지내면서 반나치활동을 하였다. 이때 기사단이 외교 여권을 발급해 주었는데, 여권에서의 호칭은 합스부르크 전하였다. 유럽으로 돌아온 다음에는 정치활동도 하였고, 유럽의회 의원으로 20년간이나 활동하였다. 2011년 세상을 떠날 때 총장을 포함한 기사단원들도 장례식에 대거 참석하여, 봉건시대의 마지막을 함께하였다.

매슈 페스팅

버티 총장의 후임도 영국인이었다. 옥스퍼드 대학 출신으로 육군 대령을 거친 매슈 페스팅Matthew Festing인데, 영국 육군 원수 프란시스 페스팅Francis Festing의 아들이기도 하였다. 1977년 입단하여 1991년 서원을 하였고, 1993년부터 영국 지부장을 지내다가 2008년 버티의 후임으로 총장에 올랐다. 그는 기사단의 현대화에 더욱 박차를 가했는데, 특히 응급 구조를 위한 기동성 향상에 노력하였다.

2013년, 기사단은 창설 900주년을 맞았다. 2월 13일, 전 세계 100여 개 국에서 온 기사들이 검은 바탕에 흰 팔각 십자가를 새긴 예복을 입고 바티칸에 운집하였다. 베네딕토Benedictus 16세는 "귀하들이 세계 방방곡곡에서 한 선행들은 개인의 사랑을 보여준 차원에서 벗어나 복음적 사랑을 충분히 보여주었습니다"라는 찬사를 보냈다.

페스팅 총장은 BBC와의 인터뷰에서 "기사단은 십자군 시대에 작은 단체로 시작하여, 지금은 전 세계적 조직으로 성장하여 사람들을 경탄시켰습니다. 우리들이 쇠퇴하지 않은 비결은 중세의 철갑기사에서 21세기의 새로운 기사로 바뀌었기 때문입니다. 그러나 변하지 않은 것도 있습니다. '가난한 이들에게 도움을 준다'는 신조입니다."

2015년 4월 15일, 네팔Nepal에서 진도 7.8의 강력한 지진이 발생하여 수도 카트만두Kathmandu가 초토화되고, 7천600여 명이 사망하는 대참사가 벌어졌다. 기사단은 바로 다음 날, 네팔에 요원을 파견하여 상황을 파악하도록 하고 구호방안을 세웠다. 4월 29일, 첫 구난전문가와 10만 유로의 원조금과 반 톤의 의료용품이 카트만두에 도착하였다. 5월 11일에는 1만 명분의 식량이 왔고, 의료지원을 시작하였다. 다음 날에 진도 7.3의 강력한 여진이 발생하여 2천600여 명의 사상자가 발생하는 두 번째 참사가 일어났지만, 구난대장 마리 베너Marie Banner가 지휘하는 기사단원들은 굴하지 않고 나흘 후에 설비가 완비된 야전병원을 여는 데 성공하였다. 그해 10월 15일까지 기사단은 7천500명의 부상자를 치료했고, 약 7만 명에게 원조를 제공하였다. 이 활동은 많은 찬사를 받았고, 페스팅이 주도한 현대화가 성공했다는 훌륭한 증거도 된 셈이다. 기사단은 몰타 시절인 1783년, 시칠리아에 큰 지진이 일어나자 메시나에 간이병원을 세우고 이재민들에게 의료는 물론 식량과 천막을 제공한 적이 있었는데, 이런 좋은 전통을 132년 만에 재현한 셈이었다.

2016년 12월 6일, 로마의 몰타궁에서 페스팅 총장은 대서기장 알브레히트 폰 뵈젤라거Albredht von Boeselager와 총사령관 루드비히 폰 루머스타인Ludwig von Rumerstein, 그리고 기사단 주재 교황청 대사인 레이몬드 버크Raymond Burk 추기경과 모임을 가졌다. 페스팅 총장은 뵈젤라거 대서기장의 노고를 치하한 다음, 갑자기 즉각 사퇴를 요구하였다. 그가 감독하는 자선단체 '몰타 인터내셔널 Malta International'이 미얀마Myanma에서 성노예로 끌려온 매춘 여성들에게 에이즈 예방을 위해 수만 개의 콘돔을 무료 배포하는 것을 방조했다는 이유 때문이었다. 가톨릭은 1968년부터 콘돔을 포함한 모든 인공적 피임을 금지하고 있지만, 에이즈 방지를 위한 경우에는 예외를 두었다. 뵈젤라거 대서기장은 "콘돔 배포 프로그램이 있다는 사실을 몰랐고, 즉시 중지하였다"고 항의하며 사퇴를 거부하였다. 보헤미아 등 상당수의 지부와 의료요원들은 뵈젤라거를 지지하였다.

이에 힘입어 뵈젤라거는 교황청에게 도움을 요청했고, 프란치스코Franciscus 교황은 5인으로 구성된 진상조사위원회를 구성하여 조사에 나섰다. 그러나 페스팅 총장은 "기사단의 독립성을 보장하라"며 조사에 정면으로 반발했고, 조사위원회의 편향성을 주장하기까지 하였다. 하지만 교황청은 기사단의 중앙 지휘 체계의 위기를 보여주는 것이라며 페스팅 총장을 압박하였다.

결국 페스팅 총장은 2017년 1월 24일 프란치스코 교황을 만나, 사임 요구를 받아들였다. 페스팅의 해임 직후에 로마 거리에는 "교황이 신자들을 정복하고 사제들을 제거했으며 기사단을 참수하고 추기경을 무시하였다"는 내용의 벽보가 붙는 불상사가 벌어지기도 하였다.

이 사건은 가톨릭 내 보혁갈등의 한 단면이라는 것이 서구언론의 대체적인 판단이다. 뵈젤라거와 그 지지자들은 콘돔 사건이 페스팅 단장과 레이먼드 버크 추기경의 세력 강화를 위해 제기된 것이라고 보고 있다. 버크 추기경은 프란치스코 교황을 지나치게 자유주의적이라고 비판하는 미국 출신의 극보수파로, 교황청 대법원장을 지낸 거물이었다. 그런 그를 기사단 대사로 임명한 것은 사실상의 좌천이었던 것이다. 어쨌든 페스팅은 물러났고, 2018년 4월 29일, 그의 후임으로 로마 우르바누스 대학 교수 출신인 73세의 지아코모 달라 토레 Giacomo Dalla Torre가 선출되었다. 하지만 2020년 4월 29일 세상을 떠나고, 공백상태가 계속되다가 2022년 6월에 캐나다 출신의 변호사 존 던랩John T. Dunlap이 대리총장으로 선출되어 기사단을 이끌게 되었다. '대리'라는 꼬리표가 붙긴 했지만 그는 첫 번째 신대륙 출신 총장인데, 마치 9년 전 아르헨티나 출신 프란치스코 교황의 선출을 연상시킨다.

현재의 기사단

구호기사단은 외교 사절, 자국 등록 선박, 자체 자동차 번호판 등을 보유하고 있다. 몇몇 나라에서만 통용되긴 하지만 우표도 발행하며 UN의 옵서버 자격도 가진다. 몇 장 되지는 않지만 별도의 여권도 발행하며, 이탈리아나 몰타 공화국 등 UN 회원국의 과반수가 넘는 110개국이 구호기사단을 완전한 국가로 인정하지만-참고로 중화민국(대만)과 코소보를 인정한 국가의 숫자보다 더 많다.- 우리나라는 그렇지 않다. 최근에 한국에도 박용만 전 두산그룹 회장을 대표로 한 지부가 설립되었다. 서구권 국가뿐만 아니라 요르단Jordan이나 오랜 적이기도 했던 이집트 같은 이슬람권, 타이Thailand나 캄보디아Cambodia 같은 불교권 국가들도 구호기사단을 국가로 인정한다. 기사단도 상당수 국가에 대사관을 두고 있다. 그래서 로마에 있는 구호기사단장 궁전과 수도원은 바티칸보다 더 작은, '세계에서 가장 작은 국가'로 불리기도 한다.

기사단은 아직도 현장에 군사 조항이 들어가 있고, 소화기로 무장한 약간의 경비대를 보유하고 있기는 하지만 군사적 역할은 거의 사라진 일종의 국제 NGO 단체 비슷한 존재로 바뀌었다. 하지만 국제적 비밀종교결사 같은 이미지에다가 지휘부가 대부분 유럽 귀족 출신이기에 중세적 성격을 여전히 지니고 있다. 이러한 이유 때문인지 케네디 대통령 암살사건과 이라크 전쟁 발발에 이르기까지 이런저런 음모론에도 등장하곤 한다.

2008년에는 기사단이 악명 높은 용병회사 블랙워터Black Water와 관계가 있다는 소문이 돌기도 했는데, 그 이유는 아프가니스탄 주둔 미군 사령관 스탠리 맥크리스털Stanley McChrystal 장군이 기사단원이었고, 당시 총장인 페스팅도 직업군인 출신에다가 보스니아 등에서 실전을 치른 경력이 있었기 때문이었다. 물론 이런 음모론은 소리 소문도 없이 사라졌지만, 구호기사단의 긴 역사와 특이한 성격 때문에 앞으로도 음모론의 주역은 아니더라도 조연으로 등장할 가능성은 상당히 높다.

어쨌든 구호기사단은 거의 천 년의 세월을 부단한 변신을 하면서 살아남았다는 것 자체만으로도 충분히 역사적 주목을 받을 만한 존재가 아닐 수 없다. 이제 긴 이야기의 본편은 마치지만 에필로그와 연표, 총장 명단 등이 남아 있으니 끝까지 읽어 주시면서 내용을 되새겨 주시기 바란다.

에필로그

구호기사단의 존재를 안 것은 25년 전 시오노 나나미의 『로도스 섬 공방전』을 읽고 나서였고, 그때부터 그들에 대한 책을 쓰고 싶었습니다. 그 뒤로 기회가 있으면 국내외에서 기사단에 대한 기록이 있는 책을 사서 모았고, 로도스섬도 가보았습니다. 나름대로 자신이 생긴 2020년 6월부터 역사 카페와 밴드에 연재를 시작했습니다. 물론 그때부터 기사단에 대한 기본 지식은 있었지만 써가면서 점점 몰랐던 사실을 알게 되는 재미가 쏠쏠했습니다.

로마 약탈 때 기사단이 인근에 있었지만 전혀 도움을 주지 못했다는 사실, 백내장 수술이나 요로결석 제거 같은 의학사의 쾌거를 구호기사단 소속 의사가 이뤘다는 것, 서양사에서 유명한 스코틀랜드의 여왕 메리와 마리 앙트와네트가 기사단과 관련이 있었다는 사실, 합스부르크가의 마지막 황태자 오토 폰 합스부르크가 기사단원이었다는 사실, 히틀러 암살시도에 기사단원이 대거 참가했다는 비사 등이었습니다.

서문에서 가톨릭의 조직적 장점을 이야기했지만, 구호기사단에 한정해도 주목할 만한 부분이 꽤 있습니다. 우선 구호기사단의 '구호', 즉 의료분야는 사람의 생명을 살리는 기술이라는 점에서 동서고금과 이념을 초월하는 가장 보편적인 가치일 것입니다. 구호기사단의 가장 큰 장점은 바로 이 의료분야를, 군사화에도 불구하고 꾸준히 유지했다는 것이 아닐까 싶습니다. 물론 '군사' 역시 '보편적인 가치'로 볼 수 있지만 '적'이 있어야만 존재가치가 크다는 본질적인 한계가 있습니다. 기사단 역시 숙적 오스만 제국이 쇠퇴하면서 군사적 역할이 점점 축소되다가 유명무실해지고 맙니다. 만약 의료분야가 부실했다면 기사단은 이미 700년 전 필리프 4세의 먹이가 되었든가 아무리 늦어도 19세기에는 박물관행을 면치 못했을 것입니다. 지금도 중세와 같은 깃발을 걸고 있는 조직이 활발하게 활동한다는 것은 경이 그 자체입니다. 개인적으로는 호주여행 때 본, 기사단 앰뷸런스에 새겨진 빨간 팔각 십자가를 잊지 못합니다.

그다음은 저절로 경외감이 들게 하는 기사단의 장구한 역사입니다. 263년 만의 쿠데타, 300년 만의 로도스 탈환 기회, 거의 700년 만의 예루살렘 귀환, 700년 만의 영국인 총장 등 몇 가지 예만 들었지만 일반적인 조직은 상상할 수도 없는 '연식'이 등장합니다.

또한 기사단의 다양한 얼굴도 주목할 가치가 충분합니다. 본분이었던 병원과 의료봉사부터 성지순례 보디가드, 중장갑기병, 요새수비대, 산적과 해적, 해군, 무역상, 노예상, 예술후원자, 행정기관, 토목사업 수행기관, 재해구난… 도저히 한 조직이 할 수 있는 일이라고 믿기 어렵지만 그들은 모두 해냈습니다.*

---

* 나이트 워치의 조직은 전투부대인 레인저, 공병인 건설대, 행정부대인 집사대로 나뉘어져 있다. 병원은 없지만 상당히 유사한 구조가 아닐 수 없다.

유럽 전역에서 모인 귀족의 자제들로 구성된 조직이었고, 분열이 없었던 것은 아니었지만 기본적으로는 단결을 유지했다는 사실도 아주 중요합니다. 이런 면모 덕분에 700년 동안 부사관이나 용병, 현지인으로 구성된 민병들을 훌륭하게 통솔할 수 있지 않았을까 싶습니다. 무기와 전술의 변화에 기민하게 대처했다는 것은 본문에서 여러 번 언급한 바 있습니다.

그들이 상대했던 적도 면면이 대단합니다. 살라딘, 바이바르스, 티무르, 정복왕 메메드 2세, 술레이만 대제, 나폴레옹 등 세계사를 주름잡은 거물들이기 때문입니다. 그들이 '모신' 인물들도 사자심왕 리처드, 프리드리히 2세, 성왕 루이, 에드워드 1세, 칼 5세, 성인품에 오르는 교황 피우스 5세 등으로 대단한 인물들입니다.

물론 그들이 저지른 해적질과 노예매매는 비난을 받아 마땅합니다. 하지만 이슬람 해적들이 거의 천 년간 지중해에서 약탈을 벌이고 수백만 명을 노예로 잡아간 것에 비하면 작은 규모라는 변명이 가능하고, 유럽 국가들도 사략선을 대규모로 오랫동안 운영했다는 사실과 천부인권을 내세운 미국조차 1860년대까지 노예제도가 합법이었다는 역사도 기억해야 할 것입니다. 그리고 기사단이 전혀 의도한 바는 아니지만 그들이 자주 저지른 유대인 납치 때문에 무기명 유가증권이 발명되고 자본주의 발전에 기여했다는 아이러니도 주목할 만합니다. 개인적으로는 나폴레옹에게 무기력하게 몰타를 내준 추태는 용서받기 어렵지만, 어쩔 수 없는 시대적 흐름이었다고 보아야 하는 측면도 있다고 봅니다.

또한 구호기사단은 비록 주인공은 아니지만 〈에이지 어브 엠파

이어〉, 〈어쌔신 크리드〉, 〈명일방주〉, 〈블루 아카이브〉, 〈토탈 워〉 등 많은 게임에 등장합니다. 이 게임들을 즐기는 유저들에게 유용한 지식이 전달되었으면 하는 바람도 있습니다. 사족일지는 모르겠지만 프리드리히 실러의 희곡 『돈 카를로스』의 중요한 조연인 포사 후작이 구호기사단원입니다. 돈 카를로스는 이 책의 중요한 등장 인물인 펠리페 2세의 아들로 23세에 요절합니다. 포사 후작은 돈 카를로스의 친구이자 플랑드르에 대한 스페인의 공격을 막기 위해 노력하는 인물이기도 합니다. 「킹덤 오브 헤븐」의 구호기사단원과 유사한 포지션이라 할 수 있습니다. 영국의 유명한 극작가 크리스토퍼 말로의 명작 『몰타의 유대인』에서도 기사단이 중요한 배경으로 등장합니다. 그러나 두 작품은 역사적 사실과는 완전히 무관합니다. 「왕좌의 게임」에서 나오는 나이트 워치의 모델이 구호기사단이며 두 조직의 유사성을 여러 번 언급한 바도 있습니다.

자, 이제 구호기사단 천 년의 이야기를 마칩니다. 오류가 있다면 전적으로 저자의 잘못이며, 지적해 주시면 다음 판에 반영하도록 하겠습니다. 그리고 이 책을 발간하기 위해 개인적으로 북펀드를 만들었는데, 대학동기들과 사마천 학회, 민주역사올레모임의 지인들께서 많이 참여해 주셨습니다. 뒤 지면에 소개해 드렸지만 다시 한 번 감사드립니다. 또한 대중성이 부족한 원고를 책으로 잘 꾸며 주신 자유문고 김시열 대표님과 편집진에게도 감사를 드리지 않을 수 없습니다. 독자 여러분! 부족함에도 불구하고 끝까지 읽어 주셔서 정말 감사합니다.

역대 총장 명단

*본문에서 다루지 않은 총장은 알파벳 이름 병기 / 없는 번호는 대립총장 또는 대리총장.

*영어로 대리총장은 Lieutenant Grand Master라고 부른다.

	재임기간	이름	국적	비고
1	1113~1120	제라르도	프랑스	복자
2	1120~1160	레이몽 뒤 퓌	프랑스	최장 재직
3	1160~1162	아우게 드 발본	프랑스	
4	1162	아르노 드 콤프 Arnaud de Comp	프랑스	
5	1162~1170	길베르 다사리	프랑스	첫 번째로 사임
6	1170~1172	카스트 드 무로	프랑스	
7	1172~1177	시리아의 조베르	프랑스	
8	1177~1187	로제 드 물랭	프랑스	크레송 전투에서 전사
9	1188~1190	아르망고 드 아스파	프랑스	
10	1190~1192	가르니에 드 나블루스	프랑스	아르수프 전투에서 결정적인 역할을 함
11	1192~1202	고프리 드 돈존	프랑스	
12	1202~1206	알폰소 드 포르투갈 Afonso de Portugal	포르투갈	포르투갈 왕자 출신
13	1206~1207	지오프리 레 라트 Geoffrey le Rat	프랑스	
14	1207~1228	가랑 드 몬타규	프랑스	
15	1228~1231	베르나르 드 써시	프랑스	
16	1231~1236	구에린 레브룬Guérin Lebrun	프랑스	
17	1236~1239	베르나르 드 콤프	프랑스	
18	1239~1242	피에르 드 비엘Pierre de Vielle	프랑스	
19	1242~1258	기욤 드 샤토뉴	프랑스	라 포비 전투에서 포로가 됨

20	1258~1277	위그 드 레벨	영국 (프랑스계)	
21	1277~1284	니콜라스 로그느	프랑스	
22	1285~1293	쟝 드 빌리에	프랑스	아크레 함락 1차 방랑 시작됨
23	1294~1296	오돈 드 핀Odon de Pin	프랑스	
24	1296~1305	기욤 드 빌라레	프랑스	
25	1305~1317	풀크 드 빌라레	프랑스	기욤 드 빌라레의 조카 로도스 장악에 성공 축출된 첫 총장
26	1319~1346	엘리온 드 빌뇌브	프랑스	첫 번째로 교황이 직접 임명
27	1346~1353	다외도네 드 고종	프랑스	괴수를 퇴치
28	1353~1355	피에르 드 코르네랑 Pirre de Corneilan	프랑스	
29	1355~1365	로제 드 핀	프랑스	키프로스 십자군 참가
30	1365~1374	레이몽 베렌가	스페인	첫 스페인 출신 총장
31	1374~1377	로베르 드 쥴리	프랑스	
32	1377~1396	후안 페르난데스 데 에레디아	스페인	두 번째로 교황이 직접 임명(아비뇽)
(33)	1383~1395	리카르도 카라치올로	이탈리아	로마에서 임명한 대립총장
34	1396~1421	필리베르 드 나라크	프랑스	나라크 탑 건설
35	1421~1437	안토니오 플루비안 데 리비에	스페인	
36	1437~1454	쟝 드 라스티	프랑스	
37	1454~1461	쟈크 드 미리	프랑스	
38	1461~1467	피에로 라이문도 자코스타	스페인	
39	1467~1476	지오반니 바티스타 오르시니	이탈리아	첫 이탈리아 출신 총장
40	1476~1503	피에르 도뷔송	프랑스	로도스 방어전에서 승리 추기경 서임
41	1503~1512	아모리 당부아즈	프랑스	
42	1512~1513	기 드 브란세포 Guy de Blanchefort	프랑스	
43	1513~1521	델 카레토	이탈리아	

44	1521~1534	필리프 빌리에 드 릴라당	프랑스	2차 로도스 공방전 2차 방랑 시작 몰타 정착
45	1534~1535	피에로 데 폰테	이탈리아	
45	1535~1536	디디에 드 생제리 Didie de Sainy-Jaile	프랑스	
46	1536~1553	후안 돌메데스	스페인	
47	1553~1557	클로드 라 생글레	프랑스	
48	1557~1568	쟝 파리소 데 라 발레트	프랑스	몰타 공방전에서 승리 발레타의 어원이 됨
49	1568~1572	피에르 데 몽테	이탈리아	
50	1572~1581	쟝 드 라 카시에	프랑스	쿠데타로 축출됨 기사단 세속화 시작됨
	1577~1581	마튀랭 로메가스	프랑스	쿠데타로 집권하여 정통성은 인정받지 못함
51	1582~1595	위그 로본 드 베르달	프랑스	추기경 서임
52	1595－1601	마르틴 가르제스	스페인	
53	1601~1622	알로프 드 비냐코	프랑스	카라바조의 초상화
54	1622~1623	루이스 데 바스콘셀로스 Luis de Vasconcellos	포르투갈	
55	1623~1636	안토니오 데 파울레	프랑스	
56	1636~1657	지오반니 파올로 라스카리스	이탈리아	동로마 계열
57	1657~1660	마르틴 데 레딘	스페인	레딘식 보루 대거 건설
58	1660	아네트 드 클레몽-게산나 Annetde Clermont-Gessanat	프랑스	
59	1660~1663	라파엘 코토네르	스페인	
60	1663~1680	니콜라스 코토네르	스페인	사상 첫 형제 총장
61	1680~1690	그레고리오 가라파	이탈리아	
62	1690~1697	아드리안 데 비냐코 Adrien de Wignacourt	프랑스	아로프 드 비냐코의 조카손자
63	1697~1720	라몬 페렐로스	스페인	
64	1720~1722	마르크 안토니오 존다다리 Marc' Antinio Zondadari	이탈리아	
65	1722~1736	안토니오 마노엘 데 비헤나 Antinio Manoel de Vihena	포르투갈	

66	1736-1741	라몬 데스푸이그	스페인	
67	1741~1773	마누엘 핀토 다 폰세카	포르투갈	
68	1773-1775	프란체스코 데 테하다 Francisco de Tejada	스페인	
69	1775~1797	에마누엘 드 로앙	프랑스	프랑스 대혁명 시기 마지막 프랑스인 총장
70	1797~1798	페르디난드 폰 홈페쉬	독일	몰타 상실 3차 방랑
71	1798~1801	파벨 1세	러시아	
	1801-1803	니콜라이 살티코프	러시아	알렉산드르 1세가 임명
72	1803~1805	지오반니 바티스타 토마시	이탈리아	
	1805~1814	게바라 수아르도		
	1814~1821	안드레아 디 센텔레스 Andrea Di Centellés	이탈리아	
	1821~1834	안토닌 부스카	이탈리아	
	1834~1845	카를로 칸디다	이탈리아	로마 정착 마지막 군사경력자
	1845~1865	필리포 디 콜로레도-멜스	이탈리아	
	1865~1871	알렉산드로 보르지아 Alessandro Borgia	이탈리아	
	1871~1879	지오반니 바티스타 세스치	이탈리아	
73	1879~1905	지오반니 바티스타 세스치	이탈리아	1879년부터 정식 총장
74	1905~1931	갈레아스 폰 툰 운트 호헨슈타인	오스트리아	
75	1931~1951	루도비코 치기 델라 로베레	이탈리아	
	1951~1955	안토니오 헤르코라니 시모네티 Antonio Hercolani Simonetti	이탈리아	
	1955~1962	에르네스토 카스텔로 디 카르카치 Ernesto Castello di Carcaci	이탈리아	
76	1962~1988	안젤로 데 모자나 디 코로냐	이탈리아	
77	1988~2008	앤드류 버티	영국	
78	2008~2017	매슈 페스팅	영국	콘돔 스캔들로 퇴진
79	2018~2020	지아코모 달라 토레	이탈리아	
	2020~2022	마르코 루차고 Marco Luzzago	이탈리아	
	2022~	존 던랩	캐나다	첫 신대륙 출신

구호기사단 연표

1023	아말피 상인들 예루살렘 병원 재건을 허락 받음
1099. 7. 15	1차 십자군 예루살렘 함락
1113	교황 파스칼 2세 정식수도회로 인준
1128	뒤 퓌 총장 아스칼론 공방전에 참가
1136	지블린 요새 인수
1142	크라크 데 슈발리에 성 인수
1157	바이야스를 구원하기 위해 출전(기록상 기사단의 첫 전투)
1168	벨부아 성 완성
1186	마르카브 성 신축 공사 완공
1186. 5. 1	크레송 전투 / 물랭 총장 전사
1187	하틴의 뿔 전투 / 참패를 당함
1189. 1. 5	벨부아 함락
1191. 9. 7	아르수프 전투
1192.9.2	살라딘과 강화조약 체결
1197	키프로스 리마솔에 콜로시 성과 병원 건설
1219. 11	6차 십자군에 참가. 다미에타 함락
1221. 7	만수라에서 참패
1228. 9. 7	프리드리히 2세 아크레 도착
1229. 3. 17	프리드리히 2세 예루살렘 입성
1231	성전기사단과 함께 암살단 공격
1232. 5	롬바르디 전쟁 시작
1243	롬바르디 전쟁 종료

1244. 10	라포비 전투에서 참패
1249. 6	6차 십자군에 참가
1256	성 사바스 전쟁 발발
1271. 3	크라크 데 슈발리에 함락
1271. 5	에드워드 왕세자 도착. 과쿰 전투에서 승리
1281. 10. 30	홈스 전투에서 패배
1285	마르카브 함락
1291. 5. 28	아크레 함락
1305	풀크 드 빌라레 총장 취임
1309. 8. 15	로도스 장악
1317	빌라레 총장에 반발하는 세력이 쿠데타를 일으킴
1344. 5. 13	페레네 해전에서 승리
1344. 10	스미르나 장악
1347. 4	임브로스 해전에서 승리
1355	도메니코 카테나오와 연합 레스보스섬 공격. 다음 해에 철수
1361. 8. 24	안틸랴를 함락시킴
1362	키프로스 왕 피에르 1세와 동맹
1385	코소보 전투 참전. 패배
1366. 10. 9	알렉산드리아를 일시적으로 함락시킴
1396. 9. 25	니코폴리스 십자군 참가
1397	코린트 지협 방어전
1402	모레아 철수와 보드룸 점령. 스미르나 상실
1440	맘루크의 1차 로도스 공격
1442	맘루크의 2차 로도스 공격
1444	맘루크의 3차 로도스 공격
1450. 7	해적행위를 중단하라는 술탄의 국서가 로도스에 도착
1464	아랍인 승객 납치 문제로 베네치아와 심각한 충돌이 일어남

1470	베네치아 령 에우보아 섬 방어전 참가
1480	로도스 방어전에서 승리
1482	오스만 왕자 젬의 망명
1502. 8. 29	해상십자군과 함께 레프카다 섬 함락
1507	맘루크의 보물선 약탈
1510	유무르탈릭 전투에서 승리
1511. 8	맘루크 해군 재건을 위한 자재를 탈취
1516	맘루크에 대포와 탄약을 지원
1522. 7	로도스 대포위전
1523. 1. 1	로도스에서 철수. 크레테로 이동
1523. 4	메시나로 이동
1523	릴라당 총장 콘클라베 호위대장 임무 수행
1523	제노바와 니스에 잠시 머묾
1530. 10. 26	릴라당 총장 몰타 상륙
1532. 9	그리스 원정. 모도네 함락
1535. 6~7	튀니스 공략전 참가. 함락에 큰 공을 세움
1538. 9. 28	프레베자 해전 참가
1540. 5. 7	헨리 8세 영국 지부 해산 명령서에 서명
1541. 10	알제르 공략전 참가
1550	마디아 공략전 참가
1551.7~8	고초 섬 약탈. 트리폴리 함락됨
1552	조아라 공략전
1557	로도스 침공 실패
1560	제르바 섬 공략전
1564	바디스 공략, 메카 성지순례선 나포
1565	몰타 대포위전 시작
1565. 6. 2	투르굿 몰타 도착

1565. 6. 23	성 엘모 요새 함락됨
1565. 7. 15	오스만군 생 리아로 총공격. 기사단 승리
1565. 8. 7	오스만군 2차 총공격. 기사단 승리
1565. 9. 12	구원부대가 오스만군에 승리를 거두며 몰타 공방전 종결
1568. 8. 21	발레트 총장 별세
1571. 3. 18	기사단 본부 발레타로 이전
1571. 10. 6	레판토 해전
1577	성 요한 성당 완공
1603	레판토 일시 점령
1605	해사재판소 설립
1606	튀니스 기습공격. 실패
1607. 7	카라바조 몰타 도착. 다음 해 도주
1611	코린트 기습
1614. 7	카릴 파샤의 오스만군 침공
1619	튀니스 기습공격. 실패
1639	카스트로 전쟁 발발. 사실상 중립을 지킴
1639	트리폴리 기습
1640	튀니스 기습
1644. 9. 28	로도스 외해에서 오스만 선단 나포. 크레테 전쟁의 원인이 됨
1648	크레테 전쟁 발발
1651	카리브해 식민지 경영 시작
1656. 6. 26	베네치아 함대와 연합. 다르다넬즈 해협 해전에서 대승
1665	카리브해 식민지 경영 포기
1669. 9. 4	칸디아 함락
1684	신성동맹에 참여. 레프카다 섬 점령
1701	4척의 전열함 구입
1717	마지막 신성동맹에 참가. 지중해 작전 수행

1732. 9	다미에타 해전에서 승리
1783	시칠리아 지진 구호활동
1792. 9. 19	프랑스 혁명으로 프랑스 내 전 재산이 몰수됨
1798. 6	나폴레옹의 침입으로 몰타에서 추방됨
1799. 7. 6	파벨 1세 총장으로 취임
1801	파벨 1세가 암살됨. 기사단 러시아를 떠남
1823. 6	프랑스 지부 기사들과 그리스인들이 협약 체결. 무산됨
1834	기사단 본부 로마로 이전
1869	탄투라에 병원 개원
1882	예루살렘 병원 재개원
1911~1912	이탈리아 – 오스만 전쟁에 의료활동 참여. 병원선 운영
1944. 8. 30	비츨레벤 원수 처형됨
1968	비아프라 내전에서 구호활동
1972	예루살렘 옛 병원터에 표지석 건립
2013. 2. 9	900주년 창립 기념식이 성 베드로 성당에서 열림
2015. 4~10	네팔 대지진 구호활동
2016. 12~2017. 1	콘돔 스캔들 발생. 페스팅 총장 퇴진

기사단의 영역

천 년 역사 동안 기사단은 보유했던 영토와 영지, 성, 병원, 그리고 전적지에 대해서 간략하게나마 알아보도록 하자. 기준은 현재 존재하는 국가로 하였다. 물론 기사단이 여기에 기록된 공간들을 모두 한꺼번에 보유했던 것은 아니다.

영토와 영지, 전적지

우투르메르 시절: 이스라엘, 레바논, 요르단, 시리아, 키프로스

로도스 시절: 그리스, 튀르키예(보드룸과 이즈미르)

몰타 시절: 몰타, 리비아(트리폴리), 세인츠 키츠 네비스

기사단이 싸웠던 전적지가 있는 나라: 그리스, 튀르키예, 이스라엘, 이집트, 리비아, 튀니지, 알제리, 몰타, 코소보, 불가리아, 시리아, 레바논

영지와 병원이 있었던 유럽 국가

프랑스, 스페인, 이탈리아, 프랑스, 벨기에, 네덜란드, 벨기에, 영국, 아일랜드, 스웨덴, 덴마크, 독일, 폴란드, 체코, 헝가리, 오스트리아

이 책의 발간에 함께한 사람들

오청, 이재찬, 박진영, 이소민, 김희정, 김태형, 윤미란, 이정수, 류정재, 최영란, 이석현, 홍경기, 이혜진, 홍석준, 안세홍, 곽중훈, 정미화, 조정재, 김형민, 안세홍, 조찬형, 민경진, 박미정, 문성학, 정승원, 배주식, 윤창민, 김영덕, 고현주, 김진희, 손동곤, 박재심, 임선숙, 하운용, 유희경, 류명, 박준환, 김종곤, 강현용, 정창일, 강욱천, 유승완, 김학기, 이선원, 박연현, 최영란, 오승환, 이대훈, 김재석, 김기찬, 권의경, 최윤규, 변금연, 전명기, 김규직, 김기찬, 오원양, 송준석, 전한병, 김정은, 이주식, 노순규, 김세미가, 박태균, 강천기, 조성원, 양기환, 이대섭, 김성훈, 이명학, 법천스님, 김주엽(빛둥), 안승길, 서충렬, 김수정, 홍영민, 이현욱, 이현준. 김학규, 박순찬, 정형두, 엄덕수, 하도겸, 류리, 정양진, 강석호, 김승형

참고서적

국내서

가이 하쓰샤 저, 김진희 역, 『중세 유럽의 성채도시』, AK Trivia Book
남종국 저, 『중세 지중해 교역은 유럽을 어떻게 바꾸었을까?』, 민음인
김상근 저, 『카라바조 이중성의 살인미학』, 평단
남종국 저, 『이탈리아 상인의 위대한 도전』, 앨피
데이비드 아불라피아 저, 이순호 역, 『위대한 바다 – 지중해 2만년의 문명사』, 책과함께
로저 크롤리 저, 이순호 역, 『바다의 제국들』, 책과 함께
로저 크롤리 저, 이종인 역, 『대항해시대 최초의 정복자들』, 책과 함께
마이클 해그 저, 이광일 역, 『템플러』, 책과 함께
버나드 루이스 저, 『암살단 – 이슬람의 암살 전통』, 주민아 역, 살림
빅터 데이비스 핸슨, 남경태 역, 『살육과 문명』, 푸른숲
사이먼 시백 몬티피오리 저, 유달승 역, 『예루살렘 전기』, 시공사
스탠리 레인 풀 저, 이순호 역, 『살라딘 – 십자군에 맞선 이슬람의 위대한 술탄』, 갈라파고스
시오노 나나미 저, 최은석 역, 『로도스 섬 공방전』, 한길사
시오노 나나미 저, 김석희 역, 『로마 멸망 이후의 지중해 세계』, 한길사
시오노 나나미 저, 김석희 역, 『바다의 도시 이야기』, 한길사
시오노 나나미 저, 송태욱 역, 차용구 감수, 『십자군이야기』, 문학동네
시오노 나나미 저, 민경욱 역, 『황제 프리드리히 2세의 생애』, 서울문화사
아민 말루프 저, 김미선 역, 『아랍인의 눈으로 본 십자군 전쟁』, 아침이슬
알랭 트라누아·엘리자베스 카르팡티에·바르톨로메 베나사르·도미니크 보른

느·클로드 리오쥐 저, 장 카르팡티에·프랑수아 르브룅 엮음, 강민정·나선희 옮김, 『지중해의 역사』, 한길 히스토리아 12
알론소 데 콘트레라스 저, 정진국 역, 『콘트레라스 선장의 모험』, 글항아리
앙드레 클로 저, 배영란, 이주영 역, 『술레이만 시대의 오스만 제국』, W미디어
오가와 히데키 저, 이종석 역, 『이스라엘 팔레스타인으로 가는 길』, 르네상스
유발 하라리, 김승옥 역, 『유발 하라리의 르네상스 전쟁 회고록』, 김영사
윌리엄 위어 저, 이덕열 역, 『세상을 바꾼 전쟁』, 시아출판사
임영호 저, 『지중해에서 중세유럽을 만나다』, 컬처룩
장 카르팡티에·프랑수아 르브룅 엮음, 나선희·강민정 옮김, 『지중해의 역사』, 한길사
제임스 레스턴 저, 이현주 역, 『살라딘과 신의 전사들』, 민음사
제임스 와서만 저, 서미석 역, 『성전기사단과 아사신 단』, 정신세계사
조르주 타트 저, 안정미 역, 『십자군 전쟁 – 성전탈환의 시나리오』, 시공 디스커버리 총서
존 비드마 저, 이영욱 역, 『십자군과 이단심문 Q&A 101』, 분도출판사
존 줄리어스 노리치 저, 이순호 역, 『지중해 5,000년의 문명사』, 뿌리와이파리
존 줄리어스 노리치 저, 남길영 역, 『교황연대기』, 바다출판사
채준 저, 『말의 전쟁, 최강 기마대의 기록』, 렛츠 BOOK
최종원 저, 『수도회 길을 묻다』, 비아토르, 2023. 5
토마스 E. 매든, 권영주 역, 『십자군-기사와 영웅들의 장대한 로망스』, 루비박스
토마스 이디노풀로스 저, 이동진 역, 『예루살렘』, 그린비
페르낭 브로델 저, 임승휘, 박윤덕 역, 『지중해: 펠리페 2세 시대의 지중해 세계 3 – 사건, 정치, 인간』, 까치
W. B. 바틀릿 저, 서미석 역, 『십자군전쟁 – 그것은 신의 뜻이었다!』, 한길사

해외서

馬千 저, 『醫院騎士團九百年』, 台海出版社
指文烽火工作室 저, 『戰爭事典-歐洲經典要塞』, 江蘇鳳凰文藝出版社

Elizabaeth Halam 편, 川成洋, 太田直也, 太田美智子 譯,『十字軍大全』, 東洋書林
Jean de Joinville 저, 伊藤敏樹 譯,『聖王 ルイ』, ちくま文藝文庫
Dan Jones 저, ダコスタ吉村花子 譯,『十字軍全史』, 河出書房新社
Molly Greene 저, 秋山晋吾 譯,『海賊と商人と地中海』, NT出版
Ernle Bradford 저, 井原裕司 譯,『マルタ大包圍戰』, 元就出版社
Ternnce Wise 저, 稻葉義明 譯,『聖騎士團』, 新紀元社
René Grousset 저, 橋口倫介 譯,『十字軍』, 文庫 クセジコ, 白水社
櫻田康人 저,『十字軍國家の研究』, 名古屋大學 出版會
橋口倫介 저,『十字軍騎士團』, 講談社
歷史群像 14호, GAKKEN
歷史群像 50호, GAKKEN
歷史群像 107호, GAKKEN
歷史群像 118호, GAKKEN

지은이 한종수

서울에서 태어나 고려대학교 중문학과를 졸업하고, 롯데관광과 한국토지공사, 세종시도시재생센터에서 근무했다. 어릴 때부터 거의 모든 분야의 역사에 관심을 가졌지만 전쟁사와 지중해 세계의 역사에 매료되었다. 가톨릭 신자로 청년성서모임을 하면서 가톨릭의 역사에도 많은 관심이 가졌는데, 『구호기사단 천 년의 서사시』는 세 관심사의 접점에서 탄생한 것이다. 빨간 책방에 소개되었던 스테디셀러 『강남의 탄생』을 비롯하여 『서울에 가면 우리는』, 『민주주의를 걷다』, 『세상을 만든 여행자들』, 『라면의 재발견』, 『제갈량과 한니발, 두 남자 이야기』, 『2차 대전의 마이너 리그』, 『미 해병대 이야기』, 『이스라엘 국방군 제7기갑여단사』 등 다양한 분야의 책을 내놓았다. 역서로는 『환관이야기』, 『영락제-화이질서의 완성』, 『제국은 어떻게 망가지는가』가 있다.

구호기사단 천 년의 서사시

초판 1쇄 인쇄 2023년 9월 11일 | **초판 1쇄 발행** 2023년 9월 18일
지은이 한종수 | **펴낸이** 김시열
펴낸곳 도서출판 자유문고
(02832) 서울시 성북구 동소문로 67-1 성심빌딩 3층
전화 (02) 2637-8988 | **팩스** (02) 2676-9759
ISBN 978-89-7030-171-6 03920 값 33,000원
http://cafe.daum.net/jayumungo